昌都传统文化艺术精解

土呷／著

XZCB 西藏人民出版社

图书在版编目（CIP）数据

昌都传统文化艺术精解 / 土呷著. ——拉萨 : 西藏人民出版社, 2020.12
ISBN 978-7-223-06728-7

Ⅰ. ①昌… Ⅱ. ①图… Ⅲ. ①地方文化—昌都地区
Ⅳ. ①G127.752

中国版本图书馆CIP数据核字(2020)第230597号

《昌都传统文化艺术精解》

作　　者	土呷
责任编辑	吉普·次旦央宗
封面设计	格次
出版发行	西藏人民出版社（拉萨市林廓北路20号）
印　　刷	拉萨金典印务有限公司
开　　本	787x1092　1/16
印　　张	26.75
字　　数	450千
版　　次	2021年11月第1版
印　　次	2021年11月第1次印刷
印　　数	01-1,000
书　　号	ISBN978-7-223-06728-7
定　　价	56.00元

目 录

2012年旧城改造后的新昌都全景

扎曲河与昂曲河在昌都城汇合后始称澜沧江。“澜沧江起源地”碑文的藏文由时任全国政协副主席帕巴拉·格列朗杰题写，汉文由时任西藏自治区人民政府主席向巴平措题写

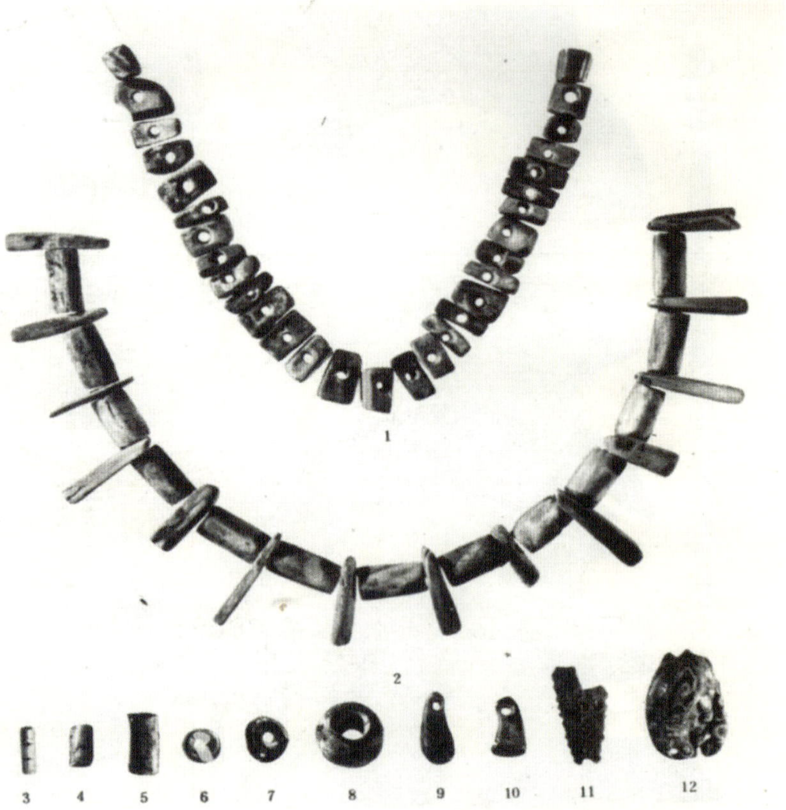

现今昌都妇女项链装饰基本格式延续了四五千年前昌都卡若遗址先民装饰的样式

嘎玛寺建于十三世纪。大殿的屋顶为汉式单檐歇山式，盖有琉璃瓦，屋檐分别是由藏、汉、纳西族工匠的合壁之作

精致的佛像就是在这样简易的作坊里敲打加工出来的

狰狞恐怖、畸形怪异的芒康县拉贡寺部分跳神面具

昌都藏装以长袖、宽腰、肥大为特点，以氆氇、毛料为制作原料，日常穿着以黑、蓝、藏红为主，喜庆或盛大节日时着用水獭皮和虎豹皮镶边的服装，头戴狐皮帽

康巴汉子与康巴姑娘的豪华服饰

洛隆县硕督寺珍藏的“神目如电”匾额，保存完好

洛隆县硕督寺珍藏的瓷壶。为了便于携带与保护瓷壶的安全，人们特意制造了木质套具

刻于公元804年的察雅县香堆镇仁达摩崖造像——主供佛为大日如来佛像，左右为八大随侍弟子。佛像下面的藏汉文铭文保存完好

位于芒康县扎果顶吐蕃时期雕刻的大日如来佛

江达县寺庙珍藏的极为精致的石刻版画

昌都三大舞蹈之一——昌都卓舞，已列入西藏自治区非物质文化遗产名录

昌都三大舞蹈之一——芒康弦子舞，已列入西藏自治区非物质文化遗产名录

昌都民间三大舞蹈之一——琼布丁青的热巴舞，已列入西藏自治区非物质文化遗产名录

昌都民间舞蹈

昌都边坝县加贡乡的著名《格萨尔》说唱艺人扎巴老人

西藏唯一的著名“圆光艺人”——卡察扎巴·阿旺嘉措（昌都类乌齐县甲桑卡乡阿坝村人）

著名民间画家嘎玛德勒画的唐卡——堆松钦巴

在卡若区国家级非物质文化遗产传承人嘎玛德勒（右三）编写的《嘎玛噶赤画册》首发仪式上，作者与卡若区部分非遗传承人合影留念

2017 年 8 月，昌都市第三届三江茶马文化艺术节在昌都津昌体育馆隆重举办

芒康县盐井一带群众厨房布局与厨具的摆设

在察雅县旺卡乡境内保留有一段较完整的茶马古道，至今仍在沿用

位于江达县字呷乡字呷寺旁的如来八塔

位于澜沧江畔的芒康县盐井一带的盐田，已列入国家级非物质文化遗产

洛隆县硕督寺珍藏的“钦赐”石刻文

洛隆县硕督镇的古城墙，明显受到内地长城的影响

洛隆县康萨镇群众正在制作陶器

察雅县烟多镇的圆雕石刻作品

察雅县宗沙乡萨嘎日朝灵塔前的石碑与狮子

四面各刻有“察雅官升”四字的升，保存完好

昌都藏族传统的耕地方式——两牛抬杠

昌都卡若区嘎玛乡打制的金属雕刻佛像成品

江达县波罗古泽雕刻的风马旗经版

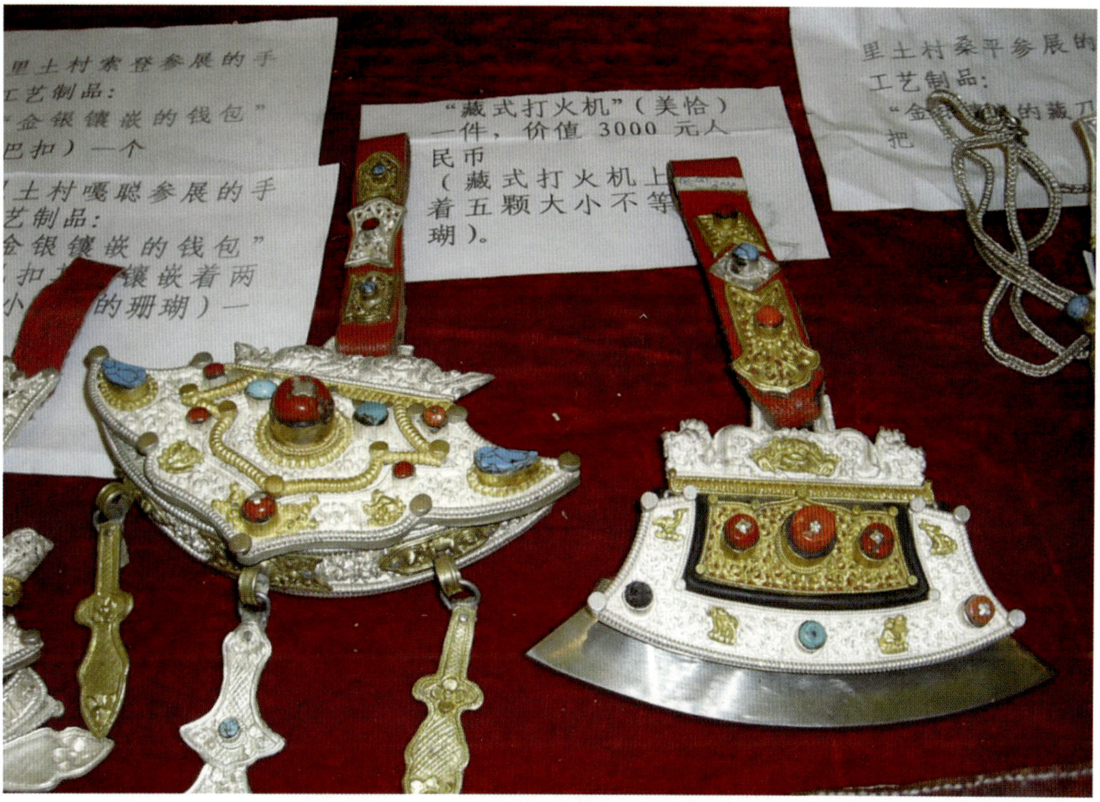

精致的藏式火链既是康巴汉子盛装时不可缺少的装饰，又是传统生活中取火的工具之一

老人与姑娘

淳朴的农村姑娘与小孩

察雅村庄

昌都东部县种植的玉米

昌都战役，对于和平解放西藏具有划时代的里程碑意义。2012 年开启的昌都旧城改造中，昌都地委、行署高瞻远瞩地在黄金地段建立了“昌都解放纪念碑”，其目的是为了缅怀英烈、铭记历史、珍惜生活、开创未来

昌都市天津广场上的象征民族团结的汉白玉和氏璧雕塑

2011 年 9 月，笔者（中）徒步到西藏昌都类乌齐下乡收集历史文化资料

第一辑

昌都文化总论篇

昌都区情

昌都地区是青藏高原人类原始文化的发祥地之一，是连接藏、川、青、滇的交通枢纽，历为兵家必争之地，素有“西藏门户”之称，战略地位十分重要。昌都地区又是西藏解放最早的地区，为和平解放西藏做出了重大贡献，故常被人们称为西藏的“老解放区”。

一

昌都地区为西藏自治区所辖七地（市）之一，位于西藏东部横断山脉、三江流域的中上游。地跨东经93.5°至99.1°，北纬28.3°至32.6°；南北宽约445公里，东西长约527公里；幅员10.86万平方公里，约占西藏自治区总面积的9%。昌都地区东以金沙江为界，与四川省甘孜藏族自治州隔江相望；东南与云南省迪庆藏族自治州接壤；西南、西北分别与西藏自治区林芝地区和那曲地区毗邻；北与青海省玉树藏族自治州交界。地区行政公署所在地昌都镇海拔3250米，距西藏自治区首府拉萨市1121公里，距四川省成都市1294公里。2000年底昌都地区下辖11个县，总人口583727人。其中农牧业人口536995人，非农牧业人口46732人；藏族占96.19%，汉族、纳西族、回族、维吾尔族、白族、蒙古族、布依族、苗族、彝族、壮族、土家族、满族、拉祜族、朝鲜族、佤族、侗族、俄罗斯族、布朗族、怒族、傣族、土族、仡佬族、羌族、普米族、哈萨克族、哈尼族、珞巴族等28个民族占3.81%。

境内多山地、河流。总的地势是西北部高，山体较完整，分水岭地区保存着宽广的高原面；东南部低，山体切割较为破碎。高原主要分布在他念他翁山北段和宁静山，海拔在4000米至4500米以上，最高处是位于边坝县境内的念青唐古拉山脊，海拔6956米。北纬30°以南为典型的峡谷区，河谷海拔2200米至3500米，最低处是芒康县的金沙江河谷。昌都境内自西向东矗立着巍峨峻拔的伯舒拉岭、他念他翁山和宁静山。在这逶迤延绵的山脉间，怒江、澜沧江和金沙江向南滔滔流去，形成了高山峡谷中著名的“三江流域”。其中，怒江为印度洋水系，澜沧江、金沙江属太平洋水系。三江在昌都境内的流程长1993公里，年径流量389.4亿立方米。这种地形和水流态势，决定了昌都地区的生态环境对长江中下游的生态环境具有举足轻重的作用，并对东南亚生态环境也产生一定的影响。昌都地区自然环境多样，生态系统脆弱。境内高山屹立、峡谷纵深，海拔高差悬殊，导致气候多样化与带状特征十分明显。从海拔2200米的亚热带到海拔4700米以上的高寒带，基本囊括了全国从北到南的大部分气候类型，海拔2200米到3400米为干热河谷，以农业为主；从3500米到4600米为春秋季牧场；从4700米到5500米为夏季牧场。昌都地区属高原大陆性气候，受南北平行峡谷及中低纬度地理位置等因素的影响，具有垂直分布明显和区域性差异大的特点。其表现为日照充足，太阳辐射强，日温差大，年温差小；降雨集中，季节分布不均；蒸发量大，相对湿度小；夏季多夜雨，冬季多寒风。昌都地区山脉河流的南北纵向排列有利于温湿气流的南北流动。境内年均气温7.6度，年降水量400至600毫米，无霜期80至127天，年太阳总辐射值5817~6878兆焦耳/平方米，全年日照时数为2776~3217小时。由于山高谷深，地形复杂，气候垂直变化大于水平变化，“一山有四季，十里不同天”是昌都地区立体气候的突出特征。

全地区处于著名的三江成矿带，矿产资源极为丰富。三江成矿带“三大明珠”之一、储量达650万吨的玉龙铜矿，就位于昌都江达县境内。截止2000年，全地区已发现的矿藏有铜、菱镁、铁、铬、铅、镍、钴、钨、锡、钼、铋、锑、金、银、硅石、脉石英、硫铁、石膏、煤、显晶质、盐、砷、重晶石、萤石、石棉、石墨、冰州石、云母等70余种，矿产地360余处；已探明的矿产资源价值量约占西藏自治区已探明矿产总量的79.56%。自治区45种主要矿藏资源总量的90.37%分布在昌都境内；13种已列入自治区矿藏储量平衡表，其中占全国第二位的有铜，第三位的有菱镁矿，第五位的有砷、显晶质、石墨，第七位的有石膏，第十位的有钼矿。

昌都地区广阔的面积和复杂的地形，孕育了丰富的自然资源，为发展农、牧、林、副业提供了有利条件。全地区土地总面积16301万亩，其中耕地面积79万亩，占全地区土地总面积的0.49%，人均占有耕地1.35亩；牧草地面积8434万亩，占全地区土地总面积的51.77%，人均占有草地144.5亩；林地面积1985万亩，占全地区土地总面积的12.18%，人均占有林地面积为34亩。主要农作物有青稞、小麦、玉米、豆类、油菜以及多种蔬菜。由于日照时间长，温差大，生长期长，高山雪水灌溉，故农作物虫害少、无污染，是“绿色食品”的理想开发地。2000年全地区拥有各类牲畜345万头（只、匹），主要畜种有牦牛、绵羊、山羊、马、驴、骡等，年产肉类出栏达4235万公斤，年可提供牛皮28.9万张，酥油300万公斤，羊毛126万公斤、奶类4898万公斤。

昌都地区森林资源十分丰富，为西藏第二大林区。森林覆盖率达12.18%，活立木蓄积量达3.64亿立方米。全地区分布较广的珍贵树种有云杉、冷杉、落叶松、高山松、云南樟、桦树等。在昌都朱角拉山上，还发现了距今约1200多年的古柏树，被称为研究西藏气候变迁的“活化石”。此外，还有核桃、葡萄、石榴、花椒、猕猴桃、柑橘、苹果、梨等20多种经济林木，察雅县和八宿县的桃、梨、苹果，左贡县怒江边的葡萄等早已享有盛誉。在莽莽的森林中还生长着味道鲜美、营养丰富的松茸、猴头菌、牛肝菌、鸡油菌、羊肚菌、黑木耳、草菇、獐子菌等多种食用菌，其中芒康、江达、左贡等县盛产的松茸蜚声中外；名贵中藏药材有虫草、贝母、红景天、黄连、西藏红豆杉、七叶一枝花、五味子、大黄、当归、党参、灵芝菌等750余种。其中丁青和类乌齐的虫草以虫体饱满、外色金黄、内色粉白、质量好、产量高而闻名遐迩。横断山区的野生动物资源丰富，约占全西藏野生动物种类的80%，其中珍稀动物占40%。有人称昌都地区的“横断山系全世界的动物分化中心之一”。据有关部门统计，昌都境内有国家级重点保护动物17种，二级重点保护动物54种，其他常见动物400余种。其主要动物有滇金丝猴、白唇鹿、野牦牛、苏门羚、雪豹、黑熊、棕熊、藏羚羊、高山雪鸡、盘羊、马鹿、水獭、狐狸、猞猁、雪蛙等。昌都境内有两处西藏自治区重点自然保护区：一为芒康滇金丝猴自然保护区，约有700多只金丝猴和几十种其他动物；二为类乌齐长毛岭马鹿自然保护区，至少有1000余头马鹿及30余种其他动物。

昌都地区的旅游资源极为丰富，独具特色。境内不仅有雄伟的雪山奇峰、壮观的飞瀑流水、瑰丽的湖光山色等迷人的自然景观，而且还有别具一格的人文景观。古老的寺庙胜迹，精湛的石刻艺术，精美的唐卡工艺，独具特色的金银首饰，华贵大方的康巴服饰，以及淳朴的民情风俗，无不显示出古老而博大精深的昌都文化。著名的“茶马古道”横贯昌都全境，沿途留下了许多神秘而又奇特的文化，众多的不解之迷，更增添了昌都地区神奇的诱惑力。

二

昌都地区历史悠久，人民勤劳勇敢，文化底蕴深厚。据西藏境内科学考古发掘的第一个新石器时代遗址——卡若遗址表明，早在四五千年前，已有原始人群生活和活动。卡若文化具有浓厚的地方特点，同时又与周边文化发生联系。贝饰和粟类谷物的发现表明与黄河流域原始文化有过接触。1986 年发掘的同属于卡若文化的小恩达遗址、察雅烟多遗址等，表明了新石器时代文化在昌都地区的扩展，有力地证明了昌都地区不仅是康巴古文明的中心，而且也是藏民族原始文化的发祥地之一。

在隋唐之前，藏汉文献对昌都已有初略的记载。早期苯教文献和敦煌发现的古藏文中，多次提到了昌都地区西北部的“苏毗林几金秀”。在稍晚的藏文史料中，将昌都一带归为藏族传统地域划分中的“下部多康三岗”之地的“多康”范围。在汉文史料中，早期对藏东昌都一带统称为“西羌”、“西南夷”等。后来，随着交往的增多，了解的深入，对昌都一带的不同地区分别称为“苏毗”、“附国”、“东女国”等。

公元 7 世纪吐蕃崛起，昌都一带被吐蕃征服。昌都为当时吐蕃军政区划“五茹”中的“苏毗茹”管辖范围，并以此为基地向唐朝和南诏方向扩张。其防守边地的精锐部队之一“中勇士部”就驻扎在昌都境内。赤松德赞（754 至 797 年在位）时期，特意授予昌都拉多头人为“拉多王”封号。唐贞元二十年（804 年）夏天，按照赤德松赞的诏令，在今昌都地区的察雅仁达丹玛摩崖上雕刻了刻经兴佛、祈求唐蕃和好、赞普功业昌盛等为内容的藏汉文字和造像。会昌二年（842 年），吐蕃灭亡。吐蕃王室奥松之后裔在阿里无法立足，逃至昌都的沙贡地方避难。此后，昌都一带处于部落林立，割据一方，无复统一的分裂状态。

宋景定五年（1264 年），忽必烈把昌都一带作为“三个却喀”中“朵堆人区”的一部分，将管辖权封赐给了八思巴。八思巴又任命吐蕃王室后裔，当时属于昌都“沙贡德巴”家族的董·新巴贝为多康的“谢本”（总管）。

公元13世纪中叶，元朝实现了包括西藏（含昌都）的中国大统一。元中央在宣政院下设三个宣慰使司都元帅府管理藏区。其中“吐蕃等路宣慰使司都元帅府”的管辖范围包括今昌都地区。元朝对昌都地区的治理主要采取的是羁縻招抚政策。明朝基本沿袭了元朝对西藏的管理体制，设立了军民兼治的卫所管理机构，昌都一带属于“朵甘卫指挥使司”管辖。明洪武七年（1374年），朵甘卫升为“朵甘行都指挥使司”。永乐五年（1407年），明成祖命昌都“馆觉（今贡觉）头目南葛监藏，阿屑领占俱为朵甘行都指挥使”，在今昌都芒康设有“磨儿勘招讨司”、贡觉设有“乃竹万户府”、拉多设有“纳竹千户”等机构。后来，又在丁青增设“上邛部卫”。与此同时，明朝还推行了一套僧官制度，先后授封了昌都嘎玛噶举黑帽系第五世活佛得银协巴为“大宝法王”，昌都地区贡觉头目宗巴斡即南哥巴藏卜为“护教王”。

明末清初，昌都一带战事频繁，政权多次更迭。先是康区白利土司顿月多吉的势力扩展到昌都、类乌齐、芒康等地；再是蒙古和硕特部首领固始汗进兵昌都，经过一年鏖战，于明崇祯十二年（1639年）消灭了白利土司。之后，固始汗“以喀木地方人众粮多、遂将伊子孙分居”“喀木地方伊尊纳贡”，曾一度控制过昌都。清康熙五十八年（1719年），朝廷派大军进藏平乱。南路清军途经昌都时，察雅、昌都、八宿三处呼图克图将“所属喇嘛、民人等户口，全造总册投递”，向清军表示“归顺”。西藏平定后，康熙帝先后授封昌都帕巴拉、察雅罗登西饶、类乌齐帕曲、八宿达察济隆等四大活佛为“呼图克图”“诺门汗”等名号。进一步加强了对包括昌都地区在内的整个西藏的直接管理。雍正四年（1726年），朝廷官员鄂齐、班第会同川、藏、滇三方官员会勘地界，决定以金沙江西的宁静山为界，以西为达赖喇嘛的“香火地”，以东属四川，中甸属云南。当时因昌都、察雅、类乌齐等三处“俱领有部颁印信号纸，受内地节制，以听调遣，不为西藏统辖”等特殊情况，雍正帝决定将以上三处交还各呼图克图自行管理。又将丁青等在内的三十九族划归驻藏大臣管辖。这是清朝入关以来对西藏昌都行政区划的最大一次调整，奠定了此后近300余年昌都地区行政区划的基础。从康熙年间开始，清军入藏均以昌都为必经之地，昌都成为西藏“门户”。清朝在昌都境内设有台站，配有文武官兵。其中在昌都置有粮务、游击、千总、把总、外委等官员或机构。光绪二十九年（1903年），清政府决定在昌都增设大员，将驻藏帮办大臣移驻昌都“居中策应，筹防练兵”。

昌都地区处于西藏的东缘和连接内地川、滇、青的前沿，这种地缘关系上的双重性，使其时常处于很敏感的一个特殊区域，也决定了昌都地区的战略地位十分重要。清政府在总结历朝历代，尤其是康熙、雍正、乾隆三朝的治藏经验教训，认识到“藏仅为川滇之毛，康则为川滇之皮；藏仅为川滇之唇，康则为川滇之齿，且为川滇之咽喉”（傅华封著《西康建省记》），进而总结出了“治藏必先安康”的方略。光绪三十二年（1906 年）七月，清廷为统筹川边经营事宜，任命赵尔丰为川滇边务大臣。光绪三十四年（1908 年）二月，清廷任命赵尔丰为驻藏大臣兼边务大臣。赵尔丰即在昌都拉开了改土归流的序幕。同年八月，赵尔丰将昌都芒康的盐井改为盐井县，隶巴安府。宣统元年（1909 年）三月，清廷免去赵尔丰驻藏大臣职务，专任边务大臣，并将察木多（今昌都）、乍丫（今察雅）拨归边务大臣管辖。宣统二年（1910 年）四月，改设同普县（今江达），归登科府。同年六月，赵尔丰先后奏请将察木多改为昌都府，乍丫改为察雅县，恩达（今类乌齐一带）改为恩达县、贡觉改为贡县、江卡（今芒康）改为宁静县、桑昂曲宗改为科麦县（今左贡一带）、杂瑜改为察隅县，均隶属昌都府。宣统三年（1911 年）九月，代理边务大臣傅嵩炑将昌都粮员改为理事同知、察雅设理事通判，以管理地方行政事务。不久，三岩（今贡觉一带）改为武成县。

民国元年（1912 年）一月，藏兵东扩，占据了昌都地区各县。同年 6 月，四川都督尹昌衡被任命为西征总司令（后改川边经略使），率领新军入康，击退藏军，恢复了对昌都各县的统治。民国 2 年（1913 年）划川边为特别行政区，直隶国民政府，将赵尔丰改土归流时期所设府、厅、州理事官、委员之制一律改设县治。同年，十三世达赖为了加强对川边昌都地区的管理，特派噶伦喇嘛强巴丹达坐镇洛隆，调兵分路袭取被川军占领的地方。不久，在昌都设立了地区一级的行政机构朵麦总管，由一名噶伦主持昌都地区的军政事务。民国 6 年（1917 年）9 月，驻守类乌齐的川军和藏军发生磨擦，爆发了第一次康藏纠纷。民国 7 年（1918 年）10 月 10 日，川藏双方达成以金沙江为界的停战条约。然而，由于英国的插手，川、藏局势并未稳定下来，仍不时发生纷争。民国 19 年（1930 年），甘孜大金寺与白利土司因争夺差民引起纠纷，进而波及康藏关系，扩大为第二次康藏纠纷。民国 21 年（1932 年）1 月，在英国的策动下，藏军向青海玉树进攻。同年 10 月

8日，在国民政府和西藏地方政府的敦促下，康藏双方在昌都江达的岗拖举行会议，签订了《康藏岗拖暂行停战条约》。至此，康藏以金沙江为界，藏汉人民之间正常的经济、商贸与文化交流得以恢复。

1949年10月1日中华人民共和国成立后，中国人民解放军遵照中共中央和中央军委的指示进军西藏，并于1950年10月19日武装解放了藏东重镇昌都。昌都的解放不仅打开了进军西藏的东大门，奠定了和平解放西藏的基础，也翻开了昌都历史新的一页。1951年1月1日，正式成立由政务院领导的具有统一战线性质的过渡性政权机构——中华人民共和国昌都地区人民解放委员会。从1951年7月开始，昌都地区所属28个宗陆续成立了宗人民解放委员会。1956年4月，西藏自治区筹备委员会成立，9月，设立了相当于专区建制的昌都“机巧”办事处，由当时的昌都地区解放委员会代行昌都“机巧”办事处的职能，昌都地区正式划归西藏自治区筹备委员会领导。1959年3月，西藏少数反动上层悍然发动了全区性的武装叛乱。1959年4月20日，奉国务院命令撤销西藏昌都地区解放委员会和昌都“机巧”办事处，成立中国人民解放军西藏军区昌都地区军事管制委员会。接着，在昌都开展平叛和民主改革，彻底埋葬了反动的封建农奴制度，使昌都人民实现了从封建农奴制社会向新民主主义社会的历史性跨越。1960年1月，昌都地区的索宗、聂荣、比如、巴青4宗划归黑河（今那曲）专区，曲宗、倾多、易贡、嘉黎4宗划归塔工（今林芝）专区，余下的20个宗，有15个宗合并为7个县，5个宗直接改县。1960年1月22日，正式成立昌都专员公署。1961年6月，昌都地区军事管制委员会结束工作。1964年5月，林芝专区的波密县又划归昌都专区。1969年4月，成立昌都地区革命委员会。1978年11月撤销昌都地区革命委员会，恢复昌都地区行政公署。1983年10月，昌都地区计划新设盐井、生达、碧土、妥坝4县，后因建县条件不成熟而撤销（1999年9月21日国务院决定撤销4县建制）。1986年1月，昌都地区的波密、察隅两县划归林芝地区。2000年底，昌都地区辖11个县、24个镇、118个乡、1315个行政村。

三

昌都人民具有反抗压迫剥削和热爱祖国的光荣传统。在9世纪的吐蕃晚期，曾在昌都一带爆发了以韦·科西来邓为首的奴隶平民大起义，他们不满奴隶制的压迫和剥削，响亮地提出了“不砍山头，要砍人头”的起义口号，沉重地打击了吐蕃奴隶制社会，加速了吐蕃政权的崩溃。元朝建立之初，萨迦派和止贡派发生了权力之争，元朝派遣王子铁木儿不花率领蒙古军和康区的军队进藏支持萨迦派，以维护西藏局势的稳定。在这次元朝统一西藏后的第一次军事行动中，昌都贡觉喇嘛坚赞等奉朝廷之命，率领昌都军队参战，维护了朝廷的权威和社会局势的稳定。民国7年（1918年），丁青尺牍宗嘎塔部落的150多户群众，不堪忍受西藏地方政府的差税劳役，毅然举行起义，勒死了西藏地方政府官员才巴，收缴了驻扎在当地的45名藏兵的枪械，并与昌都总管派来的重兵进行了长达20多年的斗争。民国23年（1934年）初，昌都芒康邦达家族之子邦达多吉，不满藏政府对康巴人的歧视和迫害，在昌都察雅起兵反叛。他率领宁静和察雅士兵400余名，夜袭驻守芒康藏军代本诺朗的兵营，杀死了几十名士兵，监禁了上盐井堪穷土登桑颇，收缴了藏兵武器及其它财物。后来，噶厦地方政府调集大批藏军进攻芒康，邦达多吉不敌，率部逃往四川巴塘，继续与噶厦地方政府抗衡。民国33年（1944年），昌都沙贡农民扎西四朗发动农民起义，组织近百名饥民捣毁沙贡寺和沙贡德巴官邸，将仓库里的青稞、酥油、茶叶分给当地农民，并率起义队伍直奔昌都，将拉章的债券、乌拉簿、高利贷册焚烧或浇以墨水销毁。尽管这支起义队伍在昌都拉章和藏军的镇压下失败，但沙贡农民抗差抗粮，反压迫反剥削的起义事件曾震撼了昌都一带，鼓舞了被压迫、被剥削的人民。

昌都人民不仅有不屈不挠的反抗精神，还具有反帝、反外来入侵和保卫祖国神圣领土的爱国传统。在清康熙五十七年（1718年）派兵进藏驱逐准噶尔的战争中，在乾隆五十三年（1788年）和五十六年（1791年）为击退廓尔喀入侵派清军进藏的战争中，昌都僧俗民众不仅筹备粮草，积极支援进藏官兵，而且直接派人派兵参加战斗。如察雅五世切仓罗桑班垫丹贝坚参曾亲自率领察雅民兵英勇抗击廓尔喀入侵者。在光绪十四年（1888年）和三十年（1904年）西藏隆土山和江孜保卫战的两次抗英战争中，察雅、贡觉、硕般多、达宗、洛隆、芒康、昌都、左贡、类乌齐、八宿、丁青等地的僧俗群众，勇敢地担当起捍卫祖国神圣领土的重任，几千民兵不远千里奔赴抗英前线，英勇反击了侵略者。昌都民兵不怕牺牲，英勇善战，连英国人也不得不承认“从康区征来的兵更为勇敢”。在保卫祖国边疆的危急时刻，崇尚武力，喜爱枪支和马匹的昌都康巴儿女英勇顽强，表现出了强烈的爱国热情。

近代以来，帝国主义列强趁清政府和民国政府统治削弱，中国边疆危机四伏之机，通过“传教”“游历”“探险”“通商”等名义，对昌都地区从军事、经济、政治、文化等领域进行渗透与侵略。崇尚自由、热爱祖国的昌都人民面对帝国主义的侵略，进行了英勇斗争，不仅有力地打击了帝国主义和入侵者，而且捍卫了国家的主权，维护了祖国的统一。清道光二十七年（1847 年），法国传教士罗启桢从四川到达昌都时，由昌都官员查获并“解交四川省审讯”。咸丰十一年（1861 年）八月五日，天主教会代理主教托马斯·德斯迈诺斯等两人从芒康出发，取道昌都准备前往拉萨时，被昌都居民阻止，遣回芒康出境。光绪七年（1881 年），巴塘教士梅玉林司铎，行至核桃园时被“三岩”人杀死。光绪二十一年（1895 年），英国人李代儿夫妇等人由青海东部阿克塔进入邻近的三十九族，至格林湖时被当地藏族群众阻止，迫其西返拉达克。光绪三十一年（1905 年）四月，巴塘教案起，驻昌都盐井的法国传教士蒲德元被当地僧俗群众追杀后，逃至云南阿墩子躲避。宣统三年（1911 年）十一月十日，沙俄分子科兹洛夫率领拉迪金等“西藏考察队”18 人，抵达昌都琐图村时，当地头人宁达贡率众阻止其前进。沙俄分子不顾群众的抗议，当场打死、打伤无辜群众 42 人，其中死 23 人，重轻伤 19 人，并烧毁房屋，抢去马匹，制造了骇人听闻的“琐图血案”，激起了昌都人民对沙俄帝国主义的无比憎恨。

1950 年 10 月，获得新生的昌都人民以主人翁的姿态，积极投入和平解放西藏的伟大事业，出色地完成了筑路修桥、支前运输等光荣而艰巨的任务。仅 1951 年初至 1954 年底，昌都僧俗群众就出动牲畜 20 万头次、民工 15000 多人次，运送物资 10 多万吨，筹措青稞 140 万公斤，同时调集了大量的酥油、肉类、蔬菜供应部队，保证了进藏部队后勤之需，充分发挥了昌都“老解放区”的先锋模范作用。1962 年 10 月，印度在国际反华势力的支持下，向中国境内发动了大规模的武装侵犯，边防部队被迫进行自卫反击。昌都地区各族人民以高昂的爱国热情，先后组织支前民工 1 万余名，抽调区（科）级以上干部 230 名、医务人员 52 名、汽车司机 103 名、养路工人 40 名，有力地支援了自卫反击战，为保卫祖国的神圣领土贡献了力量。中共十一届三中全会后，昌都地区各族人民在党的领导下，以经济建设为中心，旗帜鲜明地反对分裂、维护祖国统一和民族团结，与国内外敌对势力作了坚决的斗争。进而保持了社会稳定，为经济建设和改革开放创造了良好的社会环境。

四

解放前，昌都地区长期处于政教合一、上层僧侣和土司头人专制的封建农奴制社会，是一个封建割据最为突出的地方。既有典型的政教合一、自成一体的独立或半独立的地方政教势力，如昌都帕巴拉、察雅罗登西饶、类乌齐帕曲、八宿达察济隆等四大呼图克图统治的地方，又有非政教合一的世俗部落、土司统治的领地，如三十九族的丁青以及拉多土司管辖的地方；既有西藏地方政府管辖的宗（县）一级地方政权机构，如芒康、贡觉、左贡、边坝、洛隆等地，又有所谓“无官无法”，以父系血缘纽带组成的“帕措”宗族势力控制的三岩等地。以上呼图克图、土司头人大都集行政、司法、军事于一身，并采用寓兵于民、兵民结合的方式，推行其特殊的政治管理体制。他们雄据一方，自成体系，互不统属。

在所有制关系上，土地、草场、牲畜等生产资料被官府、土司头人和寺庙占有，为单一的农牧经济。手工业还没有完全从农业中分离出来，更没有现代意义上的工业。商业不发达，以物易物的交换形式比较普遍。由于土司头人、寺院、官府的繁重差役和压迫剥削，广大农牧民处于水深火热之中。因此，盼解放、求发展是昌都广大劳动人民的迫切愿望。

昌都解放 50 年来，昌都地区的社会和经济发展经历了四个阶段：第一阶段从 1950 年到 1958 年。昌都人民获得新生，积极恢复生产，有重点地开展经济建设。许多现代意义上的西藏第一个经济、事业机构首先在昌都建立。新建的工矿企业规模虽小，效益也不是很理想，但在西藏现代化工业发展史上却具有开创意义。第二阶段从 1959 年到 1965 年。在平息叛乱的同时，进行了民主改革，推翻了封建农奴制度，实行农牧民个体所有制，极大地解放和发展了社会生产力，推动了昌都社会经济的发展。但在工业建设方面，受“大跃进”思想的影响，盲目上马项目，效益不佳。第三阶段从 1966 年到 1978 年。基本上完成社会主义改造，初步建立以社会主义公有制为主体的社会主义经济。由于这段工作是在“文化大革命”中进行的，出现过一些失误，走了一些弯路，“粮食上了纲，讨饭过了江”是当时部分县群众生活的真实写照。第四阶段从1979年到2000年底。为进入改革开放、全面开创社会主义建设的新时期。1980年3月，中央第一次西藏工作座谈会后，尤其是第二、三次西藏工作座谈会以来，在农牧区实行和坚持“两个长期不变”的政策，进一步发展生产力，实行并完善家庭联产承包责任制和统分结合的双层经营体制，建立健全与市场发展要求相适应的经营机制，引导群众从自然经济向商品经济转化。城市经济体制的改革，按照整顿提高的要求，全面推行厂长（经理）责任制和承包经营责任制，对全地区的国有企业实施跨地区、跨行业、跨所有制经营的战略性改组，采取联合、兼并、破产、承包经营、股份合作、国有民营等多种方式转变企业机制，使企业增强了活力。昌都地区的社会经济在经历以上四个发展阶段后，迎来了解放以来昌都经济最好的发展时期，昌都的经济和社会面貌发生了显著变化，人民生活水平不断提高。贫困面已下降至4.4%，脱贫巩固率达到97.6%。国有企业亏损面已由1997年的72%下降到2000年的22%。截止2000年底，全地区国内生产总值达到159569万元，其中第一产业实现产值92350万元，第二产业实现产值24450万元，第三产业实现产值42769万元，分别比1995年增长23.2%、171．9%、120.6%。产业结构发生了明显变化，呈现出第二、三产业的比例逐年上升的好势头。粮食总产量达到15838万公斤，是1959年的2.2倍；牲畜存栏达345万头（只、匹），是1959年的2.16倍；农牧民人均收入1469.49元，比1959年增长15.59倍；工业总产值完成11827万元，比1965年增长129倍。

交通、邮电、电力事业有了很大的发展。解放前的昌都，以骡马驿道为主，运输全靠人背畜驮，交通十分闭塞。解放后，经过50年的艰苦努力，全地区已形成了以公路为主，航空运输相结合的交通网络。1954年修通的川藏线，曾一度带动了昌都乃至整个西藏经济的发展，后来随着青藏线公路等级的提高，运力的转移，使昌都交通的地位有所下降。1995年10月，可起降波音大型客机的昌都邦达机场正式通航，进一步缩短了昌都与外界的距离，彻底结束了昌都交通单靠公路运输的历史。到2000年底，全地区初步形成了“三纵一横”的交通格局，通车里程达5406公里。其中，国道线在昌都境内长1658公里，省道线507公里，县道121公里，其余3006公里为等外公路。拥有各种机动车4645辆，年货运量达33万吨，年客运量达16万人次。旅客周转量为6591万人公里。昌都地区的邮电通信事业发展迅速，现在已拥有卫星通信、程控电话、模拟和数字移动电话、会议电视、数据通信、礼仪电报等多种电信业务和通信手段，电信固定资产达到15800万元。全地区有邮电局（所）和电信局（所）27处，业务总量达2302万元，仅近10年，每年增长速度在50%以上。全地区有邮路486条，一、二级邮路单程1880公里。有长途电路1871路，市话交换实现了程控化，电话交换总容量达16896门。2000年，完成了拉萨——那曲——昌都2.5GPS光传输系统工程，形成了西藏区内拉萨——林芝——昌都——那曲——拉萨光缆环路。部分县一点多址农话工程已投入运行。开通了139数字移动电话、中国互联网163拨号上网、166语音信箱、168自动声讯服务、IC卡电话等多项新业务。实现了模拟移动与数字移动双网覆盖。昌都地区是国内水能资源的富集地区。河流的天然水能理论蕴藏量达4046.78万千瓦（人均拥有69千瓦，是全国人均拥有量的129倍）占西藏总蕴藏量的20%，居西藏各地区之首。三江及其主干水流湍急，水量稳定，天然落差相对较大，适宜修建大中型电站。截止2000年，昌都境内修建有电站68座，装机容量31000千瓦，仅占河流天然水能理论蕴储量的0. 08%，年发电量5572万千瓦时。

商业贸易繁荣，城乡市场活跃。解放前，昌都贸易有本地贸易和过境贸易两种。本地贸易规模小、金额少、档次低。由于昌都地处川、青、滇、藏四地贸易的集散地，过境贸易相对兴旺繁荣。交易大都是以物易物的方式进行。农牧民需要的茶叶、食盐、布匹、烟草、日用品等生活必需品大都从外地进货解决，而且几乎为藏政府官员、寺院、大商家所垄断。崛起于昌都芒康、名震全藏的邦达仓就是其中的大商家代表。解放后，随着生产的发展，尤其是川藏公路通车后，昌都的商业日趋繁荣。国营商业和粮食公司的介入，使昌都商业格局发生了巨大变化，国营商业和商品逐渐在昌都占据主导地位。中共十一届三中全会后，昌都的商业流通行业逐渐形成了多种经济成份、多种流通渠道、多种经营方式和开放、管理均井然有序的商品市场体系。在“九五”期间，非公有制经济的比重明显提高。在商贸流通领域，其流动资金总量达到19865万元。到2000年底，国有商业单位14个，资产总额12675万元，商品零售总额37500万元，商品零售价格指数为99. 9，居民消费品物价指数为100. 8。个体注册工商户发展到4684户，从业人员6318人，注册资金 7164 万元。如今昌都商贸网点星罗棋布，城乡贸易购销两旺，市场呈现出一派繁荣的喜人景象。

改革开放以来，乡镇企业、多种经营、民族手工业等异军突起，逐步成为昌都地区工业生产的重要组成部分。到 2000 年底，全地区乡镇企业达 281 家、从业人员 3785 人，职工年人均收入达 2897 元，固定资产达 4471 万元，乡镇企业收入达 10556 万元、利润 1989 万元；多种经营收入达 23959 万元；民族手工业收入达 2645 万元。乡镇企业、多种经营、民族手工业占农村社会总产值的 29.9%。乡镇企业的发展，对调整农村经济结构，推动农业产业化进程发挥了重要作用。

随着经济的发展，城乡建设日新月异，地方财政收入和人民生活水平显著提高。1999 年底，全地区建立了以昌都镇为主，11 个县所在镇为辅的昌都城乡建设格局。镇一级由解放初期的昌都镇，发展到现在的 24 个镇。城镇化水平为 18%，其中昌都镇的城镇化水平达到 39%。基本建设力度增强，城镇建设效果明显。“九五”期间，全社会固定资产投资总额 1684000 万元，为“八五”期间的 1.12 倍，年均增长 33.7%。2000 年全年固定资产建设项目 216 个，项目投资规模为 74000 万元，其中当年完成项目 192 个，基础设施建设明显加快。昌都镇由解放初期的 0.3 平方公里，扩大到现在的 4.5 平方公里，增加了 14 倍；城区人口由解放初期的 4000 人发展到现在的 40000 人，增长了 9 倍。城里的柏油路总长 9.5 公里。自来水厂日供应水能力 1 万立方米，排水管道总长 5.1 公里。建有两个电站，总装机容量为 11200 千瓦，年总供电量为 4450 万千瓦时。市内长途通讯采用无线短波通讯和有线载波通讯并举的方式，平均每百人的市话水平为 1.5 门。有长途电话线路 118 条，程控交换机 4096 门，出局外线 5300 对，移动电话基站 1 个，无线寻呼基站 1 个，总容量 2 万户。在发展生产，提高生活质量的同时，城镇居民和农牧民的住房有了很大变化。城镇居民的住房在整体结构上保持藏族传统建筑风格的同时，大量吸收了现代建筑材料和汉族建筑的长处，呈现出藏汉结合的复合文化特征。农牧民住宅大多数旧房翻新或扩建、或新盖，并由解放初期矮小破旧的土房发展到结实耐用、宽敞明亮的藏式碉房。昌都镇昌庆街的改造，坚持以人为本，把旧城改造和人居环境的改善结合起来，成为提升城市品位、挖掘民族文化内涵、追求城市个性发展、建设特色城市的重要举措。昌庆街作为全地区走城市化路子的有益尝试，荣获了“中国人居环境范例奖”。地区的财政以国家财政的强大支持为后盾，在探索中走出了一条艰难曲折的发展道路。到2000年底，全地区地方财政收入为5054万元；在岗职工年平均工资总额达到13176元；农牧民人均收入达到1469.49元；全地区城乡储蓄存款余额达84497万元，人均1294元，全地区人均住房建筑面积达到15.33平方米。广大农牧民的购买力显著提高，自行车、手表、缝纫机、收录机、电视机、电冰箱、摩托车等已悄然进入寻常百姓家，家用电器和其它高档商品的拥有量正急剧增加。

五

1950年10月昌都解放后，昌都地区的社会文化事业取得了令人瞩目的成就，特别是文教卫生事业有了突飞猛进的发展。教育方面，继1951年创建西藏第一所现代小学以来，先后经历了创办、大办、全面发展、调整改革4个阶段。逐步建立起了幼儿、小学、中学、中等专业、自学函授、职业教育、技术培训、电视教育、大中专自学考试等比较完整的社会主义教育体系。2000年底，昌都地区有完全小学166所，学生72103名，教师1762名，学龄儿童入学率达88%；有中学14所，学生6406名，教师673名；有中等专业学校1所，学生610名，教师110名；有托儿所、幼儿园10所，幼儿804名，教职工83名。从1992年至2000年底，共脱盲54614人。文盲、半文盲率从解放初期的95%下降到64%。“两有八零”任务已基本完成，基础教育进一步加强。这些均得益于“科教兴昌”战略的有效实施。

昌都地区素有“热巴之乡”“弦子之乡”“卓舞之乡”“艺匠之乡”“木刻之乡”之称。其文化艺术在保持当地传统文化的基础上，吸收周边民族文化的精华，形成了独具特色的康区文化艺术。昌都地区是藏族著名史诗《格萨尔王传》产生的地方，不仅古迹多、版本多、壁画多，而且著名艺人最多。其中最著名的有“国宝”之称的扎巴、卡察扎巴·阿旺江村、桑珠等说唱艺人。为了继承和发扬在西藏享有盛誉的昌都热巴、弦子和卓舞舞蹈，特地成立了地区民族歌舞团和以热巴为主的丁青县文工队，以弦子为主的芒康县文工队，以卓舞为主的昌都县文工队等专业团体，使继承传统文化有了组织保证。昌都地区民族歌舞团和丁青、芒康、昌都三县文工队多次在区内外获奖，先后捧回了几十个奖项。地区民族歌舞团创作的《藏东赛鼓》不仅荣获第三届珠穆朗玛文学艺术金奖，而且荣获全国首届荷花杯舞蹈比赛铜奖。2000 年底，全地区有文艺表演团体 4 个，演员 174 人。有县乡文化馆（站）135 个、档案馆 12 个、群众艺术馆 1 个、电影公司 1 个、县乡电影放映队 104 个。有全国文物保护单位昌都卡若遗址和自治区级文物保护单位 7 个。昌都地区的广播电视从无到有，从小到大，已经走进了广大的农牧区。2000 年，昌都地区电视台可收看 47 套节目。地区有中波台和县级中波台各 1 座、地区广播调频台 1 座、用昌都方言为语种的昌都人民广播电台 1 座。同时，10 个县均有开路、闭路电视和调频广播、有线广播站。在农牧区建有乡村级广播电视收转站或单收站 354 座。全地区广播覆盖率达 75%，电视覆盖率达 73%。一支以藏族为主的广播电视队伍正在茁壮成长。

昌都解放后，人民解放军的医务人员和中央民族卫生工作大队进驻昌都，现代卫生事业开始起步。一个以昌都地区人民医院、地区藏医院、地区防疫站、地区卫生学校和地区妇幼保健院为中心的地、县、乡、村四级卫生网络逐渐形成。计划免疫工作普及深入，法定管理的传染病得到有效控制和消灭；爱国卫生运动相继开展，妇幼卫生工作成绩显著，初级卫生保健逐步铺开；农牧民卫生意识得以增强，全地区人均寿命 65 岁，比民主改革前提高 29 岁。截止 2000 年，全地区有卫生医疗机构 190 个，共有医务人员 1251 人，开设床位 1020 张。地区所产名贵藏药珍珠七十味、常觉、腹中宝等产品荣获国家及省、部级名优奖。昌都地区以“科技兴昌”为指针，大力发展科学技术事业，把科技的重点放在农牧业、气象、水利、医药卫生、工业交通领域。《昌都科技》《昌都科技信息》等刊物为科研工作的发展和农牧业实用技术的推广发挥了积极作用。2000 年，全地区有农牧业科研和推广机构 12 个、牧业技术推广站 12 个、种畜场两个。基本形成了地、县、乡三级科技管理体系。全地区共有科技工作者 8789 人，其中少数民族 3176 人；获高级职称的 18 人，中级职称的 633 人，初级职称的 2852 人。全地区科技人员完成科学研究和科技推广项目 224 项，科技进步因素在经济增长中的贡献率达到 30%。昌都地区的体育事业蓬勃发展。篮球运动是解放后才兴起的现代体育项目，但很快赢得了昌都人民的普遍喜爱。在西藏自治区运动会上，昌都男女队先后三次获得冠军，一次亚军，一次第三名，昌都被人们视为西藏的“篮球之乡”。昌都体育代表队在西藏自治区运动会上共捧回70多个奖杯，有不少项目破自治区级记录。世界著名女登山健将潘多就是昌都人。

解放前，昌都地区几乎是全民信教，并素以教派多、寺院多、僧尼多而闻名。其宗教教派有苯教，藏传佛教的格鲁派、宁玛派、萨迦派、噶举派，以及伊斯兰教、天主教，西藏唯一的天主教堂——盐井天主教堂，也在昌都境内。“文化大革命”期间，由于受左倾错误的影响，党的宗教政策未被很好执行，寺庙和文物遭到严重毁坏。中共十一届三中全会后拨乱反正，落实党的宗教政策，政府先后为寺庙补偿和清退资金945万元，拨出维修寺庙款1055万元。截止2000年底，昌都地区共有宗教活动场所496处，僧尼14410人，满足了广大信教群众的需求。

以史为鉴，继往开来。昌都地区悠久的历史，灿烂的文化，丰富的资源，优越的区域位置和各条战线取得的巨大成就，鼓舞昌都人民更加坚定了走建设有中国特色社会主义道路的决心。但在前进的道路上还存在不少困难和不利因素，昌都地区的农牧业生产基础薄弱，靠天吃饭思想严重，抵御自然灾害的能力低下；交通、能源、通讯等基础设施建设滞后，尤其是交通“瓶颈”制约因素依然突出；第二产业水平低、技术落后、结构单一；经济运行中科技含量少，教育和卫生事业发展水平低，专业技术人才量少质差；地方财政入不敷出，建设资金不足，自我发展能力差等，都有待昌都人民在西部大开发中抓住机遇，用自己的聪明才智战胜困难，在振兴昌都、繁荣昌都的征程中谱写出新的篇章。

昌都解放50年来，昌都地区各族人民在党中央的关怀和对口援藏单位——四川、天津、重庆的大力支持下，在物质文明和精神文明建设方面取得了举世瞩目的辉煌业绩，积累了丰富经验，为未来经济腾飞和社会发展奠定了坚实的基础。展望未来，昌都地区的发展目标是：把昌都真正建成连接藏、川、滇、青的交通枢纽，商品流通的集散地，三江流域生态旅游区和自然生态保护区。届时，昌都地区将以社会发展、经济繁荣、群众富裕、人民安居乐业的崭新面貌崛起于祖国的西南边陲。

2005年4月写于昌都

康区昌都传统文化艺术的发展脉络

藏族传统文化是中国传统文化的有机组成部分。康区昌都传统文化艺术又是藏族传统文化艺术中具有康区昌都特点的区域文化之一。藏族传统文化艺术与康区昌都传统文化艺术之间的关系，是母与子的关系或从属的关系，是整体与局部的关系。康区昌都传统文化的发展大致经历了四个发展阶段。

第一阶段是昌都文化的起源与奠基期，我们至少可以把昌都文化的起源与奠基期实实在在地定格在四五千年前的新石器时代

在这一时期，最典型的是以四五千年前的昌都卡若文化为代表。以卡若遗址为代表的卡若文化具有浓厚的地方特点。如大型打制石器、细石器与陶器、磨制石器等共存并以打制石器居多；陶器均为小平底，器种以罐、钵、盆为组合，纹饰主要是刻划纹，以三角折线纹为母体花纹；建筑大量以石块为材料等都充分说

具有5000年历史的新石器遗址——昌都卡若建筑遗址

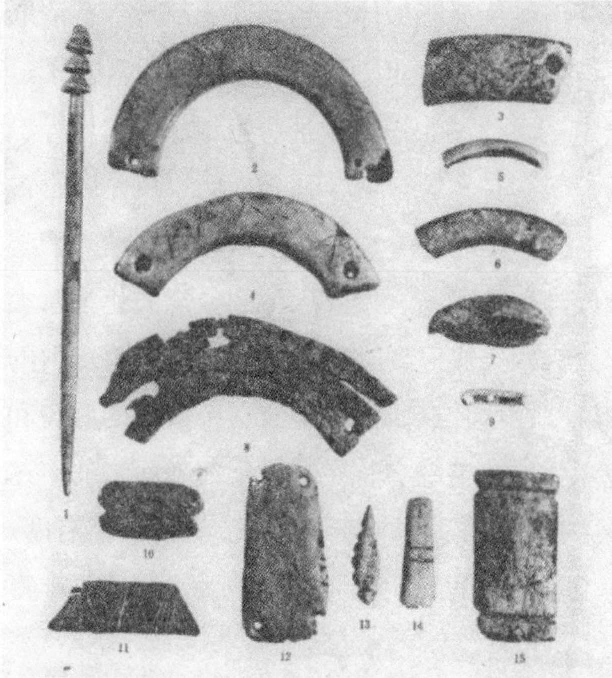

卡若遗址出土的骨笄、璜、环、贝、牌饰

明了自身的特点。卡若文化亦不是一个孤立发展的原始文化，而是与周边地区诸原始文化之间存在广泛的联系和交流。卡若遗址的半地穴红烧土房屋、彩陶花纹、陶器造型等和黄河上中游地区的原始文化有过一定的联系；从遗址出土的贝饰看，有可能同中原或华南原始文化有直接与间接的接触；遗址中出土的陶罐、钵、盆等的器物组合和陶器纹饰以刻划纹为主要特征，与云南元谋大墩子遗址所代表的原始文化有渊源关系；而粟类谷物的发现，说明卡若先民接受了中原地区的原始文化。卡若文化有其自身的特点，但又与周边原始文化有联系和交流，说明卡若文化具有浓郁的复合文化特点。曾亲自参加过卡若遗址发掘的著名考古学家童恩正教授撰写的《西藏昌都卡若新石器时代遗址的发掘及其相关问题》中指出："如果我们综合考古、历史记载和传说等方面的资料进行分析，则可以推测西藏的原始文化中有两个部分，一种是土著居民的遗留，他们定居在西藏的时代目前至少可以推到旧石器时代的后期，是一种游牧和狩猎的部落；另一种是从甘、青地区南下的氐羌系统的人，他们是一种农业部落。以后西藏的种族和文化，应当就是以这两者为主体综合而形成的"。由此可见，早在原始社会后期，西北氐羌系统的人就有可能逐渐向康区一带迁徙，并与当地的土著文化与西北氐羌等外来文化接触与融合。

从新石器卡若遗址出土的包括"璜、环、珠、项饰、镯、贝饰、牌饰和垂饰"中，我们充分体会到卡若先民对精神生活有着较高的追求。同时，知道"人们已经产生了爱美的观念和初步的艺术"，从出土陶器的纹饰上看，已讲究图案的排列和对称，代表性的器物是双体兽形罐，线条圆浑，古朴生动，是一件很好的艺术品。纹饰以刻划或压印的平行线、三角形、方格、菱形等几何形图案为主，能注意在器物的不同部位饰以不同的纹饰，讲究图案的排列和对称，"显露出朴素粗放的风格”。这种艺术风格我们至今仍能从卓舞中体会到。这些都是带有浓厚地方色彩的藏族地区原始文化的写照。这是迄今为止，我们对昌都先民对艺术追求的最早了解。1986 年发掘的同属于卡若文化的小恩达遗址、察雅烟多遗址等，表明了新石器时代文化在昌都地区的扩展，有力地证明了昌都地区不仅是康巴古文明的中心，而且也是藏民族原始文化的发祥地之一。

藏族史籍根据民间传说认为，藏族是由猕猴与岩魔女生下的猴崽演化为六大氏族，即塞、穆、东、董、汪、达，故有六氏族之说。据记载，有关昌都史料的藏文典籍《昂地董氏家族明镜史》中说“在这片辽阔的昂地有三个董氏的后裔和一个岭仓的后裔”。有学者认为古代党项、党羌的名称是从董氏演变而来的，这种观点有一定的道理。这都说明昌都一带的藏族族源以董氏为主，同时夹杂有塞、穆、东、汪、达氏的后裔，是他们开发了传统的美丽家园昌都地区，创造了丰富多彩的昌都三江峡谷文化。

第二阶段是昌都传统文化的酝酿期，约从公元前四五世纪到公元五世纪

在这期间，昌都一带大都是一些小部落。《弟吴宗教源流》《贤者喜宴》等藏文文献均称，西藏地区在远古时期，曾由十种非人统治，倘若剔除依附在文献记述上的神话因素，则不难发现，这些“非人”实际上是远古时期一些活动于西藏地区以某种神灵或动物为图腾崇拜的部落集团。因为许多“非人”部落曾真实地存在于吐蕃及其之后的藏族社会中。据藏族史书和敦煌文书记载，在此时，藏族古代氏族部落在西藏建立了“十二小邦”，其中有一个小邦叫“亚松”，即后来的“苏毗”部落，而苏毗部落包括了昌都一带。当时昌都一带盛行的是藏族最原始的自然宗教。根据白崔编著的藏文《苯教源流》和《孜珠寺简史》记载：“藏族第一位国王聂赤赞普的儿子穆

八宿县拉鲁卡岩画——夸张地突出了男性的生殖器

赤赞普时期，从象雄邀请108位苯教智者，分派到藏区的卫藏、康区、安多等地修建37座苯教道场，其中较有名的9座分支道场中就有协来加嘎——孜珠寺”。由此推算，约在距今2000年前雍仲苯教已传入昌都地区。苯教的传入为昌都一带的文化注入了新的血液。在敦煌的藏文写卷中有一份《松巴谚语》三、四十则。这些谚语很有可能是远古昌都一带流传下来的谚语。

在这个阶段，有四件事来说明康区昌都传统文化的发展概貌：一是八宿嘎学岩画，也称拉鲁卡岩画，位于八宿县城以西的巴冬村牧场。整个岩画是在一块巨大的岩石上雕凿的，石质系花岗石，共有18个画面组成，计个体图像704个。制作方法均为琢刻法。题材系表现狩猎、放牧、射箭、战争、舞蹈、祭祀等场面。岩画以单幅图像为主，表现宏大场面的较少。值得注意的是有些男性的生殖器很夸张地表现了出来。说明了远古人民对生殖崇拜的信仰习俗。整个岩画简洁、古朴，显露出较原始的风格。嘎学岩画再现了人类早期狩猎的远古生活，同时，佛教的思想也反映到了岩画中。值得注意的是在拉鲁卡岩画中有一幅单人独舞者，其头上的两条发辫随着舞蹈的律动而飘扬，长袖亦随舞而挥，舞姿十分生动。这是目前我们对有关昌都舞蹈最早的形象了解。二是香贝墓葬，位于贡觉县相皮乡周围。1986年，自治区文管会和地区文化局一同进行文物普查时，对该墓地进行了复查，共清理出石棺墓5座，获随葬品陶器10件，铜器2件。香贝墓葬的年代约在西汉前期，相当于吐蕃早期。在随葬品中出土的耳坠还使用了焊接技术和镶嵌工艺，说明古代昌都先民已经掌握了较高的工艺技术。铁刀的出土也说明藏族人民佩带腰刀的习俗自古有之。三是在古代，西藏通往内地的有三个通道，即民族走廊、唐蕃古道、茶马古道。三个通道作为古往今来民族迁徙和文化交流的通道，有容纳、传播、交流和连接等多方面的功能。这三个通道经过昌都腹心地带或部分经过昌都地区。其中“茶马古道”分为川藏道和滇藏道两条，昌都是必经之地。茶马古道既是一条经贸之路，又是文化之路、传播之路，积淀

出土的羊角纹陶器

着上千年乃至几千年的丰厚历史。四是在此时或稍后，昌都古老的卓舞即俗称的“锅庄”舞初步形成，这从昌都卓舞歌词中可以看出。昌都卓舞明显地继承了新石器卡若文化“朴素粗放”的艺术风格；而卓舞的歌词为我们较清晰地勾勒出了卓舞艺术早在苯教盛行时就已存在的发展轮廓；民间的传说也从一个侧面证实了卓舞历史的悠久。

贡觉县香贝石棺墓出土的双大耳陶罐

第三阶段是昌都传统文化的形成期，时间约从七世纪至十二世纪

七世纪初，在青藏高原建立起吐蕃政权。吐蕃政权的建立不仅完成了整个藏区的统一大业，而且打开了封闭已久的对外交往大门，这对佛教在藏族地区的传播提供了保障。公元七世纪上半叶，吐蕃赞普松赞干布在尼泊尔尺尊公主和唐文成公主的影响下，信奉佛教，开始初建佛教寺院、译佛经，此时尚无僧人出家，这一时期是佛教的初创期。大约在公元八世纪，印度僧人寂护、莲花生等佛教士进入西藏传播佛教、讲佛法，在赞普赤松德赞的倡导下，佛教得到大力推广，寺院开始有僧人诵经，佛教开始盛行，史称前弘期。公元九世纪中叶，即赞普达磨统治时期，佛教在西藏的传入受挫，其主要原因是佛教在一些地方大兴寺院，威胁着统治阶级的统治。结果，佛教在西藏全境遭到毁灭。到公元十世纪后期，由于西藏的社会生活发生了变化，统治阶级内部也发生了变化，一部分具有先进思想的封建领主为了本阶级的利益，以提高生产力为目的，开始复兴佛教（史称后弘期）。这个时期，佛教的主要特点是佛教的

昌都类乌齐县恩达境内保留的一段茶马古道遗迹

昌都天津广场的标志性雕塑——鲲鹏展翅

本土化，即佛教与苯教处于相互斗争、相互融合的时期。佛教与苯教经过相互融合、相互斗争，终于在公元十世纪后半期，形成了具有苯教元素的藏传佛教，即今天藏传佛教的雏形。1247 年，藏传佛教萨迦派领袖班智达·贡噶坚赞同蒙古皇子阔端在凉州(今甘肃省武威)议定了乌思藏与康区诸部归顺蒙古和接受所规定的地方行政制度的内容。1271 年，蒙古汗政权定国号为元，并于 1279 年统一全中国，建立了统一的中央政权，西藏成为中国元朝中央政府直接治理下的一个行政区域。元朝时是西藏历史的一个重大转折点，包括昌都在内的整个西藏正式归入中国的行政版图。这是中国统一的多民族国家历史演进的必然趋势，是藏族人民同汉族和其他兄弟民族长期密切交往的必然结果。

在察雅县旺卡乡境内至今保留的解放前茶马古道驿站古建筑

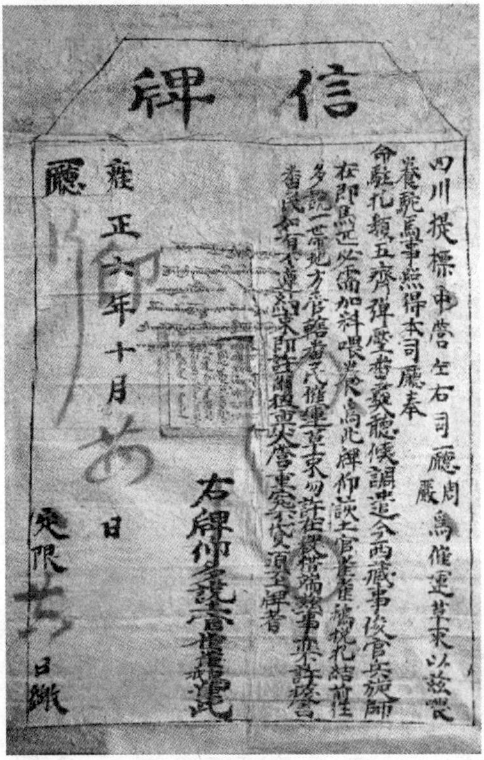
信牌
四川提標中營左右司廳周嚴為催運草束
廳
雍正六年十月 日
右牌仰多說土官准此
限 日繳

1728 年四川提标周严为催运粮草发给类乌齐“多说土官”的信牌原件

在这个时期，昌都传统文化取得了突出的成就。一是昌都石刻艺术不仅量多质优，而且线刻、浅浮雕、圆雕等品种齐全。昌都一带堪称藏族古代石刻艺术的博物馆。其具有代表性的是刻于 804 年的察雅仁达摩崖造像，以及芒康邦达拉堆大日如来佛的石刻和盐井扎国徐的石刻等作品，尤其是察雅仁达摩崖造像主供佛为大日如来佛，通高 3.28 米。左右有八大随行弟子和飞天女神，下面有吐蕃时期刻写的藏文和几十个汉字。造像均采用减底高浮雕技法，使造像具有较强的立体感，布局匀称，线条柔和自然。位于主供佛下的藏、汉文内容，涉及吐蕃时期的政治、历史、宗教、法律、书法、绘画、雕刻等领域，有极高的艺术、历史、科学研究价值。我国著名佛教考古专家、原洛阳龙门石窟研究所所长温玉成在昌都实地考察后撰写的《唐密在吐蕃康区地区的传播》中，对芒康邦达拉堆大日如来佛的石刻圆雕做了很高的评价：“这是吐蕃时代规模最大、艺术水平最高的一组雕像，十分珍贵”。二是昌都代表性的寺庙嘎玛寺、学寺、扬贡寺、斯佐钦寺、色炯寺、宗沙寺等在此时建成。三是建筑艺术明显受了内地汉族艺术及其他民族的影响。寺院建筑是西藏建筑艺术中的精华，由于它集中了藏族劳动人民在长期实践中所创造和积累的工程技术和文化艺术两方面的智慧，因此，最能反映昌都多元文化交汇与融合的演变过程。在昌都地区贡觉县的通夏寺曾有一座三层殿堂，据说是藏式、汉式、印度式

位于澜沧江的河谷村庄与农田

融合的建筑，屋顶为单檐歇山式，盖有琉璃瓦。昌都嘎玛寺大佛殿顶上的汉式单檐歇山式琉璃瓦，以及屋檐以藏、汉、纳西族三个民族喜爱的动物为特征，非常和谐地统一在汉式歇山式的屋顶下面。四是藏族史诗《格萨尔》在康区形成并流传。在昌都广袤的大地上，到处都有与格萨尔王有关的遗迹和传说；昌都地区是格萨尔艺人最多和格萨尔版本流传最多的地区；昌都地区还是有关《格萨尔王传》唐卡与壁画较多的地区之一。在民间和寺庙，还有以《格萨尔王传》为题材的舞蹈。如丁青尺牍和类乌齐巴夏的格萨尔舞蹈、类乌齐扬贡寺庙的格萨尔神舞等。五是昌都热巴艺术至少在13世纪时，已发展成比较成熟的一门融说、唱、舞和杂技气功为一体的综合性表演艺术。

党的恩情比天高、比海深

昌都强巴林寺的僧人在作法念经

在察雅县旺卡乡境内至今保留的解放前茶马古道驿站古建筑局部，明显保留着汉式建筑的风格

据说在修建达垅噶举派的下寺类乌齐查杰玛大殿时，高僧乌金贡布特邀琼波丁青窝托热巴的7名艺人，在查杰玛大殿前面的波泽卡地方跳舞镇魔。据《洛绒教法史》记载，类乌齐查杰玛大殿是1326年修建竣工的。说明热巴舞蹈在此前已经形成。六是民间文学中的歌谣、传说与故事、谚语、谜语等大多数在此时已经形成且广泛流传。

第四阶段是昌都传统文化的发展和成熟期，时间约从14世纪至20世纪

这时期包括昌都地区在内的整个西藏传统文化相对成熟，并为日后积累了大量文化资源。1368年明朝建立后，采取了“多封众建”，普遍封赐以“王”“法王”“灌顶国师”等名号。明朝基本沿袭了元朝对西藏的管理体制，设立了军民兼治的卫所管理机构。1644年清朝取代明朝，对包括昌都在内的西藏治理进一步加强，中央政府在西藏行使主权管辖的施政更加制度化、法律化。同样，随着祖国统一和民族团结的加强，藏族和汉族以及其他少数民族之间的文化交往更多、更密切、更融合。

从社会发展史的角度来讲，13世纪左右西藏社会已经进入封建奴隶制社会。由于这个阶段正处于藏族封建社会的上升时期，各封建统治阶级多倾心于扶持各教派。15世纪初，藏传佛教的各教派即宁玛派、萨迦派、噶当派、噶举派也已形成，尤其是宗喀巴宗教改革后创立的格鲁派，标志着藏传佛教诸派的全面形成。在这个阶段，有一个现象特别引人关注，一方面寺庙林立，消耗了大量的物质财富，加之僧人众多，社会的负担加重，影响和阻碍了西藏社会的发展和生产力水平的提高，西藏社会的发展已经走到了腐朽的边沿；另一方面由于藏传佛教的形成，为西藏传统文化的形成注入了新的活力。藏族人民把自己的精神世界完全寄托在佛教来世的极乐世界，人民崇信藏传佛教，尽心的服务于藏传佛教艺术，以得到心灵的安慰。从而把围绕藏传佛教服务的藏族传统宗教文化推向了一个高潮。由此，基本形成了两支共同为宗教文化艺术服务的艺人队伍，一支是寺庙内部较为固定的艺人队伍。他们的身份首先是僧侣，包括活佛和高僧；其次才是从事寺庙宗教文化的有关艺人或学者，如绘制唐卡壁画、堆彩沙坛城、跳寺庙羌姆、捏塑酥油花、著书立说等。另一支是在民间自发产生的民间艺人。他们的身份首先是俗人，其次才是从事某个艺术品种的艺人。他们的服务对象既是寺庙喇嘛，也是平民百姓。如为寺庙修筑经堂佛殿、或为寺庙绘制唐卡壁画、制造面具、雕塑雕刻佛像。又如为农牧民画唐卡、制造家具、或为群众雕刻民间工艺品等。需要指出的是，长期政教合一的封建奴隶制统治窒息了西藏社会的生机和活力，使昌都在内的西藏社会日益走向没落和衰败。

在这个阶段，昌都三江峡谷文化正处于发展和成熟期。昌都代表性的传统文

位于芒康县纳西民族乡西藏唯一的盐井天主教堂

化大体在此时形成并成熟：一是昌都一大批重要寺庙在此时建成。其中影响大的寺庙有：强巴林寺、察雅寺、康巴寺、佐字寺、八宿寺、左贡寺、田妥寺、维色寺、乃果寺、孜托寺、边坝寺、金卡寺、宗洛寺、甲桑卡寺、卓珍寺、字嘎寺、青稞寺，以及昌都清真寺、芒康盐井天主教堂等重要寺庙道观。2010年统计，昌都地区共有宗教活动场所496处，僧尼14410人，活动场所和僧人分别占西藏总数的29%和31%，昌都仍然是西藏七地市中寺庙和僧尼最多的地区，寺庙的影响很大。二是具有康区昌都特点的绘画流派——嘎玛噶志在昌都正式形成。16

在昌都举办的第七届藏、川、青、滇毗邻地区康巴文化旅游节上的民间舞蹈

世纪在朗卡扎西、曲扎西、嘎学·嘎玛扎西即“扎西三氏”的创新与努力，在“勉林”、“勉萨”画派的基础上，吸收了明永乐年间内地风景画法和着色方法，在嘎学创立了独特的“噶志”画法。成为西藏三大唐卡画派中的重要一派。其中“扎西三氏”中的嘎学·嘎玛扎西就出生在昌都嘎玛瓦寨地方。三是藏族表明一个地方文化成熟标志的藏文《甘珠尔》木刻版，于1683年开始在昌都强巴林寺雕刻。四是昌都一批名乡先后形成：热巴之乡——琼波丁青、木刻之乡——江达波罗古泽、工匠之乡——昌都扎堆、匠才之乡——昌都嘎玛瓦寨、弦子之乡——芒康、

石刻之乡——察雅、卓舞之乡——昌都、产盐之乡——芒康盐井等。五是藏文字体中称为“康志初通”，意为康巴式笔画短促的字体，已经形成并流传。六是在昌都传统文化艺术领域里多元文化交流与融合的特点表现得更明显。明清时期，汉族传统文化艺术中的碑刻、匾额、印章等通过朝廷的封爵赐号进入昌都，为康区昌都文化艺术输入了新的成分。七是传统的藏戏在清末民初从卫藏地区传入昌都寺。昌都人民从卫藏地区学习藏戏的同时，并没有照搬照套，而是改编和融合成为昌都人民喜爱的艺术剧种。在唱腔上昌都藏戏融合了昌都的山歌和卓舞音乐;在剧本上根据昌都观众的需要创作了《拉鲁普雄》《罗登西饶传》等剧本，使昌都藏戏成为藏戏中独立的一个剧种。八是昌都众多的行帮组织和汉族道观，是多元文化交汇与融合的历史产物，也反映了昌都开放、兼容、多样性的特点。仅在昌都镇有十几个行帮组织，如孝义会、白拉提、妇女结拜会、三圣会、青年会、邦达朋友会；昌都行会：孙膑会、仁和会、至义会、金刚兄弟会、朝圣同友会。又如解放前，仅昌都镇内设立的与汉、回民族有关的寺庙道观和会馆有：清真寺、城隍庙、土地庙、川主庙、关帝庙、玉皇阁、观音阁、龙王庙、万寿宫、普安堂、

昌都民间卓舞

陕西会馆、云南会馆等十几处。九是昌都涌现出一大批著名人物，如著名民间画家普布泽仁和日巴旺堆、著名藏医药物学家德玛·丹增平措、著名佛学家普纠·阿

旺向巴、著名学者隆多喇嘛阿旺罗桑、钟情于民间文学的帕巴拉·次成加村、开创嘎学噶志画派的嘎学·嘎玛扎西、著名爱国人士和社会活动家格热·索朗列旦、《格萨尔王传》说唱艺人学图·旺布和扎巴、“西藏革命党”创建者邦达饶嘎、西藏传奇巨商邦达多吉等一大批杰出人物的涌现，更是精英辈出。他们在藏族历史文明的进程中做出了不可替代的卓越贡献，使昌都三江峡谷的文化熠熠生辉，为世人所瞩目与敬仰。

就文化发展的角度来说，以下三点对昌都传统文化的内容与形式都产生了重大而深远的影响：一是西藏文明向东发展即向中华文明发展和靠拢的趋势，使昌都文化呈现出多元文化色彩。二是藏传佛教的正式形成，对藏族传统文化注入了强大的动力，同时也深深地影响了昌都传统文化的内容与形式。三是藏汉民族的政治、经济、文化发生了密切的水乳交融般的关系，不仅充实丰富了昌都传统文化，而且逐步使昌都传统文化冲破横断山脉的峡谷，走向了广阔的社会舞台。

2013 年 5 月 20 日写于昌都

昌都历史文化的特点及其成因

5000年前，勤劳、勇敢、智慧和富于开拓创新的昌都先民，凭着自己劳动的双手创造了令世人称道的康区昌都卡若文化。随后，卡若文化经过不断吸收周边各民族的文化营养，形成了独具特色的康区昌都文化，并呈现出多彩多姿而且有震撼力的藏区地域文化——康区昌都文化。不同的人从不同的角度、不同的层次，会对昌都历史文化得出不同的结论。这也是由昌都积淀深厚的历史文化本身的特点所决定的。但我认为要想准确地了解和把握康区昌都历史文化的特点，关键要把握好昌都特殊的封建割据地的特点和多元文化交汇与融合的特点。把握好这两大特点，昌都复杂而多样的历史文化现象就不难理解了。

一、特殊的封建割据地的特点

昌都地区自吐蕃王朝统治崩溃以来，一直是部落众多、头人林立、自主称王的特殊地区。自元明清以来，历代中央王朝虽在昌都设置过军政机构，任命过政教头领，但其内部始终未能有效地统一起来。清末赵尔丰的改土归流，所委任流官并没有取代当地的政教头领，原有的封建农奴制度并没有从根本上得以触动。西藏地方政府统治昌都地区后，仍未打破封建割据状态，政令还是不能上通下达。这里依然保存着既有呼图克图政教合一、自成一体的地方政权势力，又有非政教合一的世俗部落、土司统治的领地；既有西藏地方政府管辖的宗一级地方政权机构，又有所谓“无官无法”，以父系血缘纽带组成的“帕措”等宗族势力控制的地区。

1. 拉多土司

据藏文本《拉多世系》记载：拉多土司是护送文成公主进藏所运释迦牟尼像的车夫吉拉嘎的后裔。同书记载：为了表彰拉多头人的功绩，藏王赤松德赞授予拉多头人“英雄猛虎”称号，拉多王是百姓的神，是藏区大统一后的功臣，故赐名为“拉多王”，意为第一神王[①]。此后，拉多王借助这一封号，扩大自己的势力和地盘，一时誉满康区，成为昌都一带势力最大的部落之一。1375年（明洪武八年）拉多王被封为纳竹千户[②]，1728年（雍正六年）又封为安抚司[③]。解放初期，拉多土司管辖930户，4650人[④]。

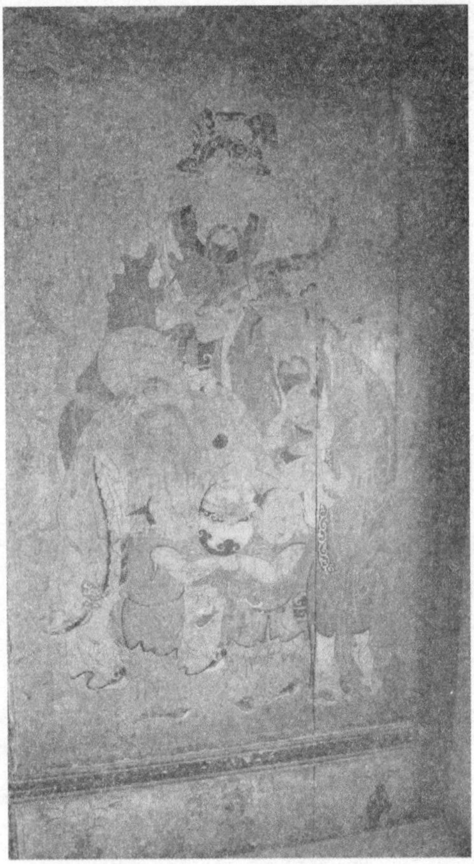

寺庙门板上的中国画，反映了藏汉文化交流与融合的历史

2. 三十九族部落

三十九族是指曾由蒙古人统领过地方头领的39个藏族部落的简称。约14世纪前期，蒙古人古润乌伦台吉统治了霍尔德地区，成为第一代霍尔王。以后历经霍尔王八代人的扩张，到第九代霍尔王衮秋加时期，形成了霍尔三十九族自成一体的统治体系[⑤]。据一份抄自1723年（雍正元年）的藏文文告记载：三十九族部落共设有13个百户、20个百长，总户数4816户，每年缴纳赋税386两5钱3分[⑥]。

三十九族最初包括在青海南部等处蕃民七十九族内。1732年（雍正十年），由青海、四川、西藏三方派出官员勘定。靠近西宁的四十个部落归西宁，靠近西藏的三十九个部落归西藏管辖[⑦]。1763年（乾隆二十八年），三十九族正式归驻藏大臣直接管辖[⑧]。1912年（民国元年）驻藏大臣及清军被藏政府驱逐，1916年（民国5年），噶厦在丁青设立“霍尔基”，专管三十九族地区[⑨]。1942年（民国31年），噶厦撤销“霍尔基”，将三十九族划

注 释：

① 藏文《拉多世系》。

② 陈家琎主编：《明实录藏族史料》（一），第32页，西藏人民出版社，1982年版。杨绍猷、莫俊卿著：《明代民族史》，第504～505页，四川民族出版社，1996年版。

③ 陈燮章、索文清、陈乃文辑：《藏族史料集》（四），第482页，四川人民出版社，1993年版。

④ 昌都地区档案馆藏解放初期社会调查材料。

⑤ 多杰才旦主编：《西藏封建农奴制社会形态》，第295页，中国藏学出版社，1996年版。

⑥ 昌都地区档案馆藏藏文手抄本。

⑦ 《西藏志》第41页，《卫藏通志》，第506页，西藏人民出版社，1982年版。

⑧ 陈家琎主编：《清实录藏族史料》（三），第1319页，西藏人民出版社，1982年版。

⑨ 《原西藏地方政府组织机构》，西藏文史资料选辑（十三），第33～35页，民族出版社，1991年版。

洛隆县硕督镇的古城墙——明显受到内地古长城建筑的影响

归那曲“羌基”管辖①。

3. 政教合一的四大呼图克图

由于清朝政府的扶持和赏赐，加之历史的原因，昌都四大呼图克图在各自所执掌的封地内，实行着典型的政教合一制度。他们既是各自封地内最高的宗教领袖，也是最高的行政长官，集政教首领于一身，在各自辖区内有着至高无上的权力。故在昌都有“格仓日西”之称，意为有独立管辖权的四个地方。

（1）昌都帕巴拉呼图克图

帕巴拉活佛是昌都强巴林寺（简称昌都寺）的第一大活佛，也是康区历史最早、地位最高的格鲁派活佛世系。自 1792 年（乾隆五十七年）实行“金瓶掣签”制度以来，帕巴拉活佛世系是西藏最早经“金瓶掣签”认定的大活佛②。他的驻锡寺庙是建于 1444 年（明正统九年）的昌都寺③。

帕巴拉活佛世系形成于 16 世纪初。1594 年（明万历二十二年），三世帕巴拉被聘任为昌都寺的第十四任法嗣，从此历代帕巴拉正式成为昌都寺的第一大活佛世系，标志着帕巴拉活佛世系的形成④。但帕巴拉作为著名的诺门罕一级的大活佛，是 1719 年（康熙五十八年）清朝中央政府正式册封的⑤。之后，诺门罕名号升为呼图克图。1676 年（康熙十五年），以五世帕巴拉·帕巴甲娃甲措创建拉章为标志，形成了昌都政教合一的统治体制。帕巴拉呼图克图政教合一的机关叫

注 释：

① 扎娃：《霍尔措三十九族部落简介》，《西藏文史资料选辑》（五），第 117 页，西藏自治区政协文史资料研究委员会编，1985 年版。

② 西藏社会科学院、中央民院藏研所编:《中国西藏地方历史材料选辑》藏文版，第 621 页，西藏人民出版社，1996 年。中国藏学研究中心等编:《元以来西藏地方与中央政府关系档案史料汇编》第五册，第 2140 页，中国藏学出版社，1994 年。

③ 《向生·西饶松布传》，藏文木刻版。

④ 释迦拉旺：《协昂史籍》，藏文，第 173 ~ 175 页，西藏藏文古籍出版社，2001 年。向巴曲扎：《昌都强巴林寺志》，藏文，第 252 页。

⑤ 西藏自治区档案馆藏文抄件。

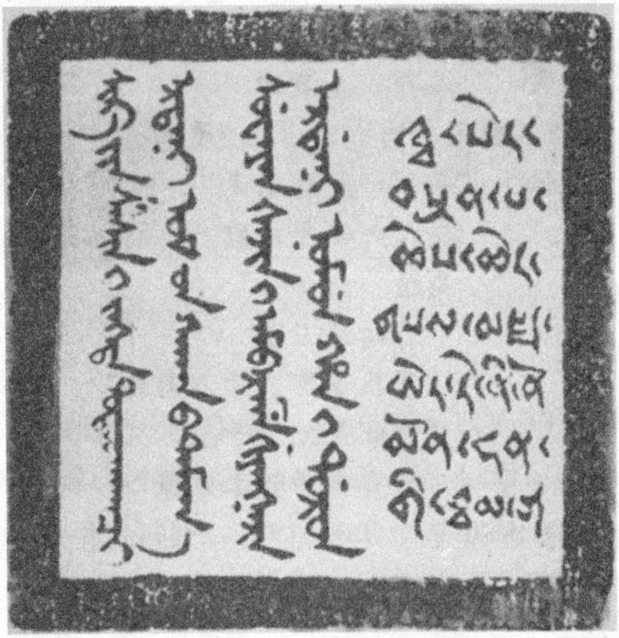

清康熙五十八年（1719 年）封赐给昌都强巴林寺的阐讲黄法额尔德尼诺门罕铜印

“孜拉章”，下面设有称之为“孜勒空”和“雪勒空”的两个机构[1]。孜勒空主要管理帕巴拉管辖范围内的所有寺庙，雪勒空主要管理帕巴拉管辖范围内的 5 个小宗、18 个甲本头人。[2]清代，帕巴拉所管大小寺庙 50 座，僧人 4500 人，百姓 7635 户。[3]

（2）察雅罗登西饶呼图克图

察雅罗登西饶呼图克图的驻锡寺庙是建于 1621 年（明朝天启元年）的烟多扎西曲宗寺，简称察雅寺。1652 年（顺治九年），二世罗登西饶·阿旺四朗伦珠被迎请到寺庙举行坐床典礼，标志着察雅罗登西饶活佛世系正式形成[4]（1719 年，即康熙五十八年，清朝政府正式册封了四世罗登西饶活佛罗桑朗杰）。

从第四世罗登西饶活佛开始，逐渐形成了察雅政教合一的地方组织机构——察雅拉章。其最高统治者是玛贡寺罗登西饶活佛。察雅拉章机构分别由政权机构

注 释：

① 江村：《昌都政教史》，刊《西藏文史资料选辑》（十八），藏文，第 226 ~ 227 页，民族出版社，1995 年版。

② 《原西藏地方政府组织机构》，西藏文史资料选辑（十三），第 228 页，民族出版社，1991 年版。

③ 《卫藏通志》，第 518 页，西藏人民出版社，1982 年版。

④ 洛松曲邓、白马旺堆：《察雅政教历史概述》，藏文，第 488 ~ 492 页，西藏昌都地区政协文史参考资料收集委员会编，1987 年版。张伯桢：《西藏大呼毕勒罕考》，第 32 页，西藏社会科学院西藏学汉文文献编辑室编，河南省中州古籍出版社。

和宗教机构两部分组成[1]。“谢佐”（ཞྱི་ལྷ་ཛོད）是拉章的最高行政长官，听命于罗登西饶活佛执行政务。1949年前，察雅拉章所辖寺庙44座、13个“打桑”区（“打桑”本意为驿站或信使，后演变为察雅的相当于区一级的行政区划）、72名“果孜”头人[2]。

芒康县盐井博物馆广场反映茶马古道艰辛的一组雕塑

（3）类乌齐帕曲呼图克图

类乌齐最大的寺庙叫扬贡寺，俗称为类乌齐寺。扬贡寺是由桑吉温于1277年（宋景炎二年）创建的[3]，属达垅噶举派寺庙。该寺最初实行家族世袭法嗣的办法来继承法台。17世纪始实行活佛制。1723年（雍正元年），清朝正式赏赐给第一世帕曲·阿旺扎巴称勒为“诺门罕”名号[4]。1731年（雍正九年），清朝皇帝封帕曲为呼图克图，并封类乌齐为其采邑[5]。在扬贡拉章下面有一个称之为“吉苏康”的办事机构。类乌齐寺势力最盛时僧人多达6000人、户数超万户[6]。

（4）八宿达察济咙呼图克图

达察活佛最初的驻锡寺庙是建于1473年（明成化九年）的八宿桑珠德庆寺，简称八宿寺。后来，随着达察活佛地位的上升，逐渐将驻锡地移至拉萨的功德林。而桑珠德庆寺也随之成为功德林所属的一座寺庙。1632年（明崇祯五年），五世济咙阿旺曲吉旺秀应邀前往达察桑珠德庆寺正式升任法座，标志着济咙活佛世系

注 释：

① 洛松曲邓、白马旺堆：《察雅政教历史概述》，藏文，第428 ~ 448页，西藏昌都地区政协文史参考资料收集委员会编，1987年版。

② 洛松曲邓、白马旺堆：《察雅政教历史概述》，藏文，第431 ~ 432页，西藏昌都地区政协文史参考资料收集委员会编，1987年版。

③ 达龙·阿旺曲吉：《达龙教史》，藏文，第610页，西藏藏文古籍出版社，1992年版。

④ 中国藏学研究中心等编：《元以来西藏地方与中央政府关系档案史料汇编》第五册，第2134页，中国藏学出版社，1994年版。

⑤ 吉仲·江白坚参：《类乌齐寺吉仲活佛和格热喇嘛简历》，《西藏文史资料选辑》第六辑，第79页，西藏自治区政协文史资料研究委员会编，1985年版。

⑥ 吉仲·江白坚参：《类乌齐寺吉仲活佛和格热喇嘛简历》，《西藏文史资料选辑》第六辑，第79页，西藏自治区政协文史资料研究委员会编，1985年版。

主持八宿寺[①]。到1703年（康熙四十二年），八宿寺及达察济咙受到康熙帝的册封[②]。1676年（康熙十五年），五世达赖赐给第六世达察济咙八宿寺及所属庄园和属民后，始设八宿拉章机构。拉章最高职位叫“强佐”（ཕྱག་མཛོད），意为大总管，由他主持八宿拉章的政教事务。“强佐”由拉萨功德林委任。清代，达察管辖有18座寺庙、800余户属民[③]。

4. 西藏地方政府直接管辖的宗政府

雍正年间，清王朝“筹藏”的重要举措之一，就是对四川、云南、青海与西藏地方界线的勘定。1725年（雍正三年）冬，川陕总督岳钟琪奏称：打箭炉界外之里塘、巴塘、察雅、昌都、云南之中甸，昌都外之罗隆、察隅、左贡、贡觉等部落，虽非达赖喇嘛所管辖地方，但罗隆宗离打箭炉甚远，若归并内地，难以遥制。

行走在茶马古道上的骡马都有称之为头骡的骡子——其标志是头上有高高的一撮红色毛鬃

其罗隆宗等部落，请赏给达赖喇嘛管理[④]。1726年（雍正四年），朝廷官员鄂齐、班第会同川、藏、滇三方官员会勘地界，决定以金沙江西的宁静山为界，以西为达赖喇嘛的“香火地”，以东属四川，中甸属云南。与此同时，在昌都地区设立了由西藏地方政府直接管辖的6个宗，其中江卡（今芒康）、官觉（今贡觉）两个宗为五品边缺，各设有俗官营官一人；洛隆、达尔宗（今边坝）、硕般督（今洛隆硕督镇）为六品中缺，各设有俗官营官两人；作贡（今左贡）为六品中缺，

注 释：

① 冉让·阿旺登贝加村：《王统世系教法史——白水晶镜》，藏文，第366 ~ 367页，西藏藏文古籍出版社，1981年版。

② 中国藏学研究中心等编：《元以来西藏地方与中央政府关系档案史料汇编》第五册，第2134页，中国藏学出版社，1994年版。土呷：《昌都清代的四大呼图克图》，《中国藏学》，2001年第4期，第39 ~ 51页。

③ 冉让·阿旺登贝加村：《王统世系教法史——白水晶镜》，藏文，第367 ~ 370页，西藏藏文古籍出版社，1981年版。

④ 陈家琎主编：《清实录藏族史料》（一），第331 ~ 312页，西藏人民出版社，1982年版。

设有僧俗营官各一人；结顿（今边坝）为六品中缺，设有僧官营官一人[①]。上述6个宗虽划归为西藏地方政府，但事实上不完全服从于西藏地方政府，仍有较大的自主权。

琼布丁青孜珠寺“裸体舞”——天堂与地狱的片段

5. 宗族势力

（1）“帕措”

“帕措”是在特定的历史条件和特殊的地理环境下，为了维护自身的利益，以父系血缘关系为纽带而延续下来的一种宗族群体。“帕措”内部的关系以父系为主，财产由男子继承。父权在“帕措”家庭中有至高无上的权力。传统的“帕措”制度中心在昌都地区贡觉县三岩一带。三岩为藏语音译，是指劣地或地势险恶之意。帕措的历史至少可以追溯到700年前。据新中国建立初期的调查统计，原三岩地方和芒康地方共有帕措1419户。其中仅三岩有87个帕措群体，104个帕措头人[②]。

注 释：

① 上海大学法学院等编：《钦定理藩部则例》，第450 ~ 451页，天津古籍出版社，1998年版。

② 昌都地区档案馆藏解放初期社会调查材料。

帕措之间争端的引发，一是日常生活中偶发的琐事，如酒后失言，斗殴逞强；二是因草场纠纷引起的争端；三是两性关系等有损本帕措声誉的事。帕措之间的争端发生时，一般先依习惯向对方提出经济赔偿要求，对方同意，则事端平息。交接赔偿损失时，需请双方当事者以外的帕措头人，或是请一名喇嘛当公证人。若受害者一方认为赔偿条件不够，或一方认为赔偿条件苛刻，双方达不成协议时，便开始进行复仇械斗。械斗方式有偷袭、决斗、征讨等形式。复仇械斗一般都是代代积怨，无休无止，成为社会不稳定的主要因素。

在寺庙里供奉的泥塑中具有汉族风格的小孩泥塑

（2）“果巴”

“果巴”是指传统的民间宗族群体的名称。这种群体以父母双亲血缘关系为纽带，通过联姻不断传承延续。它与帕措不同的是不仅以父亲的血缘为传承、而且还承认母亲的血缘关系。

果巴的分布范围比“帕措”广得多。其头领是果巴中家庭经济势力雄厚，善于辞令，说话能起作用的大户人家担任。

二、多元文化交汇与融合的特点

一定的文化总是与一定的地理生态环境相联系，同时，地理环境的差异也是导致文化差异的重要原因。昌都地处藏、川、青、滇结合部的民族走廊与文化交流通道。这种优越的地理环境是传播文化的先决条件。康区昌都文化从一开始则表现出了开放和宽容的心态。这一心态不仅从四五千年前的卡若文化遗址中透露了出来，而且从建筑、古道、地方政权、宗教领域，以及在意识形态中同样延续了下来。当然，这种多元文化的交流与融合是相互的、双向的。

1. 从考古发掘的文化中透露出来的多元文化信息

众所周知，卡若遗址是西藏自治区境内发现的第一处原始村落遗址，也是迄今为止西藏境内发掘的面积最大、保存最好、文化堆积最厚、内涵最丰富的新石器遗址，被学术界公认为西藏三大原始文化之一①。1996 年，卡若遗址以它重大的学术价值提升为全国重点文物保护单位。卡若遗址面积约 1 万平方米。1978 年和 1979 年，西藏自治区文管会会同有关部门，两次发掘面积 1800 平方米。共清理出房屋遗址 28 座，道路 2 条，石墙 3 段，圆石台 2 座，石围圈 3 座，灰址 4 处，出土各类石器 7968 件，骨器 366 件，陶件 2 万余片，装饰品 50 余件，以及部分粟米、动物骨骼等②。

考古学家根据卡若遗址的文化堆积层分析，卡若先民在创造自己地方特色的土著文化的同时，也接受和学习周边地区的文化。如与黄河中上游地区的原始文化和云南元谋大墩子的原始文化有渊源关系。而粟类谷物和贝壳的发现③说明了早在四五千年前，卡若先民至少间接接受了中原地区的原始农业和海洋文化的影响。

石棺葬是流行于横断山脉藏东、川、滇、青结合部的一种远古文化现象。石棺葬在昌都、贡觉、芒康、边坝、丁青等县均有分布。其中年代较早的是位于昌都县城北 5 公里处晚于卡若遗址的小恩达遗址。经 1986 年考古挖掘，在该遗址中发现一座石棺墓，出土人骨架和双耳陶罐一件④。稍晚于小恩达石棺墓的有贡觉县香贝石棺葬。1986 年西藏文物普查队在香贝清理 5 座石棺葬，出土随葬品 1 件，其中陶器 10 件，铜器 2 件。陶器中数量最多和最典型的器物是双耳罐，共出 6 件⑤。新近发现的昌都沙贡古墓也出土了双耳罐⑥。霍巍教授在其所著的《西

注 释：

① 石硕：《西藏文明东向发展史》，第 22 ~ 37 页，四川人民出版社，1994 年版。

② 西藏自治区文物管理委员会、四川大学历史系合编：《昌都卡若》，第 4 ~ 148 页，文物出版社，1985 年版。

③ 西藏自治区文物管理委员会、四川大学历史系合编：《昌都卡若》，第 154 页，文物出版社，1985 年版。

④ 西藏文物管理委员会文物普查队：《西藏小恩达新石器时代遗址试掘简报》，《考古与文物》，1990 年第 1 期，第 28 ~ 43 页。

⑤ 侯石柱：《西藏考古大纲》，第 51 ~ 60 页，西藏人民出版社，1991 年版。

⑥ 普布：《昌都县沙贡古墓葬清理记》，《昌都地方志》，2001 年第 4 期，第 31 页。

藏古代墓葬制度史》中指出："西藏的东部地区，从史前时代一直到早期部落时期（相当于考古学上的早期金属时代），看来都一直与西北地区的考古文化有着十分密切的联系。像昌都小恩达遗址和贡觉香贝所出土的石棺墓葬中，都出土有一种小平底的双耳罐，与黄河上游的原始文化同类器物十分相似；同时，可能也与川西——滇西北高原的考古文化之间有一定的关系[①]。"以上考古发掘都证实昌都一带是远古文化交汇、碰撞的重要地方，也表明了藏东昌都文化经历了多元一体的漫长历史过程。

钹是藏传佛教佛事活动的主要器物之一，这套钹在内地铸造后封赐给西藏高僧的，上面写有"大明宣德五年内加金银造"，另雕刻有双龙戏珠的图案，是典型的藏汉文化交流交往交融的产物

2. 遗存在建筑和古道上的多元文化色彩

（1）建筑物上的多元文化

建筑是时代的写照。寺院建筑是西藏建筑艺术中的精华，由于它集中了藏族劳动人民在长期实践中所创造和积累的工程技术和文化艺术两方面的智慧，因此，最能反映昌都多元文化交汇与融合的演变过程。吐蕃时期，在昌都贡觉县的通夏

注 释：

① 霍巍：《西藏古代墓葬制度史》，第303页，四川人民出版社，1995年版。

大清咸丰二年（1852 年）驻防乍丫（察雅）汛封赐的“福佑行人”匾额

寺，有一座造型独特的三层殿堂，第一层为藏式、第二层为印度式、第三层为汉式建筑，屋顶为单檐歇山式，盖有琉璃瓦。据当地人介绍，这就是当年文成公主为镇压女魔四肢关节而修建的镇女魔左掌心寺。对此是否属实，我们一时无法证实。但关键的是通夏寺融合了藏、汉，以及印度的建筑风格，这点则是很重要的。昌都嘎玛寺大佛殿建于 1264 年（宋景定五年）[①]。大佛殿高三层，下部为土石结构，上半部分为汉式单檐歇山式琉璃瓦。屋檐正中是藏族工匠设计建造的“博森格巴堆”，意为藏族狮爪形飞檐；左边为汉族工匠设计建造的“甲却森哲堆”，意为汉族龙须形飞檐；右边为纳西族工匠设计建造的“羌隆钦纳堆”，意为纳西族象鼻形飞檐。这三种飞檐以藏、汉、纳西三个民族喜爱的动物为特征，非常和谐地统一于汉式歇山式的屋顶下面。类乌齐查杰玛大殿建于 1320 年（元延祐七年），历时 6 年完成[②]。为了把大殿建造得雄伟壮观，高僧乌金贡布不惜重金，特意从尼泊尔和内地聘请工匠，参与大殿的设计和建造。洛隆硕般督寺周围建有宽厚的院墙，险要地方有防御外敌的岗楼炮台，明显参照了长城建筑的样式。上述汉式歇山式大屋顶建筑技术、斗拱技术、雀替技术等，显然是受了汉式传统建筑技术的影响。从以上列举的建筑中可以看出，昌都建筑不仅受到了汉族、纳西族的影响，而且也大胆借鉴了包括尼泊尔、印度在内的国外建筑的精华，进而丰富和发展了藏东昌都建筑，使其成为藏族建筑艺术中别具风格的经典性建筑。

（2）古道上的多元文化

注 释：

① 土呷：《昌都地区建筑发展小史》，《中国藏学》，2003 年第 1 期，第 93 ~ 96 页。

② 达龙 · 阿旺曲吉：《达龙教史》，藏文，第 625 页，西藏藏文古籍出版社，1992 年版。

古代的三个通道即民族走廊、唐蕃古道、茶马古道，作为古往今来民族迁徙和文化交流的通道，有容纳、传播、交流和连接等多方面的功能。按远古人类向四方迁徙的路线来看，任何古道的形成基本上是沿着江河或山脉的走向而形成的，随着社会的发展和军事扩张，以及文化交流的需要，开始遇河架桥，逢山开路。而昌都地区的金沙江、澜沧江、怒江三条大江大河的走向为开拓昌都通往西南、西北的交通创造了有利条件，也使昌都地区有了成为各种文化的交汇点和融合之地的可能。

吐蕃王朝时期，青藏高原地区的交通网络业已形成，南通尼泊尔、印度，西通中亚，北通西域，东与川滇相连。川藏道有南北二道，北道由维州、松州，南道由雅州、黎州、嶲州，南北两道在昌都会合，然后北取边坝到拉萨或南取林芝到拉萨[①]。滇藏道是茶马古道的重要一支，以云南普洱为起点，经丽江、中甸、德钦到西藏昌都盐井。川藏和滇藏两条古道在昌都汇合后再往拉萨延伸[②]。所以，昌都是茶马古道的必经之地。以上两条古道在昌都境内的走向大致经过今芒康、察雅、昌都、洛隆、边坝，然后到拉萨；或者由芒康到察雅、昌都、波密，再至拉萨。其依据如下：其一，在芒康县盐井乡有一条叫扎国徐的山沟，在一块巨石上雕刻有四尊人像。当地百姓说居中者为松赞干布，左右二人即文成、尺尊两位公主，旁边侧立者是大臣噶尔东赞。从雕刻风格和局部特征看，确有吐蕃时期雕刻艺术的印迹。其二，在芒康县邦达乡的拉堆有一座内供圆雕大日如来佛和八大弟子像的殿堂。当地群众称此为文成公主进藏时所雕刻。有关研究者也认为："造像的头冠和服饰反映了地道的唐代早期造像的艺术风格，与西藏早期的吐蕃石刻风格大相径庭，这批造像很可能是汉地工匠所为[③]。"其三，勒刻于804年（唐贞元二十年）的察雅仁达丹玛摩崖造像及藏汉铭文，其无疑为吐蕃时代之作品。仁达丹玛摩崖造像位于昌都地区察雅县旺布乡境内丹玛山崖。造像下面有吐蕃时期凿刻的藏文和数十个汉字。藏文95%的文字很清楚，汉文除"出老法藏为父母"、"大蕃"、"匠浑天"、"同料僧阴"等以外，大多已漶漫不清[④]。

以上三处具有代表性的早期石刻艺术品，均位于古代昌都地区的交通要道上，

注 释：

① 张云：《丝路文化·吐蕃卷》，第224～225页，浙江人民出版社，1995年版。

② 任乃强：《民族研究文集》，第460页，民族出版社，1990年版。

③ 陈建彬：《西藏的石刻艺术》，引自邓侃主编《西藏的魅力》，第381页，西藏人民出版社，1999年版。

④ 土呷：《吐蕃时期昌都社会历史初探》，《西藏研究》，2002年第3期，第94～96页。

为我们考证这条路线提供了确切的依据。据《洛绒教法史》记载，1441年（明正统六年），第六世嘎玛巴通瓦顿登在昌都嘎玛寺讲法。后经芒康到“窝额”（今察雅县香堆一带古地名）朝拜弥勒佛。接着经“崩”（今芒康县莽岭乡）到巴塘等地传教[①]。其传法所走路线，恰好是吐蕃时期的茶马古道。祖籍昌都芒康的邦达多吉，就是在古道上经商后成为西藏巨商的。

3. 遗留在地方政权中的多元文化因素

在元、明、清、民国时期，昌都作为封建割据势力的地区，先后建立了大大小小的政教合一的地方政权和地方势力。他们以荣获朝廷赏赐的名号、匾额，作为巩固自己政权和势力的重要手段。如元朝时的亦思马儿甘万户；明永乐帝封赐给官觉（今贡觉）头目南噶监藏为朵甘行都指挥使司都指挥使，封芒康为磨儿勘招讨司、贡觉乃竹万户府，为官觉斡即南哥授予了护教王[②]。到了清代，昌都不仅有帕巴拉在内的四大呼图克图，而且为众多僧俗封了各种呼图克图、诺门罕、安抚使、千户、百长、百江等名号。1949年前，昌都有势力的政治组织或头人、教派首领之所以割据一方、自成一体，都无不得益于历代中央王朝的扶持与赏赐。同样在赏赐的名号上也深深留下了汉、满、蒙古等多元文化的烙印。有关元、明、清时期对四大呼图克图和三十九族、拉多土司等头领的受封情况，在本文第一个问题封建割据地的特点中已论述，不再赘言。

在昌都境内，曾受到历朝历代封赐的寺庙很多，康熙帝于1703年（康熙四十二年），书赐八宿桑珠德庆寺名为“郭巴佐吉寺”。雍正帝于1723年（雍正元年），赐类乌齐寺庙为“格培拉康”庙名。1791年（乾隆五十六年）为昌都强巴林寺书赐“祝釐[③]寺”庙名。至今现存的汉匾有：乾隆帝于1783年（乾隆四十八年）御赐给察雅向康大殿“阇黎净地”的匾额，1794年（乾隆五十九年）驻藏大臣松筠为边坝丹达庙题赠的匾额，1836年（道光十六年）驻藏官兵为边坝寺赠送的“惟德动天”，1837年（道光十七年）驻藏官兵为左贡田妥寺所赠的“神恩远荫”；1896年（光绪二十二年），汉官为多拉石刻赠赐的“西域上乘”，以及硕般督关帝庙的“神目如电”的匾额等。在经书中，类乌齐寺和嘎玛寺珍藏有来自印度的贝叶经。贡觉卓珍寺珍藏着云南丽江朱印版《甘珠尔》经。在当地对

注 释：

① 达察·次旺杰：《洛绒教法史》，藏文，第267页，西藏藏文古籍出版社，1994年版。
② 李光文、杨松、格勒主编：《西藏昌都——历史·传统·现代化》，第47 ~ 72页，重庆出版社，2000年版。
③ 祝釐（xī）：釐，意为福。祝釐，祈求福佑，祝福之意。

此有一形象而特殊的书名《甘珠中盖玛》，意为梯形的甘珠尔经。因为每部经书打开后，折叠式的经书犹如梯形连成一片，故称之。该书有藏汉文目录，标明印于“大明天启三年佛成道日（1623年）”。据说原有108部，现只剩64部。其中有纳西木增王于天启三年写的《大藏经序》。

1794年驻藏大臣松筠为边坝县丹达庙题赠的“苦难慈缘”匾额

4. 保存在宗教中的多元文化成分

在这方面的影响主要表现在两个方面：

（1）表现在藏传佛教各教派及其苯教并存的现象上

据解放初期的一份调查统计表明，昌都地区共有宗教活动场所797处，僧尼43389人。其中苯教派90处、宁玛派212处、噶举派117处、萨迦派52处、格鲁派322处、伊斯兰教1处、天主教1处。昌都众多的寺庙中，孜珠寺是苯教早期的修行地方，已有两千多年的历史；通夏寺是萨迦派的早期寺庙，建于1096年（宋绍圣三年）；学寺是玛仓噶举的祖寺，建于1167年（宋乾道三年）；嘎玛寺是噶玛噶举的祖寺，建于1185年（宋淳熙十二年）；类乌齐扬贡寺是达垅噶举的主寺，建于1277年（宋景炎二年）；强巴林寺是康区最大最早的格鲁派寺庙，建于1444年（明正统九年）；角克寺是西藏最大的尼姑寺，原有尼姑700余人。北京雍和宫的第一任堪布是昌都八宿寺达察第七世活佛洛桑巴登江村[①]。昌都寺庙多、教派多的现象，从另一个侧面反映了昌都多元文化融合的历史。

（2）表现在世界三大宗教在一个地区并存的现象上

在一个地区内拥有世界三大宗教——佛教、伊斯兰教、天主教的寺庙殿堂在

注释：

① 中国藏学研究中心等编：《元以来西藏地方与中央政府关系档案史料汇编》第五册，第2140页，中国藏学出版社，1994年版。

西藏仅昌都一地。昌都清真寺位于玛塘坝中央偏东方向，该殿采用了汉族传统的四合院建筑形式，但正中殿堂为白色穹隆屋顶。整个清真寺周围布置了礼拜大殿、学房、阿訇住房、沐浴间、厨房、客房、月台等建筑。大殿的门上悬挂着蓝底金字大匾。在内殿上方挂有“独一无二”四字的大匾。

洛隆县硕督镇汉族后裔群众珍藏的木刻回旋纹图案，作为点心上的图案模印

天主教堂位于芒康县纳西乡上盐井村，是西藏唯一的天主教堂。19 世纪 60 年代由法国巴黎传教士邓得亮神父所建。教堂为土木结构，原为三联圆弧形拱顶，1987 年修复时改为藏式平顶建筑。从建教堂到 1950 年，先后有 17 位外国传教士来盐井传教[①]。在高高的教堂里面挂有巨幅耶稣像。教堂内的壁墙和柱子上挂着圣母和耶稣的“圣心图”。教堂里，每周都要做礼拜，念诵已译成藏文的《圣经》。当地群众生了小孩后要到教堂请神父主持洗礼，在婴儿前额上用圣水画一个十字架，而后起圣名。盐井是西藏唯一的纳西族自治乡的所在地。该乡大约有 130 余户、700 多名天主教的藏族信徒。令人费解的是信奉天主教的都是藏族，而纳西族则

注 释：

① 盐井天主教堂提供。

信奉藏传佛教，形成了一个鲜明的对比，也成为一个难解的奇异文化现象。世界三大宗教在一个地方并存的现象，同样说明了昌都文化的开放性和多元性。

洛隆县硕督镇的这些老人虽不会说一句汉话，但都承认自己的祖先为汉族，且珍藏着证明祖先的一些文物

5. 留存在文化艺术领域的多元文化成分

（1）绘画雕刻艺术上的多元文化

早在吐蕃时期，昌都察雅仁达丹玛摩崖造像就是藏汉工匠的合璧之作。其影响不仅体现在藏文石刻铭文中记载的有三位汉族工匠参与，而且从绘画风格和题材上看明显受到唐代文化的影响。芒康拉堆的石雕群像，造像的头冠和服饰体现了地道的唐代造像艺术风格。以上两处均属于唐代石刻。之后的石刻就更多了：如清乾隆年间驻藏大臣保泰途经洛隆时，刻于加玉路旁的一首七言律诗，至今保存完好。又如1783年（乾隆四十八年）清朝官员王葆恒撰刻的《丹达山神记》石碑，原件存边坝县档案馆。该碑记述丹达王神庙是为1753年（乾隆十八年）云南解饷委员彭元辰参军送饷殉职后特建的碑刻。1909年（宣统元年），题刻于左贡县东坝乡的“飞凤岭”，江达县同普乡317国道旁岩石上有1912年（民国元年）同普李知事所题的“普水”两个大字，以及在察雅香堆大殿寺门两侧的残缺石碑和洛隆硕般督原汛台官兵所立的石碑等至今犹存。汉族传统文化艺术中的碑刻、

匾额、印章等也通过朝廷的封爵赐号进入昌都，为康区昌都文化艺术输入了新的成分。

早在12世纪初，昌都嘎玛乡一带就有人从事绘画艺术。16世纪中叶，扎西三氏在原“勉宁”、“勉萨”画派的基础上，吸收了内地风景画的技法，在嘎玛创立了独特的“嘎雪噶志”画派。由于该画派与汉族风景画融为一体，故自成体系，成为西藏三大画派之一，至今仍然焕发出艺术的勃勃生机。

（2）音乐舞蹈戏剧等领域中多元文化的融合

昌都多元文化的融合，不仅体现在与汉族为主的其他民族的交流与融合上，而且也表现在藏族内部各地方文化的交流与融合上。藏戏是产生于卫藏地区特有的剧种，昌都人民从卫藏地区学习藏戏的同时，并没有照搬照套，而是改编和融合成为昌都人民喜爱的艺术剧种。在唱腔上昌都藏戏融合了昌都的山歌和卓舞音乐；在剧本上除继承传统的八大藏戏以外，还根据昌都观众的需要创作了《拉鲁普雄》《嘎拉旺布》《罗登西饶传》等剧本，使昌都藏戏成为藏戏中独立的一个剧种。昌都藏戏虽然来源于卫藏一带，但它已是完全昌都化的藏戏，既把昌都一带的文化艺术和风土人情有机地融合在剧情中，又使昌都藏戏的唱腔和动作都烙上了康巴人粗犷、豪放、质朴的性格特征①。同样，在嘎玛寺跳神和江达藏戏中有称之为“甲羌”的汉舞，衣着皆为清兵，但其动作已是藏化了的“汉舞”。又如寺庙宗教仪式中，钹是必不可少的重要打击乐器。昌都不少寺庙中，把大明永乐年间和宣德年间特意为西藏制造加工，绘有双龙戏珠和铭文的合金钹作为镇寺之宝而珍藏，同样也体现了多元文化的融合。

6. 昌都众多的行帮组织，是多元文化交汇与融合的历史产物②

康熙、雍正、乾隆年间，清朝多次对西藏用兵。昌都镇是清军进藏的必经之地，故建有营汛台站，驻有清兵。久而久之，不少清朝文武官员娶藏族姑娘落籍昌都，至清末，在昌都约有“三百余家”。1917年（民国6年），西藏地方军队与驻守昌都的边军之间发生冲突，进而引发了藏汉之间的矛盾。当时在昌都的汉族人数少，为自卫和互济，于是成立了各种行帮组织。在各种行帮组织中，除了留居昌都的汉回族外，也有不少世居昌都的藏族入盟。

注 释：

① 土呷：《昌都藏戏和向巴林寺藏戏的产生》，《西藏艺术研究》，1990年第1期。

② 土呷：《康区昌都行帮组织的成因及其作用》，刊波泽、格勒编：《横断山民族文化走廊——康巴文化名人论坛文集》，第82～92页，中国藏学出版社，2004年版。

（1）孝义会

藏语称之为“甲喜巴”，意为“汉族公共的帮会”。该会成立于何年已无档案史料可查。不过也有两种说法可参考：一说成立于清乾隆年间；一说成立于土马年的1918年（民国7年）。

凡在昌都的汉族和回族，只要缴纳一定的基金后即可自由参加该会。当初登记簿上有近百名会员。该会的组织管理形式分为会首制和管年制。设有会首2人，任职时间一般为8年左右。管年人6人，每年一换，轮流坐庄。管年人在会首的领导下，主要职责是筹措会务基金，维护汉回民利益，帮助料理红白喜事，组织有关活动等事项。该会敬奉比干神。

孝义会的主要活动：一是每年春节时，组织会员到昌都噶厦和昌都寺庙舞龙灯、耍狮子舞。二是每年的清明节，抬城隍菩萨出巡，绕城一周。这一天，由孝义会出资为全体会员组织在昌都城西的城隍庙聚餐。同时，这天要进行扫墓活动。三是其他节日，如农历五月五日的端午节，八月十五日的中秋节等。四是为昌都噶厦新旧“萨旺”（昌都总管）举办的迎送活动。

（2）白拉提

它是昌都回族的民间帮会。1923年（民国12年）创办，有会员20余人。凡参加该会组织的人，遇到婚丧嫁娶时由会友们出资帮忙。主要活动有：每年三月一日至十七日的集体礼拜；四月为斋期；七月十三日为聚餐日；八月十三日念经聚餐。

（3）妇女结拜会

它是昌都镇部分汉族后裔妇女社交的民间组织，成立于20世纪30年代。该组织在未成立时，由关系甚好的姐妹组成。一旦组合后，一般就不再接纳新成员。

结拜会所有成员之间是平等的，无固定的负责人。每年轮流由称之为“涅巴”的两位管事人负责。每年的主要活动：一是盛夏时到野外耍坝子；二是冬季时到某个会员家中聚会一次。其目的是通过活动达到相互倾吐甘苦、巩固友情的目的。

（4）三圣会

1919年（民国8年）创立。最初会员有30人，1950年时有会员28人。凡在昌都的汉回族后裔均可自愿入会，但要交一定的会务费。会首4人，一年一换。每年农历五月十三日要到昌都城中的关帝庙敬关羽，同时举行耍狮子等活动，全体会员聚餐一次。

（5）青年会

成立于1947年（民国36年）。会员全系昌都汉族后裔中的青年。有会首2人。主要活动为农历六月八日的耍坝子。1950年时有会员13人。

（6）孙膑会

成立于1945年（民国34年）。会员全系昌都的汉族和回族中从事皮匠手工艺的人。主要供奉孙膑神。该会系行业性的民间组织。孙膑会每年的主要活动为：农历九月十三日集中全体会员敬孙膑神，举行祭拜活动，同时由该会出资聚餐一次。

洛隆县硕督镇汉族后裔群众珍藏的“岐山入梦晨”青花瓷碗

（7）仁和会

该会标榜正义感，由富商组成。1950年有会员9人。设会首2人。六月八日的耍坝子是该会的主要活动。

（8）至义会

何时成立不详。昌都解放前夕，该会与孙膑会合并。

（9）邦达朋友会

也称邦达兄弟会。成立于1955年，是由邦达家族成员邦达多吉亲自组织的帮会组织[①]。成立邦达朋友会的目的是“为使地方上不发生大的械斗，确保团结与平安，同时在无辜蒙难受害时能互相帮助”。朋友会的头人叫四大兄弟，其中大哥的证印为凤凰，二哥的证印为兔子，三哥的证印为猴子，四弟的证印为大象。凡新参加本会的人员均要虔诚地宣誓。宣誓完毕后，要签字盖章并按手印。各宗和各商会的全体兄弟，均在每年藏历五月十五日世界焚香日这天在各自的住区进行集会，亦可筹资聚餐和欢度夏令节日。

以上行帮组织的一些文艺活动，如舞龙灯、耍狮子舞，到土地庙打卦抽签，以及听咕咕节等，已不同程度地融入世居昌都藏族居民的生活当中。

注 释：

① 昌都地区档案馆藏材料。

7. 昌都众多的汉族寺庙道观，是多元文化交流与融合的直接产物

据有关资料和调查了解，在1949年以前，仅昌都镇内设立的与汉、回民族有关的寺庙道观和会馆有：清真寺、城隍庙、土地庙、川主庙、关帝庙、玉皇阁、观音阁、龙王庙、万寿宫、普安堂、陕西会馆、云南会馆等十几处①。这在西藏其他地方是极为罕见的。其中影响较大的是城隍庙、土地庙、清真寺等。

城隍庙位于昌都城玛塘坝的西南面，大殿坐北朝南，左右各有一个厢房，房顶系汉式人字形屋架，内供城隍菩萨，两旁分列判官、小鬼等。在厢房内塑有喜神和殃神，显得阴森恐怖。据知情人回忆，当时在殿门上悬挂有道光年间题写的汉文匾："赏善罚恶"，大殿两侧的楹联为"奸深似海神能察；法重如山汝怎跳"。在昌都玛塘坝中央建有土地庙。庙门上方悬挂有藏汉两种文字书写的"无缘不成"的匾额。庙内供有笑容可掬的土地爷和土地婆，左右各塑有一个童男童女。供有"皇帝万岁"牌。平时，不仅有汉、回民族经常到土地庙打卦抽签，而且不少藏族也认为很灵验，纷纷前去抽签。

三、封建割据地和多元文化交流与融合之间的关系及其成因

特殊的封建割据地和多元文化交流与融合之间的关系，从社会文化学的角度讲，是政治制度上的封闭与文化意识上的开放问题，两者是一个矛盾的统一体。前者要在政治制度上维持封建割据，后者要在文化意识上提倡交流与融合；前者搞封闭，后者要开放；前者拒绝外来文化，后者吸纳外来文化，可见两者是矛盾的、对立的。之所以说是统一的，是从统治者的价值取向或者说从自身的利益来讲，两者的目的是一致的、统一的。封闭是为了维持统治者的利益，开放是为了更好地达到统治的目的。另一方面，康区昌都多元文化的形成，也与康区昌都人民豁达向上、追求幸福自由生活的理念有着密切关系。

封闭与开放这一对看似矛盾的两个方面，恰恰在横断山脉、三江流域的康巴大地上却那么和谐地融合在一起，构成了康区昌都历史文化令人费解的，而又让人久久回味的一个奇异的文化现象。这种有趣的文化现象的形成，其原因也是很复杂的。

1. 地缘的因素

注 释：

① 土旺：《昌都县志》，刊《西藏日报社》，1985年3月17日、19日。

一是昌都地处横断山脉，高山峡谷、交通不便是造成封建割据局面的主要因素。越是山川阻隔、交通闭塞、自然条件险恶之地，越是封建王朝鞭长莫及或不易直接控制之地，也恰好为封建割据地滋生和发展提供了难得的温床。

二是在相对封闭的情况下，昌都境内的金沙江、澜沧江、怒江在崇山峻岭中开辟出了一道南北走向的深沟峡谷。这些深沟峡谷宛如一条条沟通我国西南地区交通的天然通道，成为古代部落人群南来北往，频繁迁徙的场所。这种地理形态不仅为昌都文化的形成提供了先决条件，同时也为其与毗邻地区各民族的文化交流创造了条件。所以，地缘因素既为昌都封建割据局面的形成创造了自然地理条件，也为昌都多元文化的融合提供了可能。

2. 经济发展和社会形态的因素

传统的昌都经济从本质上讲，是比较典型的农牧结合的经济，昌都多数地方属半农半牧的经济，即便生活在河谷地带的农民，也饲养着一定数量的家禽。应该说农牧结合的经济是昌都人民为适应高寒自然环境和自身生存需要而选择的适宜经济形态。与这种经济相适应的是多样性的社会组织。从总体上讲，新中国成立前昌都一带虽然处在封建农奴制的社会发展阶段，但其具体的社会组织形态是多种多样的。既有“帕措”和“果巴”组织，又有世俗部落联盟的丁青等地的三十九族部落、拉多土司等组织，更有典型的政教合一的昌都帕巴拉、察雅罗登西饶、类乌齐帕曲、八宿达察济咙等四大呼图克图等组织并存。之所以存在这种多样性的社会组织，主要是由昌都半农半牧的经济决定的，同时受封建割据地的地方势力所制约。多样性的社会组织，必然要有多样性的文化与之相适应；多样性的文化，必然会从其他民族中吸收、借鉴适合自己需要的文化，进而推动和发展本民族的传统文化。昌都

洛隆县硕督镇清代墓地的墓碑

正在雕刻经文的艺人

农牧结合的经济发展制度和多样性的社会组织，是昌都封建割据地方和多元文化形成的重要因素。

3. 与中央历朝历代的治藏政策有关

自元朝以来，历代中央王朝为了维护自身的统治地位，对包括康区在内的藏区采取了削弱地方势力的一系列方针政策，如“以夷制夷”、“多封众建”、“分而治之”。其削弱的方式有武力征讨、出使招抚、政治分化、扶持宗教、羁縻统治、土司制度、封赐名号等。昌都地区较有势力的封建割据地方之所以延续到新中国建立前，无不得益于历代中央王朝的扶持和封号赐名。昌都众多的社会形态中除“帕措”和“果巴”组织外，其余社会形态组织都是中央政府封赐后壮大势力而成为一方割据势力的。三十九族部落的千户、百户和百长虽是世系的，但必须由清政府或驻藏大臣封赐认可；拉多土司是元、明、清等政府历代赐封的；昌都帕巴拉、察雅罗登西饶、类乌齐帕曲、八宿达察济咙等四大呼图克图等名号都是清中央封赐的。

4. 封闭与开放这对矛盾的统一体，恰好也是形成康区昌都文化独具特色的重要原因之一

在政治制度上，康区昌都僧俗统治者具有封建割据各自为政、不相统属、自主称王的特性。在这点上，昌都的统治者是封建的、守旧的，因而也保留了很多传统的理念。但在文化意识上却采取了比较开放的、宽容的心态，为康区昌都文化走向多元文化提供了可能。同时，康区昌都人民乐观、豁达、快意人生、崇尚自由的性格是康区昌都文化最终走向多元文化的决定性因素。昌都人民乐观、豁达向上的性格特征，必然会冲破统治阶级的羁绊和高山深水的阻隔，走向广阔的外部世界。所以，他们总会采纳并融合世界上适合于自己审美标准的优秀文化遗产来丰富自己民族的文化。这就是康区昌都文化中为什么包含以内地汉族文化为主的，同时还有满族文化、纳西文化、蒙古文化，以及西藏周边的尼泊尔文化、印度文化、波斯文化等的重要原因。康区昌都文化正是在博采众长、融会贯通的基础上，丰富和发展了具有藏族康区昌都特色的本土文化。

综上所述，昌都文化之所以保留不少藏族传统文化古老的成分，与昌都处于封建割据状态有关；昌都文化所体现出来的多元文化交流与融合的特点，是康区昌都人民豁达向上的性格所决定的。康区昌都文化正是在不断受到外来文化的冲击、碰撞、交汇、挑战、融合中向前发展的。这就是康区昌都文化多彩多姿、具有浓郁地方特色的又一个重要原因。

本文原为 2002 年由昌都地委和地区行署召开的“茶马古道研讨会”上的发言稿，后发表在《中国藏学》，2006 年第 1 期

新时期昌都文化艺术成就展示

昌都地区的文化艺术有着悠久的历史，丰富的文化内涵，鲜明的地方特色。自党的十一届三中全会以来，昌都的文化艺术更是焕发出了勃勃生机，进入到空前繁荣的发展时期。广大的文学艺术工作者解放思想、更新观念、深入生活、勇于实践，编排和创作出了一大批优秀的文艺节目和美术作品，搜集和抢救了一批濒临失传的民间文学和民间音乐舞蹈。昌都的文化艺术开始从横断山脉的封闭峡谷中走出来，走向全国，走向世界，显示出了新时期昌都文化艺术成就的魅力与风采。

一、搜集整理优秀的传统文化遗产，取得了阶段性成果

1984 年 4 月，在昌都举办的昌都县嘎玛乡瓦寨民间唐卡展览，标志着昌都地区抢救民族文化遗产工作冲破“左”的禁区，开始步入健康发展的轨道。当时

昌都艺术节上的大型民间舞蹈——昌都卓舞

不仅展出了传统的唐卡，而且更可贵的是，展出了嘎玛民间艺人用唐卡的形式创作出的反映历史传说和风土人情的新唐卡，这应该说是民间创作上的一个突破。1985年成立昌都地区抢救文物领导小组后，更是全方位地开展了搜集整理民族优秀文化遗产的工作，大致了解了昌都地区文物古迹的分布和收藏情况。1986年，为了继承和发展传统的文化艺术，成功地举办了昌都地区首届乌兰牧骑文艺汇演。自治区文化厅专门组织观摩团到昌都检查指导、取经学习。他们高度评价这次汇演是“把活跃农牧区文化生活同抢救民族文化遗产结合起来，使不少民间艺术重放异彩”。1988年3月，成立了昌都地区抢救民族文化遗产办公室，并分别成立了昌都地区民间舞蹈、音乐、歌谣、故事、谚语5个编辑部。年底，地区抢救民族文化遗产办公室组织了以地区文工团为主的6个普查小组，先后对11个县、50个区乡、200余名民间艺人做了普查和搜集工作。共搜集各类舞蹈116个、音乐65首，以及歌谣、故事、谚语等上千首(篇)。这是昌都解放以来规模最大、范围最广、人数最多的一次文化普查。1991年，地区文化局重新部署了关于编辑出版《中国民间文学三套集成地区卷和县卷本》的安排意见。随后，各县纷纷成立有关领导小组或编委会，组织人员深入到广大的农牧区，再次做了更深入、更广泛、更全面的民间文学普查，搜集并上报了上百万字的资料本。地区抢救民族文化遗产办公室在各县普查的基础上，按照有关部门的要求，对所有普查资料重

昌都解放初期修建的办公大楼

新分类、校勘、编辑，共刻印了故事、歌谣、谚语在内的33本资料本。出版了藏文版的《昌都地区民间歌谣集成》《昌都地区民间谚语集成》两本书。在1992年西藏自治区抢救民族文化遗产表彰会上，昌都地区民间歌谣集成编辑部和3名同志受到表彰和奖励。地区文化局文化科先后为西藏自治区社会科学院搜集征购了40多部不同版本的《格萨尔王传》，有关人员获得了文化部、国家民委、中国社会科学院、全国文联颁发的荣誉证书。

二、当代美术和音乐舞蹈的创作成绩喜人

1. 美术创作

昌都地区群众艺术馆的美术创作力量很强，其中不乏几位著名的民间艺人。泽仁永培是祖传几代的苯教著名画师，他功底深厚，传统绘画技艺已达到炉火纯青的地步。罗松西饶是既学习过藏族传统绘画，又受到现代画影响的著名画家。他曾被邀请作为北京人民大会堂西藏厅壁画的主要设计者和创作者。西藏著名画家韩书力先生认为“西藏历史人物形象的设计，目前看来也真是非他莫属”。地区群艺馆的画家先后多次参加区内外画展。罗松西饶创作的《牧业兴旺》《吞米·桑布扎》；泽仁永培的《格萨尔王》《释迦牟尼佛》；阿旺扎巴的《无题》《康巴

江达县表演的江达卓舞（锅庄）

汉子》；洛松美朗的《五个姑娘》等画作，不仅获得了社会各界的好评，而且不少作品多次在区内外获奖。其中阿旺扎巴创作的《无题》获西藏当代画展一等奖。

2. 音乐舞蹈的创作

昌都地区民族歌舞团自 1972 年成立以来，创作了大量优秀的文艺节目，并在区内外多次获奖，为昌都地区的文艺界赢得了荣誉。在 1979 年举行的西藏全区文艺调演上，地区民族歌舞团有 13 个节目获创作、演出、表演一、二、三等奖。男女声二重唱《僜巴山歌向着北京唱》荣获文化部颁发的创作二等奖。1980 年，双人舞《僜人与喇叭花》作为西藏歌舞团参加全国少数民族文艺汇演节目，受到首都文艺界的好评并获奖。1982 年，在全区小型节目调演时，地区民族歌舞团有 4 个节目分获表演、创作、演出的一、二、三等奖。1985 年举行的全区第五届专业文艺汇演时，全团获得演出优秀奖，其中舞蹈《凯旋而归》荣获创作一等奖、表演二等奖，其余 8 个节目分获创作、表演、演唱的 15 项奖，几乎所有参赛节目都荣获奖项，名列各地区之首，显示了他们的整体实力。1996 年，在全区专业文艺团体比赛时，地区民族歌舞团在强手如林的激烈竞争中，一举夺得了歌舞比赛的第一名，总名次为第三(一等奖空缺)的好成绩。藏族舞蹈研究专家丹增次仁高度评价地区歌舞团的节目“在全面继承的基础上，以自已独有的方式在向前发展和革新，并恰如其分地借鉴和有目的地吸收姊妹艺术之精华”，“既享受到高品位的康区文化，又了解到全新康巴人的精神风貌”。1997 年《藏东赛鼓》(后改名为康鼓报春)荣获第三届珠穆朗玛文学艺术金奖之后，在全国首届荷花杯舞蹈比赛中夺得铜奖，这是西藏各专业文艺团体参加此类比赛中荣获的最高奖项。与此同时，上海电视艺术节和四川国际艺术节先后邀请地区歌舞团表演《康鼓报春》，获得了国内外舞蹈界和广大观众的好评。

三、文艺工作者队伍不断发展壮大

经过四十几年的不断努力，昌都地区已初步形成了以民族优秀文化为基础的多层次的文化格局，培养出一支以藏族为主体的文艺创作队伍。目前，在昌都地区专门从事文化艺术工作的有 243 人，其中在地区专门从事文化艺术的人员中，副高职称的 2 人；中级职称的 30 人；初级职称的 25 人。以上人员中加入中国舞蹈家协会的 1 人；中国少数民族声乐协会会员 5 人；西藏舞蹈家协会会员 18 人；

西藏美术家协会会员 6 人；西藏民间文艺家协会会员 2 人；西藏摄影家协会会员 1 人；西藏藏学会会员 2 人。他们在继承和借鉴传统文化的基础上，创作出了一批群众喜闻乐见，并具有鲜明时代特色的文艺作品和节目。

在美术创作上取得突出成就的是群艺馆的洛松西饶。他精心创作的唐卡画《吞米·桑布扎》，不仅由国家民委文化宫收藏，而且荣获第二届珠穆朗玛文学艺术金奖。他创作的《豺斗牛》《八思巴帝师》等作品和泽仁永培创作的《八吉祥图》《聂赤赞普》等画，受到有关专家和广大观众的好评。地区群艺馆画家集体精心创作的西藏历史人物系列画，更是他们辛勤耕耘的丰硕成果。为此，他们荣获 1997 年度韩书力美术创作基金集体奖。

气势磅礴的类乌齐《格萨尔王》岭卓舞

在作曲方面，最能代表康区昌都风格的是已故藏族著名作曲家江嘎（又名李光德）。他的代表作有《僜人与喇叭花》《闪亮的酒杯》《我心中的意愿》等。后起之秀有罗泽、加永丁巴、向巴来登、饶登、布泽嘎等。舞蹈编导和表演方面取得突出成绩的有格桑洛珠、春梅、红涛、小泽吉等。声乐方面有泽嘎、江咏、嘎玛永宗等优秀代表，作词方面则有夏珠等。1992 年，为了展示地区民族歌舞团建团 20 年来的丰硕成果，他们灌制了《昌水浪花》《吉祥的仙鹤》两盘录音带，出版了自己创作的优秀歌曲选《澜沧江的歌声》，共收有 73 首歌曲。

四、对外文化交流迈出了可喜的第一步

1988 年，昌都地区群艺馆从各大寺庙中精选 110 幅唐卡，赴拉萨在雪顿节期间展出，博得了广大观众和美术界的好评。1992 年，地区群艺馆的唐卡首次赴广州展出，引起轰动，不少观众专程从香港、新加坡、澳门赶来观赏，有 15 家海内外的报纸杂志作了报道。1993 年，群艺馆美术工作者的新作 30 幅，参加了 1993 年广州夏季展销会，达到了相互学习、相互交流的目的。

地区民族歌舞团的节目曾多次到区内外演出。但真正走出大山，走向市场，则是 1995 年的事。为了探索文化艺术走向市场之路，地区民族歌舞团赴拉萨、山南等地进行经营性演出的尝试，获得社会和经济效益双丰收，在社会上引起强烈反响。《西藏文化报》以“民族文化的展示、东部艺术的展示、古老民俗的展示、时代精神的展示”为题，作了专门报道。1995 年和 1999 年，他们带着昌都 60 万人民的深情厚意，专程赴北京、天津、四川、重庆等地慰问演出，达到了相互交流的目的，增进了文化交流。

从 1989 年起，地区民族歌舞团的骨干演员春梅、红涛、小泽吉，以及泽江、泽松等，曾先后随团到北欧、拉美等国，以及香港等地出访演出。1996 年 10 月，应日本民族艺能国际交流协会邀请，地区民族歌舞团一行 19 人，首次单独组团参加日本岩手艺术节。节目以热巴、卓舞、弦子、昌都藏戏等具有浓郁昌都特色的节目为主，共演出 4 场，获得了极大的成功。真正实现了昌都民族歌舞团走出国门，向外国友人介绍昌都的文化艺术，实现相互了解的愿望。总之，近几年来，昌都民族歌舞团加强了对外文化交流，向国内外展示了昌都解放以来的巨大变化，展示了改革开放后昌都各族人民的精神风貌，在宣传、介绍昌都方面，起到了积极的推动作用。

新世纪的钟声已经敲响，21 世纪的曙光已露出晨曦，一个崭新的充满希望的新千年已经向我们走来。在这世纪更新之际，我们不仅要回顾昔日的成绩，更要面向 21 世纪，创作出无愧于我们这个时代的文艺精品，去迎接昌都解放五十周年大庆和藏、川、青、滇毗邻地区艺术节在昌都的举办。

原载《西藏艺术研究》2000 年第 3 期

第二辑

民间舞蹈篇

西藏热巴舞蹈艺术初探

藏民族传统的热巴舞蹈艺术，以其浓郁的民族特色，精湛的技艺、别具一格的舞蹈形式，不仅博得了藏族人民的喜爱，而且也赢得了国内外观众的青睐与好评。然而，什么叫热巴舞蹈艺术、热巴舞蹈艺术是如何发展起来的？却是众说纷纭，莫衷一是。近几年，笔者有幸参加了西藏有关“十大集成”的抢救和收集工作，接触了不少热巴艺人，同时，也做了一些实地的考察。现将笔者对有关热巴舞蹈艺术的看法整理成文，以求教于方家。

一、“热巴”名称释义

要探究热巴舞蹈艺术，先要探明何谓“热巴”。只有准确地考证出“热巴”一词的正确含义，我们才能顺藤摸瓜，有可能理清热巴舞蹈发展的线索，勾勒出热巴舞蹈的发展轮廓。

2018 年 8 月，在首届全区热巴舞展演暨热巴艺术高峰论坛上表演的戴面具的热巴舞

“热巴”一词在藏语里有两种写法两种含义。第一种写法为“རས་པ།”，意为布衣者。因米拉日巴学会了能使脐间生出暖气的“拙火定”，冬天只穿单布衣就能抵御严寒，所以，人们称之为“རས་པ།”，不少人知道热巴舞蹈与米拉日巴有关，故往往用“རས་པ།”两字，即布衣者来解释。这显然是由于没有弄清热巴舞蹈与米拉日巴的关系而产生的一种误解。作为舞蹈品种的热巴“རལ་པ།”与米拉日巴的一生虽然有关系，但与米拉日巴本人名字的日巴“རས་པ།”没有直接的关系，弄清和说明二者的共同点和区别点是极为重要的。藏文中的第二种写法为“རལ་པ།”，本意为长发、黏着的发辫。引申为用毛发编织成网穗服饰，也就是现在热巴艺人系在腰间的用黑白两色牛毛编织成璎珞状的网穗服饰。随着热巴舞蹈艺术的形成，热巴一词的内涵进一步扩大，进而指腰系网穗服饰的艺人。热巴作为一门独立的舞蹈品种，得到人民大众的认可后，热巴一词的外延再次扩大，即指作为舞蹈品种之一的热巴。简言之，热巴名词先指网穗服饰，而后指热巴艺人，最后发展成热巴舞蹈品种的名称。所以，我们现在所指的热巴一词有两层含义：一是指表演热巴的艺人，二是指热巴舞蹈形式本身。

2018 年 8 月，在首届全区热巴舞展演暨热巴艺术高峰论坛上表演带有杂技性质的热巴舞

按照热巴舞蹈的特点，我们说热巴是指融藏民族说、唱、舞和杂技气功为一体的综合性表演艺术形式。它是藏族人民所喜爱的主要舞蹈品种之一。1949 年前，

热巴艺人的足迹踏遍了万里高原的山山水水、村村寨寨，而且有的曾到缅甸、锡金、尼泊尔、印度等国演出。热巴就其来源讲，源于西藏东部的昌都地区，主要流传在昌都、林芝、那曲、阿里以及毗邻的四川、云南、青海的部分藏族地区。

二、热巴舞蹈的历史渊源

任何一门艺术品种的形成，都是一定社会文化发展的产物；任何一门艺术品种的产生，都是在继承前人创造的精神文化财富作为依托而发展起来的。作为藏民族传统的热巴舞蹈艺术也不例外。

舞蹈艺术从本质上讲，是产生于原始人的劳动。舞蹈动作是在劳动生活动作的基础上提炼、加工、发展起来的。热巴舞蹈中，许多模仿动物的舞蹈动作，则是人类对自然界产生崇拜而表现出来的一种意识形态。模仿各种动物的舞蹈，

2007 年 5 月，丁青县琼布热巴队在成都国际非物质文化艺术节上荣获最高奖项“文化遗产日奖 ”和“太阳神鸟金奖”

是先民们在狩猎生活中对各种飞禽走兽的生动描绘。所以，我们说构成热巴舞蹈艺术的某些舞蹈动作，早在远古时就已产生。除此之外，热巴舞蹈艺术中必备的道具——鼓、铃和牦牛尾巴，也在佛教传入吐蕃之前，苯教徒已普遍使用。据《西藏王统记》记载：在赤松德赞以前，苯教“诸派作法，皆摇动手鼓和单铃为

声[1]。”由此，我们知道手鼓和铃不是热巴艺人的独创，而是早已有之。至于热巴舞蹈艺术中的杂技，如“腹卧钢刀”“高空倒立”“双人倒立相连”“爬杆技巧”等动作，我们不难在建于公元 8 世纪中叶的桑耶寺乌孜大殿的壁画里找到踪迹[2]。

当然，以上动作和道具为热巴舞蹈艺术的形成提供了必要的条件，但不能由此得出热巴舞蹈艺术早在吐蕃时就已产生的结论。因为，上述道具和动作只是构成热巴舞蹈艺术的某些元素而已。直接促使热巴舞蹈艺术品种的形成，我们不得不追溯到噶举派高僧米拉日巴。

2018 年 8 月，在首届全区热巴舞展演暨热巴艺术高峰论坛上表演的地道的丁青热巴舞

米拉日巴（1040 年 ~ 1123 年）出生在后藏贡塘，原属琼波家族。米拉是其族姓的别名。米拉日巴出生后不久，父亲病死，家产全部被叔父霸占。为了复仇，他去藏绒地方学咒术，返回家报了仇。后自悟杀人罪孽深重，由此改信佛教。38 岁时，他在玛尔巴译师门下学道，历经艰辛后终于学到了全部密法，学会了“拙火定”。45 岁时重返家乡后，隐居在深山里潜心修行 9 年，终于深悟到了他所学到的各种教法。他在云游传教时，曾在冈底斯山与“能跨鼓腾身到雪山之顶”[3]的苯教巫师斗法，从而战胜苯教巫师。米拉日巴传教的独特方式是通过道歌来教

注 释：

① 刘立千译：《西藏王统记》，第 35 页，西藏人民出版社，1987 年版。
② 《扎囊县文物志》，第 40~41 页，西藏自治区文物管理委员会编。
③ 郭和卿译：《青史》，第 285 页，西藏人民出版社，1985 年版。

授门徒。后人桑吉坚赞据此编辑了《米拉日巴道歌集》。他的著名弟子有热穹巴·多吉扎巴等，其中有的弟子修身气功达到“穿透崖洞而飞升天界”[①]的程度。

米拉日巴的上述简历，我们是通过《青史》《智者喜宴》《汉藏史集》《米拉日巴传》等注重佛教发展史的西藏史书了解到的。以上这些史书多数是把米拉日巴作为圣者大德来歌颂和撰写的。所以，我们从上述史书中的确没有找到他与热巴舞蹈艺术的直接关系。但我们从上述简历中，仍然可以寻觅到热巴艺术与米拉日巴的蛛丝马迹的间接关系。首先，米拉日巴原属于琼波家族。而琼氏是“吐蕃时代一氏族名，为父臣六族之一。当时领有今昌都丁青县一带”[②]。由此看来，米拉日巴家族有可能是从现今流传热巴的主要地方琼波丁青一带迁入到后藏贡塘的。为了弄清这点，笔者曾专程到热巴流传的主要地区琼波丁青一带做过实地考查。当笔者向窝托热巴的后裔吾金请教热巴舞蹈如何流传下来时，他自豪地说：“我们是圣者米拉日巴的后裔，热巴也是他世代相传给我们的。”他的这种说法与米拉日巴原属于琼波家族的历史不谋而合，这难道是一个巧合？显然不是的。如果这点能成立的话，那么热巴舞蹈为何流传在昌都一带的疑问也就迎刃而解了。当然，进一步的证实有待于史学界的同志去详细考证。其次，我们从米拉日巴与苯教巫师斗法和他修“拙火定”，以及“穿透崖洞”等带有神秘色彩的传说中，不难看出它所包含的杂技气功的含义。拙火定是藏传佛教密宗修定之一，即利用类似气功原理的苦修苦练。苦修时通过气、脉、明点等生理方面的作用，起到抵御饥寒的效能[③]。而热巴舞蹈的杂技和气功，就运用了类似密宗的修定方法。地道的热巴舞蹈中杂技和气功是属于绝技之一，这也是构成热巴舞蹈艺术的重要元素。再次，米拉日巴的后世门徒桑吉坚赞追踪米拉日巴的足迹，收集和编撰了《米拉日巴道歌集》。这本集子对热巴舞蹈艺术有着直接的影响。如热巴舞蹈艺术中的《猎人与小鹿》和不少热巴动作的名称，就直接取材和来源于道歌集。

以上是我们从有据可查的史料中找到的一些间接关系。我们很难在只重视宗教发展史、而不重视民间艺术史的藏文史料中找到热巴起源的依据。于是，我们不得不带着上述那些间接依据，把寻找热巴渊源历史的视野放在民间的传说或民间艺人中。当我们向康萨热巴年近六旬的老艺人扎西曲珍请教热巴的来源时，她

注 释：

① 陈庆英译：《汉藏史集》，第 306 页，西藏人民出版社，1988 年。

② 张怡荪主编：《藏汉大辞典》，第 266 页，民族出版社，1985 年版。

③ 王森：《西藏佛教发展史略》，第 97 页，中国社会科学出版社，1987 年版。

用热巴舞蹈艺术中的道白说道："热巴是圣者米拉日巴的遗产，是弟子热穹巴创作的，也是为了庆贺和祈愿而编排。"除此之外，笔者从窝托热巴的后裔吾金、察雅热巴老艺人桑登曲培、类乌齐热巴果吉等处也听到了上述的说法。其他的热巴艺人也有类似的吉祥词："今天是吉祥的日子，我们来这里跳热巴，热巴是米拉日巴编的、米拉热穹首先表演的[①]。"当我们具体问及热巴是如何产生时，康萨热巴老艺人扎西曲珍双手合十，口中念着六字真言，很虔诚地给我们讲述了热巴舞蹈的历史：最初的热巴舞蹈艺术是由圣者米拉日巴所创作。当时，只有男性热巴，没有什么固定的服装，道具借用了单铃和牛毛红缨。后来，米拉日巴的弟子热穹巴·多吉扎巴到印度学经，并与扎达娃成亲。由于生活所迫，到处卖艺糊口。有一次，他俩被饥饿所困而露宿在野外时，从一群老鹰老鸦啄食一头饿死大象的五脏六腑的景象中受到启发，灵感顿生。用大象的大肠和小肠捻成黑白相间的绳子，末端扎上大象的肝肺等物，编织成网穗服饰，系在热穹巴自己的腰间。用大象的肋骨制成鼓架，用大象的皮蒙成鼓面，用当地产的藤作为鼓槌。同时，让他的妻子扎达娃敲鼓伴舞。

对此，我们要做如下的分析和思考。首先作为米拉日巴弟子的热穹巴·多吉扎巴(1084年～1161年)，在历史上确有其人。他生于后藏贡塘地方，11岁即跟随米拉日巴学法。曾先后5次到印度学法。他也曾娶过亲，但地点不是在印度，娶的人也不是扎达娃。据藏族历史名著《汉藏史集》记载，热穹巴·多吉扎巴到卫藏一带，"治好了且穷则波的麻风病，因而被且穷则波招为女婿，后来因为夫人典布在波章杰丹违背了法誓，因而分离[②]。"在民间的传说中，也说热穹巴在赴印度求法时，在西藏境内娶了亲，后因与妻子争吵才离去[③]。其次，在老艺人扎西曲珍的介绍中，把热巴艺术形成的地点说成是在印度，很显然是受了佛教的影响所致。藏族著名学者、现任意大利那不勒斯大学教授的南喀诺布先生，经过长期深入地研究历史后，得出了一个带有普遍性的结论。他说："将藏民族的起源上溯印度的观点，究其原因，是因为藏族佛教徒大学者们依据佛教徒来自印度的事实将印度称为'圣地'，将其理解为一个神圣的地域概念，因而从其发源的佛法和其他学科的古代文化都认为是正宗和无与伦比的，它因具有许多独特的优

注 释:

① 何永才:《绚丽多彩的藏族民间舞》载《藏族学术讨论会论文集》，第494页，西藏人民出版社，1984年版。
② 陈庆英译：《汉藏史集》，第306页，西藏人民出版社，1988年版。
③ 《泽玛姬》，第150页，中国民间文学出版社，1982年版。

昌都三大舞蹈之一——丁青热巴舞，男性热巴边说边摇铜铃，女性热巴边舞边敲热巴鼓是其最大的特点

点而著称于世[①]。”这个结论同样适合于西藏热巴舞蹈艺术的起源。作为热巴舞蹈艺术也未能逃脱出历史的这个印记。对此，我们用历史唯物主义的观点来分析和研究，也就不难理解了。

老艺人扎西曲珍的上述介绍中，尽管不可避免地打上了佛教思想的烙印，掺杂了一些主观的因素，但它仍然为我们探讨热巴舞蹈艺术的渊源提供了很有价值的资料，从中我们至少可以了解到以下四点：（1）热巴舞蹈与宗教的关系极为密切。这个问题将在下文专门探讨，不在此赘言。（2）在热巴舞蹈的发展过程中，热穹巴·多吉扎巴起了很大的推动作用。在这里，热穹巴的妻子实际上代表了广大艺人为热巴舞蹈艺术的发展所作出的杰出贡献，是他们对热巴的服装和道具作了大胆的改革和创新，并且开创了热巴女性伴舞的先例。这就使得热巴舞蹈艺术更加成熟，并逐渐形成藏族舞蹈中别具一格的舞蹈品种而存在。（3）大象的大肠与小肠捻成璎珞式的网穗服饰的使用，才使热巴舞蹈与服装相连起来，从中看出“热巴”名称的含义来源。（4）最初的热巴舞蹈并非是为了自娱的需要，而是为了谋生。这就决定了热巴舞蹈敢于从其他姊妹艺术中吸取营养，丰富和发展热巴舞蹈，进而形成了一门融说、唱、舞和杂技气功为一体的综合性表演艺术。这也就是热巴舞蹈勇于吸收“尖刀刺腹”“顶刀飞旋”等惊险技艺的奥妙所在。

注 释：

① 南喀诺布：《论西藏古代史的几个问题》载《中国藏学》1988年第2期，第51页。

民间传说米拉日巴拜了玛尔巴为上师以后，命米拉日巴修建一座九层楼的圆形城堡。每盖起一层楼就庆贺一次，期间跳米拉日巴创作的热巴。经过几年的努力，城堡盖好了，热巴的鼓点也增加了，舞蹈也随之丰富起来，形成了热巴的雏形[①]。对此说法，我认为还是道出了热巴鼓点为什么只有一至九点鼓的原因。米拉日巴为玛尔巴修建九层楼的城堡一事，则在《青史》《汉藏史集》等史料中得到证明。热巴的九点鼓与九层楼的数字相吻合，这难道又是一个偶然的巧合？

在众多的热巴流派中，历史最长、久负盛名的首推琼波丁青的窝托热巴。据说在修建达垅噶举派的下寺类乌齐查杰玛大殿时，白天工匠们辛辛苦苦修筑的房子一到夜晚就会被妖魔拆除毁掉。于是，高僧乌金公布特邀琼波丁青窝托热巴的7名艺人，在查杰玛大殿前面的波泽卡地方跳舞镇魔。他们奇迹般地在“天上结绳、在水上建起曼托罗”，以精湛的技艺和强烈的艺术魅力，使妖魔神魂颠倒，一举慑服了作祟的妖魔，从而使工匠们赢得了筑房的时间，建起了气势雄伟的查杰玛大殿。这个传说表明热巴舞蹈艺术，当时不仅作为一门独立的舞蹈艺术品种而存在，而且达到了以艺术“制伏鬼怪”的惊人艺术成就。据《洛绒教法史》记载，类乌齐查杰玛大殿是1326年修建竣工的[②]，至今已有664年的历史。由此可见，热巴艺术在公元13世纪就已发展为比较成熟的一门艺术是符合历史事实的，而且在史料上也得到了间接的印证。

综上所述，构成热巴舞蹈艺术的某些基本要素，早在公元几世纪前就已产生。11世纪时，噶举派高僧米拉日巴和热穹巴·多吉扎巴为热巴舞蹈艺术的形成起到了重要的作用。到公元十三世纪时，热巴舞蹈艺术就已发展成为比较成熟的一门融说、唱、舞和杂技气功为一体的综合性表演艺术。

三、宗教对热巴舞蹈的影响

宗教是一种特殊的社会意识形态。它作为历史积淀的一种文化现象，与人们的社会生活、思想意识有着广泛而深刻的联系。宗教要运用文学艺术的魅力来宣扬宗教虚无缥缈的极乐世界，以达到弘扬佛法的目的。文学艺术作为社会生活的反映，必然会直接或间接地表现人们的宗教生活。在这种相互影响的过程中，宗

注 释：

① 曲荫生：《藏族民间舞蹈概述》，西藏自治区文化局资料室油印本。

② 达察·次旺杰：《洛绒教法史》，藏文，第540页，西藏藏文古籍出版社，1994年版。

教对文学艺术的发展历史产生了重要的影响。从公元5世纪初，佛教正式传入西藏后，在统治阶级的大力扶持和推广下，作为一种潜在的力量主宰着藏民族的历史命运，并且作为一种强大的政治势力和雄厚的经济势力，渗透到了西藏的政治、经济、文化和社会生活等各个方面，其影响之深之广是难以估量的。正因为这样，产生于西藏佛教“后弘期”的民间艺术热巴，也摆脱不了佛教香火的熏陶，深深地打上了佛教思想的烙印。这也是热巴舞蹈艺术产生的重要历史背景。

2018年8月，在首届全区热巴舞展演暨热巴艺术高峰论坛上表演的热巴舞

在探讨宗教对热巴舞蹈艺术的影响之前，首先值得肯定的是热巴舞蹈是在民间艺术的丰厚土壤里成长的，是千千万万个因生活所迫的艺人通过世世代代的艺术实践所培育的。尽管我们尚未找到为热巴舞蹈的形成作出突出贡献的艺人的姓名和事迹，但我们还是从表演热巴舞蹈的艺人成分上，从它谋生的手段上，从它的艺术特点和风格上，充分感受到了民间艺人为此所花费的心血，以及流浪艺人们的聪明才智。从热巴舞蹈热情豪放的动作和它欢快明亮的音乐里，我们几乎很难体会和感受到佛教艺术典雅、庄重、肃穆的艺术风格。不过，热巴舞蹈受佛教艺术的影响程度，远比藏民族传统艺术卓舞（锅庄）、弦子、堆谐等舞蹈艺术所受到的影响大得多。

首先，热巴舞蹈的产生和形成受到了佛教的影响，确切一点讲，是受到了

草原上表演的热巴舞

藏传佛教噶举派的影响。我们在探讨热巴舞蹈的产生时，谈到了噶举派高僧米拉日巴和热穹巴·多吉扎巴对热巴舞蹈形成所起的作用。尽管这个作用我们尚没有在有关史书上找到直接的依据，但我们在没有找到新的文字依据的情况下，没有必要怀疑热巴艺人在表演热巴前的道白中所说的“热巴是米拉日巴的遗产，热穹巴·多吉扎巴表演”这句话，以及与此相关的民间艺人介绍的真实性。如果说仅仅是出于对噶举派高僧米拉日巴的信仰和崇敬，那么，现今流行热巴艺术的地区，包括表演热巴艺术的多数艺人，并非信仰噶举派的善男信女，这又作何解释？

其次，热巴艺人所表演的一些内容直接取材于佛教译著或佛教文学。在旧社会，热巴艺人走南闯北、流浪天涯、卖艺为生。为了迎合广大的佛教徒，赢得他们的喝彩，换得更多一点的报酬，他们从佛教文学中寻找一些虔诚信教徒所熟悉的故事来丰富和充实自己的舞蹈艺术。热巴舞蹈中传统的节目之一《猎人与小鹿》的小戏，就是根据《米拉日巴道歌集》中的“与布衣猎人会见的情景”一节而改编的。它宣扬了“人生在世，就得行善”的佛教伦理道德观念。热巴动作中的名称“色然扎冬”“雅如果羌”等也来源于道歌集。《渔夫与仙人》是热巴传统节目中的小戏，它也是从释迦牟尼百行传如意树第六十四枝《恋世·系缚应予厌恶之法》中取材的一个片断[①]。热巴舞蹈中的鼓点也显然是受了佛教跳神艺术鼓点的影响。

注 释：

① 洛桑多吉：《谈西藏藏戏艺术》载《西藏研究》，1984 年第 1 期，第 95 页。

最后，热巴的道具也借鉴了苯教的鼓、铃和面具。热巴艺人男性的主要道具是铃和牛毛红缨，女性的主要道具是手柄两面鼓。铃、鼓和牛毛红缨是西藏原始宗教苯教所使用的法器之一。据察雅老艺人桑登曲培介绍："热巴男子手持红色的牦牛尾巴这一动作早在原始部落时期就有，牛头和牛尾巴是当时各部落的胜利象征，也是一种信仰崇拜的偶像……于苯教时期就流传下来了[①]。"当然，富有创造力的民间艺人只是借鉴了手柄两面鼓，而不是完全照搬。热巴艺人所使用的手柄两面鼓不仅小巧玲珑，而且为了便于随身携带，鼓面与鼓柄是插口的活动式，可随时装卸，携带十分方便。热巴舞蹈的面具同样也是从佛教跳神的面具中得到启发的。

四、热巴舞蹈的传统节目

热巴舞蹈作为一门独立的艺术品种，有它一定的表演程式和一整套的传统节目。但由于热巴流派较多，因此为了生存，各派之间存在着比较激烈的竞争，这使得热巴舞蹈艺术几乎一直处于发展之中。传统热巴的表演程式大体可分为五段。第一段为序舞。序舞时男女热巴各持道具，分别排成圆圈，一边轻轻地敲鼓摇铃，一边用缓慢的步子与全体热巴绕圈，高声吟唱六字真言歌，然后用略带传统曲艺折嘎的声韵唱腔简要地追溯热巴的历史，并致吉祥贺词，祈祷人畜兴旺，生活美满幸福。第二段是热巴正舞。包括 1 点、3 点、6 点、9 点鼓为主的铃鼓舞。其动作先易后难，先慢后快，极为精彩。热巴的杂技气功表演也穿插在 1 点至 9 点鼓里表演。第三段是滑稽逗趣的热巴小戏。各种幽默逗趣的小戏表演，使人捧腹大笑并给人以某种启迪。第四段是间隙舞。间隙舞以优美深情的弦子舞和卓舞为主。让观众在观看一段极为精彩惊险的杂技表演后，再欣赏一段优美轻松的弦子舞和卓舞，使观众在优美的旋律中享受到美，同时也使演员的体力得到恢复。最后是对辩结尾。对辩结尾要在男女热巴中进行。一是按照传统的固定词语争辩；二是因人因地因事即兴争辩，临时发挥。当然，以上的表演程式还要根据观众的兴趣和演员的体力情况，有长有短，有繁有简，随时可以做调整。

五、热巴舞蹈的主要特征

注 释：

① 阿旺克村：《雪域东部的热巴艺术》载西藏自治区文化局编的《艺研动态》，1983 年第 2 期，第 32 页。

1. 热巴舞蹈是一门技艺性很强的综合性表演艺术

就藏族舞蹈的动作要素来讲，都是较易学易普及的。如卓舞、弦子(指动作)、堆协等舞蹈，只要具有一定艺术细胞的人在看了几次后，就可以跳两下。而热巴则不然，热巴中的特技表演最能显示热巴舞蹈之艺术功底。热巴动作中的蹦子、单脚吸腿蹦子、躺身蹦子、蹲转、倒立走、矮子步、抢背、虎跳、前后滚毛、单腿转圈、单腿吸胯转、双腿弯曲左右扭身，女子顶鼓旋转、翻身甩鼓、缠头击鼓、正反转击鼓等动作难度大、技巧性强，不是短时间内所能掌握和胜任的技艺。至于杂技气功一类的表演技巧性更强，需要几年或十几年的学习苦练方能胜任。正因如此，热巴艺人都是以祖传的形式传承，热巴艺人也就成了职业的艺人。

康沙热巴扎西曲珍老艺人(中)

2. 热巴艺人充分运用了舞蹈艺术中视听结合的艺术特长

任何舞蹈都是通过人的动作、姿态、表情来反映生活，塑造形象，表达人的思想情感。热巴舞蹈更是以人的躯体、手、足和头的不同姿势变换的，再伴之以热巴男女铿锵有力的鼓和铃的节奏韵律，构成了完整统一、和谐的舞蹈动作，给人以强烈的艺术感受与韵律的美感。为了达到强烈的艺术视听效果，热巴舞蹈突出地运用了对比的手法。铃鼓舞的热情奔放与弦子舞的轻歌曼舞、杂技气功的惊险与卓舞艺术的豪放、热巴小戏的风趣与对辩的幽默、节奏的快与慢、力度的强与弱，以及鼓声与铃声、男与女、舞与跳、说与唱，无不为了围绕和突出舞蹈艺术中的视听效果而编排。当我们看到女性热巴令人眼花缭乱的表演和男性热巴潇洒矫健的舞姿时，便能充分体会热巴艺人刚毅、豪放、乐观的性格和热巴艺人犹如大海般宽阔的胸襟。

3. 热巴舞蹈中使用的道具——用鼓和铃来伴舞，是舞蹈表现形式上的一大突破

作为藏民族源远流长的舞蹈艺术来讲，载歌载舞是传统的特点，而热巴舞蹈则是通过鼓和铃声来丰富和扩大了舞蹈的表现形式。在表演热巴舞蹈时，男性热巴左手持红色牦牛尾巴，右手拿着响铃；女性热巴左手握着双面鼓、右手拿着鼓槌，这些道具是男女热巴艺人必备的道具，它从1点鼓到9点鼓的4套动作中，始终作为伴舞的打击乐器至终。这在藏族其他舞蹈形式中则是不多见的。如传统的卓舞是不用道具和乐器的，弦子舞虽说拉牛角弦子，但也仅局限于男性而已。如果我们把这一特点放在藏族舞蹈发展史中来考察，那么它的作用非同一般。

4. 热巴舞蹈善于从其他姊妹艺术中汲取营养，丰富、充实和发展了自己的表演艺术，这使热巴舞蹈成为藏族舞蹈中程式化较高的舞蹈艺术

我们从热巴舞蹈中不难看到折嘎艺人的幽默风趣、卓舞艺术的豪迈奔放、弦子艺术的抒情优美、藏戏艺术的道白和唱腔、跳神艺术的面具等，这种种表演艺术都可在热巴舞蹈中找到影子。所以从某种角度讲，凡是盛行于西藏东部的艺术形式，无不在热巴舞蹈中得到了再现和升华。从中我们可以欣赏到西藏东部艺术的精华，领略到西藏东部康区人的性格气质。热巴舞蹈善于和敢于从其他艺术中汲取精华，丰富和发展热巴舞蹈艺术的特点，对我们如何科学地继承、发展、创新现代藏民族的舞蹈艺术，有很大的借鉴作用和参考作用。

在新中国建立前，热巴舞蹈艺术属于流浪艺术，没有权力登大雅之堂，也就谈不上研究。只有在新中国建立后，在党的“尊重、科学、继承”的方针指引下，才有可能把研究热巴舞蹈艺术提上议事日程。作为生长和生活在“热巴故乡”的笔者，为继承、发展、创新热巴舞蹈艺术，当然有着义不容辞的义务。然而由于笔者艺术修养差，深感力不从心，但是，本文若能为研究热巴舞蹈艺术提供一些资料，有助于扩大研究热巴舞蹈艺术的视野，也就完成或达到了笔者的初衷。

原载《西藏研究》1990年第4期

魅力无穷的琼波丁青三大热巴

热巴舞是指融藏民族说、唱、舞和杂技气功为一炉的综合性表演艺术，也是藏民族最喜爱的民间舞蹈之一。由于跳热巴舞时，男性热巴边说边摇铜铃，女性热巴边舞边敲热巴鼓，故而有人称之为铃鼓舞。

传统的热巴主要流传在西藏境内的昌都、林芝、那曲地区，以及与昌都毗邻的四川省甘孜州，青海省玉树州，云南省德钦州等地的康区一带。以上地州中，以流传在昌都地区的热巴声誉最高。在昌都地区有名可考的热巴流派多达十几种，且分布在丁青、察雅、类乌齐、边坝、洛隆、八宿、左贡、芒康等县。仅在1986年的“昌都地区首届乌兰牧骑文艺会演”上就有8个县上演了不同流派、不同内容、不同风格的热巴节目28个。可见，热巴舞在昌都地区有着广泛的分布，有较普遍的群众基础。故昌都地区素有“热巴之乡”的美称。如果我们进一步探寻热巴舞的故乡究竟在哪个县，那么，我们自然而然地会追溯到原属于三十九族部落的琼波，现属于昌都地区的琼波丁青县。该县的热巴历史之长、流派之多、继承之好，则是其他县绝无仅有的。“热巴之乡”的佳冠无可争议地属于昌都地区的琼波丁青县。

我们之所以称丁青是热巴之乡，是因为丁青热巴历史悠久，且有三大热巴流派——窝托热巴、康沙热巴、多琼热巴。他们技艺高超，身怀绝技，风格独特。记得1988年昌都地区进行民族文化遗产普查时，仅在丁青县境内，就有10多位解放前的热巴艺人。其中享有声誉的有扎西曲珍、罗珠、加那果等。著名热巴艺人嘎朗曾被青海省囊谦县聘请为热巴教练。著名热巴艺人次珍的足迹还遍及印度、缅甸、尼泊尔、锡金等国。

一、窝托热巴

在西藏众多的热巴流派中，历史最长、最负盛名的首推琼波丁青的窝托热巴。窝托热巴的祖籍为昌都地区丁青县觉恩乡达沙塘村。窝托热巴的后裔，年届60

岁的吴金老人在1987年曾自豪地对笔者说："窝托是一位高僧给我们家族起的名称。我们是圣者米拉日巴的后裔，热巴也是米拉热巴传授给我们的。"窝托家族是否真的是米拉日巴的后裔，现无法考证。但他的这种说法与米拉日巴原属于琼波家族的历史不谋而合。我们之所以说窝托热巴的历史最悠久，不只是听信了吴金老人的一面之词，而是以建于13世纪的类乌齐查杰玛大殿与窝托热巴的一段历史传说为相互印证的。据说在修建查杰玛大殿时，白天工匠们辛辛苦苦修筑的房子，晚上被"妖魔鬼怪"拆墙毁掉，工期一再拖延，无法如期完成。于是，高僧桑吉温特邀当时享有声誉的窝托热巴7名艺人来献艺。他们在查杰玛大殿前面的波泽卡地方表演热巴艺术，奇迹般地"在天上结绳，在水上建起曼陀罗"，以精湛的演技，强烈的艺术魅力，使"妖魔"入迷，鬼魂颠倒，忘记了时间，忘记了拆墙毁坏查杰玛大殿，一举征服了"妖魔"，从而使工匠们赢得了筑房的时间，建起了气势雄伟的查杰玛大殿。这个传说至少说明了在建查杰玛大殿之前，窝托热巴不仅存在，而且演技娴熟，达到了以艺术制服"鬼怪"，使"妖魔"着迷的程度，取得了很高的艺术成就。据藏文史料《达龙教史》记载，查杰玛大殿是1320年奠基，历时7年，于1326年竣工。由此推论，窝托热巴的历史可以追溯到13世纪前。

为了庆贺查杰玛大殿的落成典礼，酬谢建寺的僧众和工匠，类乌齐扬贡寺开创了一年一度的"仲确节"，其直译为修供仪轨节。在每年藏历的6月15日举行。后来"仲确节"逐渐演变为既有宗教含义，又有民间物资交流会的传统节日。由于窝托热巴在建寺中曾以精湛的技艺征服了"妖魔"，立下了汗马功劳，故每当"仲确节"时邀请窝托热巴来献艺。久而久之， 每当类乌齐扬贡寺三大节日时邀请窝托热巴就成为约定俗成的惯例。扬贡寺的三大节日分别是：藏历四月初的春祀节、藏历五月五日的夏祀节、藏历六月十五日的修供仪轨节。其中修供仪轨节最为隆重，表演热巴的次数和时间也最长。每当窝托热巴献艺时，先在查杰玛大殿前演出，而后分别在宁玛扎仓和达陇扎仓演出。演出结束后，以上扎仓分别作为施主，要向热巴艺人给予丰厚的食物和钱财，以表达他们对热巴艺人献艺的酬谢。当地头人和老百姓也慷慨解囊，纷纷给物给钱，所以，窝托热巴的收入也是颇为可观的。由于窝托热巴只准在类乌齐扬贡寺的三大节日时献艺，故有人称之为"堆青热巴"，意为"节日热巴"。

窝托热巴的传统节目有：达日舞，就是用鼗鼓作为乐器的一种热巴舞。刀舞——阿然巴羌。热巴小戏有：没有鼻子的小偷、鹿舞等。窝托热巴艺术的主要特点是技巧性很强，除了热巴鼓点舞外，诸如杂技气功的节目：爬杆技巧、高空倒立、腹上破石、夹刀旋转等，均属于窝托热巴的绝技，非一般热巴流派所能表演和胜任的。所以，窝托热巴素以自己流派的历史最悠久、演技难度最大、节目最丰富而引以自豪，社会也公认和推崇窝托热巴是正统的热巴流派。

窝托热巴的传统节目形式中还有一种对辩。他们的对辩属于固定式的一问一答，其内容除了叙述热巴的历史外，还要从宇宙之形成谈到日月星辰和人类的形成。其语言生动活泼，比喻形象贴切，甚受群众的欢迎。试举一例：

问：北方的乌龟有脑却无脑筋，
有手却无肩胛骨，
有食指却无拇指，
有大肠却无小肠，
上述四无到哪里？
请你一一回答！
答：北方的乌龟有脑却无脑筋，
白色脑筋在雪山上，
巍巍嘎青雪山之所以那么白，
是从北方的乌龟那儿来！
有手却无肩胛骨，
肩胛骨在蒙古，
蒙古骑兵的战刀之所以那么锋利，
是从北方的乌龟那儿来！
有食指却无拇指，
拇指在岭噶，
岭噶射箭之所以射得那么准，
是从北方的乌龟那儿来！
有大肠却无小肠，
小肠在内地，

内地汉族多谋略，

是从北方的乌龟那儿来！

二、康沙热巴

在藏语里，“康沙”意为新房子。随着时间的推移，“康沙”逐渐成为地名，进而演变成居住在“康沙”这个村庄的热巴流派的名称。他们的祖籍为洛隆县孜托乡康沙村。康沙热巴是至今活跃于农牧区和城镇的为数不多的著名热巴流派。1959 年的民主改革，彻底摧毁了西藏政教合一的封建农奴制度。掀起了波澜壮阔的民主改革，西藏百万农奴从此获得翻身解放，成为西藏的主人。作为生活在社会底层的热巴艺人，同样获得新生。1959 年民主改革时，康沙热巴正好卖艺流浪到丁青一带时，分到了土地和牛羊。于是，他们就定居在丁青县桑多乡娘巴村。康沙热巴，也叫冬洛热巴，已祖传好几代人了，是典型的家族式热巴流派，保留着地道的原生态热巴舞。

1987 年 3 月 15 日，笔者与时任昌都地区文化局副局长李光德（右三），专门向康沙家族热巴的扎西曲珍（中），罗珠（左二）等调查了解热巴舞蹈情况

关于康沙热巴，笔者于 1987 年 3 月专门向该家族热巴老艺人扎西曲珍请教。她用一段热巴舞的唱词说给我听。这段唱词即通俗易懂，又形象生动，故不妨在此译成汉文引用：

2010年10月，在昌都解放60周年庆祝大会上，表演高难度的热巴技巧

今天是庆贺的日子，
是吉祥的日子，
我们热巴艺人来献艺。
热巴是圣者米拉日巴的遗产，
是弟子热穹巴创作的，
是为了庆贺和心愿而编排的。

我们热巴的鼓是大象皮蒙的鼓，
鼓架是大象的肋巴骨，
鼓槌是自然弯曲的木藤；
热巴的装饰网穗绳，
网穗绳头扎的是大象的肝和肺。
——这是米拉日巴和热穹巴·多吉扎巴
留给我们的遗产。

我是热姆扎西曲珍，
我的祖籍为孜托康沙热巴，
康沙热巴是卖艺热巴。
它舞起热巴轻如鸟飞，
跳起热巴快如旋风。
象皮鼓的主人是藤槌儿，
镲号的主人是热巴的嘴唇，
康沙热巴的主人是我们。
康沙热巴世代相传，
犹如活佛代代转世。
啊！久负盛名的是我们
——康沙热巴！

今天是吉祥的日子，
是祝福发愿的好时辰，
我们热巴艺人来献艺。
愿圣者米拉日巴开恩，
愿热穹巴·多吉扎巴助威，
愿护法神来保佑我们，
祈愿我们不要在众人面前丢丑，
祈愿我们不要在众鸟面前拔毛，
祈愿我们不要摔倒、拌倒、滑倒，
愿神灵保佑我们——
表演如愿以偿！

听了康沙热巴老艺人扎西曲珍的唱词，我们对热巴舞的起源、康沙热巴的特点，就会有一个全面而又形象的认识。

康沙热巴是典型的家族热巴。1987 年他们到昌都演出时，有 6 个成员，其关系是：康沙热巴的主角是世代相传的热巴老艺人，年近六旬的扎西曲珍。其他成员有：她的丈夫罗珠，55 岁；扎西曲珍的堂妹格桑旺姆，40 岁；加那果，62 岁，是扎西曲珍的妹夫；另外二个是扎西曲珍的侄儿侄女。康沙热巴在其漫长的漂泊不定、走南闯北、卖艺为生的实践中，逐渐形成了独具特点的热巴艺术。他们传统的节目有一点鼓、三点鼓、六点鼓、九点鼓，同时穿插一些弦子、卓舞和男女之间的对辩等。其表演程式为：第一段为准备阶段；第二段为自我介绍；第三段为报幕；第四段为热巴序舞；第五段是高难度技巧的铃鼓舞正戏；第六段间隙穿插舞；第七段是幽默风趣的“对辩”来结尾。

一点鼓，藏语叫“吉冬”。所谓一点鼓是以热巴女性敲打的鼓点节奏而起名的。男性热巴的摇铃声与鼓点的节奏相同。一点鼓的鼓谱是：

慢：1、4/4 ⊕⊕⊕⊕ ‖ 2、4/4 ⊕ . ⊕ ÷ ÷ ÷ |

快：1、2/4 ⊕⊕ ⊕ O ‖ 2、2/4 ⊕ . ⊕ ⊕⊕ ‖ ⊕⊕⊕⊕ ⊕ . ⊕ ‖

三点鼓，藏语称之为“松冬”。三点鼓是以热巴女性敲打的鼓点节奏而定名。其鼓点并非单一、呆板地敲打三下，而是富有变化的：

慢：2/4 1、‖ ⊕⊕⊕⊕ O ‖ 2、⊕ O ⊕ O ‖

快：2/4 1、‖ ⊕⊕ ⊕ O ‖ 2、⊕ O ⊕ O ‖

六点鼓，藏语称之为“朱冬”。六点鼓的节奏基本打法与三点鼓相同，所不同的是四点鼓变为六点鼓，且在节奏上也有一点变化：

慢：4/4 ‖ ⊕⊕⊕⊕ ‖ ⊕ O ⊕ O ‖

快：4/4 ‖ ⊕⊕ ⊕⊕ ⊕⊕ ⊕⊕ |2/4 ⊕ O ⊕ O ‖

九点鼓，藏语称之为“古冬”。九点鼓是在六点鼓的基础上发展而成的。九点鼓与其他三种鼓点的不同之处在于鼓点多敲了三下以外，还有一种敲鼓边缘的打法。其作用在于鼓点的声音对比和富有变化，给人以强中有弱，弱中有强的听觉效果。例如：

九点鼓：慢：‖ ⊕ O ⊕ O | ⊕⊕⊕⊕ | ⊕⊕⊕⊕ | ⊕ O ⊕ O |

快：‖ ⊕ O ⊕ O | ⊕⊕ ⊕⊕ ⊕⊕ ⊕⊕ | ⊕⊕ |

鼓锤：| 嘎：：：|：：：：|：⊕

（说明：“⊕”鼓点记号，“O”休止符号，“嘎”的声响是鼓锤记号）。

上述四个鼓点的特征是：鼓点多的热巴技巧，难度大于鼓点少的热巴技巧；鼓点多的热巴节奏，快于鼓点少的热巴节奏；鼓点多的热巴力度，强于鼓点少的热巴力度；男性热巴的动作，多于女性热巴的动作。但在一般情况下，每台热巴，只选择四个鼓点中的某两个鼓点。其中以一点鼓和六点鼓或三点鼓与九点鼓搭配成一台的为多，再穿插一些弦子锅庄和男女热巴之间的对辨等，就成为一台完整的热巴艺术。

康沙热巴的艺术特点可归结为节奏的美、速度的美、力度的美。鼓点和铃声本身的声音是单调的，但由于热巴艺人运用节奏、速度、力度的变化，可以达到美妙动听、令人陶醉的艺术效果。如在以上四个鼓点中，男女热巴的动作韵律没有什么很大的区别，只是由于节奏、速度、力度的变化，从而使每个基本的动作可以派生出许多新的动作。如左右伸臂平转，在一点鼓中只旋转一次，而在九点鼓中不仅加快速度和力度，而且连续完成数次，达到一种奇妙的艺术境地。又如九点鼓的敲法中，除了在节奏、力度和速度上的变化外，还有一种敲鼓边沿的打法。其作用在于通过鼓点的声音对比给人以强中有弱、弱中有强的听觉效果。

三、多琼热巴

多琼热巴也叫嘎措热巴，全称查嘎司·多琼热巴。距今也有几代人的历史。该派热巴的祖籍为丁青县色扎乡卡通村。关于多琼热巴的名称起源有两种说法：

在广场表演的大型热巴舞

1、据多琼热巴传承人丹增曲塔介绍，“查嘎司”是该族热巴的户名，传说很久以前，该家族热巴到硕般多寺（今洛隆）和布雄寺表演热巴，当时，这两座寺规定不准在寺庙内演热巴，更不准让艺人留寺过夜。“查嘎司”热巴卖艺卖到硕般多一带时，苦苦哀求寺庙准许他们演出热巴。由于寺庙戒规森严，加之喇嘛不近人情，边说你们的热巴有何神奇，边不由辩解把他们轰了出来。“查嘎司”热巴无奈之下，生气之余，随手抓起一块鹅卵石，象捏糌粑团一样，在坚硬的石上留下了五指的手印，显示出了“查嘎司”热巴的非凡法力。从此，以上两座寺允许在寺庙表演热巴，同时，该派热巴又有了一个新的名称“多琼热巴”——意为能在石头上留下手印的热巴。据邓增曲达介绍，这个故事发生在370年前。2、传说“查嘎司”热巴神力无比，有一次到边坝演出时，在路上有一群野狗疯狂地冲到艺人面前，查嘎司愤怒之下随手抓了一个石头大喊一声，野狗仓皇而逃，神奇的是查嘎司所握的石头上留下了五个手指印。以上两种说法的起因虽有所不同，但结果是一致的——即在石头上留下了手印，显示了“查嘎司”热巴的神奇法力。以后，“多琼热巴”成了该派热巴的名称，他们最初的“查嘎司”名称，反而知道的人就很少了。

多琼热巴也是至今活跃于舞台的重要热巴流派之一，其传统节目有一敲三点鼓、二敲三点鼓、一敲五点鼓、二敲五点鼓、六点鼓、九点鼓等。该派热巴中的小戏，均戴面具表演，有婆罗门和仙女等的面具。小戏有《猎人曲热多吉》《商人罗布桑布》《仙女玉卓》，以及滑稽幽默的《嘎亚纳齐》等小戏。多琼热巴的特点之一是边跳边拉自制的二胡。他们把粗狂豪放的热巴与优美动听的弦子完美地结合在一起，舞姿优美，旋律动听，尤其是热巴舞的技巧性很强。

2011年9月15日，笔者专程赴丁青县色扎乡卡通村向国家级非物质文化多琼热巴传承人，65岁高龄的丹增曲塔请教有关他自己的从艺历程时，他说：我是27岁左右学热巴的。曾到丁青、昌都、类乌齐等地演出过热巴。我的师傅叫次成，1975年去世，是年59岁。他是享有盛誉的热巴艺人，走遍了康区六岗的村村寨寨，甚至还到拉萨等卫藏地区。次成的师傅叫热巴吉达，热巴吉达的师傅叫吉德，吉德的师傅叫索朗贡布，索朗贡布的师傅是“查嘎司”多琼热巴。丹增曲塔说，过去，我们这一带到外卖艺时，一般是把村里会热巴的人组织起来集体外出演出热巴。

在以上三大流派的热巴表演中，道具的使用方法是：男性热巴一律用左手拿着红缨，右手摇着铃，腰间系着黑白相间的网状形象肠绳；女性热巴左手拿着象皮鼓，右手执着藤槌击鼓。对于服饰除了男性热巴的象肠绳必须佩带外，其余没有什么特殊的要求。以上三大流派的热巴中，其内容共同表达的多是避灾祛祸、祝愿风调雨顺、人畜平安、吉祥安康之意。其表演形式是男持铜铃，女执手鼓，绕圈走动，翩翩起舞。在铃鼓声中，通过跳、转、翻动作，圆好场地，招来观众。男舞者腰间系用羊毛或牛毛编织的染有三色或五色的网状穗辫条，随着各种强劲有力的高难度动作，网状穗辫条飘起，刚中显柔，潇洒自如。进入高潮，男子似雄鹰一般单腿跨转，腾跃飞旋；女子双手持鼓和鼓槌，高举头顶，转翻身子欢舞，犹如孔雀开屏。在鼓点阵阵，节奏鲜明的摇铃声中，向观众传递着欢乐的气氛，让每一个人都能感受到热巴舞者飞扬洒脱的激情与豪爽。

中国非物质文化热巴传承人丹增曲塔，向笔者介绍丁青多琼热巴的有关情况

四、丁青热巴的继承与发展

作为我区非物质文化遗产中的一朵奇葩，丁青热巴得到了党和政府的高度重视和保护。1984 年 9 月，为了贯彻落实第二次西藏工作座谈会精神，昌都地区加大了对民族文化遗产的抢救和保护工作。我当时在昌都地区文教局工作，受领导的派遣，王岚科长和我一起专程赴丁青县恢复组建丁青县乌兰牧骑宣传队。组建乌兰牧骑宣传队旨在更好地继承和保护好热巴这门古老的舞蹈品种。1986 年 6

月10日至20日，昌都举办了首届昌都地区乌兰牧骑文艺汇演，丁青县乌兰牧骑宣传队成为当时最有特色的宣传队之一，受到各级组织和广大观众的好评。在新的历史时期，为了更好地探索非物质文化遗产继承和保护的路子，最大限度满足人民群众的精神文化生活需要，丁青县创新传承方式，通过学校教育使热巴艺术走进课堂。2006年，丁青县政府决定在县中学举办一个有40人参加的热巴艺术班，前来报名的孩子却达到300多人。难能可贵的是丁青县热巴表演队并没有停留在简单的继承上，而是在热巴的表现形式与节目内容上与时俱进，在继承的基础上，又有了新的发展。他们通过鼓点的变化、增加鼓的种类和新的音乐元素，创新舞台队形和造型，不仅突出了热巴舞蹈的艺术性，而且更适合现代舞台表演的要求，给古老的热巴艺术增添了新的活力。

2000年，为了更好地展现古老热巴的神奇魅力，探索以优秀传统文化促进经济发展的道路，丁青县举办了第一届热巴艺术节暨物资交流会，并决定艺术节固定在每年8月份举办。由此全县13个乡镇相继成立了热巴业余演出队。在艺术节的推动下，丁青县初步形成了县有民间艺术团、乡有艺术队、村有爱好者的格局。目前，以热巴舞为主的各种文体活动，在每年的艺术节上大放异彩，不仅展示了丁青热巴古老而又永恒的风采，也展示了丁青人民奋发图强，自强不息的精神风貌。2002年，丁青县被西藏自治区人民政府命名为“热巴艺术之乡”。2005年丁青热巴被列入国家级第一批非物质文化遗产名录。2007年5月，丁青县热巴表演队代表西藏参加了成都国际非物质文化遗产博览会，给观众带来了极大的震撼，引起了强烈反响，获得了成都国际非物质文化遗产节的奖项——“太阳神鸟金奖”。

如今，魅力无穷的丁青热巴已在区内外享有很高的知名度。他们以自己精湛的技艺、高难度的技巧、地道纯正的热巴，浓郁的地方特色，不仅征服了区内外的广大观众，也以自己的艺术实践，表明了丁青作为热巴之乡后继有人，同时，也证明了他们不愧是来自热巴之乡的艺术使者。热巴这门古老的舞蹈艺术，正日益显现出它无穷的艺术魅力。

2011年3月6日写于昌都

初论昌都卓舞艺术

昌都地区现辖11个县，所使用的语言属汉藏语系藏缅语族藏语支的康方言。卓舞作为具有广泛性群众基础的舞蹈，分布于昌都11个县。本文论述的是流传在昌都县境内的卓舞。

一、卓舞名称释义

“卓”是藏语的音译，它是指藏族远古产生的以脚的动作为主的民间舞蹈形式。有的辞书或文章上称“卓”为“圆圈舞”，实际上这是不够准确的。因为像“热巴”“弦子”等藏族民间舞都是以绕圈而舞，所以，“圆圈舞”是一个内涵丰富的大概念，不足以代表某一具体艺术品种的名称。也有人称“卓”为锅庄，

昌都三大舞蹈之一——昌都卓舞，极为注重舞蹈的造型和韵味

这个名词也是一个容易发生歧义的概念。在四川的康定一带“锅庄”是指饭店和客栈[①]。要正确地考证“卓”的含义和称呼，我们必须要深入地研究“卓”舞的歌词本身，而不能撇开歌词这个最基本的依据去作繁琐的考证。因为“历史表明，语言有巨大的稳定性和强迫同化的极大的抵抗性”[②]，而“卓”舞的歌词最能体现语言稳定性和对抗性的特点。

在昌都卓《艾玛伙拉》中唱道：“在祭神煨桑的前面，跳起了祭祀的‘卓’舞。”《第一那个‘卓’舞啊》中也唱道：“第一那个‘卓’舞啊，是从哪里来的？”包括这两首在内的十余首歌词里，只有‘卓’的称呼，而没有“果卓”这个称谓。当然“果卓”从字面的意义上讲是可以成立的。因为“果”在藏语里是“圆圈”的意思，而“卓”必定是绕圈而舞。根据昌都“卓”中没有“果卓”这个名词去推论，“果”这个具有圆圈意义的字很可能是后人加上去的。如果说“果卓”的名称尚可成立的话，那么“锅庄”“歌庄”等又做何解释呢？在汉文文献中，对“卓”舞的称呼至少有“歌庄”[③]“锅桩”[④]“大郭庄”[⑤]“锅庄”[⑥]等四种写法。我们从上述 4 种基本同音而不同字的现象中，不难推测出以上 4 种写法是汉语对“果卓”的音译，而不是意译。上述 4 种写法“歌庄”和“锅庄”为不少同志所沿用，于是解释“歌庄”这个品种是指既有歌、又有舞，故称之为“歌庄”。又把“锅庄”解释为：因跳这种舞时，总是围着架有烧锅的篝火旁四周而跳，因而得名于“锅庄”。其实，这些都是因不了解“卓”舞发展的历史，不了解藏语而得出的错误结论，当然也就不能成立。

从《祭祀舞》中的唱词：“脚的‘卓’舞和手的‘噶’舞”中我们知道，藏族舞蹈把以脚的动作为主的归为“卓”舞的范畴；以手的动作为主的归为“噶”舞的范畴。而“卓”的确切含义在昌都卓《右边啊左边》中明确讲道：“用脚踏卓啊，用脚跺卓舞”。这就清楚地体现了足之蹈之是“卓”舞的基本特征。换言之，以脚的动作为主的舞蹈形式就是“卓”这个名词的最初含义。

通过以上的分析，我们认为“卓”的名称统一规范为“卓舞”是比较合适的。

注 释：

① 黄显铭：《锅庄浅说》载《西藏研究》1989 年第 3 期，第 109 页。
② 斯大林：《论语言学习中的马克思主义》。
③ （清）马揭、成绳祖撰：《卫藏图识》。
④ （清）《皇清职员图》。
⑤ （清）赵尔巽等撰：《清史稿》卷一百一。
⑥ （清）李心衡撰：《金川琐记》。

其理由之一是藏族传统的民间舞蹈“卓”在汉语里没有相对应词的情况下，没有必要用“锅庄”“果卓”等容易发生歧义和不严密的词来充数（当然，与汉语相对应的词理应统一起来）；理由之二是如果只有“卓”字来代表这个舞蹈品种，那么，从汉文里很难单独地辨认出指的是舞蹈形式。鉴于以上两种因素，用“卓舞”来规范的话，既可保留“卓”这个远古流传下来的名词，又使人一看到就知道是某一舞蹈品种的名称。这如同蒙古的“安代舞”，维吾尔的“多朗舞”一样。这种藏汉音意相结合的命名，既是尊重少数民族文化遗产的一个表现，同时，也能体现出伟大祖国的艺术百花园是由全国各族人民共同培育这个既成的历史事实。

二、卓舞的历史渊源

从新石器卡若遗址出土的包括“璜、环、珠、项饰、镯、具饰、牌饰和垂饰”中[①]，我们充分体会出卡若先民对精神生活有着较高的追求。同时知道“人们已经产生了爱美的观念和初步的艺术[②]，”从出土陶器的纹饰上看，已讲究图案的排列和对称，“显露出朴素粗放的风格[③]。”这种艺术风格我们至今仍能从卓舞中体会到。这是迄今为止我们对昌都先民对艺术追求的最早了解。至于卓舞的历史渊源方面，尚没有在有关的史料中看到。好在卓舞艺术品种中每曲都有歌词，这些歌词尽管随着社会的发展而有所变化，但远古时的烙印仍或多或少地保留在其歌词里。

最近，笔者在搜集研究卓舞的歌词时发现了其中一首：《第一那个卓舞啊，从哪里来》。经过认真分析，仔细研究，发觉这首读来简单的歌词却道出了卓舞的起源。歌词第一段中唱道：“第一那个卓舞啊，是从哪里来的？是从上面来的，‘拉青仓巴嘎布’也大驾降临”。歌词中的“上”和下文提到的“中、下”是表述地域方位的概念，在本文里应分别理解为天、地、水界三个概念。“拉青仓巴嘎布”是宗教词语。它有两种含义：一是指“大梵天”，即指的是婆罗门教和印度教的创造之神[④]；二是指“大自在天”，指的是婆罗门教和印度教的毁灭之神、舞蹈之神[⑤]。据藏族意大利籍的著名学者南喀诺布先生考证，世界人卵生说和大

注 释：

① 黄显铭：《锅庄浅说》，载《西藏研究》1989年第3期，第145～154页。
② 黄显铭：《锅庄浅说》，载《西藏研究》1989年第3期，第145～154页。
③ 黄显铭：《锅庄浅说》，载《西藏研究》1989年第3期，第145～154页。
④ 《藏汉佛学词典》，第373页。《宗教词典》，第921页。
⑤ 《藏汉大辞典》，第3081页。《宗教词典》，第1043页。

自在天的认识，并非是受了婆罗门教和印度教的影响，而是3800年前苯教辛绕米保传播苯教文化时，就已产生了的一种观点[①]。歌词中说“拉青仓巴嘎布”大驾降临，说明苯教产生时，至少卓舞这个舞蹈品种的雏形已经形成。

昌都传统舞蹈“卓”舞

歌词第二段中说：“卓舞是从中间来的，念青唐拉也莅临。”念青唐拉是指位于藏北纳木湖南面的念青唐古拉山。在苯教主要经典《白、黑、花十万龙经》中，把世界分成三部分，即天、地和地下。天上的神叫念神、地上的神叫地主、地下的神叫龙神。据说，苯教祖师辛绕米保降世时，天空出现“雍仲”的光明，照亮万里天空，尔后才出现明亮的太阳和月亮，因此称念青唐拉为“大念光明”之神[②]，念青唐拉发起怒来，其力量也是强大无比的。当莲花生大师应邀来藏时，

注 释：

① 南喀诺布：《论藏族古代史的几个问题》，载《中国藏学》1988年第2期，第52页。

② 转引自格勒《论藏族苯教的神》，载《藏族学术论文集》，第345页，西藏人民出版社，1984年9月第一版。

受到了来自苯教势力的反对，“是唐拉神雷击了红宫，是香波神引水冲毁澎塘殿”[①]。这里说的“唐拉神”，便是指大念之神念青唐拉山。后来莲花生大师使用法力，降服了念青唐拉并收复为佛教的神山。无论是苯教徒，还是佛教徒，都以能朝拜念青唐拉山为幸。歌词中说“念青唐拉也莅临”，正是指明了当时就有了卓舞这个艺术品种。

传统舞蹈——卓舞

歌词第三段中唱道：“卓舞是从下面来的，龙王顶宝也驾到。”龙王顶宝是指龙中之王的名称。据《十万龙经》记载，龙有人身蛇头、人身马头、人身狮头、人生羊头、人生牛头等十多种[②]。而“龙”的概念早在苯教的祖师辛绕米保时就已存在。“在辛绕大师去人的国度里传播其教法以前，他要去龙、厉妖、山神和崖神的国度里教授经典[③]。”在《红史》中说：“在甲德日龙赞以前赞普之母为神女和龙女，从甲德日龙赞以后赞普与臣民通婚[④]。”甲德日龙赞是吐蕃第二十三世赞普，约在公元4世纪。歌词第三段也同样证实了卓舞历史的悠久。我们以歌词为依据就发现卓舞在苯教统治西藏时，就已存在。

为了更好地论证卓舞是远古社会产生的舞蹈品种，我们不妨再探讨一下民间对卓舞形式产生的一些说法。民间传说昌都卓舞的动作是模拟了雄鹰或秃鹫的翱翔姿势而创作的舞蹈艺术品种。对此说法，目前尚没有看到有关的史料记载。我们从藏族历史名著《贤者喜宴》中对远古西藏地域划分的描述“阿里三围为鹿、

注 释：

① 郭和卿译：《青史》，第29页。

② 郭和卿译：《青史》，第347页。

③ 〔英国〕施耐尔格鲁夫：《苯教九乘导论》，载《国外藏学研究译文集》第6集，第79页。

④ 陈庆英、周润年译：《红史》，第31页。

野驴兽区；中部四茹为虎、豺狼猛兽区；下部朵康六岗为飞禽鸣鸟区”[①]中可以寻找一些线索。按照古代藏族地域的划分，昌都属于“下部朵康六岗”中的“察瓦岗”和“芒康岗”一带。雄鹰或秃鹫作为高原飞禽中的猛禽，昌都人民有可能从它展翅飞翔的姿态中受到启发，从而模仿或创作出卓舞这个民间舞蹈品种。

藏族传统的观念认为，雄鹰或秃鹫目光敏锐，勇敢好斗，经常穿云破雾，加之秃鹫作为天葬时的食鹰，人们把它当作“神鸟”来保护并加以崇拜。这就使昌都卓舞模仿雄鹰或秃鹫的姿势有了基础和可能。我们现在之所以从昌都卓舞的动作中随处可见雄鹰或秃鹰展翅翱翔于蓝天的动作姿势，男性服装的裤腿直接模仿雄鹰腿部样式的道理也在这里。

罗马尼亚著名学者亚·泰纳谢教授在探讨文化发展过程时说：“图腾是一种植物、动物或任何一种物质的东西，原始人理解为这是他所属的部落本质的体现。对动物或其他图腾的模仿，不仅起着魔法的作用，而且还起着增长知识并产生实用性的作用[②]。”同意上述观点并不意味着笔者赞同文艺起源于魔法说或模仿说，而是要说明图腾产生时曾起过上述的作用而已。由此联想到下部朵康飞禽鸣鸟区的划分法，就包含着图腾崇拜的迹象。如果把雄鹰或秃鹫作为图腾来崇拜的话，那么，生活在这一带的昌都人民模仿雄鹰的姿势而创作一种舞蹈品种，那是很自然的事了。在这个意义上我是同意李佳平同志的观点：“‘锅庄’不论其形式、内容、图腾动作的摹拟中所传递的氏族人神合一的思想方法，习俗遗风等，恰是‘锅庄’来源于原始图腾形态摹拟的历史足迹[③]。”

通过以上的分析和研究，我们可以得出如下的结论：昌都卓舞明显地继承了新石器卡若文化“朴素粗放”的艺术风格；而卓舞的歌词为我们较清晰地勾勒出了卓舞艺术早在苯教盛行时就已存在的发展轮廓，民间的传说也从一个侧面证实了卓舞历史的悠久。

值得指出的是，在研究探讨艺术的起源，特别是在西藏这样一个全民信教的地方探讨艺术的起源时，我们不应忘记以下两点：首先，按照马克思主义的观点，文学艺术是一种社会意识形态。作为意识形态的文学艺术，最初是与人们的物质生产活动联系在一起，并且受着社会物质生产条件的制约。正如普列汉诺夫所说：

注 释：

① 藏文版《贤者喜宴》，第150页。

② 〔罗马尼亚〕亚·泰纳谢：《文化与宗教》，第5页，中国社会科学出版社，1984年9月版第5页。

③ 李佳平：《昌都“锅庄”浅析》，载《艺术动态》，第38页，1987年总第5期。

“劳动先于艺术，总之，人最初是从功利观点来观察事物和现象，只是后来才站到审美的观点上来看待它们[①]。”所以，卓舞从本质上讲，也是起源于劳动。但作为一门独立的艺术品种，总是有它形成的一定标志，有一个酝酿、产生、发展、成熟期的。我们探讨卓舞的起源时，恐怕更多的是探讨这一“标志”，沿着这一标志去探索和寻觅它的发展踪迹，而不应笼统地把一切艺术形式都说成是劳动的产物。否则，我们就不是以马克思主义的思想和态度去研究探讨艺术的起源。如果我们不以“劳动先于艺术”指导或武装思想，那么在西藏这个特殊的地方，很多艺术的起源要么归功于神佛仙道，要么归功于高僧大德。本文前面提到的歌词中的“拉青仓巴嘎布”“念青唐拉”“龙王顶宝”等就是一个例证，就有可能误入虚无缥缈的世界而不能自拔，更不能得出符合历史事实的结论。其次，宗教也是一种意识形态。虽说它是一个远离现实、玄虚莫测，仿佛不食人间香火，其实，只要以辩证唯物论和历史唯物论为指针，还其本来的面目，我们就能懂得宗教是人类社会发展到一定阶段的历史现象。革命导师恩格斯说：“一切宗教都不过是支配着人们日常生活的外部力量在人们头脑中幻想的反映，在这种反映中，人间的力量采取了超人间力量的形式[②]。”这就是说尽管宗教是人们对于周围世界、社会生活的虚幻的见解，但依然是现实生活的某种反映，可以从社会存在中找到它的根源和依据。正因为这样，我们认为，宗教从整体上看，都是一定人类文化的表现，是与人类文化的发展交织、连接在一起的。“宗教在本质上是这些不同民族精神文化的象征性、神话性和寓意性表示，它不可能脱离这些文化内容[③]。”这就是我们在探讨卓舞的历史渊源时，较多地从苯教文化中寻找根据，并花大量笔墨的理由所在。

三、卓舞的音乐特点

昌都卓舞的音乐以淳朴深沉、奔放流畅和浓郁的地方特点而闻名区内外。昌都卓舞究竟有多少，我们仍在搜集之中。但当地群众说昌都卓舞的曲调种类多达180首。也有人说天上有多少颗星星，卓舞就有多少曲调；山上有多少棵树木，卓舞就有多少歌词；牦牛身上有多少根毛，卓舞就有多少舞姿。这次，我们以昌

注 释：

① 普列汉诺夫：《没有地址的信 / 艺术与社会生活》，第106页。
② 恩格斯：《反杜林论》，见《马克思恩格斯选集》第3卷，第354页。
③ 卓新学：《宗教与文化》，第31页，人民出版社1988年版。

都文工团向巴来丁同志搜集的卓舞为依据，将搜集到手的65首卓舞试作分析探讨。已故藏族著名作曲家、昌都地区文化广播电视局副局长李光德同志生前分析并研究过昌都卓舞的音乐。遗憾的是他未能系统地整理就与世长辞。为了更有效地把握住卓舞的音乐特点，同时也为了表示对他逝世的怀念之情，在征得李光德妻子仁青康珠的同意后，初步整理归纳如下。本节的音乐部分为李光德同志遗稿整理：

1. 昌都卓舞的音乐一般都是由慢板和快板两部分组成。从慢板起音的节奏特点看，以 ×·× 为多；而快板开始的节奏以 ×××× 为主要特征。

2. 常用的音乐调式有宫调式、商调式、角调式、征调式、羽调式，其中羽调式的最多，次之为商调式，其余的调式虽有，但用得不多。

3. 昌都卓舞的慢板通常多由三个乐句构成，而第三乐句除终止音外，常是第三乐句的严格重复。每个乐句的小节数量不等，最少的小节数是六小节，多者八小节。快板部分，除了节奏上的变化外，一般也是由三个乐句构成，除终止音外，也是第二乐句的完全重复。少部分卓舞快板乐段只有不相等的两个乐句构成快板乐段。

4. 从音乐上看：

A. 四、五度音程的普遍运用和偶尔出现的六、八度跳过，这就使音程形成了卓舞音调风格的基本特征。

B. 在同一快板的音乐中，由于节奏的紧缩，速度的逐步加快，情绪的活跃和分节歌式的重复演唱的需要，三度音程与四、五度音程使用的更为突出。

C. 慢板中拖腔的运用十分常见，而拖腔一般都出现在每个乐句的中间或句末上。

D. 快板音乐起句第一小节的音，多数是慢板音乐起句前一小节或几小节的支柱音，只不过快板起句第一小节出现的这些音，随着速度与节奏的变化时值更短些罢了。

四、卓舞的动作特点

1. 昌都卓舞的基本形式

昌都卓舞一般不受时间、地点和人数所限。人数少则几个，多则上百。舞卓时，男女老幼皆可参加与退出，只是男女领舞都不能随便更换。男女队的领舞者必须是大家公认的嗓音好，歌词熟练，动作娴熟的人。

昌都卓舞从音乐节奏上看，只有慢板和快板两类。慢板称之为“德卓”，快板称之为“觉卓”。然而从动作角度看，可分为三段。先是序舞。序舞时只要舞蹈者站好自己的位置，脚步缓慢地交替运步，步法不重，节奏也不强，故现在不少文艺团体搬上舞台的卓舞中就取消了序舞这一段。序舞过后，就进入慢板卓舞。慢板卓舞平稳缓慢，注重造型，几乎每个卓舞动作都有瞬间的舞姿造型控制。这种舞姿造型是形成慢板舞姿韵律的主要因素。慢板的速度随着情绪的高涨逐渐加快，并进入到快板卓舞。快板卓舞最能体现卓舞粗犷奔放的壮观场面。舞者时而围成一团，时而撒开腾旋，犹如雄鹰在蓝天翱翔，无拘无束；时而奔腾快速，时而挥起衣袖，犹如群马奔腾、豪放不羁。显示出一种力量的美与群体的美。

2. 卓舞的种类

卓舞的流派和风格的形成，是长期艺术实践中形成和发展的。随着社会生活内容的发展变化，卓舞的音乐和动作也会日臻完善。由于每个人的观察方法和标准不同，对卓舞的分类会得出不同的看法和结论。这也是正常的。从已接触到的有关卓舞分类的文章来看，有大锅庄、中锅庄、小锅庄的分类；还有按地域划分的；也有按传统锅庄、新锅庄、问答式锅庄的分类。我们根据昌都卓舞的传统分类法，即以农区卓舞、牧区卓舞、寺庙卓舞三种来分类。这种划分法比较符合昌都卓舞的实际情况。

按照农区、牧区、寺庙卓舞三种分类法的理由是：一是从内容上看农区卓舞以反映农业方面的为主，属于城镇的卓舞大体可归为这一类；牧区卓舞反映牧区生活为主；寺庙卓舞以歌颂佛法、高僧大德为主。当然以上三个方面的内容不是截然分开的，只是各自的侧重点不同而已。二是从风格上看，农区卓舞舒展缓慢，富有韵味；牧区卓舞粗犷奔放，热情坦荡；寺庙卓舞豪放典雅，注重造型。三是舞蹈者和服饰有所不同。农区卓舞，包括城镇卓舞的人以农区和城镇居民为主。在服饰上男性头戴长寿金丝缎帽和礼帽者为多，戴狐狸帽的虽有但很少。穿藏式长袍、内着白布藏式衬衣，肥大的裤腿拖于藏靴外面。这种肥大的裤腿衣是跳昌都卓舞专用的。女性头饰两颗珊瑚珠，扎辫时与红头绳一起织成独辫。外着藏式长坎肩，内着鲜艳的绸布长袖衣，系彩色条纹围裙。牧区卓舞男性以头戴狐狸帽和红缨毡帽为主，穿老绵羊皮藏袍，不讲究肥大的裤腿衣。女性头戴一颗或三颗蜡黄琥珀，并把珠宝银器饰在垂后的独辫上。衣着羊羔皮藏式长袍。寺庙卓舞的表演者都是清一色的男性喇嘛，没有女性。头戴蒙古式红须圆盘帽，身穿水獭或虎皮镶边的高级藏式长袍，极讲究火镰盒和银丝带，必着肥大的裤腿衣。鉴于以上三点，把昌都卓舞分为农区、牧区、寺庙卓舞确有一定的依据。农区、牧区、寺庙的卓舞由于地域、风俗、习惯等的差别，也会呈现出不同的风格。如昌都城填的卓舞，本应归入农区卓舞，但由于昌都地处川、滇、青的交通要道，相互间的文化交往比较密切，故在继承农区舒展缓慢风格的同时，既吸收了牧区卓舞粗犷奔放的特点，又借鉴了寺庙卓舞注重造型的特点，使昌都城镇的卓舞成为卓舞艺术之精品。至于那些半农半牧地区的卓舞，我们虽很难严格地划分，但从卓舞的歌词内容或风格上还是可以辨认出是属于哪一类的卓舞。

3. 卓舞动作的基本特点

丰富多样的脚步动作是昌都卓舞的一大特点。这个特点的形成与卓舞最初的艺术形式有关。因为当初的卓舞是集体舞，且以互相携手狂舞，为了表达喜庆欢悦的心情，必然在激情上产生欲跳不休，欲罢不能的艺术冲动时，向腿部的变化上发展。这就形成了悠步、拖步、踏步、跺步、点步等 5 种基本的腿部动作。通过这 5 个基本的动作，变化和派生出了卓舞丰富多彩的脚步动作。

肯定卓舞中脚步动作的丰富，并不意味着卓舞的手势是被动的。随着卓舞艺术的发展，人们感觉到仅靠脚步动作和节奏，还不足以表达内心深处火山爆发式的炽热激情。于是，双手从一直携手的束缚中解脱出来，形成了时而携手欢舞、时而松手挥袖的特点。这又一次发展和丰富了卓舞的语汇。于是，拉手、甩手、挥手成了卓舞动作的第二个基本特点。

昌都卓舞动作的第三个基本特点是，卓舞因无乐器伴奏，故很注重整个舞姿的力度和气势。而力度和气势主要靠脚步强弱有序、高低快慢的节奏来表达感情和力度的基础[①]。就昌都卓舞来分析，无论是脚步的悠、拖、踏、跺、点，还是手的拉、甩、挥，都必须做到稳、准、柔、健 4 个字。也就是说卓舞的动作要稳重，不要矫揉造作；要准确，不要大起大落；要刚柔相济，不要漂浮柔媚；要健壮有力，不要无精打采。只要掌握了以上的动作要领，昌都卓舞的一种内在情感和内在的

注 释：

① 贾作光：《论舞蹈艺术》，载《美学讲演集》，第 387 页，北京师大出版社，1982 年版。

美学特征就会自然而然地流露出来。

五、卓舞歌词的形式及基本内容

1. 卓舞的歌名分析

昌都卓舞的歌名命名，大体上有两类。一是属于衬词一类。这类歌名一般都没有什么特定的含义。如《绕啊绕》《阿江江》《艾玛伙》等。二是属于实词一类，这类歌名都有一定含义。以上两类中，前者命名法较少，而后者命名法占多数。现分析如下。

根据实词所包含的不同内容，又可细分为以下五种：

A. 用地名冠于歌名的，也就是说以卓舞歌颂的主要地方作为歌名的。如《可爱的昌都山川》《巴塘湖边》《广袤的草原》等。

B. 用人名冠于歌名的。过去不少人认为卓舞是谁创作的，往往就用谁的名字命名，其实这是一个误解。如《莲花生大师》《文成公主》等卓舞，显然不是莲花生和文成公主创作的，而是善男信女和人民群众颂扬的对象。又如《山那边的喇嘛》和《商人尼玛桑珠》，从歌词内容上看，显然也是属于被歌颂的对象，而丝毫看不出他们是作者的迹象。再者，按照藏族传统的习惯推论，大凡民间创作的作品，从没有留下创作者姓名的习惯。

C. 用动物冠以歌名的。如《小鸟啊小鸟》《花猫儿》。

D. 用卓舞所表达的中心内容命名的。这类命名法大都以卓舞的起句为歌名的。如《蔚蓝色的天空》《辩经场》《金色的麦子》等。

E. 用卓舞特征性动作命名的。《右边啊左边》《哑舞》。

2. 卓舞的歌词构成形式

昌都卓舞歌词没有严格的要求，其构成形式比较自由，但也不是任意杜撰和凑合的，还是有规律可循，大体上讲有以下几个形式：

A. 一般卓舞的歌词以二段体、三段体、四段体为常见。其中以二段体为多。如《蔚蓝色的天空》就属于二段体。每段分别由天空、太阳、星星和天空、雄狮、山峦等组成的。

B. 卓舞歌词构成的音节不仅有常见的六至九个音节，而且还有十到十二个音节为一句的。值得注意的是，一些歌词每一句的音节虽不完全相等，但每段相应的音节却是相等的，这种格式可称得上是构成歌词最基本的形式。如《蓝蓝的天空》属于二段体、每段三组，每组的第一句为六言，第二句为八言，这类我们暂且称之为六八式句法。除此之外，有三六式、五八式、六九式、七八式、八九式句法等。

C. 从构成歌词的内容上看，有以下几种规律。如唱天空，那么必用天空、太阳、星星或太阳、月亮、雪山三个主词来构成一小段。唱地方时，往往唱拉萨、内地、家乡。唱方位，必须用上中下或东南西北来构成。唱人多以喇嘛、官吏、平民一起唱。

3. 卓舞歌词的基本内容

（1）歌颂雪域高原秀丽的山川风光

昌都人民自古以来就生活在澜沧江流域，他们凭着自己的勤劳、勇敢和智慧，开发了昌都这块横断山脉的宝地。他们对家乡的山山水水，一草一木都有着特殊的感情。于是，他们情不自禁地放声歌唱家乡秀丽的景色，歌唱雪域巍峨壮丽的风光。昌都卓舞《可爱的昌都山川》《快乐的各地》《花的草原》就充分表达了对家乡秀丽景色的赞美之情。在《蔚蓝的天空》中唱道：

蔚蓝的天空呀，位于山那边的草原；
温暖的太阳呀，花草长得枝叶茂盛；
闪烁的繁星呀，鲜花开得娇艳动人。

高高的山巅上，结满了含苞待放的花蕾；
金子般的山梁上，开满了争芳斗艳的鲜花；
碧绿的山麓边，万紫千红的鲜花铺满了大地。

（2）反映民情风俗的

每个民族都以本民族的服装和风俗为美，不管其他民族是否承认和喜爱它，她都要深情地把它歌唱。如《鲜艳的花头巾》中对头巾、发饰、耳环、护身符、腰带、围裙、鞋等服饰都是用本民族的审美眼光来歌颂。又如《吉祥八宝图》中对吉祥图的赞美，就体现了本民族的审美观，也反映了藏族人民对传统图案的喜爱之情。

（3）宣扬佛教和歌颂高僧大德的

新中国建立前，西藏作为全民信教的一个地方，宗教思想几乎是无孔不入，无所不在。既使纯属于民间的创作，也不可能不涉及到宗教内容。至于寺院卓舞的歌词，本身就是一些高僧利用民间卓舞的形式来宣扬佛教思想而填词创作的。昌都强巴林寺的第十世帕巴拉米旁·次成江措就是这方面的代表人物，《艾玛伙拉》的歌词据说是他创作填词的。这类卓舞还有《神的贵宾》《在山那边》《彩虹般的寺庙》《莲花生大师》等。

（4）歌颂藏汉团结和友好往来的

这类歌词尽管数量不多，但它却真实地反映了藏汉团结友好的历史，道出了藏汉各族人民美好的愿望。文成公主是汉族人民友谊的使者，她为增进藏汉两个民族的团结做出了巨大的贡献，受到了藏族人民的永久怀念。如《文成公主》中唱道：

鲜艳的花布头巾，
杨柳般的长发型，
三叠珊瑚的耳环，
日月对称的护身符，
黑色素缎的衣服，
羊毛织成的长腰带哟……
都是文成公主的装饰，
公主的这些装饰哟，
多么艳丽、多么高雅。

这首歌词中的装饰显然不是唐朝公主的装束打扮。但藏族人民为了表达对公主的敬仰和热爱之情，把藏族人民生活中认为美的装饰都集中于公主身上，把公主看成理想的化身，美丽的使者。这是一种多么朴素而又真挚的感情啊！

（5）反映卓舞的起源和历史的

作为远古产生的卓舞，我们很难在史料中看到有关卓舞的起源及其沿革历史。但我们却在卓舞的歌词中直接或间接地可以了解到这一点，而这恰是卓舞歌词中最有价值的部分。如《右边啊左边》《在金色般的舞场里》《第一那个卓舞啊》等就属于这一类。现不妨再举《我们不舞卓谁来舞》说明卓舞的一般特点：

快乐的舞场中间啊，
年轻的舞手犹如杜鹃鸟翩翩起舞。
脚的“卓”舞和手的“噶”舞，

年轻的小伙子呀快来跳啊快来舞。

卓舞的节奏快如闪电般，

卓舞的姿势犹如鱼在水中漂游自如，

卓舞的姿态犹如孔雀般炫耀颤动。

（6）反映生活中欢乐喜庆的内容

在旧社会，尽管劳动人民生活在水深火热之中，过着清贫艰难的生活，但他们对生活总是充满信心，总是憧憬那美好的未来。如《年轻的小伙子》《阿布耶切瓦》《高高的天空》。在《金色的宝瓶里面》，我们充分体会到劳动人民积极乐观的精神风貌：

金色的宝瓶里面，

飞出三只金色的鸟在蓝天中翱翔，

天空中显现出了美丽的彩虹和光芒。

啊！我们的生活幸福美满，

啊！祝愿小伙子们健康长寿！

（7）其他方面的

有反映农牧业生产、盼望一个好年景的《金色般的庄稼》《哑舞》《花的世界》；有反映劳动人民渴望家人团聚的《鲜花盛开的村庄》等。

值得特别指出的是，过去常提到卓舞的内容有反映爱情生活的歌词。但我们通过对已搜集到手的65首卓舞歌词的分析研究后，几乎没有发现反映爱情生活内容的卓舞。为何出现这种现象值得我们进一步研究和探讨。

六、卓舞的四大特性

以上我们从卓舞的名称、渊源、音乐、动作、内容、形式诸方面作了初步的探讨。现再从卓舞的整体上归纳以下四大特性。

1. 群众性

昌都卓舞作为一种民间集体的舞蹈，有着广泛的群众性。这个特性从卓舞艺术产生时已具备，并保持到现在。群众性的特点决定或制约着卓舞的音乐只能是通俗易懂的，而不能过于复杂；歌词只能是大众化的，而不能过于深奥难懂；动作只能是简单好学的，而不能过于繁杂。

2. 喜庆性

喜庆性是卓舞早期功利性的延续。在远古社会，人们狩猎胜利归来时，就要再现打猎时的情景，大家围着篝火，集体狂舞，手舞足蹈，表示庆贺。随着社会的发展，最初的功利性表现为喜庆性。无论在旧社会，还是在新社会，每逢新春佳节、结婚典礼、新屋落成、乔迁之喜时，人们都穿上节日的盛装，尽情歌舞，通宵达旦，宣泄欢娱的情感。

3. 传承性

卓舞从古到今，之所以流传到现在，得力于千千万万的劳动人民，用口头代代传承下来的结果。民间口头的传承是劳动人民在漫长的岁月中，日积月累，千锤百炼，点点滴滴形成的。懂得了传承性的特点，我们也就不难理解卓舞歌词中保留那么多古代社会遗风遗迹的原因。

4. 大地为舞台

在我们欣赏和评价卓舞的艺术价值时，要把它放在大地舞台的广阔背景中去理解、欣赏。只有这样，卓舞的一个重要美学特征——卓舞的形式、音乐、舞姿和周围的巍峨群山、江河流水、蓝天白云是那么和谐吻合。只有这时，人类自身的许多功能——人的声音、人的情感、人的力量才能迸发出来，感到人类这个主宰世界的力量是如此强大，任何力量都无法比拟。这就是藏族人民自创作卓舞艺术品种以来，一直把大地当作舞台而丰富、充实、发展的结果。

卓舞作为古老的艺术品种，由于深深扎根于藏族人民生活丰腴的土壤里，因而生活气息和地方特色异常浓郁。昌都卓舞作为藏族传统舞蹈的优秀代表，在藏族舞蹈艺术史上占有重要的地位。在为全国五大藏区主要舞种的编写进行分工时，把昌都列为编写卓舞重点的地区则是对昌都卓舞的肯定和奖赏。所以，我们必须以十分尊重的科学态度，积极挖掘、继承、发展这笔珍贵的文化遗产，更好地为丰富和繁荣社会主义的文艺舞台，为促进社会主义的精神文明建设服务。

原载《西藏艺术研究》1990 年第 4 期

昌都芒康县“扎尼”琴舞简介

西藏昌都地区的芒康县是内地通往拉萨的必经之地。该县的盐井区以盛产食盐而著称于世，西藏唯一的纳西民族乡也位于盐井区境内。优越的自然条件和特殊的地理位置，使这一带的藏族和纳西族人民的思想意识比较开放，作为意识形态的具体表现之一的艺术，则更体现出其多彩多姿性，颇具地方特点。本文介绍的是鲜为人知的“扎尼”琴舞。

一、概述

芒康县盐井区的曲孜卡村和扎西阳顶村，位于澜沧江畔较为偏僻的山沟里。独具特色的“扎尼”琴舞就流传于这里。由于这一地区海拔较低，气候温和，山青水秀，动植物的资源极为丰富。鹿、獐、豹、熊、金丝猴等珍贵动物栖身在这一带。石榴、桔子、核桃、梨子、葡萄等在西藏其它地方很难看到的新鲜水果，

芒康曲孜卡的“扎念”琴三弦舞艺人江白伦珠

在这里不仅生长茂盛，而且果实累累，香甜可口。居住在曲孜卡村和扎西阳顶村的藏族人民勤劳智慧，能歌善舞，热情好客，民风淳朴。

芒康弦子舞中不可缺少的拉弦子手——边拉边舞边唱

“扎尼”琴舞的历史有多长？是当地特有的、还是从外地流传进来的？对此，我们这次普查时没有了解出一个所以然。只是了解到“扎尼”琴舞在当地已有九代人的历史。从“扎尼”琴所使用的材料来看，无论是琴身的核桃树木，还是音箱上蒙的猪皮，张的弦，鹿角磨制的拨弦片都是当地的土产。因此，我们不难看出“扎尼”琴所用的材料都出自当地，而非外来物，从这个意义上说曲孜卡一带产生“扎尼”琴是有物质条件的。当然，不能仅根据物质条件就确定该琴是否产自本地。要弄清“扎尼”琴究竟是外地传入的还是本地产的，这有待于作进一步的调查研究。

“扎尼”琴舞在当地是一种喜庆节日时跳的民间集体舞蹈。舞时男女分别列队，绕圈而舞。男性一般都要斜拿着“扎尼”琴，边弹边唱边舞。女性只是载歌载舞但不拿“扎尼”琴，不过在衣物上较为讲究，一般内着一件袖子很长的粉红色衬衣，外罩一件袖子较短的白衬衣，红与白形成色彩上的对比。舞时先是男子唱一段，而后女子再复述一遍，无歌词的只有“扎尼”琴伴奏即可。众人随着优美的旋律，迈着轻盈的舞步，拂起绚丽的长袖，欢歌畅舞，通宵达旦。

昌都三大舞蹈之一——芒康弦子舞

据说“扎尼”琴的曲调很多，但我们这次普查时多数艺人外出经商，只找到了江白伦珠老艺人，他给我们传授了五个“扎尼”琴舞。根据有无歌词，“扎尼”琴舞可分为两种：一是有曲有词的“扎尼”琴舞，如：《去观赏吧》《散开的福气》等；二是有曲无词的舞，如：《啊！兔子的蹦跳》《金色的大雁》等。这次我们从舞蹈的角度，从中选择难度较大的《啊！兔子蹦跳》予以介绍。

由于“扎尼”琴舞的跳、唱、弹难度较大，加之流行“扎尼”琴舞的曲孜卡村和扎西阳顶村位于较偏僻的澜沧江畔，不仅不能在广大地区普及，而且也没引起艺术界的重视。我们虽然一时很难断定“扎尼”琴是一个新的弹拨乐器，但我们说“扎尼”琴舞是一个新的艺术品种则是不成问题的。它的主要特点有：

1.“扎尼”琴舞是以跳、唱、弹三结合的具有独特表现形式的民间舞蹈。从这个意义上说“扎尼”琴舞与当地盛行的芒康弦子似乎有着一定的渊源关系，所不同的是前者属弹拨乐器，后者是拉弦乐器。跳“扎尼”琴舞的动作难度大，变化多，与弦子、堆谐的差别在于两者之间有和声部。弹拨的难度较大，要在节奏很快的动作中奏出优美的弦律。

2.“扎尼”琴舞的动作跨度大，放得开，变化也多。一般“扎尼”琴舞有慢板、中板、快板三部分，通过这三部分，一层高过一层，犹如推波助澜把整个舞蹈推向高潮。当进入快板动作时，只有“扎尼”琴舞节奏感很强的弹打声外，几乎没有什么旋律。每一个舞蹈至少由五个组合动作构成。如我们将要介绍的《啊！兔子的蹦跳》舞蹈就是由七个组合动作构成。至于“左点右点前点弹起”、“丁字着蹉步”、“人字踢步”、“左点右点一跨”、“转身蹦跳一跨”等动作，不仅在藏族卓舞和堆谐等中没有，而且在当地流行的弦子动作中也很难看到。

3.“扎尼”舞的音乐地方特色很浓。首先，“扎尼”琴的音乐是由五声调式中的 D 羽调式组成。其次，弹“扎尼”琴时用附点音符和五度打音及三连音的方法来增强艺术效果的，试看下例一段音乐 (T 为打音符号)：

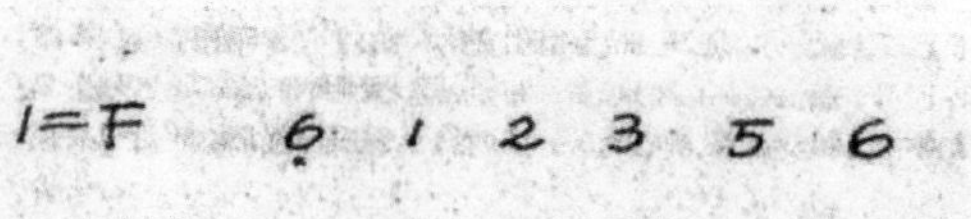

最后指出的是，有歌词的音乐中歌声与“扎尼”琴弹唱的曲子不完全相同，也就是说口头的唱与乐器的弹两者之间形成对比声部，通过对比声部增强了音乐的感染力和表现力，使得整个音乐浑厚坚实，优美动听。

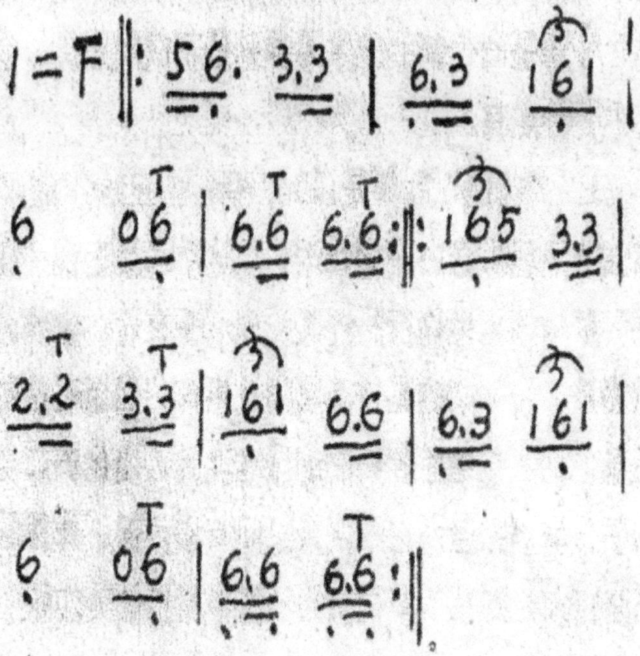

二、“扎尼”琴舞的音乐

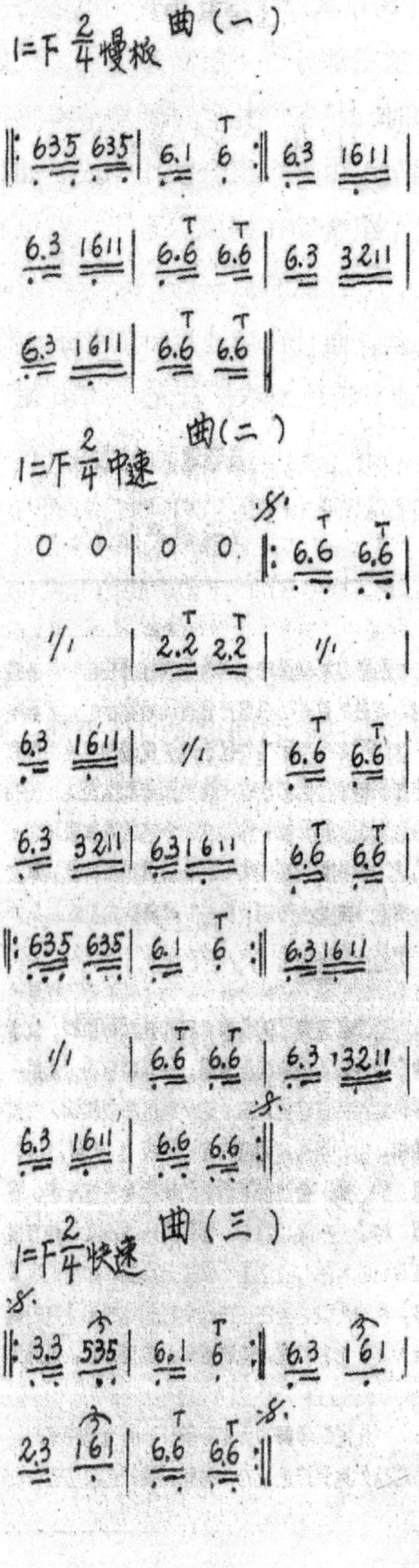

三、代表节目《啊！兔子的蹦跳》动作

该舞以幽默、轻松的风格，形象地再现了活蹦乱跳、天真可爱的野兔的动作，表达了人们回归大自然、渴望过上自由生活的美好愿望。

准备姿式：身体直立，面向前，脚成人字步，膝屈。“扎尼”琴斜挂在腰前，左手握住“扎尼”琴颈，拨弦片夹在右手拇指与食指中间。

动作一：

曲一，一——四拍：起舞时腰稍弯前倾，左脚空拍落地的同时，抬起右脚（一拍）往左侧连续作三步（三拍）“八字踢步”，三步的起法为先右后左再右脚，脚尖向外勾起。

五——八拍：对称作一至四拍的动作。

动作二：

九——十四拍：左脚空拍落地的同时，抬起右脚往左侧边转身作三步“八字踢步”（与动作一相同），不同的是要在原地转半圈，面朝后，紧接着抬起右脚做“左点右点一跨”（左点右点为一拍、一跨为一拍），右脚左右点地时相隔一脚距，一跨时要勾脚。

十五——二十拍：对称做动作二中的九至十四拍的动作。（注意：十五拍时演员面朝后，即半圆的位置，对称从半圆的位置抬左脚往右侧做“八步踢步”，“右点左点一跨”，二十拍时面部正好回到前）。

动作三：

曲二，一——四拍：提起右腿往左走二步后，立即转身提起左腿往右走二步（每步一拍）。

动作四：

五——八拍：抬起左脚在往左侧走三“蹉步一跨”（每步为一拍，一跨为一拍）。“蹉步”时膝屈，腰略弯，全身随步要晃动，紧接着抬起右脚往左侧作一跨。

九——十二拍：对称做动作四中的五至八拍的动作。

动作五：

十三——十六拍：大八字步，腰半弯，屈膝，双腿同时往左侧蹦跳三次（注意边蹦跳，边转圈，每蹦跳一次为一拍），蹦跳时腰要放松，要有弹力，此动作意为模仿野兔一蹦一跳的动作。

十七——二十拍：对称做动作五中的十三至十六拍的动作。

动作六：

二十——二十八拍：二十一拍至二十六拍的动作与动作二的九至十四拍相同，二十六拍的动作即右腿一跨时，不放下来，在空中停留做两次晃动（二拍）。

二十九——三十六拍：对称做动作六中的二十一至二十八拍的动作。

三十七——四十拍：重复作动做五中的十三至十六拍的动作。

四十一拍——四十四拍：对称做动作五中的十三至十六拍的动作。

动作七：

曲三，一——四拍：大八字步，腰半弯，屈膝，双腿同时连续往左侧蹦跳三次后，右脚一跨。其动作要领与动作五中的十三拍至十六拍相同，不同的是连续往左侧蹦跳，而不在原地转圈。

五——八拍：对称做动作七中的一至四拍的动作。

九——十二拍：重复做动作五中的十三至十六拍的动作。

十三——十六拍：对称做动作五中的十三至十六拍的动作。

动作要领和说明：跳“扎尼”琴舞时，眼一般随着步法。整个动作几乎都是相对称的，对称既是动作上的对称，也是方向上的对称。跳时动作要轻松，幅度要大，要放得开。到了快板舞的高潮时，音符有所减少，除了几个主音的打点来提高节奏感外，几乎不弹什么旋律。有时曲尽而意不尽时，曲子和动作可以反复延长，直到情绪上达到满足为止。

四、“扎尼”琴介绍

曲孜卡一带使用的琴，在当地称之为“扎尼”。“扎尼”在藏语里是指弦乐器的总名。他们的“扎尼”琴的形制，既不同于堆谐里所使用的“扎念”，也不同于内地常见的弹弦乐器。其形如图：

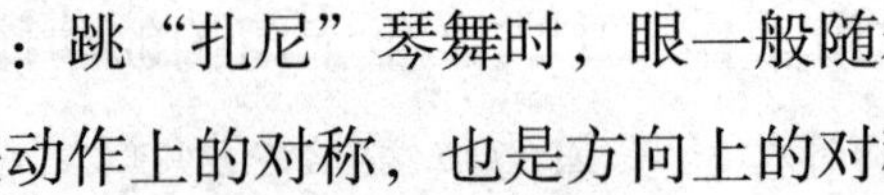

曲孜卡的“扎尼”一般张三根弦（据说也有张五根弦的），上设三轸，左一右二，

在琴箱上有三个小音孔。

弹奏时，“扎尼”琴斜挂在腰前，左手虎口处放琴颈并用拇指掌牢，其余四指根据不同的旋律来打、颤、压，拨弦片，夹在右手拇指与食指中间来弹拨发音。音域虽不宽，但音质浑厚柔和清脆。

“扎尼”的琴身是用当地盛产的核桃木加工雕刻而成的。据老艺人江白伦珠介绍：“扎尼”的琴身和琴箱是由一整块的核桃树干做成的。其方法是从高大的核桃树上砍下一节长约一米左右，直径三、四十公分的料，而后把它埋在自家的肥料里沤一段时间。通过这种方法处理后制成的琴不易出现裂缝。琴箱呈圆形并要掏空，上面蒙的是猪皮(当地早有养猪的习惯，有时也用羊皮)，张的弦为动物的筋(没弄清是何动物的筋)，拨弦片是用当地的鹿角磨制而成的。整个琴的长度约在八十公分左右。琴身的装饰比较讲究，装饰部分形如佛教所供的菩提塔形。这点值得引起我们的重视。

我们由于对其它民族弦乐器了解得不多，加之这次普查时，对“扎尼”琴的考查、研究不够，故一时对“扎尼”琴是否属于新的弦乐器，难于下结论。但是“扎尼”琴舞，无论从舞蹈、音乐的角度，还是从民族乐器的角度，都值得我们深入研究。通过对它的研究，不仅可以扩大和增加新的舞蹈艺术和乐器品种，而且有助于我们全面了解藏民族多彩的舞蹈艺术，这对弘扬优秀的民族文化艺术，丰富现代艺术有着重要的意义。

五、传授人与搜集整理人

传授人：江白列珠、男、47岁。曲孜卡乡扎西阳顶村村民。

搜　集：春梅、扎西热旦、小旺堆、旺姆。

音　乐：扎西热旦。

动　作：春梅、小旺堆。

整　理：土呷执笔撰写。

搜集地点：昌都地区芒康县盐井区曲孜卡乡扎西阳顶村。

搜集时间：1988年9月26日。

整理时间：1990年8月2日。

原载《西藏艺术研究》1991年第4期

丁青玛日仓《格萨尔》舞蹈

一、概述

西藏昌都地区西北部的丁青一带，过去属于游牧民族自发结成的三十九族的一部分。辽阔的草原，特殊的气候，为发展牧业生产提供了良好的自然条件。他们凭着自己的聪明才智，在开发藏北高原，创造物质财富的同时，也创造了独具特色的精神文化财富。盛行和流传在这一带的羌姆、卓舞、热巴、说唱《格萨尔王传》、格萨尔舞蹈、打墙歌、山歌牧歌、神话传说、雕刻绘画等不仅品种多，而且形式多样，内容极为丰富。而其中的格萨尔舞蹈就是开放在丁青尺多的一朵绚丽之花。

1. 形成与发展

三十九族地区地处青海与西藏的交界处。在解放前，这一带的牧民们不仅受着自然灾害的无情打击，而且也饱受了外族势力的侵扰。为了抵抗自然灾害，防御外族势力的入侵，由三十九个分散的游牧部落自发结成了三十九族部落。共同的遭遇和经历，使他们更加酷爱藏族史诗《格萨尔王传》，崇敬史诗中抑强扶弱、为民除害、以求国泰民安的英雄格萨尔王。基于这样一种思想，原丁青尺多玛日家族的“百江”头人旺青尼玛，顺应牧民们的心理要求，创作了别具一格的民间大型舞蹈“格萨尔舞蹈”，至今已有200多年的历史了。

旺青尼玛是玛日仓的大公子。他从小刻苦钻研诗歌音乐、藏医历算，喜爱民间艺术，常和平民百姓的小孩一起听《格萨尔王传》。大约在24岁时，由他主持修建了一座格萨尔神殿。其中主供佛为格萨尔王的塑像，左右塑有三十员大将，并写了《格萨尔王传》30函，开创了规模较大的修行仪轨活动。在此活动期间制造一种被称之为格萨尔仙丹的藏药丸。修行仪轨时念的20函经卷，据说是旺青尼玛本人掘出的伏藏。为了使修行仪轨活动举行的隆重而有吸引力，旺青尼玛创作了共有七场的大型民间舞蹈——格萨尔舞蹈。而上述30函的《格萨尔王传》在朵堆朵麦流传甚广，颇有影响。据说其中的部分《格萨尔王传》流散到了国外，近几年从国外回来的藏胞也曾了解和询问其余部函的下落。

格萨尔舞蹈原先仅局限于修行仪轨时跳，后来由于旺青尼玛的倡导，加之格萨尔舞蹈的艺术魅力，逐渐流传到民间，每逢喜庆佳日都可跳该舞。

2. 形式与内容

每年的氐宿月，即藏历 4 月 13 日至 19 日，举行修行仪轨活动。13 日时，由玛日家出面主持，一方面要念旺青尼玛掘出的伏藏 20 卷；一方面要组织人力用肉蔻、竹黄、红化、丁香、豆蔻、砂仁、诃子等为主要原料，配制成被称之为格萨尔仙丹的藏药。19 日，为了庆贺活动和仙丹的制造成功，当地的男女老幼穿上节日的盛装，欢聚在玛日仓的格萨尔神殿前，从早到晚表演格萨尔舞蹈，以示庆贺。届时，当地的男女老少分别列队，载歌载舞，按顺时针方向绕圈而跳。由于格萨尔舞蹈的歌词冗长，不易记住，故一位僧人手持格萨尔舞蹈歌词的经函，在旁高声念白，男女众人分别而唱。舞蹈中除领舞者必须是玛日家族的人以外，其余可自由加入或退出舞蹈行列。跳完舞后，玛日仓的主人给所有参与跳舞的人和从外地前来观赏庆贺的客人赠送一小包格萨尔仙丹。他们以能领到仙丹而为幸。一旦遇到家中有重病的人时，才舍得给仙丹丸。由于仙丹是用名贵药材加工配制而成的，故确有一定的疗效。群众对此药推崇备至，深信不疑。

格萨尔舞蹈是以史诗《格萨尔王传》的情节为主要线索的。舞蹈以诗的语言、美的动作赞颂了格萨尔王抑强扶弱、为国为民的高尚品德；赞颂了岭国三十位大将为国捐躯的崇高思想；赞颂了美丽善良的珠姆妃子，表达了人们渴望过上幸福美满生活的愿望。整个舞蹈分七场：第一场、净地；第二场、战神勇士舞；第三场、赞颂珠姆妃子；第四场、长寿舞；第五场、祈福舞；第六场、箭舞；第七场、祭祀舞。整个舞蹈主题鲜明，结构严谨，动作不雷同单一，音乐富有地方特色。堪称藏族舞蹈百花园中的一朵奇葩。

3. 艺术特点

①格萨尔舞蹈初步具备了现代意义上的歌舞剧的皱形。主要表现在：一、有文人创作的文学脚本；二、整个舞蹈有较为完整的剧情；三、七场舞蹈首尾一贯、结构严谨，符合歌舞剧的基本要求；四、剧情内容通过舞蹈动作来表达。

②较丰富的舞蹈动作是格萨尔舞蹈的一大特点。藏族舞蹈如卓舞和弦子的动作，大都不很复杂、变化不多，而格萨尔舞蹈在这方面有所突破。格萨尔舞蹈的

动作，诸如“后仰跺踏步”“蹉步抽箭”“三步一半蹲”以及手的“晃”膝的“颤动”，脚的“开”等动作，很少在藏族其他民间舞中看到。

③格萨尔舞蹈有五段旋律，以四声和五声音阶为主，不用 fa. si 两个音。每首旋律结尾处的空拍，在舞蹈中起与起发步的连接作用。每首曲不分快慢板，只有一个旋律的慢、中、快。

二、音乐

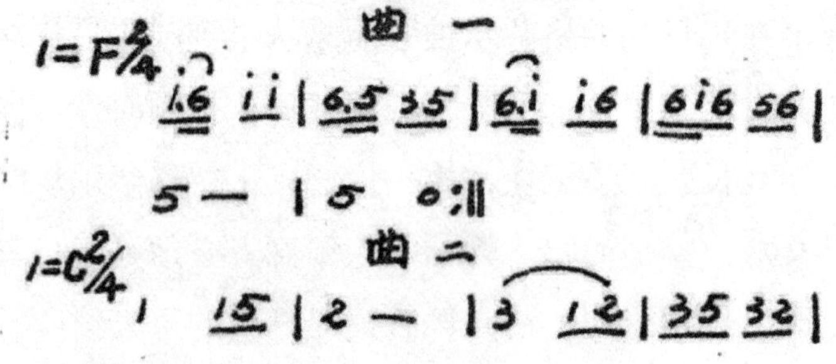

三、舞蹈动作说明

第一场：净地。

净地是一种属于密宗宗教仪式的名称。一般认为举行了净地仪式可以驱邪压鬼，攘除祸害。第一场就是在这个意义上取为净地的。

动作一：

准备：起舞时身体直立，双脚大八字步，双臂向身体两侧打开，与双脚尖成直线。

曲一、一——二拍：抬起右脚向左前方轻点一步，右腿自然伸直微颤，双手同时在腹前交叉，右手在上，左手在下。

第二拍时动作还原到准备姿式。

三——四拍：重复做一至二拍的动作。

五——八拍：做一——四拍的对称动作。

动作二：

九——十拍：左脚往前踏一步的同时，右脚往后提到二十五度，脚掌朝上，双臂同时与右脚在身后抛出（一拍内完成）。右脚从身后朝前跺一步的同时，左脚伸直往前撩起，全身稍仰，双臂屈肘同时向前甩与前胸平。

十一——十二拍：反复做九至十拍的动作。做以上动作时眼随人身。音乐和动作可以随着歌词反复延长。

第一场，净地的歌词大意：

宇宙啊正在形成，佛法啊正在弘扬；

愿人和神都幸福圆满！

愿六道众生都平安吉祥！

愿世间所有的佛法光大弘扬！

愿世间所有的邪道禳解泯灭！

第二场：战神勇士舞

从歌词和动作上看，第二场先是赞颂了岭国众将领英勇不屈，为国捐躯的大无畏精神，接着赞颂了格萨尔王为国为民的崇高思想。根据上述情节和音乐的不同，先介绍众将领的舞，即作为 A，尔后介绍格萨尔王的舞，即作为 B 来介绍。

A. 将领的舞

动作三：

曲二、一——六拍：起式动，右臂稍屈伸直从下到上慢慢晃一圈，同时右脚跟不离地，前脚掌顺手从里到外慢慢晃动，左腿伸直颤动，左臂下垂与体一拳距。右手晃圈后到位在右下侧与右脚大八字步成直线。左腿往外弓起，左手同上。

七——十二拍：做一至六拍的对称动作。

动作四：

十三——十八拍：提起左脚向前后点步三次（每点步为一拍）。左臂随脚前后摆动，右腿膝微屈，右臂自然下垂，第十六拍动作停住时，两腿呈大八字步，双臂向身两侧打开，与双脚尖成直线。以上动作反复做一次。

十九——二十四拍：做十三至十八拍的对称动作。

动作五：

二十五——三十拍：做三次跳抬步的动作，即左腿作旁吸腿动作，脚尖朝外开，离地一脚距，左手臂稍屈肘顺腿举止耳位的高度，右腿往外弯，脚尖朝外，右臂自然下垂与体有一拳距。(以上动作一拍内完成)从右腿右手开始对称做跳抬步动作。连续两次做跳抬步的动作。

三十——三十六拍：做二十五至三十拍的对称动作。以上音乐和动作要根据歌词反复做，但到后面时，速度要加快。

战神勇士舞的歌词大意：

左脚来踏踏舞，是勇士豪杰的舞姿；

右脚来点点舞，是巾帼英雄在欢歌。

翩翩起舞啊，是护法神在显威风。

天空啊苍穹，是日月高悬的地方；

神灵和神龙啊，愿与日月同存！

雪域啊高原，是雪狮的卧腹之地；

威风凛凛的雪狮啊，震慑了所有的野兽。

愿达官头人呀犹如雪狮寿比南山！

苍山啊群峰，是野牛的安身之地；

长长的野牛角啊，震慑了所有的犄角兽。

愿父亲和叔叔呀，犹如野牛健壮长寿！

茂密的森林啊，是猛虎的藏身之地；

清清的斑斓啊，震慑了所有的猛兽。

愿所有的青壮小伙子，犹如猛虎雄心长在！

辽阔的草原啊，是斑马的游览之地；

长长的鬃毛啊，震慑了所有的奇蹄动物。

愿所有的俊秀姑娘，就如斑马倩影长留！

碧绿的江水啊，是小鱼的遨游之地。

愿所有的孩儿，像小鱼一样无拘无束地健康成长！

B. 战神勇士舞（赞颂格萨尔王）

动作六：

曲三、一——四拍：做蹉步抽箭动作。抬起右腿，脚尖离地一脚距，在脚小蹉步跳的同时，提起右手从靠近后脑勺处抽出划一圈，左手从右下往上掏出后拳过头顶。以上在一拍内完成，尔后再腿膝稍屈向前迈一步，左脚跟离地，右臂屈肘下垂往后晃、左臂屈肘举过头顶。再反复做一次图十、十一的动作。

动作七：

五——十四拍：右腿做小蹉步的同时，左腿向前吸腿，脚尖朝上勾，双臂作高低手（一拍内完成）。尔后换左腿做小蹉步，右腿向前吸腿，脚尖朝上勾，双臂同上。以上动作左右共做五次。

动作八：

十五——二十拍：左脚踩步时，右脚踢向前，要在三踩三踢的同时向右转3/4圈（一踩一踢在二拍内完成）。在转的时候，腰稍弯，上身前倾，右手举过头顶，左臂侧平伸。

二十一——二十八拍：反复四次做图十二、十三的动作。

赞颂格萨尔王的歌词大意：

威风凛凛的猛虎啊，要与主敌战，要与魔王斗。

伏魔要跳金刚舞啊，要与主敌战，要与魔王斗。

君主格萨尔王啊，弘扬佛法显神灵。

五冠帽的头盔啊，戴在头上彩带飘。

铠甲尼玛领写，披在身上英俊潇洒。

盾牌巴玛领写，上下左右身上挡。

长系康沙旺堆，锋利刺敌无阻挡。

网绳当松让果，在魔敌面前显灵呈威……

第三场：赞颂珠姆妃

赞颂了格萨尔王的妃子珠姆，美丽善良的品德。

动作九：

曲四、一——四拍：抬起右脚的前腿掌，向左右各轻点一次，左腿微屈颤动，右手自然下垂顺右脚尖从左侧到身后晃手，左手自然下垂不动（以上动作共二拍），再对称作一次一——四拍动作。

五——八拍：对称做一至四拍的动作。

九——十二拍反复做一至四拍的动作。

动作十：

十三——十六拍：抬起左腿手往前跺一步，右腿膝稍屈不动，双臂从外到里随左腿跺的同时在腹前交叉（左上右下）（用二拍），再重复做一次前面的动作。

第三场赞颂珠姆妃的歌词大意：

世界闻名的珠姆妃子，清秀窈窕如仙女，

美丽迷人如瑜伽明妃、身材婀娜如木藤，

容貌犹如十五的月儿，面颊红晕似荷花，

秋波亮如启明皇，黛绿的睫毛浓又长，

鼻梁直来翼如瓷制的唢呐，金口玉言馥郁扑鼻，

三十颗洁牙如海螺，声音朗朗似二胡般清脆，

左盯右瞟撩人心，水獭镶边藏袍穿在身，着上丝绸内衣更绝色。

第四场：长寿舞

通过制造格萨尔仙丹来祝愿人们健康长寿，表达对幸福生活的向往。

动作十一：

曲五、一——四拍：提起右脚向左侧做两步一抬，右臂顺右脚从下到上晃与前胸平，左腿不动，左臂稍向上抬起，最后右腿成商羊腿，左腿膝稍屈，右手自然下垂向前晃与肩平，左手自然下垂稍向前晃动。上述两步一抬动作十。

五——八拍：对称做一至四拍的两步一抬动作。

九——十二拍：反复做一至四拍的动作。

十三——十六拍：对称做一至四拍的两步一抬动作。

动作十二：

十七——二十拍：从左腿开始做三步一半蹲。先抬起左脚向左侧迈一步、左

臂自然从腹部处向左侧扬，接着抬起右脚再向左侧迈第二步，右臂同上，紧接着重复做前面的动作，此时正好转半圈，其动作成大八字步，面朝后，双臂向身体两侧下垂打开，然后，双手围腰，右手在前，左手在后背，双膝弯曲，做半蹲的动作。

二十一——二十四拍：对称做十七至二十拍的三步一半蹲动作。

二十五——二十八拍：反复做一至四拍的两步一抬动作。

二十九——三十二拍：对称做一至四拍的两步一抬动作。

第四场《长寿舞》的歌词大意：

啊！永不变的长寿佛帷幕，在永恒无量的帷幕中央，

容纳着所有的永恒不变，努力寻求无畏的长寿成就。

啊！永不变的金刚帷幕，在无畏金刚的帷幕中央，

容纳着所有的永恒不变，努力寻求无畏的长寿成就。

啊！永不变的是金属器的帷幕，在无畏金属器的帷幕中央，

容纳着所有的永恒不变，努力寻求无畏的长寿成就。

啊！永不变的万字帷幕，在永恒“卍”字的帷幕中央，

容纳着所有的永恒不变，努力寻求无畏的长寿成就。

啊！永不变的是法轮帷幕，在无畏的法轮帷幕中央，

容纳着所有的永恒不变，努力寻求无畏的长寿成就。

啊！永不变的是莲花帷幕，在无畏的莲花帷幕中央，

容纳着所有的永恒不变，努力寻求无畏的长寿成就。

第五场：祈福舞

通过祈求神灵招财引福，表达了人们渴望过上人畜平安、丰衣足食、安居乐业的美满生活。

曲五、一——四拍：做动作十一的两步一抬动作。

五——八拍：对称做动作十一的两步一抬动作。

九—— 十二拍：反复做动作十一的动作。

十三——十六拍：对称做动作十一的动作。

第五场《祈福舞》的歌词，由于传授者未能忆起，故缺。

第六场：箭舞

藏族传统的习惯是用彩箭来表示祈祷或招福的意思。这次搜集时传授者也说这场是属于表示吉祥祈愿的舞。但从她提供的一段歌词内容推敲，似乎不完全是这样。

动作十三：

曲五、一——四拍：左腿向右前做轻踩两次一抬动作时，（三拍内完成）右腿膝屈颤动，右臂自然下垂不动，左臂同时向左前右前摆手，抬起左脚时，膝弯曲，脚离地一脚距，右臂从右前摆与肩平。动作结束时成准备姿式用一拍。

五——八拍：做一至四拍的对称动作。

九至十六拍：反复做一至八拍的轻踩两次一抬动作。

第六场箭舞歌词大意：

第一个箭舞啊，从哪儿跳？

第一个箭舞先从魔地雅康跳！

箭镞舞啊在魔王额上舞！

第七场：祭祀舞

通过供养给本尊的五种供养物，即：花鬘、烧香、明灯、涂香、食物来凭吊英勇捐躯的战士们，祈祷他们的英灵早日升天。以上五种供养物几乎都有不同的舞蹈动作来表示，七场中祭祀舞的动作比较复杂，故待整理后再补充。

四、传授人与整理人

传授人：白玛拉措。

搜　集：向巴来丁、红涛、小泽吉、夏珠。

音　乐：向巴来丁。

记　词：夏珠。

动　作：红涛、小泽吉。

歌词翻译：土呷。

整　　理：土呷执笔撰写。

搜集地点：昌都地区丁青县尺牍区桑泻乡俄雷村。

搜集时间：1988 年 10 月 7 日。

整理时间：1990 年 7 月 17 日。

原载《西藏艺术研究》1992 年第 1 期

第三辑

民间唐卡绘画篇

1983年西藏昌都嘎雪噶志画派调查纪实

我与西藏昌都嘎雪噶志画派发祥地的嘎玛一带结缘，是从1983年开始的。当年，为了贯彻落实第一次西藏工作座谈会精神，体现党和政府对藏民族优秀传统文化的重视，促进唐卡绘画艺术的发展，当时我所在地的昌都地区文教局为准备举办一期有特色、有品位的“昌都县瓦寨民间唐卡展览”，决定派人到西藏昌都嘎雪噶志画派发祥地的嘎玛区实地考察，从寺庙和群众手中借阅珍藏的唐卡展出，进而保证唐卡展品的高质量。于是，才促成了我和同事一起专程赴西藏昌都嘎玛一带，进行长达34天的实地调查。为了给研究嘎雪噶志画派的专家、学者提供一些33年前的第一手真实资料，我采取了客观、纪实的手法整理了当年的笔记，才有了这篇题为《1983年西藏昌都嘎雪噶志画派调查纪实》的文章。

一、实地调查的背景、起因与目的

1980年3月，中共中央在北京召开了第一次西藏工作座谈会。会议根据十一届三中全会精神，坚持解放思想，实事求是的思想路线，一切从西藏实际出发，

2010年10月，在各级组织的关心下，凝结着嘎玛德勒（右四）老画家心血的《嘎玛嘎赤唐卡画册》正式出版发行

从指导思想上拨乱反正，确定了西藏一个时期的工作任务和方针政策。在此政策的指引下，西藏保护、继承和弘扬传统文化的工作出现了空前活跃的可喜局面。西藏昌都地区文教局根据上级的有关文件精神，从1981年到1982年期间，文化科的有关同志下乡调查，对抢救民族文化遗产做了大量的调查研究工作，尤其对昌都县嘎玛区的民间唐卡和嘎玛寺做了较全面深入的调查了解。在此基础上，于1983年10月，向地区行署上报了“关于举办昌都县瓦寨唐卡展览的请示”。请示报上去后，地委分管领导和行署主要领导分别批示，谨慎地提出“继承和发扬我区唐卡绘画艺术是必要的,但进行唐卡展览社会效果也要考虑”。最后达成了“先在内部展出，看一下社会效果，听一下群众反映再定”的意见。对此，文化科几位同志的认识是统一的，态度是明确的：即认为展出嘎玛瓦寨唐卡，体现了党和政府对民间优秀传统文化的重视，这对促进唐卡绘画艺术的发展，丰富和繁荣人们的精神文化生活，增加群众的收入来源，都具有重要的意义。基于这样的认识，我们决心一定要解放思想，冲破阻力，认真负责地选好唐卡，精心组织好展览，呈现一个有特色、有品位的唐卡展览。

当时的地区文教局文化科科长王岚，是五十年代末西南民族学院毕业后进藏的老西藏，长期在区乡基层工作，不仅操一口流利的昌都藏语，还能阅读藏文报纸和藏文史料。他对藏族历史和文化有较深入的研究了解。我当时刚毕业不久，工作热情很高，动力十足，学习兴趣广泛。王岚科长有意识地让我多干、多锻炼，安排我全面负责唐卡展览的筹备，并负责撰写展览文字说明等工作。尽管筹备唐卡展览工作对我来说是第一次，没有什么经验，但我爱学习、有兴趣、有热情，不懂就学，边干边学，边学边闯，在实践中得到了锻炼提高。

要想搞好唐卡展览，第一步是选好唐卡展品。为此，我们当时很负责任地采取了两项重要措施：一是决定到西藏昌都嘎雪噶志画派发祥地的嘎玛区实地考察，从寺庙和群众手中借阅珍藏的唐卡；二是仅靠我们还不够，需要懂行的同志去帮忙筛选唐卡，从而保证唐卡展品的质量。我们的以上方案得到了地区文教局领导的充分肯定。于是，首先邀请当时在地区群艺馆受聘的丁青县民间唐卡画师泽仁永培老人协助我们工作。泽仁永培老画家是苯教祖传几代的著名画家。他当时年已六旬，解放前就已获得“旺孜钦姆”（意为大画师）的称号，曾多次到周边藏区寺庙尤其是苯教寺庙作画，对藏族唐卡有着很深入的了解和研究。我去征求泽仁永培老人的意见，他一口答应，说很乐意到嘎雪噶志发祥地的嘎玛区考察。我们第二个邀请的是赤列老师。赤列老师出身于文化家庭，他父亲曾当过昌都旧政府的藏文秘书。赤列老师本人是昌都实验小学的藏文老师，后抽调至地区文教局藏文教研室工作。他藏文功底深厚，对藏族传统文化有较多的了解。可以帮助我们在藏文领域把关指导。他听了我们一起下乡调查了解唐卡展览的有关事项时，也很高兴，一口应承下来。我们下乡精选唐卡展品的工作组由以下四人组成：王岚科长、泽仁永培老画家、赤列老师和我四人。工作组的组成人员比较理想，人员精干。为精选唐卡奠定了良好的思想和人员基础。

当年我们在向地区行署上报“关于举办昌都县瓦寨唐卡展览的请示”中对举办唐卡展览这样写道：“瓦寨唐卡历史悠久，自成一派，画匠之多，成就之高，属我区绘画艺术的宝库之地”。唐卡展览的目的是“一是反映三中全会后给绘画之乡带来的新生；二是体现党对民族文化遗产的重视；三是促进唐卡艺术的发展，从而达到丰富繁荣精神文化生活”。我们的唐卡展览就是在这样的大背景下，抱着以上这三个目的去精心筹办的。

我们在嘎玛区的实地调查从1983年11月15日开始至12月18日为止，历时34天。期间，我们的足迹遍及嘎玛区瓦寨乡的7个村，走遍了所有民间画师的家。对瓦寨乡的唐卡艺术做了全面深入的调查了解。尽管当时各方面的条件很差：一是从昌都通往嘎玛区，坐车只能到才维区，然后需要骑马前往嘎玛区；二是生活条件很艰苦，有热饭吃、能吃饱就算不错了，根本谈不上吃肉和蔬菜；三是村与村之间采访调查全靠走路。但好在我们四个人的思想准备工作充分，指导思想和目的很明确，即一定把唐卡展品选好，举办一期高质量、有特色的民间唐卡画展。所以，再多的困难我们都能克服，再多的难题都难不倒我们。

二、入户调查走访和嘎玛区画家分布与画技高低情况

为了保证唐卡展品的质量，我们制定了详细的展品筛选方案。首先，我们统一思想认识。召开区干部职工的会议，讲清唐卡展览的意图，争取他们对唐卡展览工作的理解与支持。其次，要做好群众和寺庙的思想工作，消除他们思想上的顾虑。当时，“文化大革命”的阴影还没有彻底消除，人们的思想还比较禁锢，所以消除他们思想上的种种顾虑是当务之急。我们挨家挨户有针对性地、反反复

昌都本土画派——嘎玛噶志著名画家嘎玛德勒

复地、不厌其烦地、耐心细致地做工作，力争说服群众将家中珍藏的最好的唐卡拿出来让我们筛选。好在我们四人中有长期作群众思想工作的王岚和赤列老师，熟悉唐卡绘画艺术的泽仁永培老人。尤其是泽仁永培老人作为老画家现身说法，达到了事半功倍的理想效果。当地的寺庙和群众虽愿意让我们筛选唐卡，但对于带到昌都去展览还是顾虑重重。为了消除寺庙和群众把唐卡拿到昌都展览后怕丢失或损坏的忧虑，我们临时决定请当地的区乡干部和寺庙、群众、画家代表参与监督并护送。有关群众和画家代表由群众自行推荐，最后由我们拍板决定。当时参与护送唐卡到昌都的区乡干部有加永罗桑、卓玛泽仁，民间画师的代表嘎玛德勒，寺庙代表拜格勒、嘎玛江措、拉多共 6 人负责迎送并监督唐卡展品，进而彻底消除了寺庙和群众的顾虑。通过推心置腹的交流，我们和当地民间唐卡艺人之间很快有了共同的语言，群众和寺庙纷纷把他们珍藏多年，历经“文革”浩劫后遗留下来的精品唐卡拿出来供我们筛选，最后甚至到了群众生怕选不上他们家珍藏的唐卡而担心的地步。这也充分说明我们的思想工作做到家、做到位了。

在我当年的笔记本上清楚地记录着当时民间唐卡艺人的有关情况。在嘎玛区和瓦寨乡领导的大力支持下，我们对瓦寨乡的所有民间唐卡艺人进行了分类：熟练掌握《绘画度量经》并能独立作画，曾在文革前带过徒弟，且在当地公认的画师中列为上等画师，共有 14 人。中等画师：虽掌握《绘画度量经》，有独立作画能力，但画技中等的列为中等画师，共有 12 人。下等画师：基本了解《绘画度量经》，也有独立作画能力，但画技一般的列为下等画师，共有 24 人。详见《昌都县嘎玛区瓦寨乡民间唐卡画师分类表》。至于跟着师傅作画的学徒级的人很多，其数量基本上是以上人数的一至二倍。

昌都县嘎玛区瓦寨乡民间唐卡画师分类表

1983 年 11 月 23 日统计

村 名	姓 名	画技等级分类				备 注
		上等画技	中等画技	下等画技	合计	
白日村	嘎玛德勒	上等				51 岁。他家是嘎玛一带世代相传的唐卡世家，被称为“拉索仓”，意为佛画世家。曾出现过赤列旺修、贡布多吉、西饶罗桑等知名的画家。尤其是曾祖父古扎泽仁是嘎雪嘎玛扎西亲传弟子中画技高超的一位画师。他 8 岁时从舅舅贡布多吉处学习《绘画度量经》和临摹唐卡，从父亲西饶罗桑处学习染色等基础知识，从小打下了扎实的传统绘画基础。他学画极为刻苦用功，甚至达到了废寝忘食的地步。11 岁时能按照度量经的要求画草图。14 岁，能独立作画。15 岁跟着父亲在嘎玛寺画壁画。16 岁时完全独立作画，颇有名气。17 岁开始外出为青海囊谦土司作画长达 8、9 年。期间应囊谦土司的要求画了米拉日巴传记一套 5 幅的唐卡画，获得土司的高度评价和赏识。从此扬名，成为知名的唐卡画师。他曾到四川、青海、西藏拉萨粗布寺作画。“文革”期间，被迫停止作画。当过民办教师、赤脚医生、会计等职。但他从未放弃绘画，白天不敢画，晚上偷偷地画，坚持数年，绘画技艺大为提高。他是嘎玛一带知名度最高，公认的一流画师。在近 3 年中，他画了 20 余幅唐卡。带有 6 位学徒。2008 年，嘎玛德勒成为国家级非物质文化遗产传承人。
白日村	松珠多吉	上等				也称松麦。63 岁。他家是从唐卡世家巴珠布仓玛家分出来的。曾到四川德格然如仓家和青海玉树县的隆学寺作画。他的儿子四朗益西和四朗觉邓跟他学画。然邓是他的弟弟。
	泽旺拉加	上等				52 岁。有 5 个儿子，但没有跟他学画，而是从事法器服饰打制加工。仅 1983 年，全家画唐卡、打制加工收入达 5000 元。当时，对我们展出唐卡很赞成，认为对提高唐卡画技很有帮助。对有人为了赚钱，十几天画一幅唐卡的做法极力反对。
	嘎尺	上等				61 岁。他和其兄朗杰、嘎协都是画家。曾到青海玉树县的夏古寺作画。

多仲村	多加	上等				49 岁，全家 10 口人。15 岁拜学克家的泽仁旺加为师学画。25 岁后学木匠。近 3 年来画了大小 30 余幅唐卡。最好的唐卡可卖 200 元左右。曾到青海的德雅寺作画。儿子扎布 20 岁，跟他学画。他说，“文革”中有手艺不能施展，现能有机会发挥自己的手艺很高兴。一段时期，看到我们的画技衰落下去，很痛心。现在，不仅自己能画，而且还可以传授手艺，很欣慰。
	德青居美	上等				38 岁，拜父亲旦增多吉为师学画。曾与父亲一起到四川德格八邦寺、青海寺庙作画。
领妥村	加永	上等				50 岁，12 岁拜拉索家贡布多吉为师学画。25 岁时成为公认的唐卡画师。曾与贡布多吉一起到西藏类乌齐、青海囊谦等县的寺庙画过。单独到西藏八宿、青海囊谦等寺画过。他的画技已由儿子继承，已能独立作画。
	珠扎	上等				49 岁。13 岁拜冬中家的泽仁旺加为师。曾与泽仁旺加老师一起到青海囊谦等县的寺庙作画。
里尺村	嘎玛然松	上等				56 岁。15 岁时拜他家长兄嘎玛次成学画。曾到青海色日寺画壁画两、三年，在察协达寺画壁画 1 年，在亚瓦寺画两年，在类乌齐的加页色荣寺画过 3 年。他儿子日布跟他学画。
	登巴然吉	上等				50 岁。他和朗麦是兄弟。儿子西布跟他学画。曾到西藏昌都、四川德格作画。
拉日村	嘎江	上等				56 岁。12 岁拜瓦寨家为师学画。曾到西藏昌都等地作画。近两年内画了 5 幅画。每幅可卖到 150 元。小儿子 13 岁，开始跟他学画。
	四朗巴登	上等				53 岁。嘎玛朗色是其弟。曾到青海玉树县作画。
瓦色村	多建	上等				64 岁。户名称“如察”。据说嘎玛寺建寺时，有四户人家给嘎玛寺奠基，他家是其中之一。到他已是 4 代人画唐卡了。父亲建在时，家里有 4 人绘画。父亲去世后，由他来继承父业，准备带 2 个儿子为徒弟。他本人 12 岁学画，21 岁时独立作画。原有 13 幅祖传的唐卡在家里悬挂。近年他画了 5 幅唐卡。
	仁青色格	上等				62 岁。跟父亲学画，曾到西藏昌都、类乌齐寺庙作画。保存的有 10 幅旧唐卡。两个儿子先学画，后改学打制法器服饰。
白日村	嘎妥		中等			25 岁。他是嘎玛德勒的兄弟。与嘎玛德勒一起学画。当时他画的唐卡每幅卖最高价为 300 元，每年能画 6 至 7 幅。

白日村	然邓		中等			他与松麦是一家。60 岁，曾到四川德格卡多寺、西藏江达桑珠寺、欧布寺、青海然须罗须寺画过。其兄叫桑珠多吉，63 岁，曾到西藏昌都寺大经堂、四川德格多处寺庙画壁画。俩兄弟都在 12 岁左右拜西热洛桑、扎桑为师学画。
	朗杰		中等			72 岁。他与嘎尺、嘎协三兄弟都是画家。15 岁开始学画。曾到青海的玉树查果寺、白青寺、夏贡寺，以及囊谦作画。
	仁增洛布		中等			60 岁。他父亲叫泽加，他跟父亲学画，本人曾到西藏昌都寺大经堂画过壁画，还到类乌齐、青海囊谦、四川德格八邦寺作画。
	平措伦珠		中等			20 岁。他家是嘎玛一带有名的巴珠布仓玛家，为世代画家。他 14 岁跟随银匠吾金学习 2 年。16 岁时其父亲去世。为了子继父业，先后拜著名的嘎玛德来和叔叔泽扎等为师学画。后来，成为西藏非物质文化遗产传承人。
多仲村	邓增多吉		中等			68 岁。11 岁拜父泽仁旺加学画。曾与父亲一起到四川德格八邦寺、青海寺庙作画。他给儿子德钦久美传授唐卡画，后来儿子的画技超过父亲。民改前，家里珍藏有 50 幅左右的唐卡。他家的户名叫“学肯仓”，意为造纸世家。因为他家曾造过纸。
学德村	白玛泽加		中等			73 岁。20 岁左右先学刻玛尼石，后改学唐卡画。学画时拜如察家的多建为师学画。曾到四川德格的佐青寺、加曲寺，西藏那曲的向泽曲寺、类乌齐等寺作画。
里尺村	朗麦		中等			46 岁。他和登巴绕杰是兄弟。在家作画。
	泽旺念扎		中等			47 岁。在家作画。他儿子贡嘎罗珠跟他学画。
瓦色村	嘎江		中等			51 岁。在家作画。儿子扎西泽培和顿珠尼玛随父学画。
瓦色村	泽登拉加		中等			83 岁，属当时年龄最大的画家。小时刻玛尼石，21 岁拜如察家画师为师改学画唐卡。刚学画时，先在木板上学画，等有了一点基础，才允许帮助老师着色。曾到西藏类乌齐、云南察瓦贡、拉萨楚布寺，四川德格，青海等寺庙作画。过去每年能画几幅唐卡，现在年龄大，视力差，每年只能画一至两幅。
拉日村	嘎玛朗色		中等			四朗巴登是其哥。
白日村	嘎协			下等		他与朗杰、嘎尺三兄弟都是画家。
	格来然吉			下等		26 岁。
	扎永尼玛			下等		15 岁。他是平措伦珠的弟弟。
	四朗益西			下等		与四朗觉登是兄弟。其父为松珠多吉。
	四朗觉邓			下等		与四朗益西是兄弟。其父为松珠多吉。
	多吉泽仁			下等		
	拉加布穷			下等		
	平措多邓			下等		
	嘎玛曲央			下等		49 岁。他跟已故父亲白玛珠扎学画。
	日布			下等		他跟父亲嘎玛然松学画。

里尺村	索格			下等		24岁。
	西布			下等		他跟父亲登巴绕杰学画。
	扎西多吉			下等		
	嘎松达瓦			下等		60岁。
里尺村	贡嘎罗珠			下等		他跟父亲泽旺念扎学画。
拉日村	平措多旦			下等		
瓦色村	江村色格			下等		25岁。近3年开始拜如察家的多坚为师学画。他的弟弟为白玛洛珠。
	白玛洛珠			下等		21岁。他的哥哥为江村色格。
	扎西泽培			下等		20岁，他跟父亲嘎江学画。
学德村	益加贡布			下等		
	四朗贡布			下等		
	平措朗杰			下等		
多仲村	扎布			下等		20岁。他跟父亲多加学画。
	扎西多加			下等		
合计		14	12	24	50	
表格说明	1、本表格是根据1983年11月23日的笔记整理汇总的。 2、民间艺人分类的依据为一是听取了区乡里的意见；二是在当地画家，如嘎玛德勒、泽旺拉加等知名画家中广泛征求了意见；三是我们工作组，尤其是工作组成员之一的民间唐卡画师泽仁永培老人挨家挨户调查、实地查看每位民间画师作品的基础上形成的看法。应该说是比较公正和客观的。 3、以上分类的目的是我们便于全面了解当时瓦寨乡民间唐卡艺人的分布情况，作为内部参考用的。这次整理时对上等画家14人进行情况核实时，健在的只有4人，其余10人作古。为了使有关人士，更真实、准确地了解1983年时瓦寨乡民间唐卡艺人的分布和画技情况，现予以整理公布，从中窥见当时画家的分布与画技情况。 4、表格中的备注内容是我根据当时记录的笔记新增加的内容，尽可能地提供画家个人的绘画经历。 5、按照藏民族的习俗，一般很少留下已故民间唐卡艺人的名字，这使我们对过去的民间唐卡艺人知之甚少。为了改变这种局面，也为了纪念为唐卡艺术发展做出杰出贡献的民间唐卡艺人，我特地把1983年底的瓦寨乡民间唐卡艺人的名字记载下来，既是对他们的肯定，也是表达我们对他们的怀念之情和当初对我们展览工作给予大力支持的感激之情。 6、1983年参与调查的四人中，泽仁永培老画家和赤列老师先后作古，王岚科长已退休回内地，在西藏仅我一人。回想当年我们一起同甘共苦、齐心协力，相互理解、相互支持、相互帮助，对工作高度负责的动人情景时，至今难以忘怀。借此机会向作古的两位老人表示怀念，对我给予关心与厚爱的王岚科长，表示衷心感谢。同时对当时嘎玛区委书记邓增群培、区长泽嘎等同志对我们工作的支持表示感谢。					

党的十一届三中全会后，尤其是第一次西藏工作座谈会后，嘎玛瓦寨民间唐卡获得新生。嘎玛的画匠们重提画笔，到1983年6月，全瓦寨乡8个行政村中有画匠的7个行政村，画匠有31户51人，其户数占全乡户数的29.3%，其中比如村17户中有画匠的9户，18人，分别占全村户数的53%和人数的22%，年龄最大的64岁，最小的16岁。这个村的亚中仓有7人，其中5个男人中有4人画

唐卡。在一个村里从事绘画的户数和人数那么多，不仅在昌都地区没有，在全西藏恐怕也没有。

从 1980 年下半年到 1983 年上半年的这 3 年中，全乡画的唐卡达 800 多幅，其中卖出的有 500 多幅。画匠嘎玛德勒，祖辈为画，是嘎玛一带公认的著名画匠。“文革”时搁下了画笔。后来当上了民办教师，1980 年辞去民办教师之职，又握起画笔作画。3 年来已卖了 20 余幅画，还带了 6 个徒弟。该乡党支部副书记江永，当时 50 岁。他 15 岁学画，25 岁时画技得到较高水平。他当时画的一幅唐卡画被北京画店来昌都深入生活的余友心画家喻为“西藏少见之作”。从 1981 年开始，他一面作画，一面教授儿子。儿子已开始单独作画，且画技达到一定水平。像这样的父子为画，叔侄为画的，全乡就有 15 户之多。在嘎玛区一带，依靠传统的绘画艺术脱贫致富的群众越来越多。绘制唐卡已经成为嘎玛一带群众致富的支柱产业。

据当时担任嘎玛区委书记的登增群培介绍：当时嘎玛区有 50 多位画家，其中大师级的画师有 10 多人，每年画唐卡的收入在 2050 元以上；中等画师每年唐卡收入在 1600 元左右；一般画师每年唐卡收入也在 800 元左右。与之比较的是当时民工出外打工日工资只有两元，最高也不会超过 4 元。可见画师的收入是极为客观的。

著名民间画家嘎玛德勒画的唐卡——德洛巴

三、昌都县嘎玛乡瓦寨民间唐卡展览情况

在全面调查了解昌都县嘎玛区瓦寨民间唐卡展品的基础上，我们对昌都县嘎玛区瓦寨民间唐卡展览的内容有了新的

想法。经过我们内部的讨论，并请示上级有关领导同意后，展览内容分四大部分：一是传统的唐卡，共有 46 幅，其中从嘎玛寺借阅 34 幅唐卡，从瓦寨的群众私藏中借阅 12 幅唐卡。所谓的传统唐卡，是指 1959 年西藏民主改革以前绘制的旧唐卡。这些唐卡历史悠久、画技高超，可称嘎雪噶志画派的精湛之作。二是新临摹的唐卡，共有 14 幅，其中从嘎玛寺借阅 8 幅，从瓦寨群众私藏中借阅 6 幅。所谓新临摹的唐卡，都是党的十一届三中全会，尤其是第一次西藏工作座谈会后新临摹的唐卡。在十年动乱中，曾一度把唐卡艺术一律视为封建迷信的作品，使唐卡绘画艺术遭到空前的破坏，有的民间绘画艺人被迫改行，有的惨遭打击。嘎雪唐卡艺术濒临绝境。党的十一届三中全会，尤其是第一、二次西藏工作座谈会后，随着党的经济、民族、宗教政策的落实，嘎雪的唐卡艺术又获得了新生。老画家们重新焕发了艺术的青春，他们不顾年老体弱，纷纷拿起画笔作画。许多有志于唐卡艺术的年轻人纷纷拜师学画，出现了嘎雪唐卡后继有人、兴旺发达的新局面。三是新创作的唐卡，共有 11 幅。我们之所以组织新创作的画，是为了发展唐卡这门古老的绘画艺术。民间的画师们在继承传统绘画艺术的基础上，从内容到形式、从构图到布局，以及色彩的运用上，都作了大胆的改革与尝试。这部分唐卡的题目和内容由我们提出，再请民间唐卡艺人按我们的要求作画，属于我们定制的唐卡。这些唐卡不管其画的是否成功，均由我们来收购，其目的是让画家大胆实践，敢于创新，反映新生活。这些新创作的画不够成熟，表现手法也比较呆板，但作为用传统唐卡的形式，试图反映新生活或历史题材的尝试是有重大意义的。四是附录的唐卡。为了使大家对西藏各个流派的唐卡艺术有个初步的了解和印象，我们特将“勉林”、“勉萨”画派泽仁永培等两位著名画匠绘制的 10 幅唐卡，作为附录展出，供大家参考对比。

《昌都县嘎玛区瓦寨民间唐卡展览》在当时的昌都东方红广场旁的群艺馆展出。展览获得了空前成功，不仅昌都广大的藏汉干部职工纷纷前往观看，而且学校也组织学生观看，甚至连附近的老百姓、寺庙的僧人都来观看。有的观众多次反复观看学习，在留言薄上留言，称赞展览办得好，办得及时。不少参观者认为唐卡质量高，内容丰富，希望继续挖掘藏民族传统文化艺术，举办类似的展览，全面展示昌都丰富多彩的传统艺术。每天的参观人数达数百人之多，反响极为强烈，达到了预期的目地。后来，以此为基础的唐卡画展不仅在拉萨展出，还应邀远赴广州和澳门展出，均受到广大观众的热烈欢迎与好评。

在当时来讲，我们在昌都群艺馆公开举办《昌都县嘎玛区瓦寨民间唐卡展览》，有着重要的现实意义。它标志着昌都地区抢救民族文化遗产工作冲破“左”的禁区，解放思想，大胆创新，使包括民间唐卡艺术在内的民族文化遗产抢救工作开始步入健康发展的轨道。当时，难能可贵的是展出了嘎玛民间艺人用唐卡的形式创作出的反映历史传说和风土人情的新唐卡，这应该说是民间创作上的一个突破。

四、关于在嘎雪噶志了解的有关画派诞生情况和一些风物传说

1983 年和之后的十几次到嘎玛下乡时，我们花了很长的时间和精力，拜访了当地众多的民间唐卡画师，如嘎玛德勒、泽旺拉加等在内的长者和知情者，拜访了嘎玛寺高僧拜格勒、嘎玛西珠等众多的高僧，向他们请教了解有关嘎雪噶志画派的一些情况。由于这些内容多属于实地调查和了解的口碑资料，故将其整理出来，供对此有兴趣的有关人员参考。

1. 关于嘎玛巴名称的含义与来源

嘎玛寺周围风景优美，景色宜人。相传在寺庙后面的巴吉山正面山崖上显现有藏文第一个字母“嘎”字，到了谷竹草坪的灌木林中则有形如藏文第十六个字母的“玛”字，到嘎玛寺的西边岩石上则显现出藏文第十三个字母“巴”字，故称为嘎玛巴。按照当地群众的说法，山上的“嘎玛巴”三个字母是自然形成的。事实上“嘎玛”原为梵语，音译为“羯摩”，意为“功业”，此处指佛教事业，即善业。“巴”是人的意思。藏文中的“嘎玛巴”是指从事善业的人。这与藏传佛教倡导僧人和信徒“诸恶莫作、众善奉行”的处世思想是相吻合的。

2. 关于嘎雪噶志画派的名称来源

据我们了解，“嘎雪”是嘎玛一带的古地名，范围包括嘎玛区的里土、瓦寨两个行政村的 8 个自然村。这点是可以肯定的。但有人认为“嘎”是指嘎玛地方的第一个字，代表“嘎玛”地方，“雪”意为下部或下方的意思。“嘎雪”合起来意为嘎玛地方的下部。但查阅藏文史料，“嘎雪”的“嘎”字在藏文里并非与“嘎玛”的“嘎”字相同，而是同音不同字。当然，“嘎雪”的“雪”字在藏文里确有下部或下方的意思。“噶志”的“噶”原意是指宿营搭帐篷的地方，“志”是画的意思。“嘎雪噶志”合起来的意思是嘎玛营帐风格的画。据说历代嘎玛巴活佛外出讲经传教时，常常在野外搭起巨型帐篷作为宿营地，尤其是七世嘎玛巴·曲扎加措时期，特意制作了一顶大帐篷，足有百根柱子大殿的面积，大帐正中挂有明朝皇帝赠送的华盖，帐篷庄严华丽，人称“蓝天盖大篷”。当时的画家大都跟着嘎玛巴活佛外出作画，久而久之，人们对这个经常流动、四处搭建帐篷的画派叫“嘎雪噶志”，成为了西藏继勉唐画派、青孜画派之后的第三大画派。记得1983年在嘎玛一带调查了解时，一幅传统的旧唐卡就反映了这种情景：画面主体为嘎玛巴的一位活佛，在其座位下方，搭建有帐篷，旁边正有人聚精会神地在画唐卡。比较真实而形象地反映了嘎雪噶志画派经常流动，四处搭建帐篷作画的动人情景。

3. 唐卡绘画艺术在嘎玛瓦寨一带何时出现的问题

当地画家都认为嘎玛瓦寨一带的绘画历史有一千多年了。这个说法尚未得到考证，但从嘎玛一带流行的传说中可以看出其端倪。公元1185年，堆松钦巴传教来到嘎玛一带，按照上师塔布拉杰要他在“半月形月牙”的地方建寺的预言，他在嘎玛贝西山上找到了“半月形月牙”的岩石，于是在贝西山麓的画匠堆日仓冬季牧场搭帐篷的地方选中寺址。他对画匠堆日仓说：“我想在你这块地方建一座四柱面积的寺庙，你能划给我一块地方吗？”画匠堆日仓高兴地答道：“不要说划四柱面积的寺庙，就是盖180立柱面积的寺庙也可以，请建寺吧！”画匠堆日仓说的话是一个吉祥征兆，说明将来此处必定发展成为一个大寺庙，堆松钦巴高兴极了。于是，请画匠堆日仓帮助画了寺庙的图纸，建起了嘎玛寺。根据达察·次旺杰编写的《洛绒教法史》233页和巴俄·祖拉陈瓦著的《智者喜宴》864页中，对嘎玛寺建寺年代明确写为1185年的“木蛇年”。由此说明，在嘎玛寺建寺之前嘎玛一带不仅有人作画，而且家族名字前冠以“画匠”堆日仓，说明画技达到了相当高的程度。而且，传说在嘎玛寺建寺之前，嘎玛寺附近就有苯教的寺庙，同样也为从事绘画艺术提供了需求与可能。因此，我们认为嘎玛一带在800多年前就有人从事唐卡绘画艺术是有可能的，也是有需求的。

4. 嘎雪噶志画派的形成过程

瓦寨的唐卡在很长的一段时期，所画的唐卡属于“勉林”画派，之后，后藏地区兴起了“勉萨”画派，也传到了嘎玛一带。嘎雪噶志画派最初是在嘎玛巴七世·曲扎嘉措（1454-1506年）和嘎玛巴八世·弥觉多杰（1507-1554年）时开始形成的。在嘎雪噶志画派的创立和发展上，做出杰出贡献的是“扎西三氏”。

第一个“扎西三氏”中的扎西是该派的创建人南嘎扎西，他出生在西藏山南的雅堆。他自幼爱画，曾拜勉唐派大师贡觉巴登为师学画，临摹印度的合金理玛塑像，又吸收内地山水画技法的基础上，融会贯通，形成自己独特的艺术风格，进而创立了嘎雪噶志画派。他与红帽系第五世噶玛巴·贡秋叶拉（1525–1583 年）是同时代。司徒·确吉坚赞（1567–1630 年）曾邀请南嘎扎西到嘎玛寺作画。由此嘎雪噶志画派在嘎玛一带扎下了根。第二个“扎西三氏”中的扎西是为嘎雪噶志画派的成熟和形成中做出突出贡献的却扎西，据说他出生于四川甘孜州的炉霍，从小就喜爱绘画，青年时期显露出绘画艺术的才能。他与三世康珠·贡嘎丹增（1680–1728 年）有过来往，并与藏族著名学者、藏医药物学家德芒格西丹增彭措有着良好的相互来往关系。第三个“扎西三氏”中的扎西是嘎雪·嘎玛扎西，他出生在西藏昌都嘎玛瓦寨地方。他与司徒·曲吉迥乃（1700–1774 年）是同时代人。他是继南嘎扎西、却扎西之后，在传统勉唐画法的基础上，吸取了明永乐年间的山水、风景画法和着色的精华，将嘎雪噶志画派推向高峰的集大成者之一。1729 年，司徒·却吉迥乃修建德格八蚌寺时，专门从嘎玛一带邀请 23 名画师为寺庙作画。可见，当时嘎玛一带是康区绘画的中心和大本营。司徒·却吉迥乃本身是精通唐卡绘画艺术的，他绝不会请平庸的画家去自己的寺庙作画，说明当时嘎玛一带画家众多、画技高超。后来，在嘎雪噶志画派中又派生出以十世嘎玛巴·曲英多吉和司徒班钦为代表的不同风格的画派，但其源流仍是嘎雪噶志画派，只是某些绘画艺术的处理方法上略有差别而已。嘎雪噶志画派一直以康

昌都嘎玛区著名画家嘎玛德勒画的罗汉像

区作为自己的基地向外发展或辐射的画派。

5. 关于嘎雪噶志画派的理论依据

八世嘎玛巴·米觉多吉撰写的《大日图像度量经》，也译为《线准太阳明镜》，最早为嘎雪噶志画派的形成奠定了理论基础。之后，黑帽系第十世嘎玛巴·曲英多吉撰写了《嘎派艺术注释》等书。这两本书的撰写为嘎雪噶志画派的形成奠定了系统的理论基础。后来的嘎雪噶志画派所遵循的理论基本上是以这两本书为主要依据的。之后，精通工巧明的嘎玛寺堪布仁钦达吉著有《佛像量度祖先口述解脱百门之钥匙》《平面与立体佛像之量度》，成为学习嘎雪噶志画派必读的教材。

嘎玛画家在画唐卡

6. 关于嘎雪噶志画派的特点

与却扎西同时代的著名学者德芒格西有以下的评价："迷人的色彩部分与汉地绘画的色彩相同，但较之于汉地画的色彩更加绚丽。画面各处的淡染十分素雅，晕染柔和自然，人物面部和眼睛栩栩如生。喇嘛体态丰满，法冠小巧，布局与汉画的布局相符"。当代西藏著名画家丹巴绕旦教授在《西藏绘画》一书中也对嘎雪噶志画派的特点作了如下的归纳："在形体结构上以印度铜佛像和勉唐派为准，而绘填风景和色彩上吸收明代工笔画的某些规律及技法”。“画底所涂的填涂层较为稀薄，像水彩涂层。所绘之物比天地稍微突出。众神的眼睛又细又小。红色略微突出，作品细腻，观感柔和”。

7. 改革开放后嘎玛瓦寨民间唐卡获得新生

党的十一届三中全会后，尤其是第一次西藏工作座谈会后，嘎玛瓦寨民间唐卡获得新生。嘎玛的画匠们重提画笔，到1983年6月，全瓦寨8个行政村中有画匠的7个行政村，画匠有31户51人，其户数占全公社户数的29.3%，其中比如村17户中有画匠的9户，18人，分别占全村户数的53%和人数的22%，年龄最大的64岁，最小的16岁。这个村的亚中仓有7人，其中5个男人中有4人画唐卡。在一个村里从事绘画的户数和人数那么多，不仅在昌都地区没有，在西藏恐怕也没有。

1985年底，嘎玛区专业画唐卡的有34户，78人。比1983年增加了3户画匠专业户；画匠人数增加了27人。从中看出嘎雪噶志画派在逐步恢复和发展。1994年，全村农、牧、工、副业总收入为15.6万元，而包括绘画在内的民族手

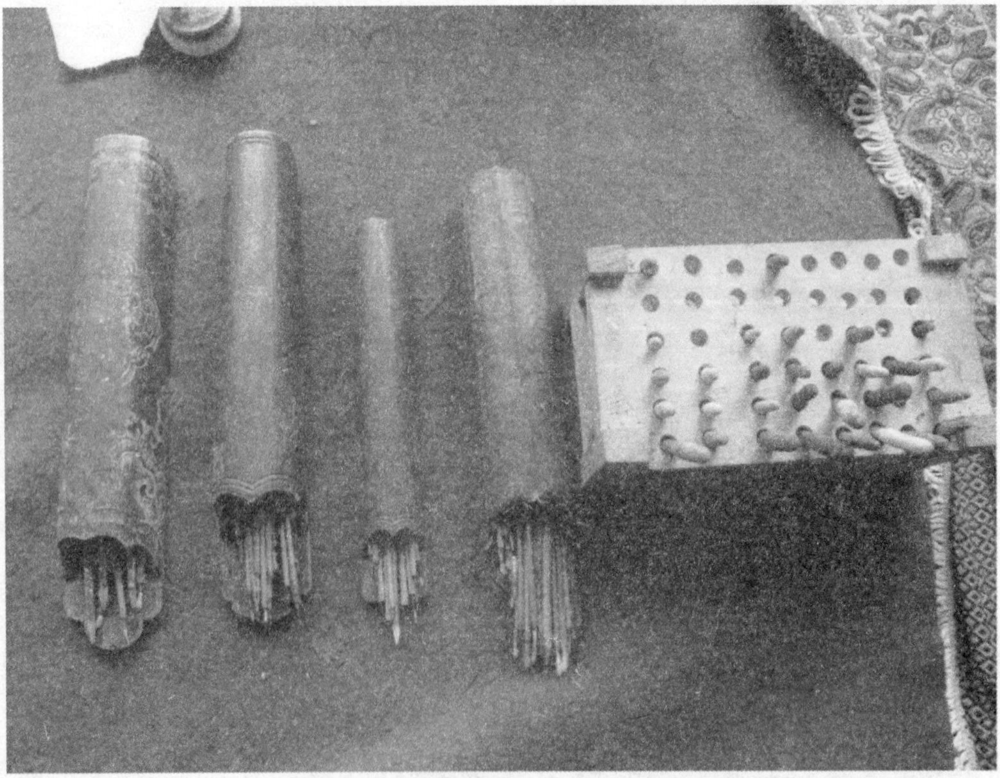

唐卡艺人用的各种规格的画笔有几十支

工业收入就达 8.2 万元，占总收入的 52.6%，高出了农牧业收入的总和。而到 1996 年，瓦寨村的手工业收入更有了大幅度的提高，从事绘画的 51 人，画画年收入 40 多万元。到 1995 年，嘎玛乡全乡的 1125 个劳力中就有画匠 72 人，金银匠 140 人，铁匠 18 人，石匠 98 人，木匠 20 人。其中，瓦寨村有 33 户，有手艺的多达 27 户，占总户数的 81.8%。俨然是名副其实的"匠才之乡"。

可喜的是 2004 年以来，昌都县委、县府进一步加大了对包括嘎雪噶志画派在内的藏族民族文化遗产的收集、整理、抢救的步伐，同时积极申报为非物质文化遗产名录。2008 年，嘎雪噶志画派作为国务院第一批公布的非物质文化遗产扩展名录入选，嘎玛德勒也当之无愧地成为嘎雪噶志画派的传承代表。之后，昌都县委、县府专门成立嘎雪噶志画派艺术抢救保护领导小组，不仅拨出专款支持嘎玛德勒实现了他写一本研究探讨嘎雪噶志画派书籍的愿望，而且派人协助老先生整理资料、撰写稿件，拍摄相关珍贵的唐卡和图像线条。在西藏自治区文化厅和昌都地区文化局的帮助下，终于在 2010 年昌都解放 60 周年大庆前夕，一本全面介绍和探讨嘎雪噶志画派，图文并茂，篇幅长达 369 页的图书首次问世。这本书凝聚着嘎玛德勒老先生 70 多年的心血，也预示着嘎雪噶志画派真正迎来了更加美好的发展前景。这本书的正式出版，体现了党和政府对民族文化遗产的高度重视，为保护和继承优秀传统民族文化，弘扬和宣传嘎雪噶志画派的精华，为学习嘎雪噶志画法的广大美术爱好者提供了规范的教材，这无疑具有重大的历史和现实意义。

2016 年 5 月 19 日写于昌都

初探西藏昌都嘎雪噶志画派发祥地的地理“文脉”

16世纪开始，为何在澜沧江扎曲河上游的嘎玛一带产生了西藏第三大画派嘎雪噶志？是什么原因促成了嘎雪噶志画派的诞生？又是什么原因使嘎玛地方成为远近闻名的“匠才之乡”，并延续至今？我带着这一系列的问题，从1983年开始到2016年，先后赴嘎玛一带作了十几次的调查了解，试图找出答案。

当我全身心地投入并研究这些问题时发现，仅有调查资料和田野考察资料，还不足以揭示和回答上述三个问题，还必须找到一个正确的理论和方法。于是，我从已故地理学家陈传康先生提出的地理“文脉”这个理论得到启发，找到了问题的切入点。地理“文脉”最初是指旅游点所在地域的地理背景，即包括地质、地貌、气候、土壤、水文等自然环境，也包括当地的历史、社会、经济、文化等人文地理特征，是一种综合性的、地域性的自然地理基础、历史文化传统和社会

嘎玛区里土村几乎家家都有人画唐卡

心理积淀的四维时空组合。“文脉”这个理论虽是针对旅游业提出的，但它同样适合于探寻包括嘎雪噶志画派在内的唐卡绘画艺术之所以产生的原因。于是，我按照“文脉”这个理论提供的方法和思路，对嘎雪噶志画派得以衍生的地缘环境、经济环境、历史环境、文化宗教环境、人缘环境等“文脉”进行了较全面深入的梳理、分析和研究。初步勾勒出了嘎雪噶志画派得以衍生的“文脉”环境。

一、地缘环境

自然环境既是人们生存的空间，又是人们精神文化赖以生存发展的必然条件。所以，我们先分析嘎玛一带的地缘环境。从大的方位讲，昌都地处藏、川、青、滇结合部的民族走廊与文化交流通道，是古代茶马古道的必经之地。从具体方位讲，嘎玛乡位于昌都县的北面，与青海省的囊谦县交界。嘎玛乡离昌都镇约120公里。沿着澜沧江支流扎曲河上溯，经如意、日通、才维，直到白云深处的约巴、嘎玛乡。这条扎曲河上游狭长的河谷，当地人称“扎堆”，意为扎曲河上游。扎曲河上游的嘎玛、才维一带风光绮丽，植被茂密，民风淳朴，文化富集，堪称昌都极具诱惑力的天然文化长廊。在这条天然文化长廊上，沿途密布着藏东最富盛名的日通藏医院、著名的谷窝普神山、多拉多观世音石刻像、翁达贡藏族民族手工艺村、匠才之乡嘎玛瓦寨、比如、里妥，以及在藏东负有盛名的拉多土司等，沿途及周围有萨迦派的寺庙向达寺、噶举派寺庙嘎来寺、佐孜寺、拉邓寺，再到嘎玛噶举派祖寺嘎玛寺。行走在这条风景秀丽的天然文化长廊中，只要你用心灵去观察、用敏锐的眼睛去扑捉、用虔诚的心去了解，你每走一步，都会有新的发现，每走一步，都有可能揭开一层神秘的面纱。

当我了解为何在嘎玛瓦寨、比如、里妥一带有如此丰富和密集的藏族传统文化分布时，嘎玛寺高僧嘎玛西珠讲述了这么一个优美动听的传说故事：对着比如村的一座山峰，山上长满了郁郁葱葱的森林，而在半山腰的峭壁处，却凸现出了犹如梵箧式藏文经典的岩石层叠。它象征着文殊菩萨托着的经典莲花。人们传说这就是大智文殊菩萨从他的道场山西五台山降临到嘎玛一带造福时，恩赐给比如村的厚礼。在学德村的对面，群山连绵，其中一道凸起的山梁从山脚延伸到山顶，犹如一把闪光的宝剑斜立在群山之中。传说这就是文殊菩萨高举着的表示辩才锐利的宝剑。正是大智文殊菩萨的造化和恩赐，才使对着梵箧式藏文经典的比如村一带出才子、画师；对着智慧宝剑的学德村一带出金匠银匠。所以，包括比如、学德村一带的瓦寨地方素有“克白久乃”的藏文俗语，意为“匠才之乡”或“画匠之乡”的美称。生活在如诗如画的嘎玛一带，任何人都会被周围秀丽的景色所感染和陶冶性情。哪怕你不是画家，也会萌发创作激情；哪怕你不是歌手，也会情不自禁地对着高山河流放声歌唱。由此我们可以看出嘎玛一带确实是一个培育文明的祥瑞宝地，催生艺术美感的钟灵毓秀之地。

二、经济环境

文化生态学告诉我们，对具体文化的研究，必须从孕育、滋养文化的自然与社会条件的剖析入手，探明作为文化产生基础的社会经济形态，探明这种社会经济形态赖以发生发展的自然前提，以及在这种社会形态的地基上建造的社会组织结构。由此，我们再探讨嘎玛一带的社会经济形态。扎曲河上游的嘎玛一带由于山体较为完整，河谷与山体高差悬殊不大。河谷两岸是比较理想的农业种植地带，山谷中的高山牧场是饲养牲畜的好地方，这就决定了嘎玛一带传统的经济为半农半牧类型。有了农业，粮食有了保证，同时为饲养家畜提供了源源不断的饲料；有了牧业，肉食奶类有了来源，同时为解决织布穿衣提供了羊皮羊毛和牛皮等衣物原料，也为农业的发展提供了肥料。这就形成了农业促进牧业，牧业反哺农业，相互弥补、相互促进的良性循环，俨然是自给自足的自然经济类型。只要有了半农半牧型的经济类型，即便使农业或牧业中的任何一业受到不可抗拒的自然灾害，也不至于使人达到饥饿和无法生存的地步。人们的生活有了保证，人才有可能去学文化、学艺术、学绘画等较高品位的艺术。所以，嘎玛一带的半农半牧型的经济类型与社会结构，为嘎玛一带产生绘画艺术在内的民族手工业奠定了一定的经济和物质基础。

三、历史环境

从嘎玛附近发现的墓葬推论，这一带早有人类居住，具有悠久的历史。在十世纪前，这一带盛行的是西藏原始宗教——苯教。后来随着藏传佛教的传入，苯教与藏传佛教之间发生了激烈的冲突，最后苯教不得不退出嘎玛一带。对此，当地流传着这么一则传说：很久以前，嘎玛一带流传的是苯教。有一天，住在嘎玛里噶的苯教师父叮嘱两位年轻的徒弟说，今天你们要守住里噶的山口，不得放行任何一个人，且要严加盘问。否则，对我们苯教很不利。两位徒弟按照师父的要求，认认真真地守了一天，并没有看见一人。直到黄昏时分，看见一条瘦骨嶙峋的狗无精打采地走过。两位徒弟想，师父让我们不准放人，而没有说不准放狗。于是他们并没当一回事，让狗过去了。当晚，两位徒弟对师父说，我们守了一天，并没有看见一个人，只有一条无精打采的瘦狗经过。苯教师父大惊，说那条狗正是堆松钦巴变化的化身，这下我们的日子不好过了。尽管这则传说并没有明确说明苯教与嘎玛噶举派之间惊心动魄的教派冲突，但我们从传说中还是可以窥见到

嘎玛乡里土村一家有三人在画唐卡

教派之间冲突的端倪。实际情况是藏传佛教中最先传入嘎玛一带的是嘎玛噶举派。1185 年，由堆松钦巴奠基创建了嘎玛寺。1253 年，忽必烈在南征大理途中，邀请嘎玛寺的活佛嘎玛拔希赴绒域色都相见。1256 年，当嘎玛拔希动身返藏时，接到元宪宗蒙哥汗给他的诏书，他便来到蒙古的和林。由于嘎玛拔希在藏东一带威望很高、影响很大，所以蒙哥汗赏赐给他一顶金边黑色僧帽及一枚金印，封他为“国师”，由此，才有了“黑帽系”活佛。1264 年，嘎玛拔希在历经磨难后，再次来到嘎玛寺，他用元朝赏赐的大量资财，扩建了嘎玛寺的规模，主持塑造巨幅弥勒佛像。之后，嘎玛拔希在称之为“崩塘”的讲经场上，首次戴上金边黑色僧帽为僧俗群众讲经，从此，他开创了嘎玛巴活佛世系戴黑帽讲经传法的先例，

其传世活佛称之为嘎玛噶举黑帽系。为使嘎玛寺的香火长盛不衰，嘎玛拔希动员和说服当地 18 头人承担寺庙的费用，保证了嘎玛寺的收入，为嘎玛寺的发展奠定了物质基础。嘎玛拔希是昌都地区宗教首领中最早与元代中央政府联系的高僧。他积极响应萨迦班智达·贡嘎江村的号召，身体力行，先后专程到元大都与元朝皇室接触联系，为藏区的全面归顺，尤其是藏东康区的归顺做出了重大贡献。在明清两代，嘎玛噶举派的宗教首领与内地中央王朝的联系越来越紧密，任命的官员越来越多。其中影响较大的有：1407 年，明朝先后授封了嘎玛噶举黑帽系第五世嘎玛巴活佛得银协巴为“大宝法王”；昌都沙贡寺的高僧仲康学·朗卡江村曾去内地朝拜过明朝永乐皇帝，受到皇帝的册封和赐印；嘎玛寺第一世司徒活佛司徒·曲吉加村，被大明皇帝授予印册名号。到 17 世纪初，嘎玛噶举派的势力达到顶峰，曾建立了嘎玛地方政权。嘎玛地方政权排斥和打击格鲁派势力。后来，格鲁派得到蒙古和硕特部固始汗的武力支持。此时，实际统治康区昌都、德格、玉树一带的白利土司也与格鲁派为敌。固始汗怕白利土司与藏巴汗联合起来对抗格鲁派，于 1639 年，向当时驻扎在昌都贡觉一带的白利土司突然发起进攻，经过一年多的激战，最后打败了白利土司。从此，噶举派的势力大为减弱。嘎玛寺的势力也受到大的影响。但嘎玛寺作为嘎玛噶举派的祖师地位，仍为嘎玛噶举派信徒所信奉和朝拜，历代嘎玛巴活佛要么在嘎玛寺举行坐床典礼，要么专程赴嘎玛寺朝拜瞻仰先祖先圣的遗迹遗物。所以，嘎玛寺虽有盛有衰，但其香火从未中断。

在嘎玛噶举派的历史上有三点值得注意：一是藏传佛教独特的活佛转世制度是在嘎玛寺创立并最早采用的。它对藏传佛教采用活佛转世来确定宗教首领产生了深远而持久的影响。二是嘎玛噶举派与内地中央王朝的关系极为密切。不仅“黑帽系”与“红帽系”两大活佛世系的建立直接得到了元明清三个王朝的扶持和支持，而且嘎玛巴多数活佛到内地朝拜皇帝传教，在进行藏汉文化的交流交往交融方面做出了杰出的贡献。三是嘎玛噶举派的势力很大。在 17 世纪初，还曾一度操纵过西藏地方政权。这三点直接或间接、或大或小地影响了嘎雪噶志画派的形成与发展。

据一份元朝皇帝大约颁于十四世纪封赐给嘎玛寺的圣旨中提到：

现今，仍按过去文令之规定，为使兵役赋税及各大小征收事宜不受阻碍、祭天和祈愿能继续得以顺利进行，以嘎玛内的佛门牵头，特颁发僧众守持之文令。

凡属本辖区内的寺庙及其分寺等，……过去管辖的十大人口聚居区之僧界、牧区、住户、二十三大小山川、牛羊庄园、多达、达隆沟地域、寺庙、仓库、胜地，嘎玛寺从古图都王一时建立的供养基地，以及约尔巴十大人口聚居区之外的土木、房屋、牧场、草场、山水等，所拥有的一切，因在嘎玛寺周围，尔等任何人不得掠夺、强占，不得征派乌拉和口粮，不得强行定约收取“美多尕甫”、“局卡莫冬”、“德卡纳薪”等，不得豪夺牛羊和更改交通运输费，不得猎取保护山林之鸟兽。不得向其地寺院、僧众颁发金册文令。不得从其地为已补充牛马牲畜。不得征收兵役赋税和三业之大小税收。不得搞权贵联合。另，凡以权势占有属本辖区内的神殿、寺庙、分寺、基地、善缘、土地、草场、山水、库藏、防地、马、牛、羊、房屋、财产等，文令在此，即刻归还。这里再作强调和重申，倒行逆施者难道就不怕吗?

这份圣旨就是元朝政府扶持嘎玛噶举派势力的一个历史资料，从中不难看出中央王朝对嘎玛噶举派势力支持的力度之大。

四、文化宗教环境

研究嘎雪噶志画派，不能不研究嘎玛寺。嘎玛寺的创建为催生嘎雪噶志画派提供了广阔的市场空间和巨大需求。从某种角度讲，没有嘎玛寺的建立，没有嘎玛寺历代活佛的倡导和支持，也许很难形成嘎雪噶志画派。1185年，堆松钦巴在原类乌齐嘎玛地方修建嘎玛寺，嘎玛噶举派由此而得名，嘎玛寺也成为嘎玛噶举派的祖寺。昌都嘎玛寺在历史上影响深远、建筑别具一格、幸存文物古迹众多，是康区著名的古刹之一。1264年，在嘎玛拔希的主持和规划下，邀请内地汉族工匠、纳西族工匠以及尼泊尔工匠，共同兴建了康区后弘时期的代表性建筑嘎玛寺大佛殿。嘎玛寺由大殿、护法神殿、灵塔殿、讲经场、僧舍等组成。而其中的主体建筑为大殿。大殿分别由大经堂和大佛殿有机地组成。整个大殿前半部分为大经堂，高二层，为土、石、木结构的藏式平顶建筑；后半部分为大佛殿，高三层，下部为土石结构，屋顶为汉式单檐歇山式琉璃瓦顶。而其屋檐又是藏、汉、纳西三个民族工匠独具匠心的合璧之作。嘎玛寺大殿坐东朝西，前廊由4根方柱组成，廊壁绘有四大天王像。经堂大门开在前廊正中，面阔31米，进深26米。经堂内共有56根方柱，其中12根方形柱高擎起天窗，改善了室内光线。经堂四壁绘有以释迦牟尼传为主要题材的彩色壁画。这些壁画是典型的嘎雪噶志画派的作品。壁画线条淋漓酣畅，人物勾勒比例准确而生动传神，色彩鲜丽而又不失庄严，而其中对花卉鸟兽的画法，明显可以看出受了内地工笔画的影响。这些生动传神的壁画与殿内五彩的柱饰，雕梁画栋相映生辉，构成了藏东建筑最有特点的景致。大经堂后半部为大佛殿。大佛殿的建筑是嘎玛寺建筑的精华所在，不仅代表着当时昌都建筑艺术的最高水平，而且在藏传佛教建筑艺术史上有很高的地位。大佛殿建筑外墙的第二层上端四角，各饰一头木雕狮子，其雕刻细腻，神态威猛，呼之欲出。大佛殿设有三座殿堂，殿堂上部面向经堂一侧开有亮窗，用以采光。三座殿堂各自相对独立，门均开在大经堂内。中间为释迦牟尼殿，原供有尼泊尔工匠铸造的释迦牟尼铜像。右侧佛殿为喇嘛拉康，原主供嘎玛噶举派第一世活佛堆松钦巴铜像，以及历代黑帽系活佛塑像。左侧佛殿为向巴佛殿，主供有嘎玛拔希所建的弥勒佛，高 17 米，是昌都地区泥塑中最早最高最大的塑像。佛左右分侍为文殊和观音菩萨。弥勒佛通体鎏金，结跏趺坐于须弥座上，佛慈祥端和，雍容大度，二胁侍菩萨神态娴雅，婀娜多姿。该殿内所绘的噶举派祖师及黑、红帽系的壁画属早期作品，有着很高的艺术价值。大佛殿最突出的是其屋檐和屋顶建筑。屋檐系藏、汉、纳西族风格的斗拱承托。屋檐正中是藏族工匠设计建造的“博森格巴堆”，意为藏族狮爪形飞檐；左边为汉族工匠设计建造的“甲却森哲堆”，意为汉族龙须形飞檐；右边为纳西族工匠设计建造的“羌隆钦纳堆”，意为纳西族象鼻形飞檐。这三种飞檐以藏、汉、纳西三个民族喜爱的动物为特征，非常和谐地统一存在于汉式歇山式的屋顶下面。在大经堂二层正前方的屋顶中间饰有铜质法轮，两侧原为一对铜质孔雀。据说这种装饰在藏区仅有萨迦寺和德格印经院才有资格装饰。在元朝时，曾给嘎玛寺封赐过保护寺庙和免除差税的圣旨。嘎玛寺兴盛时期常住僧人多达 1000 余人。

就嘎玛寺在建筑、壁画、唐卡画、雕塑等艺术方面所取得的成就而论，它当之无愧地成为昌都地区代表性建筑和宗教文化的宝库，有着很高的历史、艺术、科学价值。事实上，嘎玛寺和附近的嘎玛拉登寺，以及类乌齐查杰玛大殿、昌都寺、佐孜寺、康巴寺等寺庙的创建，才使包括唐卡在内的绘画、雕塑等民族手工艺品有了广阔的市场和巨大的需求，直接促进和带动了与寺庙关系密切的包括绘画、金、银、铜、铁、泥、木雕塑在内的民族手工艺品的蓬勃发展，同时也烙下了藏传佛教深深的烙印。

五、历史人物的倡导

在通常情况下，地理环境只为文化发展提供了多种可能性，至于某种可能性以某种形态转变为现实性，则取决于人类的选择。所以，人类的创造性劳动才是把握这种机遇的自觉力量。历史人物本是历史环境的组成部分，在此处我把它分离出来单独探讨，是因为在嘎雪噶志画派形成过程中历史人物做出的贡献突出，影响极深。在西藏三大画派中，活佛与高僧大德兼绘画艺术大师最明显的是嘎雪噶志画派。其中，嘎玛巴七世、八世、十世活佛，司徒一世、五世等既是活佛，也是享有声誉的唐卡画师。历代嘎玛巴活佛中，二世、三世、四世、五世、八世、十世、十二世、十五世、十六世共九位嘎玛巴活佛曾到祖国内地或不丹等国进行包括政治、宗教、经济、文化的联系与交流。从政治角度讲，噶举派宗教领袖的这些活动，促进和发展了西藏与祖国内地的主权关系，维护了祖国的统一和民族的团结；从经济角度讲，宗教上层人士的朝贡与赏赐行为，促进了西藏地方与祖国内地各民族地区的经济往来，互通有无；从思想意识讲，他们在接触祖国内地多姿多彩的优秀文化遗产后，产生仰慕之情并为其艺术魅力所折服，于是逐渐将内地优秀文化吸收与融合到藏民族传统文化中。历代嘎玛巴活佛在祖国内地的一系列活动，开阔了视野，萌发了开放意识。这也正是嘎玛噶举派的宗教领袖不墨守成规，善于从其他兄弟民族如汉族、纳西族、蒙古族，乃至吸收尼泊尔、印度等国家文明成果的必然趋势。嘎雪噶志画派的一个特点是活佛兼艺术大师的人物众多，他们为嘎雪噶志画派的形成做出了重大的贡献。所以，有人称嘎雪噶志画派“塑造了王者风范”、“宫廷风格”是有一定道理的。正是基于这样的开放意识，不墨守成规的思想为嘎玛一带创立嘎雪噶志画派打下了良好的思想认识基础。

在具备地缘环境、经济环境、历史环境、文化宗教环境、人缘环境等“文脉”的基础上，嘎雪噶志作为适合这一带僧俗首领和人民群众审美情趣的画派得以衍生并繁荣发展，就是很自然而然、水到渠成的事了。

2011 年 8 月 29 日写于昌都

第四辑

石刻艺术篇

西藏昌都境内茶马古道上的石刻文化遗迹

神秘而又艰辛的茶马古道，随着历史的远去和社会的发展，逐渐被平坦宽广的公路所代替，原来羊肠小道的茶马古道已湮灭在悠悠岁月里。惟有当年留下的石刻艺术和玛尼石堆，向世人昭示了“那些逝去的岁月早已沉默，却留下了会说话的石头”，成为古人开拓茶马古道艰难历史见证的直接证据。伴随着茶马古道而生的种种文化，无不体现茶马古道厚重的历史文化价值，而石刻文化就是其中有重要价值的独特文化之一。研究茶马古道，不能不研究茶马古道的必经之地昌都境内的走向和丰富的文化内涵。仅靠本文来介绍古道丰富的文化内涵，几乎是不可能和无法完成的。于是，笔者缩小研究的视角，只选取昌都境内茶马古道遗留的石刻艺术，作为窥见古道丰富文化内涵的冰山一角来介绍，或许更能看出古道历史文化积淀的丰富性、独特性与沧桑感。笔者出生在昌都，工作在昌都，更重要的是几十年来一直在关注和研究昌都的历史与文化，几乎走遍了昌都的山山水水，面对面聆听过行走在茶马古道上马帮的传奇故事，实地接触和考察过大量的古迹石刻，甚至实实在在地丈量过部分茶马古道路段的艰辛。我想如果把这些所见所闻

原供奉在察雅县香堆镇向康大殿内的石刻圆雕作品，在“文革”中遭到破坏。但从残缺不全的残片还能依稀辨认出高超的石刻雕刻技艺

整理出来，或许会是有意义的一件事情。

追根溯源，藏族在岩石上雕刻佛像和勒刻记事会盟的习俗，至少从吐蕃开始就延续下来了。如唐代的“大唐天竺使出铭”、拉萨大昭寺前的“唐蕃会盟碑”、布达拉宫前的“达扎路恭纪功碑”等，明代的“杨英碑”、“劝恤种痘碑”，清代的“御制平定西藏碑”“磨盘山关帝庙碑”“御制十全记碑”等。而遗留在茶马古道的石刻艺术，延续了勒刻记事和雕刻佛像供奉的传统。事实上包括玛尼堆在内的雕刻佛像来供奉神灵的传统，其形成直接源于藏区原始的自然崇拜和万物有灵的习俗，也有人认为玛尼堆最早是为通衢要道或山口设置的标志。昌都石刻艺术内容丰富，有动物、人物、花卉、山水、文字等，更多的是宗教艺术题材和刻有“六字真言”的玛尼石。藏族人民将其供奉在神山、修行洞、寺庙周围，以及交通要道的路边或山隘口，其象征意义在于既祭祀神灵显威求福禳灾，又祈求神佛保佑人畜平安。一般讲，信徒们包括马帮们经过玛尼堆和山口时，会很自然地往玛尼堆上添加自己的一块石头，有条件的请人在玛尼石上刻上“六字真言”再供奉。久而久之，经过的人越多，玛尼石堆就越来越庞大，又自然而然地在茫茫无际的原野或巍巍崇山峻岭中成了重要的交通标志。出门的人和马帮看到这些标志，便不会迷路了。所以石刻艺术，包括玛尼堆是研究茶马古道走向难得的实物资料。它是茶马古道社会生活历程的形象记录和直观反映，反映着古往今来民族迁徙和文化交流的历史遗迹，从某个侧面述说着茶马古道上曾经发生的鲜为人知的故事，有着重要的历史、艺术、科学研究价值。

一、岩画

1. 八宿嘎学岩画

嘎学岩画位于八宿县城以西 5 公里处的巴冬村牧场上。这里山势高大、坡大路陡、交通极不方便，骑马打紧走一天方能到达。整个岩画是在一块巨大岩石上雕凿的，石质系花岗石，东西长 32. 7 米，南北宽 15. 7 米，共有 18 个画面组成。计个体图像 704 个。制作方法均为琢刻法。岩画分布相对集中，保存情况较好。内容有人物、动物、符号、藏文等。动物种类有羊、鹿、驴、狼、马、牦牛等；符号有太阳、月亮、雍仲、经幡、酥油灯、塔、八宝图案等；藏文以六字真言为主。题材系表现狩猎、放牧、射箭、战争、舞蹈、祭祀等场面。岩画以单幅图像为主，表现宏大场面的较少。值得注意的是：一是岩画的布局较乱，不是从一个视线雕凿的；二是个别人物的生殖器被很夸张地表现出来，这种形式的岩画在阿里等地的岩画中有所反映。表现了远古人民对生殖崇拜的信仰习俗。整个岩画画面简洁、古朴，显露出较原始的风格。根据所画内容，估计是在不同时期内时断时续地完成的。它既反映了人类早期狩猎的远古生活，也反映了人们对大自然的认识，同时，佛教的思想也反映到了岩画中。这处岩画是昌都地区至今发现的早期岩画群之一，它对研究八宿一带早期社会形态和生活具有重要的研究价值，同样也为探寻古代交通的走向提供了依据。

江达县生达寺玛尼堆的石刻像

2. 贡觉娘拉岩画

娘拉岩画位于贡觉县相皮乡德西村与娘拉寺对面的悬崖峭壁上。岩画数量不多，题材以动物为主。有一匹马、一只飞鹰和一条鱼，其中展翅飞翔的雄鹰和昂首回望的骏马栩栩如生。当地群众认为岩画是自然形成的。

二、勒刻在岩石上的藏汉文题记

1. 察雅香堆仁达摩崖刻文

位于察雅县香堆镇仁达村丹玛崖壁造像的下部岩石上，镌刻有大日如来佛造像。在造像右边刻有藏文的《普贤行愿品》摘抄。造像下面有吐蕃时期凿刻的藏文铭刻和数十个汉字。藏文部分95%的文字很清楚，汉文部分由于当时刻字时岩面未经修整，除“匠浑天”、“同料僧阴”等以外，大多已漶漫不清，语意难以贯通。根据藏文题记，仁达摩崖造像和铭文题记刻于 804 年。

藏文摩崖译文如下：

圣教之意，乃一切众生皆有识念佛性之心。此心非亲教师及神所赐，非父母所生，无有起始，原本存在，无有终了，虽死不灭。此心若广行善事，利益众生，正法加持，善修自心，可证得佛果与菩提萨埵，便能解脱于生老病死，获无上之福；若善恶间杂，则往生于天上人间；多行罪恶与不善，则入恶界有情地狱，轮回于痛苦之中。故此心处无上菩提之下，亦在有情地狱之上。若享佛法之甘露，方可入解脱一切痛苦之地，获永久之安乐。故众生珍爱佛法而不得抛弃。总之，对于自己与他人之事的长远利益，则向亲教师讨教，并阅读佛法经典，便能领悟。

猴年夏，赞普赤德松赞时，宣布比丘参加政教大诏令，赐给金以下告身，王妃琛莎莱莫赞等，众君民入解脱之道。诏令比丘阐卡云丹及洛顿当、大论尚没庐赤苏昂夏、内论□论赤孙新多赞等参政。初与唐会盟时，□亲教师郭益西央、比丘达洛添德、格朗噶宁波央等，为愿赞普之功德与众生之福泽，书此佛像与祷文。安居总执事为窝额比丘朗却热、色桑布贝等任；工头为比丘西舍、比丘□□松巴辛和恩达艾；勒石者为乌色涅哲写及雪拉公、顿玛岗和汉人黄崩增父子、华豪景等。日后对此赞同者，也同获福泽。

益西央在约、隆、蚌、勒堡乌等地亦广□写，□者为比丘仁多吉。

若对此佛像及誓言顶礼供养者，无论祈愿，何事皆可如愿，后世也往生于天界；

若恶语戏骂，即得疾病等诸恶果，永坠恶途；法律也对反佛者，从其祖先亲属起施行□□□。故无论任何人均不得詈骂讥讽！（笔者注：藏文中不清楚处用□代替）

根据察雅仁达丹玛摩崖造像及石刻题记，凿刻摩崖造像的目的是为了实现藏汉两个民族世代友好，“再续慈亲之情，重申邻好之义”的美好愿望。此文中难能可贵的是提到了“猴年夏，赞普赤德松赞时”与“唐会盟”的事，以及留下了当时勒刻“佛像与祷文”工匠的名称，其中，除了三位藏族工匠外，还明确无误地写了“汉人黄崩增父子、华豪景”三位汉族工匠的名字。可见，仁达丹玛摩崖造像题记中不仅反映了藏汉两个民族悠久的历史，而且客观地记载了藏汉两个民族工匠联袂雕凿仁达丹玛摩崖造像的真实故事。根据铭文题记推断，察雅仁达丹玛摩崖为“唐蕃会盟碑”的签订做了必要的准备，奠定了良好的基础。铭文题记内容涉及到了吐蕃时期政治、宗教、法律、文化及书法雕刻艺术，具有很高的历史和文化价值。

十分可贵的是，藏汉文史书都曾提到吐蕃时代的这一珍贵遗物。《西藏王统记》载："尔时，汉女公主同吐蕃使臣已行到邓马（丹玛）岩。曾于岩石上刻弥勒菩萨像一尊，高约七肘，《普贤行愿品》两部[①]。"《贤者喜宴》也说："之后，公主和主仆在康地等候噶尔时，将《普贤行愿品》卷首及八十肘的佛像刻于岩石上[②]。"以上记载与实际勒刻年代虽有误，不是文成公主进藏时雕刻，而是刻于804年，但有佛像和《普贤行愿品》等石刻艺术则是符合实际情况的。仁达摩崖造像是昌都一带惟一能确定为吐蕃时期的造像铭文。这是康区有明确历史记载，保存最完好的吐蕃时期的摩崖造像，也是西藏惟一融藏文、汉文、造像为一体的吐蕃时期的摩崖造像。它的发现不仅填补了昌都地区吐蕃时期金石铭文的空白，而且丰富了吐蕃金石文化的内容。同样，也为探索茶马古道的走向提供了非常有价值的可信物。因为晚期汉文史书也提到这一遗迹。1886年成书的《西藏图考》中记载："仙女洞在宫角（今贡觉县）路旁，千仞石壁中露窗隔形，其下依岩作碉房一间，内有石碣，仅存'大蕃国'三汉字，余模糊不清[③]。"文中提到的"仙女洞在宫角（今贡觉县）路旁，……内有石碣，仅存'大蕃国'三汉字"，实际指的就是仁达摩崖造像。因为仁达摩崖造像位于贡觉与察雅的交界处。对此，可与现存摩崖石刻实际情况相互印证。

需要说明的是仁达摩崖造像及铭文题记在很长一段时间内未能引起学术界的重视。如收集吐蕃时期铭文录最权威的《吐蕃金石录》中就没有收录仁达摩崖造像铭文。笔者于20世纪80年代初曾专程去考察仁达摩崖造像，并在1986年召开的拉萨藏学讨论会上介绍过，即刻引起与会专家学者的高度重视。会议组委会专门于8月5日召开惟一的一次新闻发布会，让我介绍仁达摩崖造像和铭文的情况。同时邀请著名藏族老学者恰白·次旦平措点评介绍。8月6日的《西藏日报》称察雅仁达摩崖造像和铭文的公布是"我区考古工作中的又一重大发现"。恰白·次旦平措认为："从'摩崖造像'上的文字看，年代上要比赤德祖赞立在大昭寺门前的'唐蕃会盟碑'更早，另外，'摩崖造像'的文字中提出了完成汉藏友好大

注 释：

① 索南坚赞著、刘立千译注：《西藏王统记》，第73页，西藏人民出版社，1987年版。
② 巴卧·祖拉陈瓦：《贤者喜宴》，藏文，第214页，民族出版社，1986年版。
③ 黄沛翘：《西藏图考》，第136页，西藏人民出版社，1982年版。

业的任务，而大昭寺门前的‘唐蕃会盟碑’上写着已完成了汉藏结盟的任务。这就说明了两个石碑在历史上的连贯性。也表明了汉藏两个民族团结友好的悠久历史”。“‘摩崖造像’的发现对我们研究那个时期的政治、法律、文化、语言、书法、绘画、雕刻技术等有着非常重要的价值[①]。”

2. 边坝草卡《丹达山神记》石碑

石碑原位于边坝县草卡乡境内的丹达庙内，现藏于边坝县档案馆。系清光绪十五年（1889 年）驻藏官员王葆恒撰文。记述丹达神庙是为清乾隆十八年（1753 年）云南解饷委员彭元辰参军送饷殉职后而特建的。石碑长0.60米、宽0.40米、厚0.04米，碑面平整，阴刻楷书，碑文左起竖写，每行 10 至 18 字不等，共计 20 行。文末有二方印铭，上方铭“王葆恒印”，下方铭“仙口”为篆书。碑文全文抄录如下：

江达县生达寺玛尼堆的石刻像

公讳元辰，字泉三，姓彭氏，江西南昌人，仕滇南为参军。乾隆十八年转粮西域，道经丹达山，会大雪，人马陷深崖中，不能出。公至后，筹施无策，跃入雪中以殉。久之西域使者不得粮，遣使觅至，获公尸，貌如生，以礼葬于山。闻于朝，奉敕建祠以祀，藏番尊礼尤虔，号为“丹达王”，广立庙祀，最著灵异。凡往来者，感异域孤身，靡不求公佑，公鉴其诚，怜其苦，必佑之。省垣东北隅，亦有是庙。余于庚辰岁由比部改官西蜀，寄宿寺中，得瞻公之庙貌。壬午岁奉使拉里粮务，始经其山，山之人犹依稀指公之殉粮地。

注 释：

① 《西藏日报》1986 年 8 月 6 日头版“察雅县发现吐蕃时期摩崖造像”。

计在西域五年，无时不感公之庇护也。嗟夫，自西域平定以来，使者以什佰计，孰能如公之不朽而长享禋祀者乎！诚以精诚格天，推其志，可以托孤，可以寄命，临大节而不夺者，其公之谓乎。公生于四月六日，不知其年。

大清光绪十五年岁在己丑季春月榖旦，卸管拉里粮务特用知府即补同知山阴王葆恒于蓉垣补撰刻石，候补知州怀宁胡粮生书。

王葆恒印。

1889 年清朝官员王葆恒撰写的“丹达山神记”碑文，反映了当地群众对因公殉职进藏官兵的纪念与敬仰之情

《丹达山神记》石碑撰文者王葆恒，1880 年在四川出仕，1882 年出任西藏拉里粮务，1887 年前后卸任，并在 1889 年于成都“补撰刻石”。关于丹达庙的情况，在清代来往西藏的官员和文人墨客的史籍、游记、笔记中记载较多。其中文字记载最多的是《卫藏通志》：“拉里东行四百八十五里，有雪山，名沙贡拉，山之东麓，有丹达神庙，最称灵验，凡过者，必虔诚祷祝，乃得平安。相传云南某参军解饷过阎王碥，饷鞘落雪窖中，身与之俱坠，人无知者，迨春夏雪消，犹僵坐鞘上，土人惊异，遂奉其尸而祀焉。乾隆五十八年四月初九日，奉上谕，福康安奏：此次官兵赴藏，经过丹达山，均无阻滞，山灵助顺，请加封号，并颁扁额。丹达山远在徼外，最为险峻，风雪不时，自军兴以来，官员兵丁调遣至藏，以及事竣凯旋，均当冬令，经过该处，得以安稳遄行，豪无阻滞，实为神庥佑助，灵

应聿昭，宜列在祀典，锡之封号。著封为昭灵助顺山神，该部载入祀典，春秋致祭，并颁去御书扁额，交驻藏大臣，于山下旧建神祠敬谨悬挂，以答庥应，而示怀柔。该部知道。钦此！御书扁额‘教阐遐柔’四字。乾隆五十九年，户部议覆，祭丹达山神，每年春秋二季，共需祭品银二十一两，按年先于察木多库贮台费银内垫支备办，入于盐茶耗羡项下开销，咨部立案。乾隆五十七年，钦差户部尚书和琳悬挂扁额‘镇靖利济’四字。乾隆五十八年，大将军、大学士、忠锐嘉勇公福康安悬挂扁额□□□□四字。乾隆五十九年，钦差内阁学士兼礼部侍郎和宁悬挂神赞，其赞曰：骅骝骋景，凤凰高飞，蹇蹇匪躬，之子安归。节彼丹达，神其凭依，在昔先贲，浴马知冤。伤哉雪峤，羁挂游魂，藏舟千古，齐寿昆仑。石沉星陨，天鉴纯忱，忠信笃敬，灵感斯深。典守发省，履道惊心，巍巍示象，馨香既升。得大自在，超最上乘，愿施勿畏，勿坠神灯。乾隆五十九年，钦差工部尚书松筠悬挂扁额‘峙岵通衢’四字[①]。”由此可见，对丹达山的崇拜习俗先是在民间开始，后由官方上奏朝廷认可的。在丹达庙悬挂的不仅有乾隆皇帝题赠的“教阐遐柔”匾额，而且还悬挂有驻藏大臣和琳、松筠，以及大将军福康安、礼部侍郎和宁等赠送的匾额。在边坝县档案馆至今保存的有驻藏大臣松筠于乾隆甲寅年（1794年）题赠的“苦难慈缘”四字匾额。2010年10月，在西藏昌都解放60周年成就展上，这块匾额作为西藏归属中国版图历史见证物和真实反映汉藏文化交流的珍贵历史文物，首次公开展出，引起广大观众的广泛注意。

丹达山是汉名，在藏语里名叫夏贡拉，意为东面的雪山。为康藏道上最高的一座大雪山。“丹达山在边坝西六十里，峰峦切云，冬夏皆雪，为西藏孔道[②]，”丹达山又是川藏茶马古道和滇藏茶马古道必须翻越的一座大山。其山势高峻，气候恶劣，地形险峻。古时，凡行走在茶马古道的马帮翻越丹达山，都是一次生与死的考验。假如顺利翻过了丹达山，就意味着这趟马帮生意成功了一多半。1951年8月，当中国人民解放军进军拉萨，翻越“号称天下第一山”的丹达山时，火红的标语写上了丹达山顶：“丹达山高六千三，进军拉萨第一关，英雄踏破千里雪，浩气冲破帝反胆[③]！”充分表达了人民解放军战胜困难，人定胜天的决心和信心。至今读起来仍然给人以鼓舞和力量。

注 释：

① 松筠：《卫藏通志》，第284~285页，西藏人民出版社，1982年版。

② 吴丰培辑：《川藏游踪汇编》，第209页，四川人民出版社，1985年11月版。

③ 郄晋武：《先遣数千里》，载《西藏革命回忆录》第一辑，第121~122页，西藏人民出版社，1981年4月版。

洛隆县214国道旁清代早期保泰题写的石刻题诗：四山环匝密如林，涧底奔泉送远声。松映云光悬画轴，岚开晓色挂铜钲。忘机野鹜犹眈水，炫眼闲花不识名。遮莫陬隅证蛮语，师将好景记经行

3. 洛隆甲义扎嘎摩崖题壁诗

题壁诗位于洛隆甲义扎嘎沟公路侧的崖壁上。系清乾隆年间驻藏大臣保泰题写的一首七言诗。铭刻所在崖壁向外突出，俯向公路，距路面3.5米，印刻于崖壁上。周围刻一围槽，长1.04米，宽0.69米。诗文共八句，56字。铭文如下：

四山环匝宛如城，涧底奔泉送远声。

松映云光悬画轴，岚开晓色挂铜钲。

忘机野鹜犹耽水，炫眼闲花不识名。

遮莫陬隅证蛮语，归将好景记经行。

——乌斯使者保泰题

保泰，蒙古正白旗人。他先后两次赴藏上任。第一次是1780年2月赴藏，7月抵藏，为补索琳病故遗缺，协同恒瑞办理事务。1783年回京城。第二次是1890年8月，作为驻藏办事大臣的身份赴藏上任。1793年4月回京[①]。这首七言诗就是他在任赴藏期间题写的。关于甲义扎嘎摩崖铭刻的情况，在清光绪末年张其勤所撰的《炉藏道里最新考》里记载的很清楚："二十里至山根子尖，行深峡中。

注 释：

① 吴丰培、曾国庆编撰：《清代驻藏大臣》，第53~56页。西藏人民出版社，1988年1月版。

两山壁立，天光一线，崖际瀑布数十，如珠帘高挂，流涓涓不息，石上有乌斯使者保泰题壁诗，字尚完好。三十里出峡口，路稍宽，十里至洛龙宗宿[①]。”这更加证实保泰题壁诗的存在。这处路段也是川藏茶马古道和滇藏茶马古道必经之地。当时任驻藏大臣的保泰行走在茶马古道时，诗兴大发，怀着对祖国大好河山的热爱之情，怀着对藏族人民的真挚感情写下了这首赞美自然风光，抒发自己情感的七言诗。

江达县生达寺玛尼堆的石刻十六罗汉之一

需要说明的是当地的藏族群众特别看重驻藏大臣保泰题写的诗。他们认为这是一段藏汉文化交流的历史，永远值得珍惜。所以，他们把这个地方命名为“甲义扎嘎”，意为有汉文的岩石沟口。这个“甲义扎嘎”的地名流传至今，从另一个侧面说明藏汉文化水乳交融的真实历史。

4. 江达同普汉字铭刻

位于江达县同普乡境内 317 国道线侧的石壁上，距县城 17 公里。刻字岩面宽 4 米，高 2.3 米，底部距地面 7.2 米。岩面中央左行楷书“普水”两个遒劲有力的大字，单字高约 2 米，宽约 1.3 米。其右竖行楷书一行九字，为“中华民国元年九月上”（1912 年），左竖行楷书一行 10 个字，为“同普知事李口口题并书”。

在《同普县志略》里对此有间接的记载：“县署以前，为普水小河环绕东流，柳堤十里，老树千章，绿映明媚，一风景区也[②]。”江达同普是川藏茶马古道北路，即从康定、甘孜、德格到昌都经过的一个村庄名，村庄前面流淌的河水称为“普水”。清末民初改土归流时，将江达改为“同普县”。解放后，县名又恢复为江达县。

注 释:

① 吴丰培辑：《川藏游踪汇编》，第 399 页，四川人民出版社，1985 年 11 月版。

② 刘赞廷:《同普县志略》,《西藏地方志资料集成》,第三集,第 149 页,中国藏学出版社,2001 年 5 月版。

5. 左贡东坝汉文题词

左贡东坝汉文题词位于怒江边的崖壁上。即现左贡县东坝乡夏查嘎的崖壁上刻有“飞凤岭”三个苍劲有力的大字，左右两旁刻五行小字，除“宣统元年”（1909年）四字清楚外，皆已风化难以辨认。事实上，这段路不要说解放前极为偏僻，即便现在仍然很闭塞。为何在这么一个闭塞的地方居然刻有“飞凤岭”三字，说明当时的汉族官员已深入此地，才有这个题词。很有可能是当时茶马古道的一个重要通道。

江达县生达寺的石刻佛像群

6. 八宿怒江桥头汉文标语

川藏公路是从四川省成都经雅安、甘孜、昌都、八宿、林芝到拉萨，全长2416公里。1950年4月13日，川藏公路在雅安破土动工，1954年12月25日通车到拉萨。川藏公路经过二郎山、雀儿山、达玛拉山、矮拉山、色季拉山等14座大山；横跨大渡河、金沙江、澜沧江、怒江、易贡河、拉萨河等12条大江。数万筑路部队含辛茹苦，餐风卧雪，齐心协力，征服重重天险，终于把公路修到拉萨。公路经过地形复杂，气候多变，地层破碎，自然灾害频发，给筑路工程带来了许多难以想象的困难。在川藏公路的建设中，平均每公里就有一位英烈牺牲。川藏公路是用血汗和生命创造了世界公路史上的奇迹，其丰功伟绩永远铭刻在历史的丰碑上！

怒江段是川藏公路最艰难的一段公路。怒江水深壁陡，山脊到江面高差1900米。怒江西岸冷曲流入怒江处，有8公里长的悬崖，无路进入工地。筑路部队以“铁山也要劈个半”的大无畏气慨，战胜困难，打通8公里石壁，在怒江上架起第一座钢桥，战胜了怒江天险。为康藏公路扫除了最大的一道障碍。在这个战天斗地的施工中，为了鼓舞筑路部队的斗志，表达筑路部队的决心，在川藏公路八宿境内的怒江桥南半山腰上，筑路大军刻下了“征服山”，“英雄阵地”，“英勇顽强 征服怒江 一六二·七连”等表现筑路大军英雄克服大自然雄心壮志的口号标语。看到这些鼓舞人心，壮志凌云的标语，任何路过川藏公路的人都会对英雄们肃然起敬，深为当年筑路部队战天斗地，征服怒江天险的壮举所感动。

7. 修建昌都邦达机场纪念碑

昌都邦达机场位于八宿县益庆乡境内。1969年，中央军委批准修建昌都邦达机场。机场于1971年5月10日开工，至1976年竣工。之后，由于诸多原因，邦达机场一直未启用。1990年7月，江泽民总书记视察西藏时，就昌都地区的交通问题作出“开辟昌都空中通道”的指示，邦达机场的修复和改扩建工程，被列入国家“八五”重点工程，投资2. 5亿元。该工程自1993年5月开工，于1994年10月竣工试飞，被国家验收委员会评为优良工程，机场可起降大型波音飞机。邦达机场拥有世界民航的“三最”：跑道最长（5500米），海拔最高（4334米），离城市最远（126. 5公里）。1994年7月，中国民用航空昌都站成立。1994年7月8日，江泽民总书记亲自为昌都邦达机场题写场名。

1995年4月28日，西南航空公司大型民用客机波音757首次降落在邦达机场，宣告西藏第二个机场的通航。1999年12月24日，开通昌都至拉萨的航线，结束西藏区内没有支线航班的历史。时任中共中央政治局常委、国家副主席胡锦涛专门发来贺电，向参加邦达机场建设的工程技术人员，解放军官兵和各族人民致以亲切的慰问。时任全国人大常委会副委员长帕巴拉·格列朗杰为机场首航剪彩。邦达机场先后开通有昌都至成都、昌都至拉萨的航线。为了记录这段不平凡的历史，建设者在邦达机场立碑记载。

《邦达机场修复工程简介》碑文：

邦达机场位于藏东高原昌都地区的邦达草原上，海拔四千三百多米，它是目前世界上海拔最高的机场。

邦达机场建成于一九七六年，是毛泽东主席和周恩来总理生前亲自批准建设的。修复邦达机场是党中央、国务院为加快西藏经济，特别是藏东经济和社会全面发展而作出的重要决策。一九九一年四、五月间，经江泽民总书记、杨尚昆主席、李鹏总理亲自批准，由国家专项投资进行邦达机场修复建设。并指定工程建设单位由西藏自治区人民政府担任，空军、民航协助，工程的勘测设计由空军工程设计研究局承担，修复施工由成都军区空军承担。

在党中央、国务院、中央军委的亲切关怀下，邦达机场修复工程于一九九三年五月十五日全面开工。成空中国航空港建设第九工程总队、成空通信部队组织施工。国家计委、中国人民建设银行、中国民航总局、西藏自治区人民政府、成都军区空军和民航西南管理局、民航西藏自治区管理局、昌都地委、行署直接领导工程建设，并给以多方关怀和支持；昌都邦达机场修复工程指挥部始终进行了有效协调和密切配合；民航西南局机场建设咨询监理所、机场处、空军工程设计研究局、西藏自治区建筑工程质量监督站对工程建设全过程进行了认真指导和严格监督；昌都社会各族各界政府各职能部门和广大群众对工程建设给予了全力帮助和热情支援。

修复工程开工以来，部队工程指挥部党委坚持科学安排、严密组织、认真管理、重点突破、全面推进；广大工程技术人员明确分工，恪尽职守，全体参战官兵和广大藏汉工人与民工团结一致，发扬了“特别能吃苦、特别能忍耐、特别能战斗”的老西藏精神，克服高寒缺氧、身体不适等困难，顽强拼搏、超常规苦战，于一九九四年十月历时十八个月（实际施工十一个月），使这个世界海拔最高、气候最恶劣，后勤供应线最长、条件最艰苦、施工难度最大的机场修复工程按期顺利完工。

邦达机场修复通航，将对促进藏东改革开放、经济发展和社会的全面进步发挥重要作用。江泽民总书记为机场亲笔题词“邦达机场”，将有力地鼓舞激励昌都各族人民为维护祖国统一，建设团结、富裕、文明的新藏东而努力奋斗。

西藏昌都邦达机场修复工程指挥部

一九九四年十月敬立

昌都邦达机场的开通，不仅圆了数千年行走在茶马古道上的马帮们像雄鹰般不受路途艰辛，不受自然灾害影响而自由飞翔的美梦，更重要的是彻底改变了昌都交通只依赖于陆路的交通，架起了昌都通往内地的空中桥梁。

精致的壁画

为了表达昌都人民对邦达机场通航的喜悦之情，两位康巴汉子艺术家，满怀激情地创作了歌曲《向往神鹰》。由我区著名作家扎西达娃作词，著名作曲家美朗多吉作曲。歌中这样唱到：

在每一天太阳升起的地方，

银色的神鹰来到了古老村庄。

雪域之外的人们，

来自四面八方，

仙女般的空中小姐翩翩而降，

祖先们一生也没有走完的路……

啊，神鹰啊，转眼就改变了大地的模样。

噢，遥遥远远的路，

噢，是谁在天地间自由飞翔。

啊，神鹰啊，

你把我的思念带向那远方，远方。

歌曲从心底里表达了西藏人民自由开放的心态，更是表达了行走在漫漫茶马古道上的藏族人民数千年间自由翱翔蓝天的愿望。这首富有鲜明时代感和地方特色的歌曲问世后，不仅在西藏各地广为流行，而且也受到内地歌迷的喜爱与传唱。

三、石刻造像

1. 察雅香堆仁达摩崖造像

仁达摩崖造像位于察雅县香堆镇仁达村丹玛崖壁的岩石上。根据藏文题记，仁达摩崖造像刻于 804 年。摩崖造像共由 38 尊造像组成。造像最大者高 3.28 米，最小者仅 0.20 米。其中主供佛大日如来佛，通高 3.28 米。头戴“山”字形高宝冠，垂耳有环。颈饰璎珞，自左肩而右肩肋斜披长巾。双手仰掌叠抱腹间作禅定印，两腿曲膝，结跏趺坐于圆形仰莲座上。硕大的椭圆形背光上浮雕有花卉、宝珠、莲花等图案。左右各有动感十足的一个飞天女神飘逸在上方。八大弟子位于大日如来造像左右两侧，由上而下等距离纵行分列。左右两边的八尊造像大小相近，都有头光和背光。皆戴“山”字形高宝冠，佩璎珞，带臂钏和手镯。阔肩束腰，腰系结带，赤臂裸足，坐于圆形仰莲座上。在该组造像周围还有龙神及藏、汉文铭刻题记。造像均采用减底高浮雕技法，使造像具有较强的立体感，布局和谐，线条柔和自然。大日如来凝神静虑，

精致的石刻艺术

栩栩如生；两个飞天随势飞舞，左右侍八弟子则神态各异，排列有序，或微倾身躯，似闻教诲，或凝神下视，传神入微；二狮子似狮而又有别于狮子，造像独特，颇具魅力；龙神造像，刀法简练，技巧娴熟，寥寥数笔线条，刻划出传神的姿态。

仁达摩崖造像是昌都一带惟一能确定为吐蕃时期的造像，它对于研究吐蕃时期昌都地区的政治、宗教、法律、文化及书法雕刻艺术，均有着重要的意义。

2. 察雅香堆弥勒佛石像

尽管察雅境内的石刻佛像很多，但在解放前最著名的是供奉在察雅县香堆向康大殿内的弥勒佛。当地群众认为是“天生”的弥勒佛。关于这尊弥勒佛的来历，相传文成公主进藏时，在俄额埋下了一个伏藏，过了若干年后，地里长出了一尊石佛，被农民犁地时发现，当八思巴路过该地时，认定那就是弥勒佛，并把自己的披风披在这尊佛上[①]。据藏族史籍《青史》记载，“七觉士”之一的贝·诺杂那曾来“康区俄额的弥勒佛大殿译经[②]。”据此推论，这尊弥勒佛石像早在赤松德赞（742–797 年）时代就有了。以后，昌都寺的创建者向生·西绕松布，以及三、四、五、七、十世达赖和七世班禅等高僧都曾去该寺朝拜弥勒佛石像[③]。弥勒佛石像在“文化大革命”中被砸掉了头，幸好砸断的头部被信教群众保存了下来。20 世纪 80 年代初，落实党的宗教信仰政策后，信教群众将保存的头部献了出来，才使残缺的石像得以恢复。1984 年 7 月，笔者到察雅下乡时，曾

江达县的石刻度母像

注 释：

① 七世班禅·丹贝尼玛：《香堆弥勒佛志》，藏文木刻本。另参考洛松曲登、白马旺堆：《察雅政教历史概述》，藏文，第 17~21 页，昌都地区政协文史资料收集委员会印。

② 廓诺·迅鲁伯著、郭和卿译：《青史》，第 72 页，西藏人民出版社，1985 年版。

③ 香堆弥勒佛殿堂墙壁上早期撰写的藏文题记。另参考洛松曲登、白马旺堆：《察雅政教历史概述》，藏文，第 17~21 页，昌都地区政协文史资料收集委员会印。

看见残缺头部的原貌。其质料为蓝黑色发亮的石质，为圆雕，高发结，眼睛、鼻子、嘴唇等轮廓尚清晰。仅头部高约 0.40 米。恢复后的弥勒佛现供奉在四角各雕有一只狮子的须弥座上。上千年来，察雅的各教派寺庙历经沧桑，有的早已变成废墟，有的几经毁建，唯独向康大殿被历代统治者保护，未遭劫难。乾隆皇帝于四十八年（公元 1783 年）御赐匾额一方。对此，民国年间写的《察雅县志略》记载："乍丫寺大殿有乾隆四十八年御赐'阇黎净地'四字匾额一方。县前有岳钟琪西征之操场，以北为将军庙，建于道光三年，殿前一碑，叙其威信公于此招安西南夷等事。乃字迹模糊，惟现'偃武修文'等字①"。可惜的是石碑在"文革"中被毁后，石料用作石磨，残缺的石磨上尚有部分汉文依稀可辨，多为汉族人名。现残缺部分立于向康大殿大门前。

需要特别指出的是元朝帝师八思巴（1235-1280 年），是西藏正式归入中国版图做出重大贡献的杰出人物。他曾先后两次往返于西藏萨迦寺和汉地之间，所走过的线路恰恰是元代茶马古道。香堆向康大殿内的藏文题记记载了八思巴到过察雅香堆，从侧面更证实察雅是元代茶马古道经过的一个驿站。解放前，察雅的行政单位叫"打桑"，原意为驿站或信使，相当于现在的区（乡）。共有 13 个"打桑"行政区。"打桑"要承担过往人员、尤其是朝廷命官的食宿，并派遣乌拉。久而久之，"打桑"管理官员就成了地方的官员，"打桑"也就演变成了地方的官员和行政区域的称呼②。

3. 芒康盐井扎果徐石刻造像

位于芒康县纳西乡扎果徐沟内，距 214 国道两公里。是古代茶马古道分支滇藏线的必经之地。石刻造像共计四尊，分刻于两块岩石上。其中部刻有松赞干布，两侧为文成公主和尺尊公主。松赞干布像通高 1.32 米，座高 0.28 米。结跏趺坐于仰莲座上，有背光，头戴长巾帽，身着长袍，大翻领。右手作说法印，左手放于膝上作指地印。两侧公主均为立姿。都饰有桃形头光和椭圆形背光。文成公主左手位于胸前执莲枝，右手下垂。赤尊公主手势则恰好相反。右手位于胸前执莲枝，左手下垂。旁边刻有吐蕃大臣禄东赞造像。像通高 0.96 米，座高 0.21 米。刻像结跏趺坐于仰莲宝座上。扎果徐石刻均为高浮雕造像。因长年风吹日晒，加

注 释：

① 刘赞廷：《察雅县志略》，《西藏地方志资料集成》，第三集，第 225~226 页，中国藏学出版社，2001 年 5 月版。

② 洛松曲登、白马旺堆：《察雅政教历史概述》，藏文，第 431~432 页，昌都地区政协文史资料收集委员会印。

之朝圣者经常在造像上涂抹酥油，造像头部及面部毁坏严重。从雕像风格和衣着来看具有吐蕃时期的造像风格。

4. 芒康帮达大日如来佛石雕

位于芒康县帮达乡然堆村大日如来佛佛殿内。传之为文成公主进藏时所雕。共九尊石雕佛像，主供佛为大日如来佛，左右立有八大弟子。大日如来佛通高 4.23 米。须弥座四角各雕有一只狮子。狮子为立姿，通高 1.00 米。八大弟子立于大日如来佛两侧，均通高 1.00 米。因大部分雕像在“文革”中被破坏，现又用泥浆补缺，染上色彩，很难看出其原貌，仅能从大日如来佛左侧第三尊保存较好的弟子佛像上看出，原石雕像为高发髻，着长袍、长靴。明显带有唐代造像风格。为研究藏汉文化交流及唐代古道的走向提供了珍贵资料。

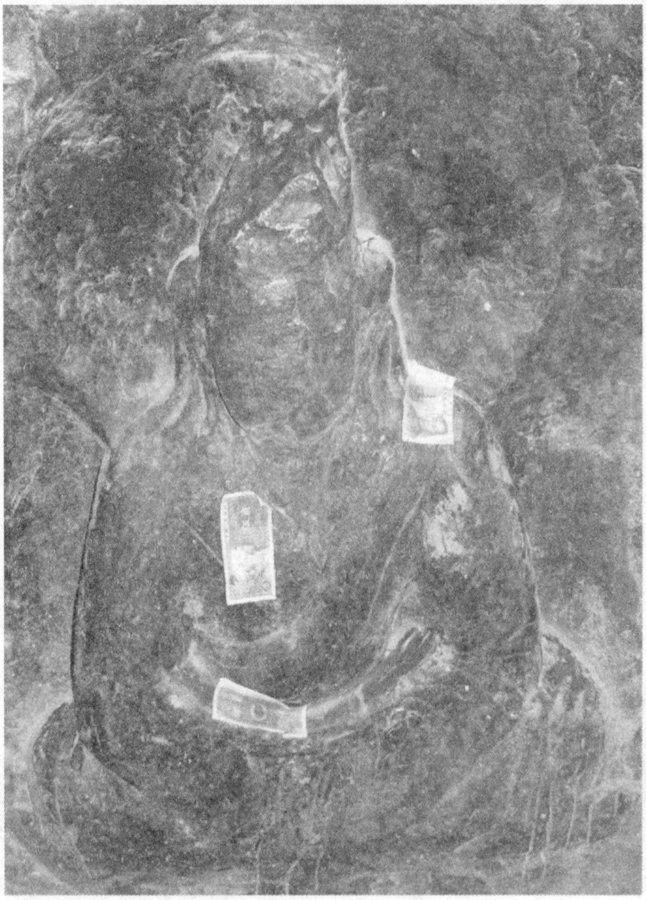

芒康县盐井具有唐代风格的石刻

芒康县帮达乡然堆村大日如来佛由于是茶马古道的必经之地，故在清代的文人游记里多次提到：“三十里过邦木，有碉房柴草，有塘铺，其地为宁静山巅。勒有西藏分界石，南行径大山，五十里至南墩，有汉人寺，每年七月巴察两地客民皆云集贸易，如内地庙会”①。南墩即然堆村。此处，把芒康帮达乡然堆村大日如来佛殿，说成是“汉人寺”，说明受汉人的影响之深、之广。

5. 芒康宗沙多拉露天石刻艺术群

多拉露天石刻艺术群位于芒康县北面，离县城噶妥镇 103 公里的宗沙乡达拉村俄多山的半山腰。由于多数石刻佛像供奉在室外，故称其为露天石刻艺术博物

注 释：

① 吴丰培辑：《川藏游踪汇编》，第 426 页，四川人民出版社，1985 年 11 月版。

馆[1]。

多拉露天石刻艺术的主供佛——释迦牟尼石雕面部扁圆，脖子短，着袒右肩袈裟，双眉呈弯月状，双目微闭，唇角微上翘，呈现出慈祥、端庄的神情。这尊释迦牟尼石刻是多拉石刻艺术中体量最大的，像高约 2 米。多数石刻佛像是用石板干垒的方式砌了一道不规则的长方形围墙，再将石刻画像供奉在砌有 0.50 米左右的石台上斜靠在围墙旁。少数比较精致的石刻佛像，采取了一定的防雨措施，即每隔两米左右隔开为一阁，上面盖有石板，以防雨水直接侵袭石刻画像；多数只是简单地将石刻画像上面的石板往外伸长 0.30 ~ 0.50 米不等，以防雨水。据当地的老尼姑多吉玉珍介绍，在室内供奉的有释迦牟尼、莲花生大师、金刚手菩萨，在露天供奉的有释迦牟尼佛、弥勒佛，以及 80 大成就者、16 罗汉、君臣 25 人等。据笔者初步估计，刻有画像的石板在 150 块左右，至于刻六字真言等文字的玛尼石则有上万块，无法统计。露天石刻画像多数高约 0.60 ~ 0.70 米，小的只有 0.30 米，大的约有 1 米。每块石板绝大多数刻有一尊画像，个别石板刻有两尊，晚期的石刻作品每块石板刻有多尊画像。个别高浮雕石刻像与莲座、莲瓣是组合而成的。多拉石刻艺术最突出的特点：从石刻题材讲，以历史人物为主，部分有藏文石刻铭文；从石刻艺术品种讲，主要有线刻、浅浮雕、高浮雕、浅浮雕与线刻并用、圆雕；从石刻艺术风格讲，一是多数石刻以写实的手法为主。二是极为注意雕刻人物的面部表情，传神逼真，惟妙惟肖，达到了出神入化的境地。三是特别注重人物衣纹折叠的处理，衣质厚重写实，衣纹流畅自然，明显受到了汉族石刻艺术的影响。依据石刻艺术的风格和特点，可以把多拉早期石刻艺术雕刻的年代上限定在 12 世纪，主要石刻作品在明、清两朝陆续完成。

关于多拉露天石刻艺术的形成，当地流传着这么一则故事：传说文成公主嫁到吐蕃，进藏途径芒康邦达的然堆时，十分想念自己的家乡，为了寄托思乡之情，公主在然堆雕刻了大日如来佛和八大弟子石像。之后，文成公主到了宗西达拉村一带，做了神佛降临的吉祥之梦，公主甚为高兴。在达拉地方设坛祭神，祈祷此地成为神域之地。从此，达拉附近的石头上自然而然地显现了众多的佛像。后来人们根据漫山遍野的石刻佛像和玛尼石，将此地用藏语起名为“多拉”，意为有石头佛像的地方。根据藏汉文史料的记载，文成公主没经过芒康，但它却道出了

注 释：

① 土呷：《走进露天石刻艺术博物馆——芒康多拉日追》，刊《中国西藏》，2007 年第五期。

藏族人民对文成公主的怀念和敬仰之情。这则传说和石刻艺术，同样为我们研究茶马古道的走向和源远流长的藏汉友好历史，提供了难得的实物资料和有价值的线索。

6. 察雅汪卡洛若石雕

位于察雅县汪卡乡洛若村洛若浦河谷中间的一个殿堂内。共 11 尊造像，大者高 1.70 米，小者高 0.54 米。系采用石灰岩雕凿而成。根据其风格和姿势可分为四个类型：第一类有二尊立像造像，第二类造像仅一尊，为主供佛十一面千手观音，居中有四面，顶部为阿弥陀佛，佛头肉髻。其下为金刚面相，面容凶猛。造像胸佩璎珞，下体着长裙，腰间系带，带从腰前下垂至脚，赤足站立。其两手于胸前作莲花合掌，左右各有三大臂，左侧上臂手执单颈莲花。另在观音身后放射状雕刻无数支手臂。造像底部有榫与其下半圆形覆莲座相接，覆莲叶肥厚，线条流畅。第三类共有四尊坐像造像，第四类有四尊造像，这四尊造像与众不同，雕凿者巧妙利用了石块的天然形状，以极简练的刀法，雕凿出造像的面部，而天然巧成的石形，使躯体自然处于似与不似之间，正所谓笔未至而神韵至。汪卡洛若石雕位于川藏茶马古道必经之地，清代进藏的官员和文人都提到了汪卡这个驿站，只是未看到记载洛若石雕的有关情况。

7. 八宿多拉神山石刻

位于八宿县白马镇以东 3 公里冷曲河南岸，318 国道旁。石刻主要遍布于多拉神山山体下部形状各异的硅质岩块表面上，主要内容有六字真言、祈祷词、经文、造像、佛塔和莲花等图案。文字大小相差颇大，大的可高达 1.80 米，小的仅有 0.20 米左右。造像通高也不等，在 0.16 米至 0.36 米之间。造像种类有莲花生、四臂观音、金刚手、忏悔佛等。这些石刻绝大部分为减地刻，少数为线刻。减地刻系减去硅质岩表层风化而呈黄黑色的表层，露出内部灰白色的岩体构成文字或图案。这些文字和图案由于雕刻年代久远，加之长年累月的风吹雨淋，风化现象极为严重，使文字和图案部分比周围做地部分要高，形成凸状，故早已失去了人工雕凿的印痕，乍一看上去似乎是自然形成的，使不少人相信这些佛像和六字真言是天然形成的。于是，虔诚的佛教徒更认为这是佛的造化、神的意志，顶礼膜拜，虔诚备至，深信不疑。多拉神山位于从左贡、经八宿、波密至拉萨的茶马古道上。

8. 昌都才维多拉多石刻观世音菩萨

该像位于昌都县柴维乡多拉多村，一座二层楼的藏式殿堂内的岩石上。石刻表现的是十一面千手千眼观世音菩萨造像，其造型十分巨大，通高4．35米，整个造像由线刻而成，上着彩绘。头部五层十一面，主臂当胸合什托宝，桃形头光，圆形身光，佩有耳环、项圈、手镯、脚镯、臂钏和璎珞，天衣飘带，赤脚立于莲座之上。其造型端正、静穆、慈祥。殿内至今珍藏有清光绪二十二年（1896年）汉官题赠的藏汉文“西域上乘”匾额一方。其雕刻年代不详。不过，当地群众认为这处石刻是文成公主进藏时所供奉。昌都寺把这座供奉千手千眼观世音菩萨的殿堂作为自己的属寺予以管理①。

9. 昌都妥坝玛尼石堆

位于昌都县妥坝乡境内317国道旁。在一条小山凹里，密密麻麻地摆放着数百上千块玛尼石，多数以线刻的各类宗教题材的佛像为主，同时也有反映世俗生活等内容的玛尼石。宗教题材中有释迦牟尼佛、弥勒佛、菩萨、各类护法神，还有相当数量的人身鸟头、马头、兽头等可能属于苯教题材的画。这些石刻雕刻手艺娴熟，线条流畅，技艺精湛，栩栩如生，有很高的艺术价值。妥坝在藏语里的含义是“界碑”的意思。而妥坝恰好处于川藏茶马古道北路，即从康定、德格、江达到昌都经过的一个村庄，可能说明此处曾是一个驿站的“界碑”所在地，后来才成了地名。同样也为川藏茶马古道北路的走向提供了线索。

1991年底，笔者曾陪同著名画家韩书力、著名作家马丽华、摄影家杨立泉老师等到贡觉三岩考察时，路过妥坝乡时专门介绍了妥坝玛尼石堆。韩书力和马丽华两位老师看了很激动兴奋，不仅赞不绝口，认为这是西藏石刻艺术中的精品，还希望我们一定要保护好这些珍贵的石刻文化遗产。

10. 江达生达石刻群

石刻群位于江达县生达乡境内。石刻估计是在明清时期雕刻而成的。雕刻手法采用高浮雕、浮雕、线刻三种类型。题材以佛教题材为主，有释迦牟尼佛、菩萨、上师像、空行母、本尊佛、十六罗汉、六字真言等。其特点是数量多、手艺精、质量高、品种全、年代久。此处与青海近，属于青藏茶马古道和川藏茶马古道北线网状支线辐射的范畴。

11. 察雅香堆松曲河谷摩崖造像

注 释：

① 杰龙·向巴曲扎著：《昌都强巴林寺志》，藏文，第553页。

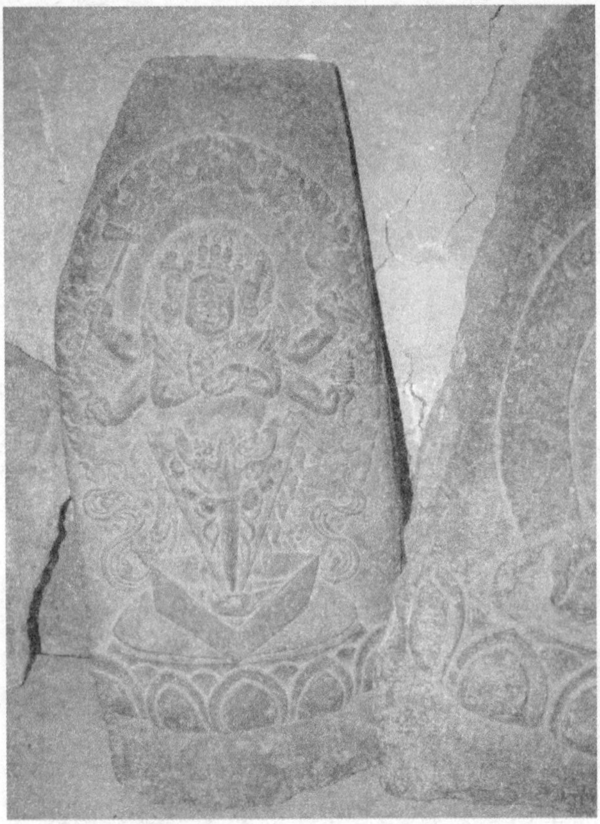
江达县寺庙珍藏的极为精致的石刻像

位于察雅县香堆镇松曲河谷北岸山麓，距香堆镇香堆村 6 公里。造像为一尊度母，阴刻于河谷北岸山麓的一突出的巨石上。巨石石质为青灰色麻石，不甚硬密。风雨侵袭使造像比较模糊。度母通高 1.6 米。头部无饰物，有椭圆形背光。五官仅存双目及唇部。凤目平视，唇厚饱满，面部丰腴圆润，交腿，作舞蹈状。年代不详。

12. 察雅烟多古嘎扎杂摩崖造像

造像位于察雅县城北约 1 公里处的古嘎扎杂山，岩石裸露为石灰岩，山顶一绝壁，面向南，造像就雕刻于此崖面上。因此山石质较好，察雅县采石厂曾设于此，连年采掘，已破坏部分造像。现存造像 4 尊，由南往北依次为释迦牟尼、护法神、度母、观音等。其中释迦牟尼像通高 5 米，身高 4.40 米。头肉髻，双目微合平视，广额、圆腮，长垂耳至肩。造像形体较大，雕像的岩面徒绝宛若斧劈。造像采用浅浮雕技法，岩面未加修整，就势作像。这是察雅境内形体最大的造像。

13. 察雅学贡寺石雕

位于察雅县荣周乡左唐学贡寺原大殿的后殿石墙上。仅一尊，为释迦牟尼造像。造像通高 1.50 米。头肉髻，广额圆腮，长垂耳至肩。细长眉，眉棱略鼓起，目微平视，直鼻方口，嘴唇紧闭。全身赤裸，不着衣饰。双手交叠腹间捧钵，结跏趺坐。该造像刀法朴拙，风格与仁达摩崖造像极为接近。学贡寺是噶举派“四大八小”中玛仓噶举的祖寺，建于藏历第三饶迥火猪年即 1167 年。此造像镶嵌在废墟的石墙内，所以，其年代不会晚于 1167 年。

14. 察雅卡贡摩崖造像

位于察雅县卡贡乡公路侧的崖壁上。共有四尊造像，系线刻浅浮雕。四臂观音通高 3.75 米，头戴宝冠，共四臂。二主臂立于胸前，余二臂左手持一单径莲花，右手轻拈如意宝珠。观音面容丰腴，体态婀娜，着通肩衣，袒胸，腰系结带，结跏趺坐于仰莲座上。菩萨二尊形态较小，位于四臂观音两侧。两尊菩萨体态袅娜，线条优美，头带花冠、披帛，赤足站立，阴刻线条。观音通高 0.30 米，位于四臂观音东侧 4 米处，戴宝冠，双耳垂肩。身着袈裟。左手持莲蕾枝，右手持于胸前。腰系束带，有椭圆形背光。观音结跏趺坐于仰莲座上。座高 0.06 米。在观音左侧阴刻有藏文“六字真言”。

芒康县盐井具有唐代风格的石刻

15. 昌都城南桥摩崖线刻像

刻像位于昌都城南桥西边山崖上，年代为 15 世纪左右。岩石上雕刻有佛像两尊，为浅浮雕，其中主尊为释迦牟尼佛，高 2.48 米，头肉髻、大耳、结跏趺坐。该像造型端庄，雕刻技艺娴熟。

在明清汉文史籍中，昌都称为察木多、叉木道。由于昌都地处藏、川、青、滇货物的集散地，重要的中转站，战略地位十分重要。从明末清初开始，途经昌都的茶马古道，由于沿途人口密集，气候较好而成为西藏的贡道。1719 年，清朝对西藏第二次用兵时，由打箭炉出发，经巴塘、芒康、察雅、昌都、洛隆、边坝进兵西藏。从此，昌都作为藏东门户的战略地位再次得到了体现与确认。当时，进出康藏，粮食多取给于四川，兵卒亦大致如此。因此，清廷加强了入藏沿线，置有粮台、塘讯，任命文武官员守之。对昌都地理位置的重要性，清代进出官员有不少表述，清代中叶驻藏大臣松筠说：昌都“乃川、滇、西藏三界之中最为重地”，为“扼要之区”，“东走四川，南达云南，西通西藏，北通青海”，“为西藏门户”①。“察木多大寺在山上南向，其山自西北来，开大嶂，寺后屏开山叠，左右双峰耸峙，中出一支迤逦而下二里许，如龙饮水。左右二河，即澜沧江之上游，皆来源千余里，自山后环抱而来，交会山前。其外高山四周，形势非常。昔岳大将军见而恶之，驻军山上，移喇嘛于下，断其山脉而还之。今山上喇嘛数千，山下土城为游击戎兵及粮务驻所。城外番民四五百户，汉人贸易者数十家，与蕃杂处”②。昌都城南桥摩崖线刻像位于澜沧江支流昂曲河与杂曲河汇合处上方，原藏式伸臂桥对面的岩石上。这也是昌都城区现存为数不多的早期石刻造像，是见证昌都茶马古道兴衰的历史文物。

16. 类乌齐卡玛多塔林和玛尼石堆

卡玛多塔林和玛尼堆位于类乌齐县国道 317 线右侧，距县城 25 公里。塔林依山傍水、古木参天、苍松翠柏、四季常青。在葱郁的翠柏中有一座别致的小经堂，主供莲花生大师像，左右各安装有几个高大的转经筒。每天都有不少虔诚的信徒从早到晚不停地转动巨大的转经筒，以此来祈祷和祝福。据说在经堂前面原有 108 座塔，“文革”中多被毁坏。现已恢复和新建的塔有几十座，密密麻麻地林立在山脚下。其造型各异，别具一格。既有严格按佛画度量经要求设计建造的善逝八佛塔，也有方形怪柳塔；既有雄伟的大塔，也有精巧的小塔。经堂后面为巨大的玛尼石，有六字真言，也有包括释迦牟尼佛、弥勒佛、菩萨等各种佛像图案。所刻佛像和文字，年代久远，艺术品位很高，古典而高雅。尤其是用高浮雕的手法，将六字真言雕刻在六块巨大的石块上，更是格外遒劲有力，给人以震撼。这里也是北路茶马古道的必经之地。

17. 丁青乃查姆玛尼堆

丁青境内玛尼堆随处可见，其中觉恩乡绒通村绒通寺周围的玛尼堆规模最大。乃查姆意为“花色圣地”。关于乃查姆玛尼堆的形成，有这么两个传说：一是当年文成公主赴藏联姻行至今觉恩麦日达雪时，天空出现了一条像白哈达似的白云，

注 释：

① 松筠著：《卫藏通志》卷 3“山川”、卷 4“程站”，西藏人民出版社，1982 年版。

② 黄沛翘：《西藏图考》，第 185 页，西藏人民出版社，1982 年版。

白云的一端落在绒通，此时对面的草坪上自然显现出了11尊人体大小的佛像，公主立即向佛像献上供品，并顶礼祈祷。从此藏族同胞经过这里都要奉上刻有佛经、佛像的石块，世代相袭，形成了这里巨大的玛尼石堆。另一传说中，格萨尔王作战到此，休息时看见一奇异的小土堆，就随手用马鞭抽了一下，露出了一根刻有六字真言的石柱，格萨尔王为保护这根石柱，命人照此刻了许多六字真言在

位于芒康县嘎托镇吐蕃时期的大日如来佛和八大弟子石刻像

石头上，堆垒在石柱周围，后人仿效久而久之形成巨大的玛尼堆。乃查姆玛尼堆占地约350平方米，由数以万计大小不等的石刻经文堆积而成。玛尼堆旁是丁青最大的红教寺庙绒通寺，寺院和玛尼堆首尾相连，同黄教寺庙金卡寺遥相呼应，更为玛尼堆增添了浓郁的宗教色彩。乃查姆玛尼堆位于北路茶马古道上。

1995年6月，著名作家马丽华写过一篇《藏东玛尼堆》的游记，曾介绍丁青觉恩乃查姆玛尼堆。她说，丁青县以它庞大的玛尼堆阵容迎接了我们。随行的西藏美协主席韩书力极为推崇丁青的玛尼堆。“全世界惟西藏热心于玛尼堆；西藏又惟昌都，而昌都又当属丁青。我们都没有再见过何处的藏人如丁青人这般，拥有建筑玛尼堆的热烈嗜好，他们创造了藏地玛尼堆规模、气势和数量方面的‘之最’”[①]。从中乃查姆玛尼堆的知名度之高、影响之大可见一斑。

注 释：

① 马丽华：《终极风景》，第133~135页，时代文艺出版社，1997年版。

三、研究茶马古道石刻艺术的价值

古今中外，在人类进化的发展过程中，几乎都选择了石头作为自身加工的对象。石头作为人类社会文化的载体之一，以其不朽的质地成为人类进化发展的有力见证。昌都卡若遗址出土的新石器、察雅仁达摩崖造像、芒康帮达拉堆大日如来佛的造像和盐井扎国徐的石刻、边坝草卡《丹达山神记》石碑、江达生达石刻群，都无一例外地记载和传达着藏族康区昌都人民远古历史文明的进程。事实上，石刻艺术是茶马古道上的重要特征之一。大凡马帮经过的地方都留有玛尼石的供奉，朴素地表达着马帮们祈求神灵求福禳灾，保佑人畜平安的美好愿望。而这个美好的愿望他们祈盼了数万年，直到新中国的成立和改革开放，才盼来了宽畅平坦的柏油马路。过去从内地到西藏少则 4 个月，多则半年的艰难路程，现在乘飞机只要两个多小时，坐火车或汽车只要 3~5 天就到了。这是过去做梦都不敢想的事，如今在中国共产党的英明领导下终于实现了。藏族人民亲切地称公路和铁路是西藏通往祖国内地的幸福“金桥”、“天路”。至此，曾经热闹非凡的茶马古道，随着川藏公路和滇藏公路、青藏铁路的开通，已从历史的舞台上隐退，但遗留在古道旁“会说话的石头”艺术，并没有随之消失，它们至今述说着当年的辉煌，见证着古人开拓茶马古道的艰辛历程。所以，研究茶马古道上的石刻艺术不仅有必要，而且还有独特的价值：

1. 为探索昌都境内茶马古道走向提供了难得的可靠依据。事实上，本文介绍的多数石刻艺术位于茶马古道的必经之地，这为探寻古道的走向指明了正确的方向，同时为茶马古道注入了更多的历史文化内涵和大量的原始信息。众多的石刻艺术从某个角度弥补了有关茶马古道在文献记载不足的缺憾。可以使我们研究茶马古道的思路更加开阔、研究视线更加多样化。

2. 本文介绍的多数石刻艺术与茶马古道有直接或间接的关系，从中我们可以了解茶马古道既是一条非常普通的马帮之路，又是一条很有文化色彩和纪念意义的传播文明之路，积淀着上千年乃至上万年的丰厚历史。只要我们用心去观察，认真地挖掘茶马古道这座“富矿”，就有取之不尽，用之不竭的自然资源和人文资源等待着我们去发现、去提炼、去升华。

3. 茶马古道不仅是一条重要的交通要道、历史文化的重要载体，更是中央政府对藏族地区施政管理的重要渠道。它见证了西藏归入中国版图的伟大历史进程，密切了藏族与内地各民族的关系，加深了政治、经济往来，促进了文明的传播。长期研究茶马古道的学者李旭先生认为“茶马古道就像一条流动的血脉，连接起了沿途的各个民族，使他们成为祖国民族大家庭的一员”[①]。也正如张云博士所说“茶马古道即是一条内地和西藏联系的经济之路，也是政治之路和宗教文化之路”[②]。茶马古道为加强藏汉民族的友谊、促进民族团结、维护祖国统一方面也树立了一座不朽的历史丰碑。

在本文结束之际，我愿用著名作家马丽华在《藏东玛尼堆》里一段富有哲理而又耐人寻味的精辟话作为结尾：“昌都的玛尼堆！千百年，千万件。那些刻了它的人，那些供奉了它的人，那些瞻仰了它的人，都消融于时光岁月。然而对于他们来讲，今生今世不重要，个体生命消失不重要。有意义的是凝聚了他灵魂永恒之愿的这石头拥有了与时光岁月同在的生命。我在本文结束时遥想着西藏东部的玛尼堆。我在想着它的时候它就成为我生命和精神中的一个组成部分了。在此际，在我心里，他们已超越了本有的意义。我以当下深深的感动赋予了它新鲜的秘不可宣的内涵。越过不甚如意的现实生活，我望见了自己的灵魂和属于一己的宗教，而那些朴拙的质感的顽石图像正摆放在我心灵的祭坛”[③]。这就是昌都石刻艺术魅力带给我们现代人的感动与震撼。

2011 年 8 月 12 日写于西藏昌都

原载王云、刘栩、陈书谦主编的《说茶论道蒙顶山——第六届全国青年茶学青年科学家论坛文集》，光明日报出版社，2012 年 11 月出版。

注 释：

① 茶马古道编辑部：《茶马古道》，第 10 页，陕西师范大学出版社，2003 年 12 月版。

② 张云：《西藏历史问题研究》（增订本），第 128 页，中国藏学出版社，2008 年 10 月版。

③ 马丽华：《终极风景》，第 136 页，时代文艺出版社，1997 年版。

察雅县仁达摩崖造像的考证

今天有幸参加察雅澜沧江文化艺术节的“察雅县文化论坛”。早在1984年我在察雅县下乡时，便创办了当时昌都地区第一个乡级文化站——香堆乡文化站；从那时起，我和王岚同志一起合作，先后在察雅下乡二十多次，克服困难，深入实地，多方收集资料后，撰写了《察雅县简志》，发表在1987年7月17日的《西藏日报》上；2008年“3·14”事件后，我作为地区领导，连续几年参与察雅县的维稳督导工作；今年市级领导包乡调整时，我又回到了察雅县。应该说我与察雅有着深厚的缘分。这次“察雅县文化论坛”邀请到了著名藏学家巴桑旺堆研究员、著名画家康·格桑益西教授等在内的各位专家、教授，极为难得。借此机会，我向参加会议的各位专家学者和同志们汇报与请教我对察雅历史文化研究的体会。

察雅县的文化艺术类型丰富，如石刻、热巴、羌姆、说唱艺术、唐卡绘画艺术等，都别具一格，不但有较高的艺术价值，而且有很高的历史价值。由于时间的关系，我今天主要介绍察雅仁达摩崖造像。昌都地区的石刻艺术在藏区是颇有名气的，而其中察雅石刻艺术的历史最悠久、种类最齐全、雕刻技艺最高。除此之外，香堆吉来温泉的仙女，烟多古嘎扎乍的释迦牟尼佛，卡贡德学村的石刻，以及遍布全县的玛尼堆，构成了察雅石刻艺术特有的景观。下面，我拟从七个方面重点介绍察雅仁达摩崖造像。

一、凿刻察雅仁达摩崖造像的历史背景

公元7世纪初，西藏历史进入了一个新的阶段，吐蕃赞普松赞干布兼并十余个部落和部族，在西藏高原实现统一，正式建立了吐蕃政权，定都拉萨。641年，松赞干布与唐朝文成公主联姻；710年，金城公主出嫁吐蕃；705年至823年，唐朝与吐蕃八次会盟；其中最著名的是823年立于拉萨大昭寺前的“唐蕃会盟碑”。据有关学者对吐蕃时期唐朝和吐蕃之间使臣交往的统计，共有290余次来往的记载，其中蕃使180余次，唐使100余次，这种使臣往来的频繁程度，显然是吐蕃

周围其他任何国家和政权之间都无法比拟的。从双方来往的次数看，显然蕃使多于唐使，说明蕃使更加主动向中原文明倾斜或靠拢。

7世纪，昌都一带被吐蕃征服，成为吐蕃军政区划“五茹”中的“苏毗茹”范围。当时，唐蕃之间虽动过干戈，但藏汉和亲友好仍然是唐蕃关系的主流。尤其是在赤德松赞时期，积极主张与唐朝息战会盟和好，建立双方亲密友好的关系。为此，他做出了很大的努力。804年，他派遣54人的庞大使团入唐和好。正是在这样一个大背景下，按照赤德松赞的诏令，在今昌都地区的察雅仁达丹玛摩崖上雕刻了刻经兴佛、祈求唐蕃和好、赞普功业昌盛等为内容的藏汉文字和造像。

二、察雅仁达摩崖造像在藏汉文书籍上的记载

在早期的藏汉文史书都曾提到吐蕃时代的这一珍贵石刻艺术。《西藏王统记》载：“尔时，汉女公主同吐蕃使臣已行到邓马（丹玛）岩。曾于岩石上刻弥勒菩萨像一尊，高约七肘，《普贤行愿品》两部。”[①]《贤者喜宴》也说：“之后，公主和主仆在康地等候噶尔时，将《普贤行愿品》卷首及八十肘的佛像刻于岩石上”[②]以上记载与实际勒刻年代虽有误，但有佛像和《普贤行愿品》等石刻艺术和丹玛等地名则是符合实际情况的。晚期汉文史书也提到这一遗迹。《西藏图考》记：仙女洞“在宫角（今贡觉县）路旁，千仞石壁中露窗隔形，其下依岩作硐房一间，内有石碣，仅存‘大蕃国’三汉字，余模糊不清。”[③]说明藏汉文史书注意了这处摩崖造像。

三、藏学界对察雅仁达摩崖造像引起重视的过程

从1983年10月20日到12月20日，我在西藏昌都地区文教局工作期间，时断时续地花了两个月的时间，对昌都地区政协13名驻会老委员进行了采访，其中至今记忆犹新的是了解到察雅仁达摩崖造像和铭文的重大线索。

地区政协驻会委员中有个叫土登曲果的察雅籍高僧，已是70岁高龄，老人1981年从狱中释放后被安排在了地区政协。他向我介绍的第一个情况是有关藏汉两个民族相互交往的历史，他说：“就我知道的在察雅地方有两处石刻造像真实

注 释：

① 索南坚赞著、刘立千译注：《西藏王统记》，第73页，西藏人民出版社，1987年版。

② 巴卧·祖拉陈瓦：《贤者喜宴》，藏文，第214页，民族出版社，1986年版。

③ 黄沛翘：《西藏图考》，第136页，西藏人民出版社，1982年版。

地反映了藏汉民族交往的历史。一个是在察雅的香堆，有一尊‘自生’的弥勒佛，在整个藏区很有名；另一个是仁达的大日如来佛和藏汉文铭文，传说这两处都与文成公主有关。”当我听到有藏汉铭文的情况时，心里一怔，马上插话问：“藏汉铭文至今还保留着吗？”他确信地说“肯定保留着。”他提供的前一个线索听说过，而第二个线索是第一次听到的，我隐约感觉到是重要的线索，且非常有价值，情不自禁地兴奋起来。并下决心要尽快去实地考察了解。

为了正确认识和充分挖掘仁达摩崖造像丰富的文化内涵，我从1984年到1986年8月，先后四次到察雅仁达摩崖造像实地考察了解，抄录文字，拍摄照片，使我对察雅仁达摩崖造像有了更多的了解。

1986年8月1日，我作为昌都地区的代表参加了在拉萨召开的全国性的拉萨藏学讨论会。在8月5日举行的惟一一次新闻发布会上，我应邀介绍了察雅仁达摩崖造像和铭文，引起了藏学界的轰动，这尊经历了1100多年的石刻佛像和铭文终于重放光彩，吸引了国内外藏学界的广泛注意。1986年8月6日的《西藏日报》头版上称“我区考古工作中的又一重大发现——吐蕃时期的摩崖造像”。藏族著名学者、西藏社会科学院副院长恰白·次旦平措在评价仁达摩崖造像和铭文发现的意义时指出：“仁达‘摩崖造像’的发现对我们研究那个时期的政治、法律、文化、语言、书法、绘画、雕刻技术等有着非常重要的价值”。他说“仁达‘摩崖造像’在年代上要比赤祖德赞立在大昭寺门前的‘唐蕃会盟碑’早，另外，‘摩崖造像’的文字中提出了完成汉藏友好大业的任务，而大昭寺门前的‘唐蕃会盟碑’上写着已完成了汉藏结盟的任务。这就说明了两个石碑在历史上的连贯性”。后来恰

察雅县香堆镇仁达摩崖造像主供佛大日如来佛像下面刻有藏汉文铭文，藏文具有吐蕃时期典型的特点

白·次旦平措老先生专门撰写文章指出，仁达摩崖造像“本身就是藏族古代雕刻艺术的珍品，也是佛经翻译的典范，值得加以研究。碑文也是汉藏团结的佐证”。“从研究西藏古代历史角度而论是一篇新的参考资料”。中国社会科学院民族研究所副研究员，藏学专家常凤玄也说：仁达摩崖造像是“迄今为止国内外藏学界没引用过的新史料。这个发现是昌都地区文化局同志的一大功劳”。时任青海社会科学院藏学所研究员的陈庆英也说：“仁达摩崖造像的发现是一次振奋人心的新发现，为本次藏学讨论会献上了一份厚礼”。他还特意嘱咐我尽快写出文章予以介绍。当时，巴桑旺堆研究员也参加了研讨会，进行了学术交流。

四、察雅仁达摩崖造像概况

当地群众依据察雅仁达摩崖造像主供佛朗巴朗则而称之为仁达朗巴朗则，意为仁达的大日如来佛。由于仁达摩崖造像地处交通闭塞的察雅与贡觉县的交界处，故这处摩崖造像没能引起藏学界的重视，更没能全面介绍过。

仁达摩崖造像位于察雅县城以东约一百二十公里，仁达乡仁达三岔路口处的丹玛悬崖的石壁上，后人以这处石壁为墙修建了一座殿堂。这座殿堂是一座独立的藏式平顶结构，尽管它历经沧桑，修缮过多次，在文革中也毁于一旦，但上世纪80年代初，当地的僧俗人士出于对宗教的信仰和对文物古迹的爱护，自筹资金，按照原样已修缮一新，当年的建筑风格依然如故。殿堂前面是日松贡布山，山上青松翠柏、郁郁葱葱；左面的德曲颇章山上奇峰突起，禅洞叠叠，俨然是个佛教圣地；殿堂前4棵参天古树虽老态龙钟却依然顽强地挺立着，焕发出生命的顽强。它那3人伸臂才能合拢的巨大身躯记载着它的历史，似乎在述说当年文成公主同藏汉工匠共同雕凿仁达造像时的盛况。

从远处眺望，仁达殿堂犹如阶梯式的四层楼，走近里面，先是二层楼的一个大天井，从天井处再拾阶而上，就到了主体建筑——大日如来佛的外门廊，步后殿堂大门，迎面便是依山而凿的大日如来佛等浮雕像。除里墙是完全利用丹玛山峭壁的岩石外，其余三面都是石头砌的墙，里墙高6.56米，宽7米有余。在殿堂右面的墙边，有二座佛塔的残迹。据当地的高僧罗加格西介绍，靠近里面的小塔残迹是供有阿育王朝时的灵骨，另一座塔是一位百岁寿星僧人的灵塔。整个摩崖造像可分为神佛造像和文字石刻两大类。

神佛造像可分为主供佛大日如来佛，陪衬佛八大随佛子和两个飞天，以及附加佛护贝龙王。大日如来佛上面有雕刻细腻的双层华盖，其边沿各挂有两座类似昌珠寺的古钟，华盖上面各刻有太阳和月亮，下面刻着很精致豪华的双重璎珞；佛高 1.92 米，底宽 1.52 米，佛座高约 0.50 米，佛头戴五佛冠，有椭圆形背光五层和桃形头光一层，除从左到右斜披飘带而外，全身袒露，双手上下相叠，置于腿部，手掌向上，作禅定印，结跏趺坐于仰莲座上，莲座下面有一对古朴的狮子面朝外，中间被一珠花卉隔开。陪衬佛八大随佛子以整齐有序地排列在主供佛的左右两侧。八大随佛子大小不一，高 60~90 公分，宽 50~70 公分不等，八大随佛子头戴五佛冠、垂发双披肩、大都有桃形的背光、上身均袒裸、下身着裙、腰垂带、从左至右斜披带、戴耳环、项链、臂钏、手镯等，并以不同姿势打坐在仰莲座上，其中有的手拿莲花、有的手持金刚杵、有的手持宝物、有的手握宝剑，各各体态丰满、形象生动、姿势万千。两个飞天身披彩带、腾云驾雾、手拿宝瓶和钹分别位于主供佛的左右。八大随佛子的下方处，附加佛护贝龙王勒刻在整个造像文字下面的靠地基右下方处。上述造像中除护贝龙王属于浅刻而外，其余均属深浮雕，最深处约 20 公分。整组造像依山雕凿、比例匀称、布局合理、造型大方、立体感强，尤其是主供佛的雕刻更是精雕细琢、线条流畅、形神兼备、栩栩如生，真可谓精妙绝伦的艺术珍品。整组造像中，除主供佛略有风化外，其

雕刻于 804 年的察雅仁达摩崖造像

余均保存完好。

文字部分也可分为藏文和汉文两种。其中“普贤行愿品”19行刻在整个造像的左上方6米处。位于主供佛下面的藏文属于石刻题记，价值也最高。整个藏文书写方式为横书，字体为有头字，字迹苍劲古朴，有吐蕃时期藏文字的特点。尤其是主供佛下面的藏文，吐蕃时期藏文的特点极为明显，所有藏文中百分之九十五以上仍清晰可读。

汉文部分中约有六十个字刻在藏文石刻题记的左下方，书写方式为竖式。汉字风化虽不严重，但因刻的不是很规则，故整段文字一时难以辨认通读，但其中能清晰可辨并连成句的有：“甲申”“匠浑天”、“同料僧阴”、“同料僧木”、“都料僧甲”、“大蕃国”等。在陪衬佛飞天面前，还刻有十几个汉字，其中刻在右边的“出老僧法藏（为？）父母”较清晰，右边的也难以辨认，整个汉文的内容待考。

察雅县香堆镇仁达摩崖造像汉文铭文中“甲申？”“匠浑天”“同料僧阴”“同料僧木”“都料僧？”等局部

在仁达殿堂上面左方处的悬崖峭壁上，线刻有松赞干布、文成公主和禄东赞三人的画像。在松赞干布像左上方刻有二列藏文，意为“藏王松赞干布陛下”，松赞干布像高2.10米，宽1.08米，他头戴大耳环，身披外衣，盘脚坐在双层的藏式厚垫上，左右托着一个发光的珠宝，右手平放在腿面。文成公主高约1米，站在松赞干布的右面，神态和蔼安详，面朝松赞干布，右手托着一个发光的宝物，左手举着一个钵盂。松赞干布左面的禄东赞，右手高举者一个宝瓶，左手平伸举在胸前，在他的左下方处放着一盘堆满宝珠的藏式器具。

在殿堂左右的山崖上，线刻有十几尊大小不一的佛像和佛塔。在右面的山崖上刻有六字真言外，还刻有不少的藏文。因这些都刻于高处，加之常年的日晒雨淋，故除六字真言和较大的释迦像以外，其余只有借助于高倍的望远镜才能看清。

仁达摩崖造像题记中不仅反映了藏汉两个民族悠久的历史，而且客观地记载了藏汉两个民族工匠联袂雕凿仁达丹玛摩崖造像的真实故事。由此我们不难看出，仁达摩崖造像不仅是藏汉两族工匠的合璧之作，而且是藏汉民族团结和文化交往交流交融的历史产物。

仁达摩崖造像和文字告诉我们的有关内容就是这些。但是，长久流传在当地人民口中的大量传说却为我们提供了更多的鲜活内容和信息。传说当年文成公主一行取道察雅赴拉萨时，在风景秀丽的仁达丹玛作了短暂的停留，为了纪念这块使公主心旷神怡的地方，公主以自己极不平凡的造化和功德，在丹玛悬崖上显现出了大日如来佛和八大弟子等造像。公主还打算在这里建一座庙宇，但是这一带虽有巍峨的群山，却没有一棵树木，公主又使用法力，犹如齐天大圣孙悟空一样，从头上拔下几根头发，往山上一吹，只见那悬崖岩石上奇迹般地长出了大片的森林。于是，当地人采伐林木修建了仁达殿堂，与此同时，公主还教当地人开荒种田，引水灌溉，使用水磨，至今在仁达山沟里还可以寻到当年公主教人们引水灌溉的遗迹。后来，当地人把仁达丹玛摩崖造像看成是文成公主的神奇造化，视为神圣之地，远近的善男信女都到仁达殿堂朝佛膜拜，烧香磕头，祈求天下太平，风调雨顺，人民幸福。当然，这些都只是神话传说和人们的美好愿望。据考证，仁达摩崖造像并非是文成公主进藏时刻的，而是在她进藏163年后的804年所刻，但是这些美丽的故事却道出了藏族人民对文成公主的敬仰和崇敬之情，表达了藏汉民族世世代代团结友好的美好愿望。

传说虽然不足为凭，但我们在仁达考察时所听到的一件真实而又感人的故事，则真正体现了源远流长的藏汉情谊在传递、在深化、在延续。那是在“文革”的后期，地区派来的工作组在仁达地方进行“路线教育”时，发现了属于“四旧”的仁达摩崖造像还矗立在山边。于是他们气急败坏地训斥当地百姓，要他们立即毁掉这座造像。当地的群众和干部坚决反对这种破坏行为，他们勇敢地站出来抵制了这一行径。正是由于当地干部群众的保护，才使昌都地区唯一的吐蕃时期的遗迹免遭破坏，保存至今。

每当我怀着崇敬的心情，仰望这尊神态慈祥的大日如来佛像时，仿佛看到了身为深宫女子的文成公主，为了藏汉世代友好，别离故乡，跋涉在通往吐蕃的漫漫征途上；似乎又听到了藏汉能工巧匠雕凿仁达造像时的叮咚声；看到了“十年浩劫”中藏族干部群众冒着生命危险保护仁达摩崖造像的情景。这时，我才体会到藏族人民为什么用优美的诗歌、美妙的音乐、美好的形象来歌颂文成公主，那是因为有一座藏汉友谊的历史之桥架设在人们的心里。

五、察雅仁达摩崖造像年代的考证

笔者认为察雅仁达摩崖造像雕刻的年代是公元 804 年，其主要依据是：仁达摩崖造像石刻题记中的藏文纪年为赞普赤德松赞时的“猴年夏天”。多数学者根据吐蕃金石铭刻和藏汉文史书，认为赤德松赞执政的年代是公元 798 年至 815 年。按藏历天干地支来计算，在他执教期间的 18 年内只有一个猴年，即公元 804 年，这是其一。仁达摩崖造像石刻题记中的几十个汉字中，其中能隐约辨认出“甲申”，这与藏文中的“猴年”相对应，这是其二。仁达摩崖造像石刻题记中的藏文和汉文本身提供的这两点依据，足以确定仁达摩崖造像和石刻题记的勒刻年代为 804 年。

竖于拉萨大昭寺的“唐蕃会盟碑”是吐蕃时期最重要，年代记载也最为清楚的重要碑文。在这个碑文中，吐蕃方面出任会盟的钵阐布允丹，就是仁达石刻题记中称为比丘钵的阐卡允丹的简称。这就充分证明《唐蕃会盟碑》和仁达摩崖造像同属于公元九世初的铭刻碑文。何况，仁达汉文中的“大蕃”同样出现在《唐蕃会盟碑》上，就说明了这一点。

仁达石刻题记中出现的钵阐布阐卡允丹、大相尚没庐苏昂夏、韦论绮心儿多赞等人的名字可在《贤者喜宴》中收录的赤德松赞盟誓诏文中署名的人员内找到，这也说明了上述人物与赤德松赞同属于一个时代的人。

在仁达摩崖造像藏文石刻题记中出现的“益西央”这个名字在吐蕃时期对我们并不陌生，吐蕃时期的青海文成公主庙的铭文中有“益西央”这个高僧的名字，可相互参照。

在仁达石刻题记的藏文中，字体为有头字，字迹苍劲古朴、笔画较粗、刻纹较深，无论从字体或文法上，都具备吐蕃时期藏文字的特点。完全与《唐蕃会盟碑》和《桑耶寺兴盟碑》上的藏文如出一辙。加之雕刻记事的盛行是从赤松德赞时兴起，赤德松赞时达到高峰的。

综合以上五点，我认为这是康区有明确历史记载，保存最完好的吐蕃时期的摩崖造像，也是西藏唯一融藏文、汉文、造像为一体的吐蕃时期的摩崖造像，具有重大的历史、艺术、科学价值。

六、察雅仁达摩崖造像的内容

按照王尧先生对吐蕃时期金石盟文的分类，即：会盟、记功、颁赏、述德、祭祀、封授、证盟来分析，仁达摩崖造像的内容涉及到了祭祀、证盟等方面。具体讲重申并宣扬了赤德松赞时兴佛诏书的内容。首先，再次肯定兴佛，“崇信佛法便能摆脱苦海、便能终生立于安乐之景”。这个思想既宣扬了赤松德赞时前后二次兴佛诏书的弘扬佛法思想，也体现了赤德松赞本人竖于噶迥寺建寺碑中保护佛教的思想；重用和肯定了“善知识”的地位和作用；再次重申了谁反对信佛或毁掉佛法就会遭到王法的惩处。刻于主供佛左上方的藏文，按其内容来判断，当属《普贤行愿品》的一部分，而这部经的内容是以祈祷为主的祈词。

察雅县香堆镇仁达摩崖造像藏文铭文中明确标为当时参与工匠的“汉族黄崩增”名字

察雅县香堆镇仁达摩崖造像八大弟子局部

仁达丹玛摩崖题记铭文虽多见诸报纸杂志，但多系相互传抄，讹误不少。恰白·次旦平措撰写的《简析新发现的吐蕃摩崖石刻铭文》，虽系本人提供，然而也许由于印刷或校对的原因，个别地方仍有差错。故于此将题记铭文依笔者先后四次实地考察为依据，抄录更正如下：

圣教之意，乃一切众生皆有识念佛性之心。此心非亲教师及神所赐，非父母所生，无有起始，原本存在，无有终了，虽死不灭。此心若广行善事，利益众生，正法加持，善修自心，可证得佛果与菩提萨埵，便能解脱于生老病死，获无上之福；若善恶间杂，则往生于天上人间；多行罪恶与不善，则入恶界有情地狱，轮回于痛苦之中。故此心处于无上菩提之下，亦有情于地狱之上。若享佛法之甘露，方可入解脱一切痛苦之地，获永久之幸福。故众生珍爱佛法而不得抛弃。总之，对于自己与他人之事的长远利益，则向亲教师讨教，并阅读佛法经典，便能领悟。

猴年夏，赞普赤德松赞时，宣布比丘参加政教大诏令，赐给金以下告身，王妃琛莎莱莫赞等，众君民入解脱之道。诏令比丘阐卡云丹及洛顿当，大论尚没庐赤苏昂夏、内论□论赤孙新多赞等参政。初与唐会盟时，□亲教师郭益西央、比丘达洛添德、格朗嘎宁波央等，为愿赞普之功德与众生之福泽，书此佛像与祷文。安居总执事为窝额比丘朗却热、色桑布贝等；工头为比丘西舍、比丘□□松巴辛和恩当艾等；勒石者为乌色涅哲夏及雪拉公、顿玛岗和汉人黄崩增父子、华豪景等。日后对此赞同者，也同获福泽。

益西央在玉、隆（石渠县——笔者注）、蚌（芒康县——笔者注）、勒、堡乌等地亦广□等，□者为比丘仁多吉。

若对此佛像及誓言顶礼供养者，无论祈愿，何事皆可如愿，后世也往生于天界；若恶语戏骂，即得疾病等诸恶果，永坠恶途；法律也对反佛者，从其祖先亲属起施行□□□。故无论任何人均不得詈骂讥讽！

七、察雅仁达摩崖造像的价值及意义

由于仁达摩崖造像涉及吐蕃时的历史、宗教、政治、法律、书法、文字、绘画、雕刻诸方面，所以它的价值也是多方面的。相信随着对仁达摩崖造像全面、深入、系统的研究，它的价值和意义也会越来越大。我认为至少应包括以下几个方面。

一是仁达摩崖造像是直接反映藏汉文化交往交流交融历史的珍贵实物资料，有着重大的政治意义。凿刻察雅仁达摩崖造像及石刻铭文的目的是为了实现藏汉两个民族世代友好的美好愿望。且难能可贵的是提到了“猴年夏，赞普赤德松赞时”，与“唐会盟”的事，以及留下了当时刻“佛像与祷文”工匠的名称，其中，除了三位藏族工匠外，还明确无误地写了“汉人黄崩增父子、华豪景”三位汉族工匠的名字。应该说察雅仁达摩崖造像及石刻铭文为“唐蕃会盟碑”做了必要的准备，奠定了良好的基础。可见，仁达摩崖造像题记中不仅反映了藏汉两个民族悠久的历史，而且客观地记载了藏汉两个民族工匠联袂雕凿仁达摩崖造像的真实故事。这是作为爱国主义教育和校本教材的极其重要的实物资料，有着重要的历史政治意义。

二是仁达摩崖造像即像一根串珠的引线，把吐蕃时期的《桑耶寺兴盟碑》《噶迥寺建寺碑》《唐蕃会盟碑》《谐拉康碑》《玉树文成公主庙》和以及收录在《贤者喜宴》里的有关盟誓诏文串起来，又像解开这些碑文的一把钥匙，相互印证，相互补充，从而可以澄清或有助于解决藏学界争论的一些问题：1. 为论证赤德松赞从公元 798 年至 815 年的执教年代又提供了一个有力的论证。如前所述，仁达石刻题记的年代为公元 804 年，这个年代恰好处于他执教的年代内。我们再与《谐拉康碑》的记年龙年——公元 812 年来相互印证，更能说明赤德松赞执教的年代为公元 798 年至 815 年的说法是经得起历史推敲和考证的。2. 从石刻题记中出现的钵阐布比丘阐卡允丹来推论，阐卡允丹早在公元 804 年以前就担任了钵阐布的要职，并且通过这一点为我们探讨当时僧人参政，研究政教合一制度的形成情况，提供了极为重要的史料。3. 仁达摩崖造像的发现，帮助人们澄清了吐蕃历史上的某些疑惑，深化了学术界对吐蕃社会的研究；纠正了《西藏王统记》中对仁达丹玛摩崖造像年代记载的失误；匡正了赤德松赞的称谓。赤德松赞的名字在不同的史书里有不同的称谓，如牟德赞普、牟赤赞普、牟如赞普、赤德赞、赛那列等，使人无所适从，仁达摩崖造像的发现，可以确定该赞普名字的正确写法为赤德松赞。

三是为深刻地理解《唐蕃会盟碑》内容提供了重要的史料佐证。《唐蕃会盟碑》中记道："父王圣神赞普弃猎松赞陛下，深沉谋广，教兴政举……与唐主圣神文武皇帝结大和盟约，旧恨消泯，更续新好。"从这段话中，我们知道赤德松赞与唐和好，欲结大和盟约，已做了很大的努力。但具体做了哪些努力，过去我们知道的甚少。仁达摩崖造像的发现，使我们对此有了进一步的了解：当时藏汉民族的有关人员正在为双方的和好而会晤，相互对话；藏汉两族工匠合作共事，共同雕凿了仁达摩崖造像，具体体现了藏汉两族人民团结友好的美好愿望。所以，藏族老学者恰白在拉萨藏学会上评价仁达摩崖造像时说："仁达摩崖造像是形成拉萨会盟碑的前提，它的内容已经体现了唐蕃之间世代和睦相处的良好愿望"。"说明了两个石碑在历史上的连贯性"。

四是为我们研究西藏前宏期的佛教，特别是康区一带的佛教，提供了极为重要的史料。根据藏文题记中出现的"俄额比丘朗都热、色桑布白"等人的记载，我们不难推论出在赤德松赞时，察雅一带就有一定规模的寺庙和僧人。按照佛教教仪，给一个僧人授比丘戒，必须有十个受戒十年以上的僧人在场，才算完成授戒的仪事。所以，我们有理由说西藏前宏期时察雅一带的佛教已初具规模。我们这样推论，除了在仁达石刻题记中找到根据外，而且还可在《青史》中得到印证。作为"七觉士"之一的毗若扎那从印度学经归来后，受到吐蕃苯教徒的反对和排挤，迫使赤德松赞把他流放到康区，"佛经《秘密藏续释》是由译师毗若扎那在俄额吐杰绛钦殿中译出"，这里的"俄额"就是察雅香堆一带的古名。由此可知，当毗若扎那被流放到康区的香堆一带时，仍传经译经，使得佛教在这一带的影响日益增大，进而有了寺庙和比丘。

五是为我们研究佛教从汉地流传到藏区的情况提供了新的史料。刻于造像旁的《普贤行愿品》，按照《佛教大辞典》的解释，属于"大方广佛华严经入了不思议解脱境界普贤行原品之略名。"我们再联系造像中飞天旁的汉文题记出现的，"出老僧法藏为父母"中华严宗的创始人法藏的名字来分析，当时的西藏佛教很可能受了华严宗的影响。另外，《普贤行愿品》本身为我们研究当时的翻译水平而言也是很有价值的，因为迄今为止，在吐蕃金石铭刻中记载佛教经文的实属罕见。

六是现存吐蕃时期的铭刻碑文有十多处，而像仁达摩崖造像把藏文、汉文，以及雕刻艺术融为一体的仅此一处。这就为我们研究藏文文字和语法的演变、藏汉文书法艺术、雕刻艺术有着极为重要的价值，提供了极为难得的实物资料。

七是具体而详细地介绍了仁达摩崖造像时各个官员的职务及其分工情况。该摩崖石刻详细记载了仁达摩崖造像工程的总仆役、主领头及刻石工匠，是了解当时组织分工合作等情况的重要参考资料，为我们研究吐蕃时期的盟会制度和官制提供了很重要的史料。更值得称道的是那些从来无法登大雅之堂的石匠工匠的名称，破例地刻在仁达石刻题记中，这不能不算是仁达摩崖造像的一个重要内容和一大特点。

总之，察雅仁达摩崖造像及石刻铭文是藏东昌都一带唯一能确定为吐蕃时代的造像铭文，不仅填补了康区昌都吐蕃时期摩崖造像研究的空白，而且扩大了吐蕃时期金石铭刻的分布点，丰富了吐蕃古文字学的宝库，对于研究吐蕃时期昌都地区的政治、宗教、法律、文化及书法雕刻艺术，具有重大而深远的历史和研究意义。①

2016 年 9 月 23 日写于昌都

注 释：

① 恰白·次旦平措：《简析新发现的吐蕃摩崖石刻铭文》，《中国藏学》（藏汉）创刊号第 76 页。马林：《仁达摩崖刻石考证》，《青海民族学院学报》（社会科学版）1988 年第 1 期第 97 页。

走进露天石刻艺术博物馆——芒康多拉日追

2007年5月23日至24日，我在芒康县工作调研之际，慕名前往西藏昌都地区芒康县宗西乡考察多拉日追的石刻艺术。一个个充满灵气和艺术魅力的石刻画像，一个个显示民间艺人高超技艺的石刻艺术，深深地感染和震撼着每一个虔诚朝拜欣赏它的人。

一、多拉日追的简况

多拉日追位于芒康县的北面，离县城嘎妥镇103公里的达拉村俄多山的半山腰上，海拔约4200米。公路只能通到山麓，上山的路很陡，需要骑马或走路。多拉日追中的“多拉”是藏语的音译，意为“石头佛像”；“日追”也是藏语的音译，意为“山间修行的小地方”。由此可知，一是先有“石头佛像”，再有“多拉”这个地名的；二是“多拉”这个地方的规模不大，还不能称其为寺庙，只能称为“日追”——“山间修行的小地方”。据芒康县民族宗教局的仁青平措局长介绍，多拉日追建于1566年，属宁玛教派的尼姑寺，现有25名尼姑。

当我们骑着马，在乱石丛中沿着古人开辟的崎岖小路，艰难地向上攀登时，

芒康多拉的石刻佛像

不由对那些不畏艰险、披荆斩棘的开拓者肃然起敬。骑马大约走了 40 分钟左右，我们到达了位于俄多山半山腰的多拉日追。向我们介绍情况的是该日追的管委会主任多吉玉珍，她今年 67 岁。据她讲她 3 岁左右就在多拉日追跟姐姐一起学经。当她知道我们是专门来考察多拉石刻艺术时甚为感激，自告奋勇为我们带路介绍情况。她说，多拉日追总的地势犹如宁玛派大师莲华生结跏趺的坐势，多拉日追的石刻造像位于莲华生大师的额部，刻有六字真言的上万块玛尼石堆砌的地方是他的肚脐处。经她这么一点拨，多拉日追的地形仿佛鲜活了起来……你看，俄多山势犹如饱经沧桑的一位老人，盘脚端坐在那里，高高的山峰直插蓝天白云间，早期用于修行的简陋石板小屋就在山的顶峰处。半山腰是多拉日追的核心处，山的阳面建有较为简陋的尼姑舍，阴面是用玛尼石围成的玛尼圈，多拉日追露天的石刻艺术博物馆就位于尼姑房舍和玛尼堆的上部。整个山都是漫山遍野的片石，到处都是天然石板，可谓有着取之不尽的天然石料。

芒康多拉的石刻罗汉像

二、走进露天石刻艺术博物馆

多吉玉珍非常虔诚地先带我们参观了多拉日追的主供佛——释迦牟尼石刻像，石刻像供奉在一座有 40~50 平方米的殿堂里。像宽额螺发，双耳大而垂肩，面相扁圆，脖子短，着袒右肩袈裟，双眉呈弯月状，双目微闭，唇角微上翘，呈现出慈祥、端庄的神情，跏趺坐姿，躯体浑厚结实。这尊释迦牟尼石刻是多拉石刻艺术中体量最大的，像高约 2 米，再往上走，在一个小殿堂里供奉有金刚大势

高浮雕石刻像

至菩萨石刻。一面双臂，三只浑圆的慧眼呈三角形排列，张嘴露牙，双耳下垂至肩，戴项链、臂钏、手镯，腰围虎皮裙，右手执着金刚杵往上举，左手抬至胸间，腿右屈左伸而立。整个造像体粗结实，显示出威猛有力。左右供奉有高约30公分的释迦牟尼和莲华生大师的圆雕像。

在一座单独的露天石阁里，一块大石版上雕刻有左右面对面的两尊人物像。两尊人物都有背光和头光，游戏坐姿。左面人物面朝右面，头戴帽子，上面雕钩花瓣，竖眉大眼，双目睁视前方，鹰钩鼻，嘴微张，神态专注，饰有项圈、瓔珞、臂钏和手镯，右手上伸似乎抓着什么，左手自然下垂，一条长长的飘带从背后缠绕到手臂上。他右面的人物面朝左面，眉目清晰，鹰钩鼻，面带微笑，内着交领衣，外披袈裟，双手在胸前作法。在他身旁左右各刻有一朵盛开的花朵。以上两尊画像形象写实，生动传神，给人以丰富的想象力。在介绍这两尊画像时，多吉玉珍神秘风趣地说，这是一个一天之内可以喝100桶青稞酒的大成就者。他为了喝完100桶青稞酒，用法力定住了太阳。所以，我们称这尊画像叫“巴羌通”（意为能喝青稞酒的神）。当我准备撰写这篇文章时，也查阅到了这么一个资料：他的真名叫毗瓦巴，是印度80位大成就者之一，是大约生活在公元7、8世纪的印度人，生平事迹充满传奇色彩。其中最有影响的是他与卖酒女打赌而定住太阳的神通故事。一次，毗瓦巴走到一家酒馆，他请求卖酒女施舍他一碗酒和一碟饭，卖酒女作为施舍的条件是要他定住太阳。结果毗瓦巴施展瑜伽法术定住了太阳，从而获得了酒饭。我想，多吉玉珍说的和资料中查到的故事来源应该是一致的，说的也是同一个故事，只不过在民间的口头传承中更多地加上了后人的理解罢了。再往上走100多米，就是比较集中地供奉各类画像石刻的露天博物馆。

在高低不平的山上，用石板干垒的方式砌了一道不规则的长方形围墙，再将石刻画像供奉在砌有50公分左右的石台上斜靠在围墙旁。少数比较精致的石刻佛像，采取了一定的防雨措施，即每隔 2 米左右隔开为一阁，上面盖有石板，以防雨水直接侵袭石刻画像；多数只是简单地将石刻画像上面的石板往外伸长 3~50 公分不等，以防雨水。供奉的方式为有的在每阁内供奉一尊画像，有的供奉有两尊、三尊或多尊，多数只是简单地排列。据多吉玉珍介绍，过去有一本专门介绍多拉的《多拉神山志》，可惜我们这次没有看到。她说在室内供奉的有释迦牟尼佛、莲华生大师、金刚手菩萨，在露天供奉的有释迦牟尼、弥勒佛，以及 80 大成就者、16 罗汉、君臣 25 人等。据我初步估计，刻有画像的石板有 150 块左右，至于刻六字真言等文字的玛尼石则几千上万块，无法统计。露天石刻画像多数高约 6~70 公分，小的只有 30 公分，大的约有 1 米。每块石板绝大多数刻有一尊画像，个别石板刻有两尊，晚期的石刻作品每块石板刻有多尊画像，个别高浮雕石刻像与莲座、莲瓣是组合而成的。

十六尊者之一线刻

三、多拉石刻艺术的传说

芒康一带的传说故事很多，其中有关文成公主的传说尤为密集。我原来在昌都听说过不少，这次在芒康和多拉也听到过很多曲折动人的传说。其中一则故事是这样讲的：传说文成公主嫁到吐蕃，进藏途径芒康帮达的拉堆时，十分想念自己的家乡，为了寄托思乡之情，公主在拉堆雕刻了大日如来佛和八大随弟子石像。之后，文成公主到了宗西达拉村一带，做了神佛降临吉祥之梦，公主甚为高兴，在达拉地方设坛祭神，祈祷此地成为神域之地。从此，达拉附近的石头上自然而然地显现了众多的佛像，后来人们根据漫山遍野的石刻佛像和玛尼石，将此地起名为“多拉”，意为有石头佛像的地方。

这则传说故事的真实性很难考证，根据藏汉文史料的记载，文成公主没经过芒康，但它却道出了藏族人民对文成公主的怀念和敬仰之情则是可以肯定的。几年前，我曾对以上传说中帮达拉堆的朗巴郎增石刻艺术做过考察，其中大日如来佛和八大随弟子石像雕刻的技术和风格，尤其是衣冠、鞋和腰带等的处理明显受到了唐代汉族石刻艺术的影响。

十六尊者之一

四、多拉石刻艺术的特点

据我调查了解，在多拉一带有不少民间的石刻艺人。多拉石刻所在地附近的巴学自然村有 11 户人家，其中 7 户有 9 名石刻艺人；嘎达自然村 13 户中的 3 户人家有石刻艺人。值得关注的是这一带不仅有男性石刻艺人，而且还有女性石刻艺人。这在西藏其它地方是罕见的。

在历史上讲，从唐代的吐蕃开始，芒康一带就有雕刻佛像的传统。芒康帮达拉堆大日如来佛等的造像和盐井扎国徐的石刻艺术，就是那段历史的产物和见证。可见在芒康一带的雕刻艺术有着 1100 多年的悠久历史，而且这个历史并没有随着历史的远去而消失。多拉石刻所在地的民间艺人至今还在继续着他们祖辈延续下来的石刻艺术事业，他们从古到今，日复一年，长年累月，默默而又虔诚地雕刻着数也数不清的玛尼石，表达着自己对佛教的虔诚和理解。他们雕刻佛像和玛尼石是完全出自内心深处的自觉、自愿的行动，没有报酬、没有人赞扬；也无须报酬、无须夸奖，只要表达自己虔诚的心情就够了。于是，他们雕刻的作品冲破了宗教造像尺度的束缚，更多地在石刻作品中融入了自己的内心世界，更多地把对未来美好的憧憬倾注在每一块石刻艺术作品中，才使每一件石刻都透露着灵气和才气。我个人认为多拉石刻至少有以下四个突出的特点：

察雅县宗沙乡萨嘎日朝灵塔上镶嵌的线刻狮子图案

1. 从石刻题材讲，以历史人物为主。虽然多拉石刻艺术中有佛、菩萨、护法神、历史人物等，但从总体分析，还是以历史人物为主。无论是80大成就者和16尊者，还是君臣25人，都是古印度和西藏前宏期的著名人物，这与西藏多数石刻艺术属于藏传佛教神佛造像形成鲜明的对比。

2. 从石刻艺术种类讲，主要有五类：一是线刻手法，即用线描将佛画刻入石板的一种雕刻手法，其中以阴刻为主；二是浅浮雕手法，即刻划比较浅的，平面形象较浮凸的一种雕刻手法；三是高浮雕手法，即刻划很深的，平面形象浮凸突出的一种雕刻手法；四是浅浮雕手法与线刻手法并用的雕刻手法，这是多拉石刻最主要的雕刻手法；五是圆雕，即从四面可以观赏的立体的一种雕刻手法，圆雕只有二、三尊，数量最少。

3. 从雕刻方式讲，80大成就者和16尊者的石刻作品，下部多数刻有其简略的印刷体藏文铭文，字体苍劲有力。如一件16尊者之一的宾度罗跋罗堕像下部刻的藏文铭文内容是："在东方胜身洲，住着尊者宾度罗跋罗堕，一千位阿罗汉围着他，尊者手持经书和法钵。向尊者致敬！"。这在西藏的石刻艺术中是不多见的。

4. 从石刻艺术风格讲，一是多数石刻以写实的手法为主，如 80 大成就者和 16 尊者的面部，不少都是非常写实的，仿佛是世俗人间的真实写照；二是极为注意雕刻人物的面部表情，或悲或喜，或思或盼，传神逼真，惟妙惟肖，达到了出神入化的境地；三是特别注重人物衣纹折叠的处理，衣质厚重写实，衣纹流畅自然，表现出复杂而写实的立体感，明显受到了汉族石刻艺术的影响；四是整个石刻作品规模大，数量多，作品人物形象生动，线条流畅，很少有千篇一律和雷同的画像。充分显示了民间艺人的丰富想象力和高超的雕刻技艺。

五、多拉石刻艺术的年代

要准确地考证多拉石刻艺术的年代是比较困难的。因为到目前为止，我们尚没有在多拉石刻艺术中找到有关作为断代依据的文字，更没有在西藏史料中查到有关多拉石刻的文献资料，所以，现在只能依据多拉石刻艺术的风格和特点，结合有关史料和周边地区的石刻作品做一个大致的推论。

西藏著名藏学家东噶教授在研究 80 大成就者后认为，这些大成就者是古印度 7 世纪到 12 世纪的历史人物，尽管多拉当地的传说是依附于唐代的文成公主，但我们依据东噶教授的研究成果，多拉石刻艺术的上限基本可以定在 12 世纪。再从石刻艺术的特征和艺术风格分析，与芒康帮达拉堆大日如来的造像、盐井扎国徐的石刻，以及有明确历史年代记载的唐代察雅仁达摩崖造像比较，应该属于 12 世纪之后的推论是有历史和实物的依据。

由扎雅・诺丹西绕活佛所编著，被国外视为研究西藏艺术的必备读物和工具书之称的《西藏宗教艺术》中，列专章介绍了 16 尊者的来历沿革，作了深入浅出的研究和探讨。他认为，西藏 16 尊者的画像和塑像，最先是在 10 世纪末，喇钦贡巴绕赛的弟子鲁梅仲群到了内地后，临摹了 16 尊者的塑像，返回西藏后他把 16 尊者的唐卡画供奉在扎叶巴寺，同时带回了有关 16 尊者的经文。此后 16 尊者的像流行于西藏各寺院。他还说，在嘎木雅王统治期间，康区流行大疫，用任何办法都无法缓解禳除，最后一位信徒向 16 尊者祈愿，敬献供品，就奇迹般地康复了。康区有很多寺庙都是为供奉 16 尊者而建的。据此他认为，西藏 16 尊者是藏传佛教后宏期才开始供奉的。在昌都，相传昌都强巴林寺和类乌齐乃堂寺的选址过程都与16尊者的传说有关。1373年，宗喀巴大师离开青海家乡前往拉萨学经时路过昌都，在昌都强巴林寺寺址曾住过一夜，相传他亲眼看到了16尊者中巴沽拉的尊容，故而授记未来此地必将成为宏法之地。1444年，宗喀巴大师的亲传弟子向生·西饶松布在此创建了康区格鲁派最早最大的寺院——昌都强巴林寺。说明当时人们普遍有供奉16尊者的习俗。首都博物馆副研究员，著名藏传佛教文物鉴定家黄春和先生却认为，西藏现知最早关于16尊者记载的典籍是15世纪克什米尔学者释迦西日编著的《十六罗汉礼供》。他以现存美国洛杉矶州立博物馆、英国大英博物馆、印度巴特纳博物馆的16尊者藏品为依据，认为西藏的16尊者画出现于15世纪。这预示着多拉供奉的16尊者石刻艺术，可能不会早于15世纪。再结合多拉日追建于1566年之说，其时间大体是吻合的。

根据以上的分析和研究，结合多拉石刻艺术的特征和艺术风格，我们认为可以把多拉早期石刻艺术雕刻的年代上限定在12世纪，16尊者的雕刻年代约在15世纪前后，之后的主要石刻作品是在明末清初陆续完成的，晚期可以说至今还在延续，或许永远没有下限，因为人们还会陆陆续续雕刻新的佛像。

六、多拉石刻艺术的启示

古今中外，在人类进化的发展过程中，几乎都选择了石头作为自身加工的对

察雅县宗沙乡萨嘎日朝的灵塔群

象，石头作为人类社会文化的载体之一，以其不朽的质地成为人类进化发展的有力见证。昌都卡若遗址新石器的石器，唐代察雅仁达摩崖造像，芒康帮达拉堆大日如来佛的造像和盐井扎国徐的石刻，以及多拉日追的石刻艺术，都无一例外地记载和传达着藏族康区远古历史文明的进程。向世人昭示了“那些逝去的岁月早已沉默，却留下了会说话的石头”这一至理名言。在西藏、在昌都，诸如这类“会说话的石头”可能还不少，如果我们在西藏工作的每一个人都有意识地关心和挖掘这类作为“会说话的石头”的文化遗产，那么这对西藏文化遗产的抢救和保护，该是多么有意义的一件事啊！

随着对多拉石刻艺术研究的深入，人们会对它的历史、科学、艺术价值会加深认识和理解的。多拉日追石刻艺术深厚的文化内涵和独具一格的特色，将会进一步丰富西藏石刻艺术的内容和风格。在历史上，保护这些珍贵的石刻艺术，都是当地年老体弱的一些尼姑的自觉行动。为了更有效地保护好这笔珍贵的藏民族传统文化遗产，我们应积极主动呼吁，争取将它尽快申请为西藏自治区文物保护单位。

2007 年 6 月 6 日写于昌都

西藏昌都察雅隆荣经堂内的奇异石雕艺术

昌都地区的石刻艺术在藏区是颇有名气的，而察雅石刻艺术的历史最悠久、种类最齐全、雕刻技艺最高，因而有着西藏石刻艺术之乡的美誉。其中历史最长的是位于香堆镇旺布村仁达丹玛摩崖造像及其题记。据该处藏文铭刻记载，造像雕刻于公元 804 年，至今已有近 1200 多年的历史。主供佛为大日如来佛，左右有八大随行弟子和飞天女神，下面有吐蕃时期刻写的藏文和几十个汉文。香堆镇的向康大殿因珍藏一尊“自生”的弥勒佛而闻名全藏。在宗沙乡附近的莎嘎日追，有近百座大小各式塔，其中三座大型高僧灵塔修得精致豪华，气势雄伟，更令人赞叹不已的是镶嵌在大型塔四周的线刻图案佛像和供奉在灵塔前面的圆雕之作。除此之外，香堆吉来温泉的仙女、烟多古嘎扎乍的释迦牟尼佛、卡贡德学村的石刻、察雅香堆松曲河谷摩崖造像、察雅学贡寺石雕，以及遍布全县的玛尼堆，构成了察雅石刻艺术独特的景观。这些石刻艺术品对研究西藏的历史、藏汉文化的交流、

察雅隆荣经堂全景

茶马古道的走向、宗教传播等都具有重要的历史、艺术、科学价值。

本人早在1986年6月曾到隆荣经堂考察，完整地记录了当时看到的石雕艺术和了解到的有关情况。30年后的2016年3月，我再次利用工作之际，进一步考察隆荣经堂的石雕艺术，才促成了本文的撰写。本文重点介绍鲜为人知的隆荣经堂石雕艺术。其主供佛为十一面观世音，其余有释迦牟尼佛、大日如来佛、度母等11尊石雕像。造型以极简练的刀法，雕凿出佛像的大体轮廓，而天然巧成的石形，使躯体自然处于似与不似之间，其风格浑厚质朴。

一、石雕来源的奇异传说与功能的记载

据当地老百姓介绍，隆荣石雕佛像是从地里“自然长出”的“自生佛”。据说很久以前，当地的农民在犁地时偶然看到一块大石头，仔细一看上面有佛像，主人在惊喜之余自言自语地说：该不该挖出来？佛像突然开口说话：“隆荣日”——藏语意为“挖出来可以”。于是，农民请乡亲们帮忙，毕恭毕敬地把佛像挖了出来，之后又陆续在附近挖出10尊不同造型的佛像。后来人们将这些佛像供奉在新修的经堂内。从此，当地就起名为“隆荣”。这就是“隆荣”地名的来历。由于老百姓围绕供有石雕造像的经堂转经，不仅身体健健康康，事事顺心如意，而且年年风调雨顺，人畜兴旺。更奇异的是久久不孕的妇女到此转经竟然也能怀孕。从此，到隆荣转经的人越来越多，热闹非凡，远近闻名。不过传说归传说，事实上隆荣佛像是藏族的能工巧匠们巧妙地利用石头的自然形状，精心雕刻出来的石雕艺术品。

现有的隆荣经堂，位于察雅县王卡乡娘曲行政村的隆荣自然村。隆荣经堂为

镶嵌在隆荣经堂夯土墙内刻写说明供奉益处与功能的石板藏文

主供佛十一面千手观世音石雕

中间为大日如来佛、右面为文成公主、左面为金刚不动佛石雕

藏式四方形夯土墙筑起的两层楼平顶房，有12根柱子的面积，房顶中间建有四方形的顶盖，经堂周围有封闭的转经走廊，经堂前面有八级台阶，在正门左右两侧的夯土墙内分别镶嵌刻有藏文的两块石板，其中镶嵌在右面的石板上刻有标志十一面千手观音的梵文和藏文“咒语”，左面的石板上刻有藏文十一行字，主要记载了转绕隆荣经堂的益处与功能。现将大意翻译如下：

无数佛之智慧，显现无上教法，尊观世音最殊胜，三界有情众生向您致敬！转绕观世音之功德，佛祖云：向世尊供奉百匹马和百头象，无数河中之百两金，载满百匹牝马百辆木车，百匹骡子百辆木车，也不及转绕观世音之功德。一步迈出绕转路，不敢少于十六双。故应常绕转不懈，如果绕转满百五十圈，就等同于绕转观世音之亲身十万遍的增益，并能涤净所有的罪孽，助长所有善业。祝与此有缘的具善众生，获得无上菩提正果。

洛吉师徒所书

本石刻题记主要记述了转绕隆荣经堂石刻艺术的益处，首先，用一段佛祖释迦牟尼的话，说明佛祖对怙主观世音的崇拜与敬仰；其次，直接说明转绕怙主观世音的益处与功能，即“如果绕转满百五十圈”，将获得巨大的增益，并能涤净所有的罪孽，获得无上菩提正果。

二、奇异的石雕艺术

隆荣石雕共 11 尊造像，系采用石灰岩用人工雕凿而成。根据其风格和姿势可分为三个类型：

第一类有三尊立像：十一面千手观音，为隆荣殿堂的主供佛。通高 2.03 米、宽 1.43 米。有十一面八臂，顶部为阿弥陀佛。其下为金刚面相，左右各侧三面。造像上身赤裸，主像短颈，颈部有三道凸起石棱用以表示丰腴的肌肤。造像胸佩璎珞，下体着长裙，腰间系带赤足站立。其两手于胸前作莲花合掌，左右各有三大臂，分别执单颈莲花、弓箭、宝珠等。另在观音身后放射状雕刻无数支手臂。造像底部有榫与其下半圆形覆莲座相接。立像，有人说是度母，也有人说是文成公主。通高 0.94 米，身高 0.80 米。该造像头戴宝冠，长发披后。右手垂下抚膝，左手立掌于胸前。全身赤裸，不雕衣饰。

大日如来佛坐像

造像采用一方柱状石条以圆雕加阴线刻就而成。造像者利用石块的天然形状，使造像的躯体浓缩在方柱石上。但也正因石材所限，造像自头部至脚下宽窄相同，显得比例失调。立像通高 0.54 米，身高 0.46 米。无冠，发向后梳。面部扁平，作与愿印。两腿微分，右脚在前，左脚于后如行进状态侧向站立。上身赤裸，下着裙裾。造像采用一长靴状石块雕凿而成。造像衣褶变化大，刀法稚，造型比例失控。

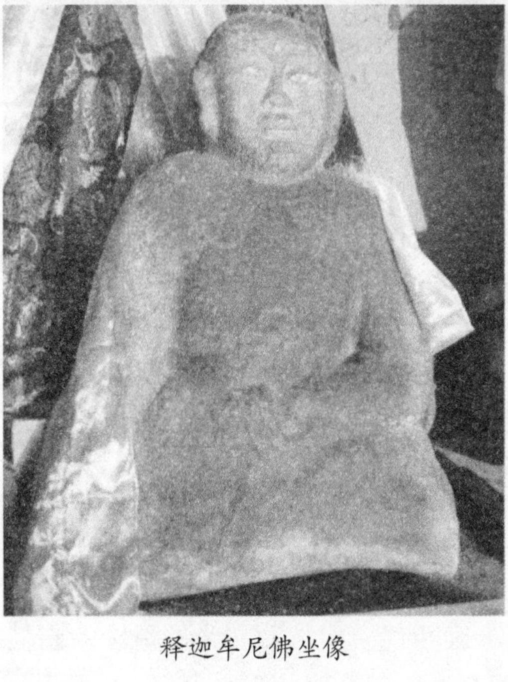
释迦牟尼佛坐像

第二类为四尊坐像：大日如来佛坐像，通高 1.31 米，身高 1.15 米。为高浮雕造像，戴仰叶莲冠，高发鬓。浓眉深目，圆脸丰腴，耳饰莲花形耳饰，有颈圈，璎珞垂腰，双手叠抱腰间作法界定印。有臂钏、镯。结跏趺坐，坐姿端庄，面相恬静略含微笑，较为传神。释迦牟尼佛坐像，为高浮雕造像，通高 0.77 米，头高 0.23 米。无冠、圆脸、直鼻方唇，长垂耳，短颈。颈部有三道凸起的石棱，自左肩而右肋下斜披短巾，造像左手于腰间仰掌作托物状，右手垂下抚膝。造型浑厚质朴，可见右腿曲膝盘坐。金刚不动佛半像，通高 0.68 米、头高 0.28 米。戴“山”字阔叶仰莲冠，脸呈方形，厚唇紧闭，短颈耸肩，颈部亦有二道凸起的石棱。右手下垂作抚按状，左手于腰前抚物。赤裸不着衣饰。造像神貌柔和，五官线条流畅分明，但躯体运刀则显得有些呆滞，腰以下部体未能凿出。绿度母坐像，通高 0.64 米，头高 0.19 米。戴宝冠、双目炯炯，眼角上挑，面部较其他造像显得丰满圆润，五官也更准确。双耳有环，右手下垂，掌心向内，左手于腰前立掌。赤裸，乳部明显，结游戏坐。该造像圆雕刀法较其他造像略为娴熟，比例也掌握的较好。

绿度母坐像石雕

第三类为四尊画龙点睛式的造像：通高 0.59 米，头高 0.10 米。头戴尖帽，面型瘦长，浓眉深目，唇紧闭，头向右上仰视。此尊造像仿佛一武士正从其隐蔽躯体的一方巨石后探出头来。通高 1.70 米，头高 0.26 米，戴高宝冠，长发披肩，脸型稍长，双目圆睁。头部以下与自然的石头融为一体。宝帐怙主造像，通高 1.07 米，头高 0.18 米，面呈方形，额正中有一目。直鼻阔嘴，利牙露出，面相凶猛。黄布禄金刚造像，通高 0.67 米，头高 0.23 米。头戴尖帽，浓眉略弯，深目高鼻，厚唇紧闭，较为丰腴。下半身与自然的石头融为一体，未作雕琢。

三、隆荣石雕艺术的价值

1. 关于隆荣石雕的具体雕刻年代，很难准确断代。但从藏文《圣地隆荣自然生成志》的记载和石雕造型与风格分析，大致可以断代在 12 世纪前后。其依据：一是文中多次提到莲花生大师和吐蕃赤松德赞妃子喀卓益西措杰的名字，所以年代上限不可能早于公元 8 世纪；二是《圣地隆荣自然生成志》的文字，是按照藏族“伏藏”文字的形式书写的，藏族学者大都认为“伏藏”是在公元 11~13 世纪前后发现的；三是根据石雕的造型和雕刻的风格分析，早期雕刻印迹早已被数百年的岁月所侵蚀，大致可以推断在 12 世纪前后是有历史依据的。

完全利用石头的自然形状，略做画龙点睛式的加工而成的石雕艺术

2. 隆荣石雕绝大部分巧妙利用了石块的天然形状，以极简练的刀法雕凿出佛像的面部，而天然巧成的石形，使躯体自然处于似与不似之间，正所谓“笔未至而神韵至”。加之，由于长年累月地供奉，早已失去了人工凿迹，以至于虔诚的信教群众相信是“自然生长”出来的，更是膜拜顶礼，深信不疑。

3. 隆荣石雕造像技法稚拙，造型比例欠准，但由于更多注入了民间艺人的丰富想象力，故其风格和手法摆脱了传统造像度量的束缚，不仅与察雅昌都一带的风格不同，而且与西藏各地的造像风格也有异，民间艺人发挥自己想象力的色彩很浓。

笔者校对镶嵌在隆荣经堂左面石板上刻写的藏文

4. 隆荣经堂外的石板上刻写说明其供奉的益处与功能的传统，应该说继承了雕刻于公元804年察雅仁达摩崖造像的传统。在察雅的卡贡千手千眼观世音石刻、宗沙乡莎嘎日追的藏文石碑、以及叶贡寺等，都有刻写说明其供奉的益处与功能的藏文题记，说明一脉相承地继承了察雅仁达摩崖造像刻写题记的传统。这在石刻题记的形式上有一定的历史研究价值。

2016年4月5日写于昌都

第五辑

建筑文化篇

昌都建筑发展小史

昌都地区位于西藏自治区的东部，属于藏族传统地域划分中的康区。由于昌都地区处在横断山脉、三江流域复杂的地形和多变的气候条件中，加之地域文化的差异，使得昌都建筑的地方特色别具一格，成为藏族建筑艺术中一道亮丽的风景线。研究和探讨昌都建筑艺术的发展，有助于丰富和发展对藏族建筑艺术的认识。为了对康区昌都建筑有较为全面的了解，我们根据昌都地区现有建筑艺术的遗存，试图勾勒出康区昌都建筑艺术发展的基本轮廓。

一、史前时期昌都民居的形态

在西藏乃至整个藏区，如果要探讨远古藏族建筑的话，唯有昌都民居是真正建立在科学考古发掘的基础之上的。因而，追溯远古民居，昌都地区具有得天独厚的条件。

卡若遗址位于昌都城东南 12 公里处的卡若村，遗址面积约 1 万平方米，已

贡觉县三岩一带的古碉楼建筑，完全是为了防御与部落间争斗的需要

发掘1800平方米。卡若遗址的发现和发掘，不仅使我们对西藏先民的社会和文化面貌有了比较具体的了解，而且出土的大量建筑遗存也为研究昌都地区，乃至藏族地区建筑技术的演变和发展提供了极为宝贵的实物资料。卡若遗址中的建筑遗存十分密集，有房屋、烧灶、圆形台面、道路、石墙、石围墙、灰坑等。考古工作者根据遗址内地层的叠压关系和出土物形制，将房屋遗存分为早、晚两期，早期又分为前后两段，其延续时间约1000年。早期房屋的主要特征为：房屋建筑材料有红烧土建筑遗迹，房屋面积不等，一般在20平方米左右；房屋造型有圜底、草拌泥墙半地穴式及地面建筑三种；平面形状有方形、圆形两种，还发现双室房屋。晚期特征为：建筑材料普遍采用以砾石为主的天然石块；建筑种类有房屋、墙、道路、石围圈、圆石台等；房屋形状有方形或长方形，面积为30平方米左右；房屋居住面内的柱洞多经过细致修整，可能出现了楼房。

卡若遗址共发现房屋遗址28座，分半地穴和地面建筑。半地穴式又分三种，圜底、平底、石墙房屋，这三种形式建筑的共同特点是：其面积在25平方米左右，房屋中央有灶，居住面都做了一定的平整和加工。地面房屋有方形或长方形，面积为20 ~ 30平方米，最大的一座双室房屋近70平方米。居住面一般为草拌泥烧烤形成的红烧土，有的在红烧土下垫一、二层圆木及土、小石子、红烧土碎块等。烧灶一般为浅盘状，位于房屋中央，均用石板或红烧土围成的灶池或用小石块在居住面上嵌成圆圈状的灶。房屋进门处有一块踏脚石，墙壁可能是木骨泥墙。为加大承受力，在墙角处有2 ~ 4根为一组的木柱，室内有若干柱撑房顶[①②]。位于昌都城北5公里处的小恩达，也属于新石器时代遗址，距今约3700年。该遗址中也发现了房屋遗址，房基周围有明基，墙壁以柱为骨，编缀枝条，内外涂草拌泥而成木胎泥墙，居住面中央有灶坑[③]。这些特征基本与卡若房屋遗址相似，说明卡若遗址是当时藏东具有代表性的一种文化遗址。

以上是考古工作者根据出土遗迹和遗物，为我们勾勒的四五千年前昌都民居的房屋类型。从中可以了解昌都建筑的基本形态和沿革过程。卡若先民经过长期实践摸索出来的房屋建造方法，时至今日仍影响着昌都民居：

（1）从平面布局上讲，卡若先民已有正方形、长方形、矩形、圆形等建筑。

注 释：

① 西藏自治区文物管理委员会、四川大学历史系合编：《昌都卡若》，第13页，文物出版社，1985年第一版。

② 江道元：《西藏卡若文化的居住建筑初探》，《西藏研究》1982年第3期。

③ 西藏文物管理委员会文物普查队：《西藏小恩达新石器时代遗址试掘简报》，《考古与文物》，1990年第1期。

其中，现今昌都建筑中除圆形建筑很少见到外，其余正方形、长方形、矩形，仍是现今昌都平面建筑的基本格式。

（2）从结构上讲，卡若遗址中期出现的擎檐柱和房壁四周为长板的结构，至今也是昌都建筑的基本结构。小恩达发现的墙壁以柱为骨，编缀枝条，内外涂草拌泥而成木胎泥墙的建造法，现今在农牧区仍时常能看到。只不过原本作为外墙的木胎泥墙，现退居到室内间隔的内墙用。

（3）卡若和小恩达遗址所使用的地面建筑中，用天然石垒墙的建造法，是昌都乃至整个藏族传统碉房的前身。

（4）局部细节的延续，一是居住面中部设有灶坑的布局，至今在农牧区不少地方保留了下来；二是用扁平卵石作柱基的做法，在昌都还普遍沿用；三是房屋的地平线低于地面的形式在新中国建立前的房屋中延续；四是卡若建筑遗址中进门处垫一块踏脚石的习俗，在昌都民居中时常能看到。

从昌都卡若和小恩达发掘的遗存看，当时的房屋无论在平面布局、结构形式，还是在柱洞基础、墙身砌垒、地坪防潮等营造技术方面，都已经达到了较高的水平。有些建造方法不仅影响着昌都，而且深深影响着藏族建筑的基本样式。

二、吐蕃时期的昌都建筑

公元7世纪，吐蕃赞普松赞干布先后征服了羊同和苏毗部，在西藏建立了统一的奴隶制政权——吐蕃王朝。他先后从大唐和尼泊尔迎娶了文成公主和赤尊公主，他制定法律，倡导开荒，创制文字，崇信佛教，使吐蕃的政治、经济、文化都有了空前的发展。从西藏建筑发展史上讲，吐蕃时期是具有里程碑式的建筑艺术的发展时期。西藏建筑史上的经典之作，如布达拉宫、大昭寺、桑耶寺都是那时的代表作，至今仍闪烁着藏族人民智慧的光芒。而在昌都地区，这时几乎没有建成影响很大的建筑，这与卫藏地区形成了鲜明的对比。

任何建筑艺术的发展，都依赖于一定的经济基础和稳定的社会环境。昌都地区在吐蕃时期之所以没有形成建筑艺术的高潮，与当时昌都地区的政治、经济、文化的发展程度大有关系。吐蕃王朝建立前，昌都一带是苏毗国、附国和东女国的一部分。据汉文史书记载，昌都一带有大小八十余城[①]。其房屋“垒石为巢而居，

注 释：

① 陈燮章、索文清、陈乃文编：《藏族史料集》（一），第510页，四川民族出版社，1993年版。

以避其患，其巢高至十余丈”[①]。一般民众所住为上下六层。而女王所居则有九层[②]。表明了昌都一带高超的建筑水平。后来，松赞干布拓疆扩土时，把昌都一带归其治下，且作为吐蕃向东武力扩张时的后方基地，进而加重了昌都人民的经济负担。社会动荡不宁，经济发展迟缓，以及沉重的剥削和压迫，是造成昌都一带没有留下影响很大的建筑艺术的主要原因。

错落有致的芒康民居

吐蕃王朝时期，佛教先后从印度和唐朝传入西藏。由于赞普的提倡，更由于佛教普度众生的教义适应了当时苦难中的藏族人民的精神需要，给予了精神上的慰藉，致使佛教逐渐在西藏扎下根来。在佛教传入的同时，佛教建筑艺术也传到了昌都一带。据笔者调查，在昌都地区贡觉县的通夏寺，原有一座造型独特的三层殿堂，当地称之为“玛堆殿”，意为红色殿堂。第一层为藏式，第二层为印度式，第三层为汉式建筑，屋顶为单檐歇山式，盖有琉璃瓦。据当地人介绍，相传这就是当年文成公主为镇压女魔四肢关节而修建的镇女魔左掌心寺。对此是否属实，

注 释：

① 陈燮章、索文清、陈乃文编：《藏族史料集》（一），第 10 页，四川民族出版社，1993 年版。

② 陈燮章、索文清、陈乃文编：《藏族史料集》（一），第 511 页，四川民族出版社，1993 年版。

我们一时还无法证实，但至迟在后弘时期，当地有一座造型独特，盖有琉璃瓦的殿堂是可以肯定的。

公元 8 世纪中叶，在赞普赤松德赞时期，建立了西藏历史上第一座正规的寺院桑耶寺。当时“七觉士”之一的毗卢遮那被流放到康区。据《青史》记载，尼峨生格所著《秘密藏续释》是由译师毗卢遮那在窝额吐杰降钦寺中译出的。[①]“窝额”即今昌都察雅的古地名。[②]吐杰降钦寺是指察雅的香堆殿堂。该殿建在香堆平坝的正中央，坐西向东，藏式二层平顶楼。主殿内供奉有传之为自生的弥勒佛。主殿面宽 7 间，进深 5 间，中央由两根长柱托起天窗，以便采光、透气。这是藏族早期典型的回形走廊式的殿堂，主殿前面的经堂是 1658 年扩建而成的。

察雅仁达摩崖造像勒刻于 804 年，是有确切年代的藏区重要造像。以其造像下面的铭文中“安居总执事为窝额比丘郎却热、色桑布贝”[③]的记载来推论，当时不仅有僧侣，而且也形成了较大规模的寺院建筑。在热巴巾时期还对香堆的殿堂进行过维修。[④]

需要指出的是，在吐蕃时期，昌都一带与内地的政治、经济、文化的交流较为密切。在汉文史料《北史》《隋书》中有女国和附国朝贡的零星记载。尤其在察雅仁达摩崖造像的汉藏文铭文中，明确记载汉族工匠直接参与了仁达造像的凿刻工程，详细记载了勒刻摩崖造像时的总仆役、主领头及石刻工匠的名字，这是了解当时石刻工程规模和组织情况的最珍贵的重要资料。大约同时期的石刻还有芒康帮达的朗巴郎则殿堂，内供有传之为金城公主进藏时勒刻的大日如来像，该殿坐东向西，面阔 5 间，进深 4 间，主供大日如来佛，通高 4.23 米，两侧有八大弟子，均为游戏坐于莲座上。石雕像多为高发髻，饰长袍，着长靴，具有唐朝造像的风格。在芒康盐井扎国徐也有传之为松赞干布、文成公主、赤尊公主及大臣噶尔·东赞域宋的石雕像。这些遗存直接或间接证明了昌都的建筑艺术受到了汉地的影响。

吐蕃时期的昌都建筑艺术虽有了较大的发展，但留下的建筑遗存极少，较确切而有所指的建筑只有察雅香堆殿堂而已，其余均在后弘期维修和扩建过。在此

注 释：

① 廓诺·迅鲁伯著，郭和卿译：《青史》，第 72 页，西藏人民出版社，1985 年版。

② 土呷：《昌都地区察雅地名小考》，《西藏科技报》，1989 年 12 月 1 日。

③ 李光文、杨松、格勒主编：《西藏昌都——历史·传统·现代化》，第 41 页，重庆出版社，2000 年版。

④ 第吾贤者：《第吾教法史》（藏文），第 136 页，西藏人民出版社，1987 年版。

时期，昌都一带的文化艺术，包括建筑艺术受到了内地汉族文化的影响也是可以肯定的。

三、藏传佛教后弘期昌都建筑的第一次高峰

公元9世纪，吐蕃内部的阶级矛盾日益激烈，境内连年灾荒，社会动荡不安，加之平民和奴隶发动了大规模的起义，沉重地打击了奴隶主阶级的统治，吐蕃王朝从此崩溃瓦解。

在藏文佛教典籍中，把吐蕃王朝时期的佛教称为前弘期，把公元10世纪以后经上路弘扬和下路弘扬，重新兴起的佛教发展时期称为后弘期。在后弘期内，因传承、典籍及对教义理解不同而使得佛教教派林立，各教派在相互斗争与融合中，最终形成独具特色的藏传佛教。藏传佛教在不同时期内，对藏族的物质文化和精神文化的发展，都产生了重大而深远的影响。尤其在建筑艺术上的影响更为深刻。由此，掀起了昌都建筑的第一次高峰。

嘎玛寺建筑边的早期木雕狮子像

嘎玛寺独特的飞檐

在这里，除了佛教艺术带动昌都建筑艺术的发展外，从社会内部讲，还有两个深层次的重要原因：一是西藏逐渐形成了政教合一的封建农奴制度，这个制度比起以前的奴隶制社会，无疑是社会的一个进步；二是在元朝时，包括昌都地区在内的整个西藏正式纳入了中央政府的行政管辖之下，结束了西藏地方长达300多年的分裂活动状态，使西藏人民获得休养生息的机会和恢复发展生产的条件。正是这两方面的合力作用，促成了昌都建筑艺术第一个高峰的形成，不少寺院不仅成为佛教中心，而且也成为政治、经济、文化中心，寺院建筑呈现出雄伟、宏大、庄严的风格。

昌都地区的政教首领这时也极为活跃，纷纷外出活动，以便加强与周边地区的政治、经济、文化的联系。出生于昌都江达县的噶玛拔希成为第二世噶玛巴活佛后，更是有力地促进了萨班和八思巴奠定的西藏归附于元朝的历史进程。噶玛巴希在内地长达十多年的传教活动[①]，使他大开眼界，了解了中华民族博大精深的文化，所有这些为他在昌都兴建嘎玛寺奠定了思想基础。

嘎玛寺位于昌都县扎曲河上游约120公里的白西山麓，该寺所在地山清水

注 释：

① 李光文、杨松、格勒主编：《西藏昌都——历史·传统·现代化》，第53页，重庆出版社，2000年版。

秀，林木葱郁，是理想的兴建寺院的地方，由堆松钦巴于公元1185年奠基创建。1229年，噶玛拔希第一次到嘎玛寺时，虽有扩建嘎玛寺大殿的愿望，终因物力财力所限，未能如愿。1264年，当噶玛拔希第二次到嘎玛寺时，由于蒙古汗王赏赐给他大量财物，使他有能力兴建康区首屈一指的大佛殿，在他的主持和规划下，邀请内地汉族和纳西族工匠，以及尼泊尔工匠，共同兴建了康区后弘期的代表性建筑嘎玛寺大佛殿。

嘎玛寺由大殿、护法神殿、灵塔殿、讲经场、僧舍等组成，而其中的主体建筑为大殿。大殿分别由大经堂和大佛殿有机地组成，整个大殿前半部分为大经堂，高二层，为土、石、木结构的藏式平顶建筑；后半部分为大佛殿，高三层，下部为土石结构，上半部为汉式单檐歇山式琉璃瓦顶；而其屋檐又是藏、汉、纳西三个民族工匠独具匠心的合璧之作。

嘎玛寺大殿坐东朝西，前廊由4根方柱组成，廊壁绘有四大天王像。经堂大门开在前廊正中，面阔31米，进深26米。经堂内共有56根方柱，其中12根方形柱高擎起天窗，改善了室内光线。经堂四壁绘有以释迦牟尼传为主要题材的彩色壁画，这些壁画是典型的嘎雪噶志画派的作品，壁画线条淋漓酣畅，人物勾勒

2001年12月，位于昌都古城中心的“昌庆街”获得国家建设部颁发的“中国人居环境范例奖”

比例准确而生动传神，色彩鲜丽而又不失庄严，而其中对花卉鸟兽的画法可以明显看出受了内地工笔画的影响，这些生动传神的壁画与殿内五彩的柱饰相映生辉，构成了藏东建筑最有特点的景致。大经堂后部为大佛殿，大佛殿的建筑是嘎玛寺建筑的精华所在，不仅代表着当时昌都建筑艺术的最高水平，而且在藏传佛教建筑艺术史上有很高的地位。大佛殿建筑外墙的第二层上端四角，各饰一头木雕狮子，其雕刻细腻，神态威猛，呼之欲出。大佛殿设有三座殿堂，殿堂上部面向经堂一侧开有亮窗，用以采光。三座殿堂各自相对独立，门均开在大经堂内，中间为释迦牟尼殿，原供有尼泊尔工匠铸造的释迦牟尼铜像，右侧佛殿为喇嘛拉康，原主供嘎玛噶举派第一活佛都松钦巴铜像，以及历代黑帽系活佛塑像，左侧佛殿为强巴佛殿，主供有噶玛拔希所建的弥勒佛，高 17 米，是昌都地区泥塑中最高的塑像。佛左右分侍为文殊和观音菩萨，弥勒佛通体鎏金，结跏趺坐于须弥座上，佛慈祥端和，雍容大度，二胁侍菩萨神态娴雅，婀娜多姿。该殿内所绘的噶举派祖师及黑、红帽系的壁画属早期作品，有着很高的艺术价值。大佛殿最突出的是其屋檐和屋顶建筑。屋檐系藏、汉、纳西族风格的斗拱承托，屋檐正中一排是由藏族工匠设计建造的狮爪形飞檐；左边为汉族工匠设计建造的龙须形飞檐；右边为纳西族工匠设计建造的象鼻形飞檐。飞檐上面为汉式单檐歇山式，盖有琉璃瓦，屋顶中间饰一藏族传统的表示吉祥的铜质镀金宝幢。以上屋檐既有藏、汉、纳西三个民族的鲜明特征，而又非常和谐地统一于汉式歇山式的屋顶下面。二层楼围绕大佛殿建有一条宽宽的回形走廊，当地称之为“皇帝走廊”。尽管没有一个皇帝到过嘎玛寺，但也表达了对内地皇帝的敬重及企盼内地皇帝莅临嘎玛寺的愿望，这也是难能可贵的。在大经堂二层正前方的屋顶中间饰有铜质法轮，两侧原为一对铜质孔雀。据说这种装饰在藏区仅有萨迦寺和德格印经院才有资格装饰。

嘎玛寺的建筑由低而高，鳞次栉毗，错落有致，重点突出，和谐统一，有着很高的艺术价值。该寺的壁画和唐卡画，系西藏三大画派之一“嘎雪噶志”发源地的代表作，堪称藏东第一画廊。就嘎玛寺的建筑、壁画、唐卡画、雕塑等艺术所取得的成就，它当之无愧地成为昌都地区的代表性建筑和宗教文化的宝库，有着很高的历史、艺术、科学价值。

与嘎玛寺建筑艺术相媲美的是类乌齐的查杰玛大殿。该殿属于达垅噶举的主寺之一。大殿建于公元1320年，历时6年完成。[①]为了把大殿建得雄伟壮观，高僧吾金贡布不惜重金，特意从尼泊尔和内地聘请工匠，参与大殿的设计和建造。其寺之大殿高至三层，金瓦宝顶，辉煌夺目。僧舍数百间，外筑土墙，形如城郭，为高原放牧地方一雄寺也[②]。

查杰玛大殿平面呈四方形，边长53米，殿内柱子林立，共耸立着180根柱子，其中64根高约15米，粗约两人才能合拢的巨柱，在殿中托起天窗，使得原本封闭的大殿，透漏出明亮的光线，较好地解决了通风和采光的问题。整个大殿高三层，层层收拢，层层升高，并向屋顶中心集中，可能是根据藏传佛教对宇宙结构理解的想象来安排的。屋顶正中竖立着巨型铜质镀金的宝瑞，宝瑞由莲花和塔形宝瓶构成。查杰玛大殿的第一层为厚约1.6米的夯土墙，高约13米，外墙涂红、白、黑三色竖形条纹，每道竖条宽一米有余；第二层为石块砌筑而成的石墙，外墙涂红色；第三层为柳枝编成的木胎泥墙的墙体，外墙涂白色。从远处看，由于外墙呈上白、中红、下花，色彩对比强烈，故称之为查杰玛——意为条花殿。在查杰玛大殿中除令人称道的该殿的雄伟气势、造型大方外，重要的一点还在于新颖别致、风格鲜明、层次丰富的屋檐装饰。在外墙第一层屋顶的上方向四周挑出近两米的屋檐，第一层的屋檐从下到上依次由五部分构成。第一层为方木檩子，上面画有黑底白色圆圈的花纹图案；第二层在檩子上竖有下细上粗束腰的海螺形雕柱，以栏杆式方式排列，上面再放一块檩子作为固定板；第三层从里往外伸出第一层屋面的大梁，在大梁上放有方木雀替；第四层为大梁与大梁之间的空隙处，穿插有木条加工的菱形吉祥结，上面又放有二层方木将其固定；第五层为上下又是一层画有黑底白圆的花纹，中间为藏族传统棕红色的宽宽的“边玛”墙饰，墙体四周分别安嵌有雕刻精美的铜质装饰物。上面再盖石板，以挡雨水。这种独具匠心、新颖大方的屋檐装饰，与查杰玛高大宽厚的墙体和谐统一，更衬托出该寺的雄伟气势。该殿第二层的屋顶再次往里收拢，屋檐由丰富多样的汉式斗拱层层托起，上面盖有琉璃瓦。该殿第三层在升高的同时，再次往里收拢。用斗拱托起四角攒顶型的屋顶。屋脊顶端覆盖鎏金铜瓦，庭边的瓦当雕有宝塔和梵字，戗脊四角饰以套兽等图案。殿内佛像体形巨大，数量众多，色彩艳丽。其唐卡画技高超，年

注 释：

① 达隆·阿旺曲杰：《达隆教史》（藏文），第625页，西藏藏文古籍出版社，1982年版。

② 刘赞廷编：《丁青县图志》，民族文化宫图书复制，1962年版。

代久远，风格独特。而悬挂的金缎梵幢和织锦宝幡，更是衬托出了经堂庄严、肃穆的气氛。

从远处望去，查杰玛大殿在青水碧绿的纳依塘平坝上巍然屹立。整个大殿雄伟壮观，层次分明，建筑形式为大手笔；结构严谨，建筑与屋饰交相辉映，给人以沉稳、庄严、神圣之感。就单体建筑的面积和规模，尤其是第一层高约 15 米的空间，查杰玛殿堪称西藏第一大殿。

除以上两座后弘期代表性建筑外，还有建于 1167 年的学寺，该寺是玛仓噶举的祖寺。现虽为一片废墟，但从遗存的断墙残壁和满地古朴而又精美的瓦当瓦片中，不难想象当年的规模和盛况。另外，江达的瓦拉寺、察雅的勒寺、昌都的向达寺、丁青的孜珠寺、边坝寺，以及昌都生格宗的城堡遗址等，都是当时建筑中的佼佼者。

芒康县民居大都就地取材，用夯土筑成，冬暖夏凉是其特点

佛教后弘期，建筑艺术高峰的形成与这时期昌都僧俗首领豁达和开放的心态是分不开的。嘎玛寺和查杰玛大殿等建筑，之所以取得那么高的建筑艺术成就，就在于当时的宗教首领敢于打破门第观念，大胆引进技术和人才，不惜重金聘请汉族、纳西族，以及尼泊尔等地的工匠。由此给我们以启示，任何一座不朽的建筑，都是在继承传统优秀文化的基础上，汲取其他民族的精华，兼收并蓄、勇于实践而取得的。

四、明末清初昌都建筑的第二次高峰

明末清初，从西藏地方政局来讲，是一个政权频繁更迭的动荡时期。出生于青海的宗喀巴针对藏传佛教的弊端，对当时的宗教进行了改革，创立了格鲁派。明末，蒙古汗王的势力进入西藏，并与格鲁派宗教势力结合，加上清政府有意扶持格鲁派，以抚绥蒙藏地区。因此，格鲁派势力迅速膨胀，不仅在明末清初影响很大，而且对后世也产生了深远的影响。格鲁派虽然形成的最晚，但它后来者居上，最终成为藏族社会中占绝对优势的一个教派。

自宗喀巴于 1409 年创建甘丹寺后，格鲁派逐渐形成为一个依附于当地政权的寺院集团，随着格鲁派寺院集团的兴起，大规模兴建寺院之风开始在青藏高原刮起。由于有当地贵族和头人的支持，这时的寺院呈现出雄伟庄严、富丽堂皇的特点。随之迎来了昌都建筑艺术的第二次高峰。

宗喀巴亲传弟子向生·西饶松布是奉贾曹杰之命到康区传播格鲁派的第一人。他于 1444 年创建了昌都强巴林寺。[①] 这是格鲁派在康区创建的第一座寺院，标志着格鲁派在昌都地区的发展走上了一个新的阶段。昌都强巴林寺建在扎曲河与昂曲河两水汇合间的昌都第四台地的龙山上。寺院高居其上，占地面积约 500 亩，有 9 大扎仓，4 处活佛官邸，大小经堂 20 多座，一座印经院，两个辩经场，众多的僧舍以及八菩提塔等建筑群。

该寺建筑除印经院是由板筑夯土墙体外，其余均为石块砌墙，系石木、土木结构的藏式密梁平顶建筑。寺院的主体建筑为坐西朝东的大殿堂。殿堂前半部分为高二层的藏式平顶大经堂，为全寺僧众集会念经的地方；殿堂后半部分为佛殿，高三层，屋顶为汉式歇山式金顶建筑。为了体现出雄伟的气势，突出大殿堂的地位，设计者专门将地坪升高两米左右，设有九级长长的石砌台阶。整个大殿堂由岩石块砌墙，有明显的收分，顶有女儿墙，大经堂墙体上方有一层“边玛”墙饰。前门屋顶上方为铜质镀金的双鹿听法，四边竖有铜质镀金的宝幢、宝幡。大经堂后面的大佛殿顶墙上饰两层“边玛”墙，墙上分别饰有铜质镀金的“八宝”和梵文图案等装饰物。大佛殿上部升起的歇山式金顶，更加突出了该殿的崇高地位。大殿堂门廊柱为楞八式柱 4 根，前廊开 11 进 2，四廊壁画有四大天王和昌都寺护法神等。大经堂共有明柱 100 根，呈正方形，四周全为封闭式，殿内的光线是通

注 释：

① 桑吉松布：《向生·西饶松布传》，藏文木刻版。

过殿中央16根直通二层长柱托起的天窗来取得的。方柱下大上小，显得稳重坚固。柱头和梁上雕有云纹、卷草、莲花、兽图、梵文等图案，装饰得极为华丽。在经堂最里面的一排塑有昌都强巴林寺9大扎仓的9尊密宗像，中间有高1.5米左右的帕巴拉宝座。经堂后面的大佛殿开8进3，直升二层，托起天窗。殿正中供奉有一尊极为精致的释迦牟尼鎏金像，跏趺坐于双狮须弥座上。在殿内壁还塑有数米高的释迦牟尼、宗喀巴师徒三人、向生·西饶松布，以及昌都强巴林寺的第一大活佛帕巴拉、第二大活佛谢瓦拉、第三大活佛甲热、第四大活佛贡多等的塑像。这些塑像工艺精细、比例准确、色彩艳丽，显示出很高的雕塑技艺。大经堂二层前面为高僧住房和讲经堂，大佛殿上部为高僧卧室，大佛殿屋顶为斗拱托起的金顶，说明受了汉族建筑的影响。大殿堂南面为5层楼高的昌都强巴林寺帕巴拉活佛的官邸。殿前面为高三层的昌都寺护法神殿，北面为策尼扎仓的大经堂，殿后为树木茂盛、风景雅致、地面铺有卵石的辩经场。这种布局有利于僧众在大经堂念完经后，就近在辩经场辩经。大经堂与护法神殿之间是一个矩形的广场，是昌都强巴林寺跳神和举行重要活动的场地。需要说明的是，乾隆五十六年（1791年），帕巴拉活佛专门为乾隆帝八旬大寿修有一座庙宇。乾隆帝为此书赐“祝釐寺”庙名。[①] 据说这个庙宇是汉藏风格的建筑，惜在清末民初的大火中烧毁。

昌都强巴林寺是藏族建筑类型中典型的平川式建筑布局。它没有汉族建筑的中轴线，但整个建筑以大经堂为中心布局，建筑巍峨庄严，殿宇层叠，殿内雕梁画栋，金碧辉煌，代表了明末清初昌都寺院建筑的最高水平。

昌都县德邓寺，为宁玛派寺庙。由德邓曲吉林巴于1647年创建，全寺建筑由大殿、印经院、护法神殿、活佛拉章、僧舍等组成。大殿为全寺的主体建筑，由前廊、经堂、佛殿三部分组成。形成前廊地坪、经堂地坪、佛殿地坪，由外向里，逐步升高的格局，充分显示了佛殿的庄严和神圣地位，整个大殿建筑系土木结构，藏式平顶，三层之上架起平顶梁架，上冠以汉式歇山式金顶。金顶垂脊末端套有摩羯鱼头，顶脊饰三宝瓶。整体建筑融汉藏建筑风格为一体，显示出该殿是全寺宗教事务的中心。大殿前廊有4柱，廊壁彩绘四大天王，经堂内28柱，6长柱直通二层，升起中央高敞的天窗。殿内四壁施以红彩，边饰白色，装饰典雅大方。两侧靠墙放置有高大的经书架。经堂后面为灵塔殿，主供曲吉林巴鎏金灵塔。

注 释：

① 张其勤著，吴丰培增辑：《清代藏事辑要》，第404页，西藏人民出版社，1983年版。

二楼右侧为两间房面积的莲花生殿，左侧为度母殿。二楼后部为3间房面积的护法神殿，三层设有佛殿。印经院在大殿东约50米处，高二层，土木结构，汉式歇山顶，殿门朝南，藏有3万块经版。[①]德邓寺的建筑在宁玛派寺庙中具有代表性。八宿同卡寺，1473年由洛巴·江村生格奠基。寺院主体建筑为大经堂觉拉康殿和格龙扎仓。觉拉康殿门朝南，高三层。前廊无柱，拉康殿为6柱面积。格龙扎仓门向南，高两层，经堂内置36柱，其中两根长柱托起天窗。殿内主供宗喀巴大师及该寺创建人洛巴·江村生格像，还供有三座达察活佛的肉身灵塔。该寺早期建筑保存良好，有较高的研究价值。离寺不远处，建有泽培波公切塔。塔呈四方形，底宽36米，高约25米。从外形看，塔为六层，内部实际只有三层经堂可绕塔观赏，每层经堂内供有大小各类佛像。该塔稳重挺拔、气势雄伟，造型独特，是昌都境内最高的古塔之一。[②]芒康沃色寺，由贡钦·江水崩于1418年创建。大殿门向南，高三层，前廊4柱，经堂开7进8，主供宗喀巴师徒三人像。大殿前面有较宽敞的广场，其余建筑围绕着大殿布局。洛隆硕般督寺，占地面积5万平方米。主要建筑由大殿、护法神殿、确热拉康、次尼拉康、扎贡拉章等组成。大殿门向南，高三层，底层分前廊、经堂、佛殿。经堂开9进8，中央供一座药师佛坛城。佛殿开9进3，供奉有弥勒佛。二、三层各设三佛殿。整个建筑皆系土石结构的藏式平顶风格。佛殿主体建筑保存尚好，大殿壁画技艺高超。该寺三面有宽厚的院墙，险要地方有防御外敌的岗楼炮台。这种岗楼炮台的形式在昌都很少见。左贡田妥扎西曲林寺，建于14世纪。该寺占地5000平方米。新旧两座大殿均系土石结构，前廊和经堂部分为传统藏式平顶建筑，后佛殿升起歇山式金顶。旧大殿门向东南，高三层，前廊4柱，经堂开5进5，其中两根长柱托起天窗，主供宗喀巴等像。壁绘释迦牟尼传记图。佛殿有4柱，主供释迦牟尼佛。第二层设有护法神殿。边坝德登寺，建于明代。该寺早期有佛殿5座，拉章一座，僧舍两间，筑有高大的围墙，总面积达5.4万平方米。寺中最早的建筑为拉贡拉康，门向东，高四层，土石结构，建筑前部为藏式平顶风格，后部佛殿冠以汉式歇山式金顶，脊上饰宝瓶、大鹏鸟、摩羯鱼等，四角垂吊风铃，主供佛为释迦牟尼。内壁有金

注 释：

① 西藏自治区文物普查有关资料。

② 土呷：《昌都地区丰富的旅游资源待开发》，《昌都经济》，第12页，1996年第2期。

碧辉煌的壁画。[1]

从以上不同教派的众多寺院建筑中，我们不难看出这期间大殿的布局格式已基本定型，已形成了以大经堂和佛殿组成为大殿，外墙封闭，中部用长柱擎起天窗直通二层，天窗呈“凹”字形回廊，并从侧光来解决采光、通风、透气的建筑格局。而这种建筑布局总的特点是突出大经堂和佛殿，形成由外向里，逐步登高的格局，它可以充分体现主要建筑神圣高大的主尊地位。这种格局的形成，一方面依自然地理环境自由布局，可以节省空间、时间和劳动力；另一方面可能受了佛教“三界”观念的影响，以期把天界的虚境移置于人间，把心造的宇宙构想变成可视的直观图景。

以上是我们依据有确切年代的寺院建筑为线索来勾勒和探讨昌都建筑艺术的发展史。至于民居的发展史，由于遗存的早期建筑少，更主要的是能确定年代的房子极少，故只能按承重结构不同，重点介绍以下三类民居。

第一类为柱梁承重，石头砌墙，即所谓的碉房。柱梁承重是藏式建筑的主要结构，但在昌都地区这种结构更为突出。这种结构是以木柱架构、密梁平顶、墙体不承重为其特征的。修建这种结构的房子时，先要放好线，再挖好地基并垒好地基墙础，就要立柱架梁，形成类似木头框架结构，但柱与柱头或梁与梁之间，不用铆接和钉子固定，而是自然相接，然后再用方石砌墙。这种结构在昌都、类乌齐、丁青、察雅一带居多。在昌都的柴维一带，不仅平房是柱梁承重，而且二层，甚至三层都是如此。如一根长柱子从地面直接托起第三层的大梁。内柱侧是柱上加柱，不直接拉通。这种在墙外立柱托起大梁的结构，是昌都民居的一个重要特点，在西藏其他地方是较为少见的。

第二层为墙柱混合承重，夯土或石砌为墙。这种承重结构与柱梁承重的内部结构基本相似，所不同的是靠近墙体不再另立柱子托起大梁，而是把大梁直接架在墙体上。这既是昌都民居常用的结构，也是寺院建筑常用的结构。这种结构在贡觉、芒康、左贡、察雅、洛隆、边坝、八宿较多。墙柱混合承重结构在贡觉三岩一带更加突出。三岩一带的房子都是用土夯打而成。一般都建在地势险要的山坡上，层高大多在三层以上，约有十几米高。第一层几乎不开窗口或留个通气的小孔，只开一个大门。底层都作为牲畜圈用；第二层是主要的生活区，吃、住、

注 释：

① 西藏自治区文物普查有关昌都资料。

睡均在二层楼上，墙上只开狭小的窗口；上下楼全凭一根在圆木上砍出锯齿形的脚蹬独木梯子，第三层主要作为堆放杂物和麦子、青稞所用，这种碉堡式的民居，所有的布局都是围绕着防敌、防火、安全而着想的，这也与当地帕措之间械斗多，社会不安定相适应，窗口很小、上下梯用独木梯、墙体厚重高大、地势险要等，都是从易守难攻的目的而设计的。

第三类为墙体承重的木楞房，木楞房也称之为井干式建筑。木楞子房的基本结构为将原木伐成一分为二，横向平置，圆形向外，平面向内，在转角的交接处将接头作成凹形榫，互相咬接，叠垒架成井字形的建筑，直到所需的高度为止，房梁就直接放在木板墙体承重。这种建筑由于密封性能好，保险系数大，故只作为昌都、察雅、丁青、洛隆、八宿、丁青一带富裕人家的粮食仓库，但在江达、芒康、贡觉一带则成为一种独立的民居而普遍存在。木楞子建筑牢固、防潮、防盗，而且抗震力极强，这也是藏族人民在漫长的历史长河中摸索出来的具有藏族特点的抗震房。

为了使我们对昌都早期的民居有个较为客观的了解，我们不妨再换个角度，从一个清末民初汉族官员，沿着昌都茶马古道写下的游记中了解昌都的建筑，或许更客观和真实些：在芒康“有绿营营官驻扎大堡，墙最高，非云梯不登，然非石碉”，“有土著头目筑居高崖，俯视一切，形胜山脉，兼而有之，其余庄堡皆踞山腰，三五成村，零星散布”；在洛隆有“公馆两处，规模宏大，周楼如城，容人数千，且广宽田土”，“硕般督有汉汛官，有蛮营官，有土城，有僧寺，有公馆甚宽敞，楼居三层，周绕房层三百余间，可容万人”；边坝“除喇嘛寺峻守碉墙外，其余公馆衙署民房皆狭湫不值一扫，但喇嘛寺石墙矗立，非云梯不能登，非开花不能冲”①。以上是清末粮务丁耀奎入藏时所写游记中摘录的。从中我们可以了解到：一是有夯筑土墙大堡；二是有石碉墙的民居和喇嘛寺；三是有的建筑规模很大，楼居三层，可容万人；四是选择有利地形建房，以利防守。

在此需要说明的是，由于昌都地处藏、川、青、滇货物的集散地，又是古代茶马古道的必经之地，正如前面所述昌都的建筑受到了以汉族为主，包括纳西族等在内的多民族的影响。尤其是从明末清初开始，途经昌都的茶马古道，沿途人口密集，气候较好而成为西藏的贡道。1719 年，清朝对西藏第二次用兵时，由打

注 释：

① 丁耀奎撰：《西康行军日程》，刊吴丰培辑《川藏游踪汇编》，第 471 页，四川民族出版社，1985 年版。

箭炉出发，经巴塘、芒康、察雅、昌都、洛隆、边坝进兵西藏。从此，昌都作为藏东门户的战略地位再次得到了体现。清初，为了有效地治理昌都一带的僧俗人民，清廷以颁赐繁多的名号，赏赐众多的礼物来管理昌都的政教首领。清廷先后颁赐给昌都帕巴拉、察雅罗登西饶、八宿达察济咙、类乌齐帕曲等呼图克图的封号，成为西藏著名的呼图克图。当时进出康藏，粮秣多取自于四川，兵卒亦大致如此。因此清廷加强了入藏沿线，置有粮台、塘讯，任命文武官员守之。这时，在长达数千里的入藏沿线上，先后建起了不少汉式建筑。在新中国成立前夕，仅昌都城中就有城隍庙、关帝庙、川主庙、灵官庙、玉皇阁、观音阁、万寿官、清真寺等，以及陕西会馆、云南会馆等。[①]这些庙宇和会馆基本上按照内地的建筑样式修建。如位于昌都卧龙街的城隍庙，大殿坐北朝南，左右各有一个厢房，房顶系人字形屋架，内供有木雕的城隍菩萨，左边为判官、右边为小鬼，还有喜神和殃神等；幸福街的清真寺，原有的建筑就是按汉族的四合院修建的。在察雅、芒康、洛隆、边坝等地建有多处汉式庙宇。在盐井“本县在设治初，据澜沧江东岸，建有盐局大楼一座，背东面西，甚为宽阔。嗣后，设治改为县署，盖县官兼理盐务。县北为关圣帝君庙，系由新军后营管带程风翔，率领督修，以兵二百人鸠工建垒二年。大殿五楹，戏楼三层，富丽庄严。县东建有小学堂一所。以上为刚达寺。北为法国教堂，南北一街，名蒲丁，人民百余户，环列而居”[②]。这是民国年间刘赞廷亲历所记。从中我们不难看出，随着藏汉文化的交流，内地的建筑艺术直接或间接地影响到了西藏，如不少寺院和民居窗户借鉴了汉式万字穿海棠，盘肠等格子花样，就是一个典型的事例，至于寺院建筑中的汉式斗拱，歇山式金顶等则是明显借鉴了汉式的建筑风格和建筑手法，影响就更大了。

五、新中国成立后昌都建筑的第三次高潮

1950年10月19日，鲜艳的五星红旗第一次高高飘扬在昌都古城的上空，从此，昌都的历史翻开了新的一页。

从1953年开始，为了适应解放后昌都城镇建设的需要，以内地工程技术人员和进藏部队为骨干，先后创建了昌都建设处房建队建筑工程队、昌都砖瓦厂、

注 释：

① 土旺：《昌都县简志》，《西藏日报》1985年3月17日。

② 刘赞廷：《盐井县志》，民族文化宫图书馆复制，1962年版。

昌都伐木厂等建筑施工队伍。当时最早建起了原地区人民医院、昌都解委会办公楼、解委会礼堂、住宿小楼等建筑，采用在昌都烧制的小青砖，屋顶用人字形屋架，上盖小青瓦，房内安有宽敞明亮的新式玻璃。这些建筑，尤其是新型材料的运用，为藏族传统建筑的发展提供了广阔的天地。

民主改革后，藏族人民真正当家做了主人，随着政治、经济、文化等事业的发展，城镇人口不断增加，建设规模逐步扩大，城镇各项服务设施逐步完善，机关建筑和公共设施大为改进。由于广大的农牧民群众还没有从根本上摆脱贫困，所以昌都民居除了在照明和供水上有了较大的变化，部分家境较好的群众安装了玻璃窗户、使用了油漆外，传统民居结构并无明显的变化。

十一届三中全会以来，尤其是中央召开的西藏工作座谈会以后，党中央对西藏采取了一系列放宽搞活的特殊政策，在农牧区实行家庭联产承包责任制，极大地调动了农牧民的生产积极性，农牧民和城镇居民的生活日益提高，解决了温饱的广大群众把消费的重点逐步转向了盖新房的消费。由此，掀起了昌都建筑艺术的第三次高潮。

在改革开放的新时期内，城镇居民的房屋呈现出一种复合文化的特征，民居住房在整体结构上保持藏族传统建筑风格的同时，大量吸收了现代建筑的长处。例如门窗开大，注意采光通风；人字形屋架更能防止漏雨问题；房屋基础或楼层衔接处浇注一层混凝土钢筋圈梁，以加固房屋。至于建筑材料的变化更大，多用砖、水泥、瓦、钢筋、铝合金等新型材料。室内布置风格多样，突出地表现在家具方面。1997 年笔者参与了一项调查，在所调查的昌都镇 32 户居民中发现，现代的电器，如电视机、电冰箱、洗衣机、收录机、电饭煲、卡拉 OK 机等进入寻常百姓家，至于沙发、席梦思、钢木家具、手表、自行车、缝纫机、高压锅的拥有人则更多。32 户中有 31 户购有电视机，其中 4 户每家拥有两台彩色电视机。由于这些电器和家具进入城镇居民家中，传统的房间布局和功能都发生了一些变化。厨房，在过去既是全家的伙房，也兼有取暖、客厅、卧室等多重功能。而现在随着生活水平的提高，居住面积的增大，厨房除生活做饭的功能保留外，客厅、卧室的功能大为下降，取而代之的是设有专门的客厅和卧室。

就广大农牧区的民居看，其变化虽没有城镇那么大，但绝大多数的旧居或翻新、或新盖，变化也不小。据我们在昌都俄洛乡和妥坝乡的问卷调查，90%左右的房屋都是在十一届三中全会后翻新或新盖的。从农牧区修建的房屋看，大致有以下几个发展趋势：由原来的平房发展为二、三层楼的居多；由原来乱石垒墙发展为整齐美观的石块砌墙居多；房屋内柱和大梁由方木取代原木的居多；安有玻璃的大窗户取代小窗户居多；由原来房屋低于地坪的改变为高出地坪居多。同时，诸如油漆、玻璃、活页等普遍进入普通百姓的家居中。较富裕的家庭用上了水泥和砖瓦等。随着社会治安的好转，原来民居中防御的功能逐渐消失。新建房址大多选择靠近公路或较为平坦的坝子上，以利交通。

昌都市政建设从建筑结构、样式、用料和层次，有一个逐步提高和发展的过程。解放初期，机关建筑仍以土、木、石结构为主。到了50年代末和60年代，逐步发展为砖木结构，屋顶为木质人字形屋架。70年代基本是砖混结构。80年代后期，建房向高空发展，一般为3至5层，部分建筑使用钢筋混凝土结构，外墙开始使用涂料或马赛克。90年代是高速发展时期，在向高空发展的同时，钢筋混凝土全框架代替砖混结构，屋顶由木质人字形再次向钢筋混凝土平顶方向发展。外墙普遍使用马赛克、瓷砖、涂料。木质门窗由铝合金门窗所取代，少数建筑室内开始安装供暖设备。这时期昌都城镇代表性的建筑有：17层楼的昌都农行大厦，有西藏第一高楼之称，有地区藏医院门诊楼、昌都商城以及地委办公楼、行署办公楼、地区医药公司制药车间、昌都影剧院、昌都饭店、昌都群艺馆等设计新颖，风格独特的现代建筑。从90年代开始，不少设计人员试图从藏民族传统建筑中吸取灵感和元素，在现代建筑中表现藏民族建筑的风格。如一些现代建筑中，按照藏族寺院建筑的样式，在门窗上端檐口用多层小椽逐层挑出，承托小檐口，既作为遮阳防雨的措施，也算学习和采纳了藏式建筑的表现手法，个别建筑使用藏族传统的柱子和雀替等样式。应该说这些形式的借鉴或探讨，增加了现代建筑的表现形式，有它的积极意义。但这时的学习和借鉴，还不能完全与现代建筑融为一体，似乎硬贴上去的痕迹多一些。

2000年10月19日，既是昌都解放50周年的大庆日子，又是藏、川、滇、青毗邻地区第三届艺术节在昌都举办的日子，为了搞好两大庆典活动，迎接国家大西部的开发，昌都地委，行署决定对昌都古城进行总体改造，并把重点放在了昌庆街的建设。建设一个什么样的昌庆街，这个问题严峻地摆在了昌都地委、行署的面前，更是摆在了昌都建筑设计人员的面前。以西藏自治区副主席、昌都地委书记杨松同志为首的新班子，勇敢而又艰难地担起了昌都古城改造的重任，1999年6月1日，昌都中路开发建设指挥部宣告成立。指挥部在短短的时间内已高效率地运作起来，他们以前所未有的胆识和姿态，以全新的工作思路和敢为天下先的勇气，以昌都地区建筑设计院为主，邀请北京大学景观规划设计中心主任俞孔坚博士，西藏自治区建筑设计院曲吉坚才等专家在深入调查，多方听取意见的基础上，集思广益，终于设计出了一条长617米，宽64米，中间为步行街，两边为融藏东建筑精华为一体的具有现代功能的综合性商业街——昌庆街。

昌都类乌齐县森林资源丰富，故农区房屋使用木材较多

在庆祝昌都解放50周年的时候，凝聚藏汉工程设计人员心血的昌庆街，以崭新的面貌展现在昌都人民面前，它得到了领导和专家，以及昌都各族各界人士的好评。昌庆街之所以获得广大群众的认可，一是从功能上讲，整个昌庆街着眼于舒适、方便、美观，可以满足不同客户商户现代化生活的需要，水电、电视、电话、卫生间、消防等设备一应俱全；二是从外观上讲，整体建筑设计新颖、风格鲜明，大凡藏东建筑中的石碉、井干式建筑，以及藏族传统图案符号，都较好地融入昌庆街现代化的建筑中。而这个融入是通过总体设计，局部借鉴藏族建筑表现手法实现的。

首先，昌庆街的总体设计，在一定程度上受到了藏族寺院建筑由外向里，逐步登高的建筑布局的影响，但从客观上讲，昌庆街总的地形是南低北高，只有解决好南北二者的落差，才能与原有的环城公路衔接上。昌庆街的设计者巧妙地在长达 600 多米的步行街上分三段增设了多级台阶，恰到好处地把东西二地的落差很自然地解决在步行街中，昌庆街错落有致，富有节奏感的外形，不能不说融汇了藏族寺院建筑艺术的设计理念。

其次，昌庆街成功地处理好了现代建筑与民族传统建筑的有机结合。在建筑外形的表现方式上，合理而又艺术地把藏族建筑的精华融入昌庆街设计的理念中。在这方面是通过以下几个方面体现的：（1）昌庆街底层沿街设有长长的明廊明柱，把整个街连成一个整体，这显然是借鉴了昌都传统建筑的回廊形式。这里有两层含义：一是回廊形式本身的参照；二是构成回廊形式的柱梁，从外形到花纹图案的学习和借鉴。这种设计的作用在于既体现了藏族建筑的风格，又为购物观光的游客提供了遮光避雨的场所。（2）昌都乃至藏东建筑两大类型的石碉和井干式建筑，都在昌庆街外在的装饰上得到了充分的体现。昌庆街建筑下方均采用花岗岩石片来装饰，表现出强烈的石碉建筑的风格；而井干式的木楞子装饰物用在建筑上部，正符合藏东民居井干式建筑的外形特点。（3）直接借鉴和采用了寺院建筑中窗户上方的桃檐装饰和居民屋檐的造型。如果仅在昌庆街的建筑上，设计藏式的桃檐或许会是画蛇添足的，然而，昌庆街设计者的高明之处在于还借鉴了昌都民居屋檐的造型，这一借鉴，即刻使窗户的桃檐与民居的屋檐造型很和谐地统一起来，起到上下照应的作用，给人以完整的感觉。（4）在昌庆街的建筑上，大量使用了藏族传统建筑中富有民族特色的装饰图案符号。如表示象征财运昌隆的喷焰摩尼；象征招财进宝的大象驮宝、骏马驮宝；以及表示吉祥、美好、纯洁的花纹，如缠枝纹、卷草纹、方胜纹、吉祥结、长城图等图案。这些传统图案画龙点睛似地点缀在昌庆街的建筑物上，丰富了建筑的表现形式，表达了人民吉祥美好的祝愿，增添了藏民族建筑的艺术美。（5）昌庆街的街面不用黑色沥青或水泥，而是用花岗岩铺路，既结实大方又增添了古朴的情趣。正是昌庆街的设计者们用自己的智慧和汗水，巧妙地在现代建筑里融入了藏民族的风格，所以赢得了凡是看过昌庆街的区内外人士的一致好评。

当庆祝昌都解放 50 周年的时候，昌都的设计者和建设者，在继承藏族传统建筑艺术精华的基础上，大胆实践，勇于创新，终于探索出了一条成功的道路，而这一道路的实践结晶，就是设计独特，构思新颖，既能满足现代化城市多功能的需要，又富有藏民族浓郁建筑特色的昌庆街。昌庆街的建设成功，标志着昌都城镇建设步入了一个新的发展时期。昌庆街，已经成为二十一世纪初昌都的标志性建筑。

综上所述，十一届三中全会以后，西藏进入了改革开放和全面开创社会主义建设的新时期。在这个时期内，昌都地区掀起了第三次的建筑高潮。无论在广度和深度上，这都远远超过了前两次的高峰，而且表现出鲜明的时代性。其主要特点有：一是昌都地区90%左右的民居做了翻新或重建，不仅面积有所扩大，而且建筑质量大为提高；二是房屋结构有了较大的变化，城镇居民的建筑由原来的土石木结构，大部分转变为砖混结构；三是很多新型的材料，包括水泥、钢筋、铝合金、瓷砖、油漆涂料、玻璃等，都不同程度地进入平民百姓家；四是施工队伍不断发展壮大，而且呈多样化。1949年前，昌都没有专业的施工队。解放后仅有本地的施工队，而在改革开放的新时期，不仅本地的施工队伍有了进一步的发展，而且内地建筑队伍的大量涌入打破了过去单打一的施工队伍，他们带来了新的观念、新的材料，对提高工程质量，加快工程进度，降低工程造价，繁荣建筑市场等方面，发挥了积极而又重要的作用；五是现代意义上的城镇建设开始起步，城镇建筑出现了一批既符合藏汉审美情趣，又富有时代气息和民族风格的复合性建筑，这方面以昌庆街的设计建设成功为标志；六是不仅仅把建筑作为一种挡风遮雨、防寒取暖的住所，而是朝着美观、舒适、方便、适应现代生活的建筑艺术方向发展。

在昌都建筑发展史上表现出来的上述六大特点，不仅反映了新时期昌都建筑事业的喜人景象，更是折射出了昌都社会发展的进步。这个进步是在党中央的关心和全国各族人民的无私援助下，在中共昌都地委、行署的正确领导和昌都人民励精图治、奋发向上、开拓创新、勇于实践下取得的。我们在为昌都建筑事业取得的伟大成就所鼓舞的同时，更为这个时代的进步而祝福！

本文原为北京大学景观设计院和昌都地区建筑设计院合作项目《曼荼罗的世界——藏东乡土景观阅读与城市设计案例》一书而撰写，后独立成篇发表在《中国藏学》2003年第1期上。后入选《〈中国藏学〉20年论文精选》一书，中国藏学出版社，2008年1月版

古城昌都卡若的形成与发展脉络考证

昌都市卡若区位于西藏东部，是青藏高原人类原始文化的发祥地之一，历来为兵家必争之地，故素有“西藏东部门户”之称，战略地位十分重要，自古就有“治藏必先安康”之古训。昌都卡若区是一个具有5000多年社会发展史，建城初具规模也有570多年历史的藏东古城。2014年10月20日，经国务院批准，昌都地区撤地设市，成立设区的市昌都市，将原昌都县撤县改为市辖卡若区。那么，古城昌都卡若是如何形成的，其发展脉络与演变经历了哪些历程？本文在查阅大量藏汉文资料和实地考察的基础上，试图梳理或还原昌都古城的发展脉络。这对于我们更好地挖掘昌都古城的历史文化底蕴，积极申报昌都卡若为国家历史文化名城，建设好昌都新城具有重要的现实意义。

一、昌都古城溯源

从位于昌都城东南12公里处的卡若遗址发掘证明，早在5000年前，这里就已经有人类居住并开始了初期的农业生产，初步形成了早期的原始村落。卡若遗址面积约1万平方米，已发掘1800平方米。卡若遗址的发现和发掘，不仅使我们对昌都先民的社会和文化面貌有了比较具体的了解，而且出土的大量建筑遗存，也为研究昌都乃至藏族地区建筑营造技术的演变史，提供了极为宝贵的实物资料。卡若遗址中的建筑遗存十分密集，有房屋、烧灶、圆形台面、道路、石墙、石围墙、灰坑等。

卡若遗址发现房屋遗址28座。考古工作者根据遗址内地层的叠压关系和出土物形制，将房屋遗存分为早、晚两期，早期又分为前后两段，其延续时间约1000年。早期房屋的主要特征为：房屋建筑材料有红烧土建筑遗迹，房屋面积不等，一般在20平方米左右；房屋造型有圜底、草拌泥墙半地穴式及地面建筑三种；平面形状有方形、圆形两种，还发现双室房屋。晚期特征为：建筑材料普遍采用以砾石为主的天然石块；房屋形状有方形或长方形，面积为30平方米左右；房屋居住面内的柱洞多经过细致修整，可能出现了楼房。居住面一般为草拌泥烧烤形成的红烧土，有的在红烧土下垫一、二层圆木及土、小石子、红烧土碎块等。烧灶一般为浅盘状，位于房屋中央，均用石板或红烧土围成的灶池或用小石块在居住面上嵌成圆圈状的灶。房屋进门处有一块踏脚石，墙壁可能是木骨泥墙。为加大承受力，在墙角处立有 2 ~ 4 根为一组的木柱，室内有若干柱撑房顶[①]。位于昌都城北 5 公里处的小恩达，同属于新石器时代晚期的遗址，该遗址中也发现

解放前昌都古城中的旧街道之一“色从森”，意为饮食街。地面铺有石块、两旁为门面商铺

了房屋遗址，房基周围有明基，墙壁以柱为骨，编缀枝条，内外涂草拌泥而成木胎泥墙，居住面中央有灶坑[②]。这些特征基本与卡若房屋遗址相似，说明卡若遗址是当时藏东具有代表性的一种文化遗址。卡若遗址和小恩达遗址分别位于昌都城东南 12 公里与北面 5 公里，在昌都马草坝曾出土过石棺墓，由此我们可以推论当时至少昌都城有人员活动。

二、昌都古城的传说

吐蕃王朝建立前，昌都一带是苏毗国和东女国的一部分[③]。据汉文史书记载，昌都一带有大小八十余城，其房屋“垒石为巢而居，以避其患，其巢高至十余丈”[④]。

注 释：

① 西藏自治区文物管理委员会、四川大学历史系合编：《昌都卡若》，第 13~50 页，文物出版社，1985 年第一版。江道元：《西藏卡若文化的居住建筑初探》，《西藏研究》1982 年第 3 期。

② 西藏文物管理委员会文物普查队:《西藏小恩达新石器时代遗址试掘简报》,《考古与文物》,1990年第1期。

③ 任乃强、曾文琼：《〈吐蕃传〉地名考释》（一），《西藏研究 1982 年》第一期，第 86 页。

④ 陈燮章、索文清、陈乃文编：《藏族史料集》（一），第 10 页，四川民族出版社，1993 年版。

一般民众所住为上下六层，而女王所居则有九层[①]，表明了昌都一带高超的建筑水平。据民间传说，很久很久以前，“昌都有‘玛塘莫堆阿甲’之说法”，意思是说昌都城有女性五百户。这种说法至少给我们透露了两条重要的信息：一是昌都城有“五百户”，说明昌都城的规模较大；二是说有“女性五百户”，说明女性在当地社会中有重要的地位。这种说法与研究康藏史学大师任乃强老先生考证的昌都一带曾是“东女国”[②]的观点不谋而合。同时，昌都附近的地名如休金姆、休久姆、嘎塘姆等的最后一个音节为“姆”，“姆”在藏语中是指女性。在嘎塘姆地方，当地居民早期在房顶安放一个男性生殖器状物对着休金木供奉的习俗，其意义是愉悦女性山神休金姆，这应该是东女国女性崇拜文化在当地居民生活习俗中的遗留。

三、“昌都”地名的含义与最早出现的年代

“昌都”是藏语的音译，“昌”在藏语中是水的敬语；“都”是汇合、交叉口的意思。因从青海省南部流来的扎曲河与从藏北流来的昂曲河在昌都汇合为澜沧江，故昌都在藏语里意为两河汇合处。昌都曾译察木多、昌多、羌木多、叉木多、洽木多、昌都等，解放初期规范为昌都。

根据我接触的藏文史料，“昌都”这个地名最早出现在1265年。其依据是，公元1264年元朝授命八思巴以国师身份兼管总制院的院务，1265年八思巴与其弟白兰王恰那多吉一起离京返回藏区，经青海玉树回到萨迦地方。当时，八思巴封赐给青海玉树囊谦宗达寺的一份藏文文告中，就出现了“察雅、昌都、类乌齐”[③]等与昌都有关的地名。由此，我们可以推论“昌都”这个地名至迟在1265年就已出现。不过，公元1222年达隆·桑吉雅君西绕喇嘛师徒停留昌都时预言：“将来此地会有千余僧侣之寺”[④]。可见当时已有不少人在此定居生活。

四、昌都古城与昌都强巴林寺

在昌都强巴林寺建寺前，昌都强巴林寺所在地还是近郊曲瓦头人的冬季牧

注 释：

① 陈燮章、索文清、陈乃文编：《藏族史料集》（一），第511页，四川民族出版社，1993年版。

② 任乃强、曾文琼：《<吐蕃传>地名考释》（一），《西藏研究1982年》第一期，第86页。

③ 丹玛·江永慈诚、昂欠·堪布多杰：《拔绒嘎居史》，藏文版，第131页，甘肃民族出版社，1997年12月第一版。

④ 杰龙·向巴曲扎著：《昌都强巴林寺志》，藏文版，第54页，昌都印刷厂1995年版。

场[①]。据藏文《宗喀巴传记》记载，宗喀巴·罗桑扎巴16岁那年前往拉萨时，路径昌都留宿时预言“此地将会有庞大的辩经场”[②]。藏文《向生·西饶松布传》里说，昌都强巴林寺建寺之前，向生·西饶松布选择建桥地址时，发现了旧桥之烂木遗址[③]，可见，昌都城曾有过繁华与热闹，否则，不可能在昂曲河上建桥。1444年，宗喀巴亲传弟子向生·西饶松布在扎曲河与昂曲河两水汇合间的龙山上创建了昌都强巴林寺[④]。寺院高居其上，占地面积约500亩，大小经堂20多座，1座印经院，两个辩经场，众多的僧舍以及八菩提塔等建筑群。昌都强巴林寺是藏族建筑类型中典型的平川式建筑布局。整个建筑以大经堂为中心，建筑巍峨庄严，殿宇层叠，殿内雕梁画栋，金碧辉煌，代表了明末清初昌都寺院建筑的最高水平。藏文《向生·西饶松布传》记载向生·西饶松布健在时昌都强巴林寺由最初200余名僧人，发展成为超过1000名僧人的规模。按照藏族的习俗，僧人是不参加劳动的，一切全依赖当地群众的供养。要养活1000僧人，没有5000~6000群众的劳动力是无法供养的。由此，我们可以推论昌都古城已初具规模，昌都旧城的形成，与昌都强巴林寺的兴建密不可分。应该说先有人居住，才有兴建寺庙的需求。兴建了寺庙，进而促进了村镇形成的建设步伐。这与整个藏区城市形成的一般规律是一样的。由此推论，昌都古城的历史至少有570年左右。

五、昌都“土城”的建成

1730年即雍正八年，清政府下令在两河交汇的台地上修建了一座“土城”。该“土城”的位置在昌都强巴林寺下面“玛塘”地方，即原昌都县府所在地、今茶马广场靠右的地方。解放初期，笔者还依稀记得其残墙断壁。由此，我们知道昌都“土城”的形成，已有285年的历史。其依据是1737年时任统领川军驻镇察木多的萧腾麟在《西藏见闻录》中记道：“察木多有土城，驻扎官兵，督理台站，游击一员，粮务一员，行营中军守备一员，把总一员”[⑤]。又据民国刘赞廷在《昌都县志略》中记载：“本县据杂楮河、鄂穆楚河二水合流之处，中现平原一隅。于雍正八年建土城一座，内为粮台、游击及千把、外委各衙门，自设治以粮台为

注 释：

① 杰龙·向巴曲扎著：《昌都强巴林寺志》，藏文版，第30页，昌都印刷厂1995年版。
② 周加巷：《宗喀巴传》，藏文，第613页，青海人民出版社，1981年版。
③ 桑吉松布：《向生·西饶松布传》，第15页，藏文木刻版。
④ 桑吉松布：《向生·西饶松布传》，第11页，藏文木刻版。
⑤ 清萧腾麟：《西藏见闻录》卷下第16、25页。

县署。南门外为万寿宫，有观音阁，南北一街，人民二百余户环城而居。齐城以东为一平台，上为江巴林寺，倚山而垒，僧舍千余；有大殿三座，高皆数层，金瓦宝顶，宏丽庄严。寺前跨杂楮河一桥，因通四川名‘四川桥’；城西鄂穆楚河一桥，因通云南名‘云南桥’。城北为狮子山，形势扼要，向为川滇进藏之咽喉，西南一重镇也。[①]”应该说这是早期记载昌都旧城面貌较为详细的一段文字。对于我们了解昌都旧城状况有很重要的认识价值。

在远古时，昌都通往外界的主要有茶马古道，且又分为川藏道和滇藏道两条，而昌都是必经之地。从明末清初开始，途经昌都的茶马古道由于沿途人口密集，气候较好而成为西藏的贡道。昌都城南桥桥头岩石上部释迦牟尼佛摩崖线刻是昌都城区现存早期石刻像，是见证昌都城区与茶马古道兴衰的重要遗迹。1719 年，清朝对西藏第二次用兵时，由打箭炉出发，经巴塘、芒康、昌都、洛隆、边坝进兵西藏。从此，昌都作为藏东门户的战略地位再次得到了体现与确认。这时，在长达数千里的进藏沿线上，先后建起了不少汉式建筑。解放前夕，仅昌都城中就有城隍庙、关帝庙、川主庙、灵官庙、玉皇阁、观音阁、万寿官、清真寺等，以及陕西会馆、云南会馆、四川会馆等。这些庙宇和会馆，基本上按照内地的建筑样式修建。如位于昌都卧龙街的城隍庙，大殿坐北朝南，左右各有一个厢房，房顶系人字形屋架。内供有木雕的城隍菩萨，左边为判官、右边为小鬼，还有喜神和殃神等。又如幸福街的清真寺，原有的建筑就是按汉族的四合院修建的。1910 年，赵尔丰在昌都改土归流时，设昌都府，1913 年改设县治。1913 年划川边为特别行政区，昌都归其管辖。同年，西藏地方政府在昌都设立了“朵麦基巧”总管府[②]。西康建省之初，在选择省会驻地时，由于昌都城所处的地理、交通、文化、商业等优势，昌都城成为西康省省会 5 个城市备选地之一[③]。1939 年西康省成立，昌都一带属其辖地。遗憾的是以上庙宇会馆，有的在解放前就衰落不存，有的在 1959 年的“民改”中拆毁，在我记忆中只有城隍庙、土地庙、关帝庙、清真寺、陕西会馆等少数留存。1966 年“文革”中又把以上庙宇内供奉的神灵作为“四旧”东西销毁，只有土地庙、关帝庙、清真寺和陕西会馆的房子作为百姓居住房而留了下来。在二十世纪九十年代末至二十一世纪初昌都旧城改造时，由于城市建设

注 释：

① 刘赞廷在《昌都县志略》，西藏地方志资料集成第三集，中国藏学出版社，2001 年版，第 4~5 页。

② 土呷：《“朵麦基巧”——昌都总管沿革考》原载《中国藏学》2009 年第一期。

③ 任乃强著：《西康图经》，第 68~82 页，西藏古籍出版社，2000 年 2 月版。

整体的需要，以上庙宇会馆均被拆除，早已荡然无存。唯独清真寺在原址上保留了下来，见证着古城昌都的变迁。

六、解放后昌都旧城改造的三个阶段

1950年解放前夕，昌都城区划分为卧龙卡、竹岗龙、达拉通、色从森、曲尺卡、都土卡、噶龙哇、牙秀卡、扎曲卡、仲朗龙帕等区域。昌都城区多是平房和土木结构或石木结构的藏式碉房，城区面积不到0.3平方公理。1950年初，昌都城仅有四条街道，即曲尺卡（齐齿街）、色从森（幸福街）、卧龙卡（卧龙街）、达拉通（聚盛街），路面多为土质，少量为石板铺就。1952年，地区公安部门对昌都城区编定门牌时，实有户数542家。

1950年10月19日，中国人民解放军解放了藏东重镇昌都，1951年1月1日，正式成立由政务院领导的具有统一战线性质的过渡性政权机构——“中华人民共和国昌都地区人民解放委员会”①。1960年1月22日，正式成立昌都专员公署。2014年10月20日，经国务院批准，昌都地区撤地设市，成立设区的市昌都市②，将原昌都县撤县改为市辖卡若区，卡若区人民政府驻城关镇生格村。昌都又站在新的历史起点上，也为昌都新城更快更好地发展注入了更多的活力与动力。自1950年10月19日昌都解放之日起，昌都旧城的建设步伐就开始了，我个人认为昌都旧城的建设经历了三个大的发展阶段。

第一阶段是二十世纪五十年代昌都新城的奠基期。1950年10月19日昌都解放后，在以王其梅主任为首的昌都人民解放委员会的领导下，克服解放初期人心不稳、物资短缺、百废待兴的困难局面，从长期建藏、边疆为家的高度，掀起了昌都新城第一次大的建设高潮，进而奠定了昌都新城现在的雏形与格局。现在的云南坝、四川坝，以及昌都城里的原四川桥、云南桥等就是那时开发建设的。

第二阶段是二十世纪九十年代末至二十一世纪初昌都旧城的发展期。当时为了庆祝昌都解放五十周年，提升昌都城市的品位，针对旧昌都城火患严重、街道狭窄、无排污设施的情况，以杨松副主席为首的昌都地委、行署的领导勇挑重担，以开拓创新的精神对昌都主城区局部进行了首次的拆除改造。他们以全新的工作

注　释：

① 程越主编：《中国共产党西藏昌都地区历史大事记》（1949-2009），第245~246页。中国藏学出版社，2010年9月第一版。

② 《昌都报》2014年11月7日，第一版。

思路和勇气，以昌都地区建筑设计院为主，邀请北京大学景观规划设计中心主任俞孔坚博士，西藏自治区建筑设计院曲吉坚才等多名专家，在深入调查，多方听取意见的基础上集思广益，终于设计出了一条长617米，宽64米，中间为步行街，两边为融藏东建筑精华为一体的具有现代功能的综合性商业街——昌庆街。它得到了领导和专家，以及昌都各族各界人士的好评。昌庆街由此获得了“全国人居环境奖”，澜沧江天津广场、昌蜀大桥、昌津大桥等就是那时新建的。应该说昌都旧城改造，较好地消除了局部的隐患，道路得到了一定的整治与加宽，建起了排污水的设施，城市品位上了一个台阶。

第三阶段是2012年以来的昌都旧城的大发展、大建设时期。以罗布顿珠常委为首的昌都地委、行署领导，以敢于担当、有所作为的胆略与气魄，以大手笔、大思路，大刀阔斧地对昌都旧城进行了全方位、多层次的新一轮旧城改造。据市有关部门鉴定，昌都主城区中90%以上都是土木结构的旧房屋，大都是鹅卵石砌墙和土坯房屋的破旧低矮建筑，所以房屋质量和美观程度无法与拉萨、日喀则民居建筑相提并论，要逊色很多。这次旧城改造起点高、目标明、功能全、变化大。这个变化不仅仅是建筑物数量的增加，更重要的是城市品位的整体提高。应该说新一轮旧城改造的广度、深度、力度都远远超过了前两轮的规模，可以毫不夸张地说昌都城发生了翻天覆地的巨大变化。西藏第一个下穿隧道、昌都城第一座天桥、解放广场、茶马广场、清水广场、昌都供水项目、胜利桥、吉祥明珠公园、昌都县委县政府驻地的搬迁、滨江路、几十栋高楼大厦等等项目的建设，极大地改善和提高了昌都的城市品位，昌都城已经展现出了现代化都市的雏形。

六、结论

现在，我们可以对昌都卡若古城的发展脉络归纳如下：早在5000年前，昌都卡若一带就已经有固定的人类居住；公元1265年“昌都”这个地名就已出现；公元1444年昌都强巴林寺的创建促进了昌都古城的形成；公元1730年昌都城里就已修建一座“土城”。所以我个人认为，昌都古城至少有570年左右的历史，解放后昌都古城经过先后三轮的改造升级，以它特有的风韵展现出了藏东明珠迷人的魅力。

原载《西藏研究》2016年第4期

昌都古城旧貌变新颜

“昌都”这个地名的藏语含义是汇合、交叉口的意思，是指从青海省南部流来的扎曲河与从藏北流来的昂曲河在昌都汇合为澜沧江而得名。根据昌都卡若遗址发掘证明，早在5000年前，昌都城附近已经有人类居住并开始了初期的农业生产，初步形成了早期的原始村落。公元1265年，八思巴离京返回藏区时赐给青海玉树囊谦宗达寺的一份藏文文告中就出现了“昌都”这个地名，可知“昌都”这个地名那时已存在。1444年，向生·西饶松布创建了昌都强巴林寺，僧人发展成为1000多人。要养活1000多僧人，没有数千群众的劳动是不可能供养起的，更何况昌都强巴林寺高居其位，仅饮水要从扎曲河靠人背更耗费人力。昌都旧城的形成，与昌都强巴林寺的兴建密不可分。应该说先有人居住，才有兴建寺庙的需求。兴建了寺庙，进而促进了村镇形成的建设步伐。由此推论，昌都古城至少有570年左右的历史。至于昌都土城的形成，已知有近300年的历史。1737年，时任川军驻镇察木多(昌都)

昌都旧城改造后的茶马古道广场

统领萧腾麟在《西藏见闻录》中“察木多有土城”的记载。所以，我们说昌都古城具有悠久的历史。梳理昌都古城解放后的建设发展过程，对于我们更好地继承和挖掘昌都建筑优秀传统文化的历史底蕴，建设好昌都新城具有重要的现实意义。

一、解放后昌都旧城改造三个阶段的简要回顾

如果我们把解放后昌都旧城的发展变化放在历史的坐标上考察，那么新一轮旧城改造所带来的巨大变化和重大意义就看的很清楚了。自 1950 年 10 月 19 日昌都解放之日起，昌都旧城的建设步伐就开始了。我个人认为昌都旧城的建设步伐经历了三个大的发展阶段。

第一阶段是二十世纪五十年代昌都新城的奠基期。1950 年 10 月 19 日昌都解放后，在昌都人民解放委员会的领导下，克服解放初期人心不稳、物资短缺、百废待兴的困难局面，从长期建藏、边疆为家的高度，掀起了昌都新城第一次大的建设高潮，进而奠定了昌都新城现在的雏形与格局。

第二阶段是二十世纪九十年代末至二十一世纪初昌都旧城的发展期。当时为了庆祝昌都解放五十周年，提升昌都城市的品位，针对旧昌都城火患严重、街道狭窄、无排污设施的情况，昌都地委、行署的领导勇挑重担，以开拓创新的精神，对昌都主城区局部进行了首次的拆除改造。他们以全新的工作思路和勇气，以昌都地区建筑设计院为主，邀请北京大学景观规划设计中心主任俞孔坚博士，西藏自治区建筑设计院曲吉建才等多名专家，在深入调查，多方听取意见的基础上，集思广益，终于设计出了一条长 617 米，宽 64 米，中间为步行街，两边为融藏东建筑精华为一体的具有现代功能的综合性商业街——昌庆街。

第三阶段是 2012 年以来的昌都旧城的大发展、大建设时期。昌都地委、行署的领导，以敢于担当、开拓创新的胆略与气魄，大刀阔斧地对昌都旧城进行了全方位、多层次的新一轮旧城改造。据市有关部门鉴定，昌都主城区中 90% 以上都是土木结构的旧房屋，大都是鹅卵石砌墙和土坯房屋的破旧低矮建筑。所以，房屋质量和美观程度无法与拉萨、日喀则民居建筑相提并论，要逊色很多。这次旧城改造起点高、目标明、功能全、变化大。这个变化不仅仅是建筑物数量的增加，更重要的是城市品位的整体提高。应该说新一轮旧城改造的广度、深度、力度都远远超过了前两轮的规模，可以毫不夸张地说昌都城发生了翻天覆地的巨大变化。西藏第一个下穿隧道、

昌都城第一座天桥、解放广场、茶马广场、清水广场、昌都供水项目、茶马桥、胜利桥、吉祥明珠公园、昌都县的搬迁、滨江路、几十栋高楼大厦拔地而起，极大地改善和提高了昌都的城市品位，昌都城已经展现出了现代化都市的雏形，昌都古城旧貌变新颜。

二、新一轮昌都旧城改造的必要性

长期以来，受经济、地理、历史等诸多因素的制约，昌都镇旧城区布局杂乱，道路交通条件狭窄，多数建筑物为土木结构，质量与品位很低，居住拥挤，污水横流，卫生状况差，火灾安全隐患更为突出，给排水、电力、道路等公共配套设施滞后，城市绿化工作更谈不上，城区面积仅4.6平方公里，由此造成城市空间布局分散，服务功能配套设施不完善，综合承载和竞争力不强，严重影响居民的正常生活，影响昌都的对外形象，生活在旧城区的广大居民迫切要求对旧城区实施改造。居住在旧城区的居民更是饱受煎熬，“过去，这里的房屋建得杂乱无章而拥挤不堪，通道狭窄，污水横流，当时由于根本没有什么排水设施，这家的雨水滴落在那家屋里，破坏了邻里之间的和睦与团结。”以前居住在卧龙街70岁的泽仁央金老阿妈道出了旧城区居住几十年的无奈与困惑。

事实上，昌都历届地委、行署都十分关注旧城改造，并做了不懈努力，但由于昌都镇建设可利用土地紧缺，拆迁难度大，资金受限等原因，造成旧城面貌一直没有大的改观。旧城改造，党委政府着急，居民百姓期盼。但旧城改造难，拆迁任务更艰巨。2010年时任地委书记的王瑞连，狠下决心，组织四个专人专班，妥善解决了原昌庆街、幸福西街B段等片区旧城改造的历史遗留问题。

2012年以来，以罗布顿珠常委为首的昌都新一届领导班子，以敢于担当、有所作为的胆略，审时度势，对昌都城进行了全方位、多层次的新一轮旧城改造。随着昌都城市总体规划修编和昌都主城区控制性详细规划编制成果的出台，昌都镇卧龙街、幸福西街A段、都多卡、昌都县政府北片、三岔路口等5个片区旧城改造工作的相继实施，昌都镇新一轮旧城改造已进入了一个全新的发展阶段。

新一轮昌都镇旧城改造涉迁居民达1300多户，涉及房屋拆迁总面积27万平方米，整理土地面积约25万平方米，市政设施配套建设占地约5.5万平方米；实施卡若区城镇周边山体上非法私建治理1867户；并同步实施昌都解放广场、昌都镇供水项目、茶马桥、胜利桥、胜利街下穿隧道、明珠公园、滨江路等一大批城市道路、供水、休闲配套基础设施项目。

昌都旧城改造后茶马广场步行街

三、实施昌都旧城改造的重大意义

昌都地委、行署应民愿而动，顺民意而为，作出了整体实施旧城改造的重大决策。这对于改善城市面貌、完善城市功能、提升城市品位、打造魅力形象、优化城市环境、满足群众需要，都有十分重要的意义和影响。

1. 实施旧城改造是提升城市品位、加快推进新型城镇化建设的有力抓手。通过旧城改造，能够实现对水、电、路、讯等公共配套设施加以改造和完善，实现教育、卫生、文化集中服务；能够加快推进现代化城市建设步伐，从而扩大城市发展空间，提升城市品位，改善投资环境；能够对现有土地进行科学规划，实现土地集约节约开发利用，彻底解决昌都城市建设用地紧张的困局；能够构建昌都城市空间新格局，有效增强城市综合承载能力，加快新型城镇化建设步伐，发挥中心城市在新型城镇化建设中的示范带动作用。

2. 实施旧城改造为提升发展能力创造了良好条件。昌都新一轮旧城改造，自始至终牢固树立“大城建、大产业、大发展”的思想，坚持把城镇作为巨大的发展资源和特殊商品，把城镇的开发建设和城镇经营作为推动区域经济的重要载体，着力将昌都镇建设成为藏东的商贸中心和交通枢纽，国家西电东送接续能源基地和有色金属产业基地。可以预见，新一轮昌都旧城改造完成后，将会辐射带动昌都周边旅游产业、文化产业、物流产业、商贸产业、通讯产业的快速发展，为加快藏东经济强区注入强大的动力与活力。

3. 实施旧城改造是顺应民意、改善民生的重要举措。建设现代化城市，不仅意味着人口的聚集、城市功能的发挥、基础设施的完善，更重要的是体现在居民生活质量和幸福指数的提升。卡若区城镇周边山体上的非法私建房屋多、安全隐患突出、环境卫生脏乱差等问题不仅给群众的生产生活带来极大不便，而且严重影响到昌都的对外形象。旧城区内居民渴望改善现有的居住生活环境，对实施旧城改造的愿望极为强烈。实施旧城棚户区和非法私建治理改造，顺应经济社会发展的客观趋势，能够让广大人民群众共享改革发展的成果，享有均等化的公共服务，过上更加美好幸福的生活，是回应广大人民群众强烈呼声，改善民生的一项重大举措。

4. 实施旧城改造是优化城市布局、完善城市功能的有效途径。由于受昌都镇城市建设用地极为匮乏、紧张，城市规划滞后等诸多因素的制约，昌都旧城区功能布局极不合理。通过实施旧城棚户区改造和非法私建治理，将原来聚集在旧城区的金融、商贸、物流等服务性功能按照城市规划的要求合理地转移到达因卡、农科所、生格村等城市新区；将部分非法私建户按照就近就地的原则，妥善安置到城市新区生活居住，不仅有力地促进了昌都新区的建设，而且有利于缓解旧城区城市功能拥挤的状况，城市布局更趋合理，功能更趋完善。

四、昌都新一轮旧城改造的思路

2012 年 10 月 15 日，西藏自治区党委、政府高瞻远瞩，审时度势，创造性地把昌都地区的发展与稳定放在西藏乃至全国的大局中谋划，史无前例地召开了自治区党委政府昌都工作会议。科学地对昌都所处的战略地位做出了准确的定位：昌都是西藏与内地联系交流的重要门户；是资源极其丰富的“三江”宝地；是发展潜力巨大的藏东明珠；是维护全区稳定的战略屏障。

新一届地委、行署敏锐地抓住了这次昌都发展史上十分难得的发展机遇。罗布顿珠常委指出："加快发展要有强烈的机遇意识，就是要把中央特殊关心西藏的机遇，自治区召开昌都工作会议特殊扶持关爱昌都的机遇，自治区推进西藏超常规发展的机遇，昌都特色优势资源富集、基础设施不断改善的机遇，以及昌都社会局势持续稳定、人民群众热切盼望并全力发展的机遇，抓住、抓好、发挥好"。他说"旧城改造与开发建设一定要尊重群众意愿、尊重昌都实际、尊重国家法律法规。在此基础上，总结经验，引进新方法，立足改善民生、和谐稳定、完善城市功能、提升城市品位、推进城镇化进程的目标，高标准设计、高品位建设、高效益经营、高质量管理地完成昌都镇城市建设各项工作"。这为昌都新一轮旧城改造指明了方向。由此，昌都地委、行署明确地提出了"强工重镇、带动两翼、东西发展、创建基地"，打造藏东经济强区的城市发展方向：东延、西进、北扩、南跨。向东延伸至生格村、农科所片区，规划为东部城市新区建设用地；向西延伸俄洛片区，规划为城市的重要教育基地、货运物流枢纽；向北延伸至如意乡、邛卡片区，规划为连接昌都三大旅游区的特色旅游集散小镇；向南跨澜沧江发展卡若片区、加卡片区，规划为卡若遗址旅游区，以及加卡片区昌都交通枢纽、物流、工业片区。主城区设计功能结构为一心两带三轴八片区。一心是以中心坝昌都强巴林寺、茶马古城为代表的特色形象中心，集中体现昌都文化特色和建设风貌；两带是扎曲河滨水景观带和昂曲河澜沧江滨水景观带；三轴是文化之轴、魅力之轴和形象之轴，文化之轴由北向南依次串联位于昌都上部的天葬台、强巴林寺、茶马古城、茶马文化广场和澜沧江天津广场，是昌都历史文化、宗教文化和民族文化的集中体现；魅力之轴横跨中心坝、马草坝和达因卡三个坝区，承载了昌都重要的商业、文化、体育以及商务功能，体现昌都多元化的发展潜力；形象之轴是以云南坝、邦达街和生格村为依托，连接起昌都地委行署和县级行政中心，以集中、透明、规范、高效的行政服务，充分展示昌都对外开放的良好形象。

在改造治理工作中，昌都地委行署始终坚持"以城建城、以城养城"的理念，严格按照中央和自治区要求，不搞堆债的成绩工程，创新旧城改造投融资模式，除了公共配套设施等必须由政府投入资金建设外，其余建设资金均采取市场化运作方式解决。据有关部门统计，昌都旧城改造治理工程总投资 68.7 亿元，其中：国家及自治区投资 18.6 亿元，本级自筹及援藏资金 4.2 亿元，市场化运作资金 33.9 亿元，自治区昌都工作会议计划纳入“十三五”规划优先解决的昌都镇基础设施项目资金12亿元。在旧城改造过程中，切实做到了资金来源有保障，未挤占挪用任何项目资金。

昌都旧城改造后卧龙街商业广场的沿河建筑群

五、新一轮昌都旧城改造政策层面的做法

新一轮旧城改造面临的最大困难是可利用的土地少，拆迁的难度大。相关领导说：“昌都城和别的地区不同，土地资源稀缺，发展空间受限，政府在旧城改造和开发建设中不仅赚不到钱，还需要很大的前期投入”。于是，昌都市委、市政府创新思路，采取国家支持、社会参与、地方投资、援藏帮助、银行贷款等多种方式，充分发挥政府的主导作用和市场的基础性作用，多方筹集建设资金用于道路、给排水、通讯、绿化等城镇基础设施和公益事业建设。截至目前，建设工程已完成工程总量的85%以上，工程建设布局框架已基本形成。卡若区城镇周边山体上非法私建治理第一期612户拆迁安置工作已于2014年底启动，目前已完成工作量的70%，各项工作进展顺利。在新一轮旧城改造中，昌都市委、市政府广泛征求意见建议，依法保障群众的知情权、参与权和监督权，切实做到公开、公平、公正。

昌都镇旧城改造治理工程涉及范围广、政策要求高、利益纠葛多，群众工作难度较大，极易引发信访和社会热点问题。市委市政府始终把群众满意作为一切工作的出发点和落脚点，秉承“执政为民、拆迁为民、让利于民”的理念和“公平、公正、公开”的原则，坚持以人为本，关注民生，最大限度地考虑和解决拆迁群众的现实利益问题，赢得了广大群众和社会各界的支持和拥护。在抓民生保障，维护群众利益方面，主要采取了以下几个办法：

一是深入调查摸底，准确掌握情况。为全面了解改造片区群众对昌都镇旧城改造工作的真实意愿，市委、市政府及时组织市、县、乡（镇）各级干部组成30余个调研工作组，采取划片分区的方式，深入涉迁群众家中进行全方位、多角度的调查摸底，准确掌握涉迁群众家庭人口、住房条件、拆迁愿望等基本情况，逐户建立了涉迁群众信息档案。

二是广泛征求意见，合理补偿安置。严格按照《国有土地上房屋征收与补偿条例》有关规定，结合昌都实际，制定出台了《昌都镇旧城改造与开发建设房屋征收补偿安置办法》，采用藏汉两种文字向社会进行了公示，广泛征求了社区居委会、涉迁群众以及老党员、老干部、人大代表、政协委员等社会各界代表对实施昌都镇旧城改造的意见和建议，并组织专家组进行研究论证，反复探讨，数易其稿，确保了办法科学合理、符合实际、群众满意，为拆迁补偿安置工作顺利开展奠定了基础。

三是坚持多措并举，实现让利于民。坚持把妥善解决人民群众最关心、最直接、最现实的利益问题作为昌都镇旧城改造工作最根本的出发点和落脚点，变传统的商业开发盈利模式为政府主导、社会参与的开发模式，制定了多项让利于民的政策措施，科学合理地测算成本，采取1:1房屋置换或资金补偿等多种方式供拆迁群众自主选择，既确保政府不背大的包袱，又最大限度地让利于民。

四是统一政策标准，做到阳光操作。始终做到严格政策、统一标准、坚持原则，以客观事实为依据，以政策规定为标尺，建立了现场公示、信访接待、责任承诺、社会监督等一系列行之有效的制度，将《补偿安置办法》的所有内容以及每户的拆迁面积、补助标准、补助金额等进行公示，公开办事程序、工作流程和监督电话，特别是在房屋评估公司选定、评估价格确定等与拆迁群众利益密切相关的重要环节上，均邀请群众代表进行全程监督。

六、新一轮昌都旧城改造技术层面的做法

在本次新一轮旧城改造中，昌都市委、市政府始终坚持以改善昌都镇旧城区居

住环境、完善城市公共服务体系、提高群众幸福指数、节约集约土地为目标，以现代理念定位城市，以战略眼光规划城市，以建设藏东精品城市这一定位，按照坚持高起点规划、高标准建设、高效益管理。

首先，花大力气搞好顶层设计。先后委托中国规划设计研究院、重庆市规划局等国内知名规划设计单位对昌都城市控制性总体规划进行了修编，同时，在西藏自治区建筑勘察设计院、四川东华综合科学院等单位的协助下，在广泛征求各方面意见的基础上，对城市发展方向、人口规模、功能布局、景观特色等进行了科学规划。较好地处理好了现代建筑与民族传统建筑有机融为一体的关系。

其次，昌都新城的建筑整体设计新颖、风格鲜明，大凡藏东建筑中的石碉、井干式建筑，以及藏族传统图案符号，都较好地融入在整体建筑中。而这个融入是通过总体设计，局部借鉴藏族建筑表现手法来实现的。在建筑外形的表现方式上，以康区优秀传统建筑风格为底蕴，将传统民居中的木楞墙、土坯房、石砌房与寺庙建筑中的藏式柱梁、重檐窗楣等一系列康巴藏式建筑特色元素，结合现代城市高层建筑的结构进行了康巴建筑文化的写入与藏式现代建筑外观的重构。

再次，在装饰上主要借鉴寺庙建筑中藏式梁柱、藏式窗套、藏式彩绘，画栋雕梁等表现手法。设计人员从藏民族传统建筑中吸取灵感和营养，在现代建筑中表现藏民族建筑的风格，直接借鉴和采用了寺院建筑中窗户上方的桃檐装饰和居民屋檐的造型。

最后，在色彩应用上将传统的藏红色、藏黄色与多色配搭，形成了一个有浓厚康巴建筑文化的新型民族建筑风格。

通过以上四个层面的相互融合与综合效应，昌都新城建筑出现了一批既符合藏汉审美情趣，又富有时代气息和民族风格的复合性建筑，展现出新康巴藏式建筑的气派。正如清华大学建筑学院副教授罗德胤先生所说“昌都市内建筑群设计内容丰富，因功能而各异，既体现藏式建筑风格，又是对中国传统建筑文化的传承和弘扬”。总之，昌都市委、市政府通过解放思想，开拓创新，以大手笔、大思路、大建设、大发展的理念，在旧城改造中终于走出了一条在发展中保护、在建设中传承的特色道路。应该说这为民族地区快速建设发展的城市提供了有益的借鉴。当然，昌都古城的建设也面临着新的挑战，如何统筹旧城与新城建设改造，如何使民族建筑与现代建筑紧密结合等问题，仍需要今后进一步探索。

七、展望昌都新一轮城镇建设与社会各界对旧城改造的评价

2012年以来，昌都大力实施“提升中心、创建新区、发展乡镇”战略，新一轮旧城改造进展顺利，新区开发建设稳步推进，市政重点项目建设加快进行，城市面貌日新月异。规划到2020年，昌都镇城市规划区总面积将达到29.6平方公里，其中主城区规划面积达12.6平方公里，含新增8平方公里，城镇化率提高到35%，从而整体提高了昌都城市的品位。

昌都新一轮旧城改造后所取得的巨大变化，有目共睹、众口称赞。原卧龙街居民泽仁江措对新一轮旧城改造的政策很满意，他说：“无论规划的编制、征地拆迁补偿办法的制定，还是工程质量监督、分配安置方案的确定，都有社区群众全程参与，政府做到了政策到位、补偿到位、监督到位，也得到了广大拆迁户的理解、支持和配合”。退休干部，年近古稀的泽久激动地说：看到家乡翻天覆地的变化，我作为世居生活在昌都人很高兴、很自豪。以罗布顿珠书记为首的昌都新一届班子，有办法、有能力、有智慧、有魄力，是一个想干事，能干成好事的班子。我要伸出拇指为他们点赞祈福。今年51岁的昌都居民朗措高兴地说：“新一轮旧城改造时，按照1比1的置换方式，我不仅自己住有余，卖出去两套房子，还有房子租出去，年收入很客观。新一轮旧城改造使我生活殷实富足。感谢共产党，感谢人民政府”。事实上，作为土生土长在昌都的老居民，笔者家恰巧经历过解放后昌都古城改造的三个时期。其感受最真切，体会最深刻。可以说我是这个变化的经历者、见证者和受益者之一。解放初期，川藏公路就从我家门前的菜地与院子穿越而过；二十世纪九十年代末至二十一世纪初昌都旧城改造时，位于聚盛街我家几代人居住的建筑面积达509平方米的房屋属于昌庆街建设范围内而被拆除；2012年以来的昌都旧城大建设时，我妻子家卧龙街的旧房，又属于拆除的范围。尽管三次的补偿标准和方式差异大，得到的补偿很不一样，但总的情况是朝着让老百姓受惠越来越多的方向发展。我家世居的老房子没有了，但我对昌都古城三次的拆迁是衷心拥护的。因为每一次的改造，使我的家乡变得越来越美丽、越来越繁荣。

2015年6月，昌都籍的老领导，原西藏自治区政府常务副主席江措回到昌都后兴奋地说：“我们常说西藏的变化，短短几十年，跨越上千年；我看昌都城区的变化，可以说短短三年，跨越几十年”。今年7月28日，原西藏自治区人大常委会常务副

主任、曾在昌都工作31年、担任昌都地委书记5年的老领导李光文很有感慨地说："近年来，昌都城市建设高潮迭起，投入大、规模大、效果好，通过参观实实在在地感受到了昌都城市面貌日新月异的变化。现在的昌都，不仅天蓝水清、生态宜居，而且设施齐全、繁华现代，城市分区功能合理，更具活力、魅力和竞争力，有效地改善了城市环境，提高了城市品位，人民群众受惠其中，打造了一座具有藏东特色的现代化城市。"以上两位老领导的话，说出了昌都旧城改造的巨大变化。

外地客人和专家同样对昌都新一轮旧城改造给予好评和点赞。青海省玉树州政协常务副主席布松率领的考察团到昌都考察，他说"尽管昌都新城高楼大厦鳞次栉比，但藏东康区昌都的建筑特点很浓，我们很欣赏"。对昌都新城建筑给予了好评。四川东华综合科学院院长钟行恕教授撰文高度评价昌都新一轮旧城工作后的昌都新城。他说在昌都旧城改造中"在引进现代建筑结构的基础上，依托康巴传统建筑的元素，传承、创新了一大批康巴现代城市建筑形象，树立了昌都市作为康区中心城市、藏东明珠的独特形象，成功地解决了城市建筑形象中'我是谁'的关键问题"。2015年6月，由原国家建设部总工程师、中国民族建筑研究会第三、四届会长姚兵先生，中国民族建筑研究会专家委员会主任李先逵先生率领中国民族建筑研究会专家组，赴昌都开展进一步做好中国民族优秀建筑普查与推广工作进行调研考察，对昌都旧城改造给予了很高的评价。专家们普遍认为"昌都具备极其独特的文化优势，藏传佛教建筑地域特色鲜明，建筑民族特征明显，是今后城镇化发展中应当遵循和发扬的核心，也是建设昌都、文化昌都的基石"。经过专家们的评议，昌都旧城改造工程连获中国民族建筑五项大奖：即"中国民族优秀建筑名街"、"中国民族优秀建筑——建筑文化保护典型（示范）项目"、"中国民族优秀建筑——建筑文化传承典型（示范）项目"、"中国民族优秀建筑——民族建筑特色风貌设计项目"、"中国传统建筑文化旅游目的地"。中国民族建筑研究会第三、四届会长姚兵挥毫泼墨，称赞昌都为"昌都——中华民族建筑最具魅力城：集康区建筑文化之大成，展现代民族城市之新貌"。把昌都新城放在"中华民族建筑"的大盘子中盛赞"最具魅力城"。中国民族建筑研究会专家委员会主任李先逵先生即兴赋诗题写"高原古迹镶明珠，三江大地绘新图。康巴文化新展现，风情汇入昌盛都。"来赞美昌都新貌，给予了很高的评价。

2015年9月19日，作为西藏昌都首届三江茶马文化艺术节重要内容之一的"中国康巴建筑文化复兴与实践《昌都国际论坛》”在昌都隆重召开。论坛邀请国内外专家学者，对昌都旧城改造后的建筑形式、风格、特点等文化内涵做了全方位的研讨。中国民族建筑研究会第五届会长、国家民委财务司司长李春林亲自出席论坛并致辞，高度评价昌都旧城改造的成绩，他说“快速发展的昌都市非常重视传统文化的传承、保护和研究，特别是通过农牧区建设、旧城改造等，挖掘传统康巴建筑文化特点，与现代规划和建筑元素融为一体，充分展示了康巴建筑的独特魅力。论坛的召开是为了更好地传承和弘扬康巴建筑文化精髓，促进传统建筑文化与现代建筑元素的有机结合，努力建设文明昌都、美丽昌都、进一步提升康巴民族建筑文化的国际影响力”。

相信随着昌都新一轮旧城改造的竣工与完善，昌都这颗藏东明珠愈发显现出更加夺目的光彩。昌都——昌盛之都的明天会更加美好。

原载《昌都报》2015 年 11 月 6 号和 11 号第 4 版的两个版面

积极申报昌都市卡若区为国家历史文化名城的认识与思考

一、昌都在西藏历史上的地位

昌都在西藏或藏区处于什么样的地位，据成书于1751年的《西藏志》中说昌都“乃川、滇、西藏三界之中最为重地。两河怀抱，左右有大木桥，东走四川，南达云南，西通西藏，北通青海，乃扼要之区”。清代中叶驻藏大臣松筠说：昌都“为西藏门户”。曾担任进军西藏部队的十八军司令员，亲自指挥昌都战役的张国华将军从政治和军事的角度深刻论述了昌都的战略地位：“昌都是西藏东部的门户，是我军入藏的咽喉要道，是祖国高原地区的战略枢纽地带，历来为兵家必争之地”。1990年10月，时任西藏自治区党委书记的胡锦涛同志在昌都解放四十周年庆祝大会上作了重要讲话，他精辟地指出：“昌都地处藏、青、川、滇要冲，战略地位十分重要。昌都的稳定对全区乃至整个藏区的长治久安都具有重要的意义”。2012年10月15日，西藏自治区党委、政府高瞻远瞩，审时度势，创造性地把昌都地区的发展与稳定放在西藏乃至全国的大局中谋划，史无前例地召开了自治区党委政府昌都工作会议。在这次会议上，自治区党委书记陈全国系统地对昌都战略地位进行了深刻的阐述：“无论从历史还是从现实看，昌都在西藏都具有举足轻重的战略地位。第一，昌都是西藏与内地联系交流的重要门户；第二，昌都是资源极其

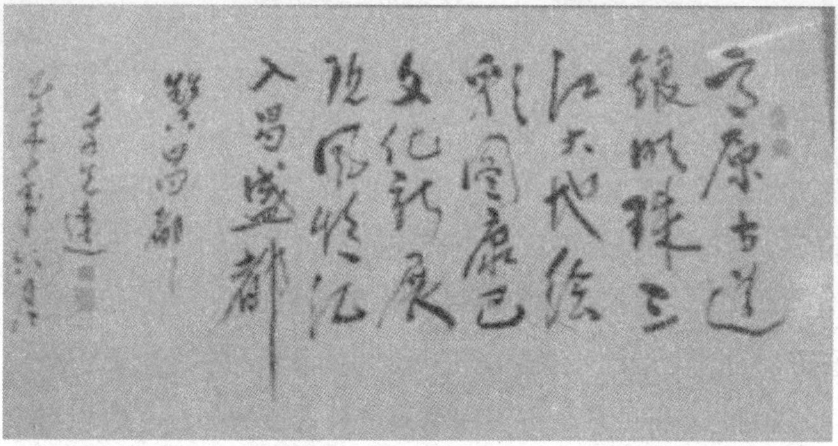

2015年6月，中国民族建筑研究会专家委员会主任李先逵先生为昌都古城题写的“赞昌都”诗：高原古道镶明珠，三江大地绘彩图。康巴文化展新风，风情汇入昌盛都

丰富的‘三江’宝地；第三，昌都是发展潜力巨大的藏东明珠；第四，昌都是维护全区稳定的战略屏障。昌都的稳定事关全区的稳定，事关整个藏区乃至国家的安全与稳定”。西藏自治区“十二五”规划对昌都地区的发展要求是将昌都“建设成为连接川、滇、青的交通枢纽、商贸中心、有色金属生产基地、‘西电东送’接续能源基地，依托‘茶马古道’和大香格里拉旅游圈打造‘三江’流域精品旅游区”。

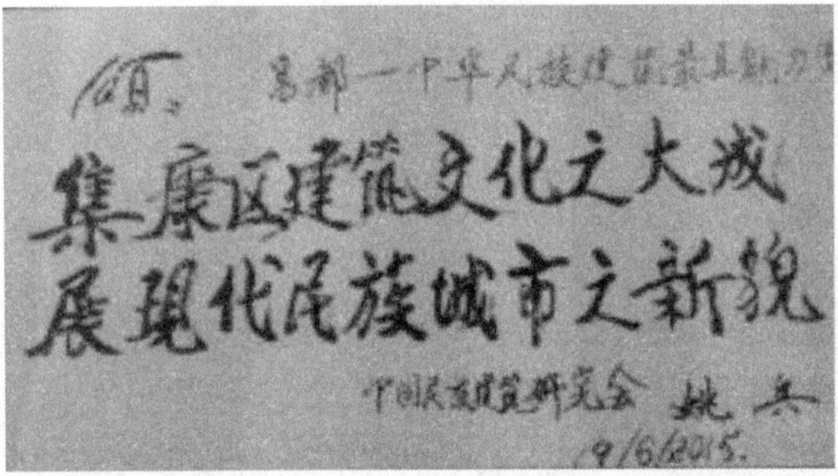

2015 年 6 月，由原国家建设部总工程师、中国民族建筑研究会第三、四届会长姚兵先生率领专家组赴昌都调研考察时，称赞“昌都——中华民族建筑最具魅力城，集康区建筑文化之大成，展现代民族城市之新貌”

如果说以上的论述主要是从政治、经济和军事角度论述的话，那么学术界对昌都战略地位又有怎样的认可呢？著名康藏史学权威任乃强教授把昌都放在整个康区的大局中说昌都“夙为康区中心”，“历为康境重镇”。著名藏学家格勒博士在《西藏昌都——历史·传统·现代化》对昌都地区有一段结论性的权威评价：“昌都为藏东重镇，历来就是藏东政治、经济、文化、交通的中心，也是兵家必争之地，战略地位十分重要，而且昌都地区是藏民族起源及藏族悠久历史文化产生、形成的重要地区，在西藏历史上具有极其重要的地位”。石硕教授是康区历史研究的著名专家，他在昌都实地考察后得出的结论是：“昌都一带不仅是卫藏与今川、滇西部地区的原始文化发生交流联系的一个通道，同时也是各种原始文化因素传统荟萃的一个重要枢纽地区”。事实上，昌都是历史上川藏茶马古道和滇藏茶马古道的必经之地和当今国道 318、214 交汇的重要节点。

二、申报国家历史文化名城是昌都经济社会发展的迫切需要

1. 申报国家历史文化名城有利于提高昌都的综合竞争力。经过昌都解放 65

年的建设与发展，昌都的经济社会发生了巨大变化。但昌都与其它地市相比，仍有很大的差距，其中重要的一条是昌都综合竞争力很低。“历史文化名城”是反映城市综合竞争力的重要品牌。昌都市卡若区申报国家历史文化名城，对全市的历史文化资源在加强保护的前提下，进行整体深度研究和合理开发利用，不但能促进其自身的可持续发展，而且对于推动丰富的文化资源转化成为新的经济增长点，提高城市综合竞争力是十分重要和必要的。

2. **申报国家历史文化名城有利于我们对昌都历史文化资源的重新认识**。昌都文物古迹众多、文化内涵丰富，展现着藏民族的时代风貌，构成了昌都独特的文化生态，传承着无形的历史文脉。要在积极申报国家历史文化名城中，深入挖掘城市独特的历史文化价值，对现存文物古迹、历史遗存倍加珍惜，打造精品化的文化品牌，努力实现历史文化遗产与城市发展相得益彰。昌都的历史文化虽丰富多样，但我们自己对这些历史文化遗产认识与挖掘不够。通过申报的过程，其实就是我们再认识、再发掘、再抢救、再提炼、再提高的过程。

3. **申报国家历史文化名城有利于提高昌都的知名度、美誉度**。对一个城市而言，历史文化遗产是其沧桑变迁的见证，是城市之“根”、城市之“魂”。城市的发展，最根本的还是文化的发展和积淀；城市的兴与衰，归根结底还是取决于历史文化底蕴的挖掘。根据其它成功申报国家历史文化名城的经验，一旦申报成功，对于大幅提高城市的知名度和美誉度，提升城市对外开放的吸引力和软实力是极为有利的。

昌都旧城改造后宽敞的马路与路灯

4. **申报国家历史文化名城有利于更广地推动昌都文化交流、交往、交融**。昌都市卡若区所处的地理位置，决定了卡若区在促进各民族文化交往交流中的重要作用。古代西藏的民族走廊、唐蕃古道、茶马古道或经过昌都腹心地带或部分经过昌都卡若。这些通道既是一条经贸之路、文化之路、传播之路，更是各民族之间的团结之路、友谊之路、交流之路，积淀着上千年乃至几千年的丰厚历史。昌都市卡若区申报国家级历史文化名城，对于维护祖国统一、反对分裂、加强民族团结，对于更广、更深、更多层面推动藏汉文化交流交往交融有着十分重要的作用。

三、昌都市卡若区申报国家历史文化名城已经具备了基本条件

国务院从 1982 年到 2016 年 5 月先后公布了国家历史文化名城 130 座，其中西藏自治区入选的城市是拉萨市、日喀则市、江孜县三个城市。国务院于 2008 年 4 月公布的《历史文化名城名镇名村保护条例》中提出了申报国家历史文化名城的五大条件。对照这五大条件，梳理昌都市卡若区历史文化发展的脉络，以及近几年昌都旧城改造的成果，昌都市卡若区具备了申报国家历史文化名城的基本条件。

《历史文化名城名镇名村保护条例》中提出了申报国家历史文化名城的第一条件是“保存文物特别丰富”。昌都卡若遗址距今 5000 年，是西藏高原上发现的第一处原始村落遗址，公认为西藏“三大原始文化”之一。唐、宋、元、明、清至民国，昌都在增进藏汉民族文化交流、巩固国防方面一直发挥着重要作用。在 5000 年交往交流交融的进程中，昌都留下了丰富的历史文化遗产。昌都市卡若区拥有小恩达文化，有杰出的《格萨尔王传》说唱艺人以及格萨尔版本、壁画等格萨尔系列文化；拥有嘎玛噶志唐卡之乡、嘎玛民族手工艺之乡、日通藏医药之乡等众多民族文化遗产；在昌都康巴文化、茶马古道文化、三江地域文化并存。截止 2015 年底，全市共有全国重点文物保护单位 5 处，自治区级文物保护单位 54 处，县级文物保护单位 109 处，文物点数量达到 678 处。列入国家级非物质文化遗产名录的 8 项、国家级非物质文化遗产传承人 9 名，列入西藏自治区非物质文化遗产名录的 15 项、自治区级非物质文化遗产传承人 20 人，列入县级的非物质文化遗产名录 50 项。其中仅卡若区境内现有全国重点文物保护单位 3 处，自治区级文物保护单位 10 处，县级文物保护单位 17 处；列入国家级非物质文化遗产名录的 3 项、国家级非物质文化遗产传承人 2 名，列入西藏自治区非物质文化遗产名录的 3 项、自治区级非物质文化遗产传承人 4 人，列入县级的非物质文化遗产名录 17 项。

第二条件是“历史建筑集中成片”。这方面以建在扎曲河与昂曲河两水汇合间的龙山上的昌都强巴林寺为代表。该寺庙由向生·西饶松布于1444年创建。寺院高居其上，现实际占地面积为150亩，有众多的经堂与僧舍等早期建筑群。昌都强巴林寺是藏族建筑类型中典型的平川式建筑布局，寺庙建筑多为石块砌墙，系石木、土木结构的藏式密梁平顶建筑。整个建筑以大经堂为中心布局，建筑巍峨庄严，殿宇层叠，殿内雕梁画栋，金碧辉煌，代表了明末清初昌都寺院建筑的最高水平。其整体建筑保存完好，完全符合“历史建筑集中成片”的要求。正因为如此，昌都强巴林寺于1961年列为西藏自治区第一批文物保护单位，2013年

著名的昌都强巴林寺全景

再次晋升为全国文化保护单位。

第三条件是“保留着传统格局和历史风貌”。昌都卡若区城关镇的布局以两河汇合处的昌都坝为中心，左右两侧分别为云南坝和四川坝及正面的马草坝为基础的城镇布局。其中昌都坝以昌都民居的聚集区，云南坝为行政机构所在地，解放后成立的“中华人民共和国昌都地区人民解放委员会”都在这里，四川坝为驻军用地，马草坝为文教卫生用地。其余民居分散在野猪坝、邦达街、嘎东街、夏通街等街区，其完好地“保留传统格局”与功能。“历史风貌”除完整地保留在昌都强巴林寺的建筑外，还较好地保留在新型建筑上，且又有了创新与发展。昌都新一轮的建筑整体设计新颖、风格鲜明，大凡藏东建筑中的石碉、井干式建筑，以及藏族传统图案符号，都较好地融入在整体建筑中。而这个融入是通过总体设计，局部借鉴藏族建筑表现手法来实现的。新型建筑主要是突出民族特色，彰显康区文化底蕴。如在建筑外形的表现方式上，以康区优秀传统建筑风格为底蕴，将传统民居中的木楞墙、土坯房、石砌房与寺庙建筑中的藏式柱梁、重檐窗楣等一系列康巴藏式建筑特色元素，结合现代城市高层建筑的结构进行了康巴建筑文化的写入与藏式现代建筑外观的重构。在装饰上主要借鉴寺庙建筑中藏式梁柱、

藏式窗套、藏式彩绘，画栋雕梁等表现手法。在色彩应用上将传统的藏红色、藏黄色与多色配搭，形成了一个有浓厚康巴建筑文化的新型民族建筑风格。清华大学建筑学院副教授罗德胤先生在昌都实地考察后说“昌都市内建筑群设计内容丰富，因功能而各异，既体现藏式建筑风格，又是对中国传统建筑文化的传承和弘扬”。2015 年 6 月，由原国家建设部总工程师、中国民族建筑研究会第三、四届会长姚兵先生，中国民族建筑研究会专家委员会主任李先逵先生率领中国民族建筑研究会专家组，赴昌都调研考察，对昌都旧城改造给予了很高的评价。专家们普遍认为“昌都具备极其独特的文化优势，藏传佛教建筑地域特色鲜明，建筑民族特征明显，是今后城镇化发展中应当遵循和发扬的核心，也是建设昌都、文化昌都的基石”。姚兵会长挥毫泼墨，称赞昌都为“昌都——中华民族建筑最具魅力城，集康区建筑文化之大成，展现代民族城市之新貌”。把昌都古城放在“中

2012 年以来的昌都新一轮旧城改造，极大地改善和提高了昌都的城市品位，昌都城已经展现出了现代化都市的雏形，昌都古城旧貌变新颜

华民族建筑”的大盘子中盛赞“最具魅力城”。

第四条件是“历史上曾经作为政治、经济、文化、交通中心或军事要地，或发生过重要历史事件，或其传统产业、历史上建设的重大工程对本地区的发展产生过重要影响，或能够集中反映本地区建筑的文化特色、民族特色”。昌都是历史上茶马古道川藏段和滇藏段的必经之地，也是当今国道 318、317、214 交汇的重要节点。较好地保留着“贡拉百果”（意为茶道蛙头山）等地名和原昌都城南桥头岩石上部释迦牟尼佛摩崖线刻等早期见证昌都城区与茶马古道兴衰的重要遗

迹。1913年西藏地方政府在昌都设立“朵麦基巧”总管府。1951年1月，成立“中华人民共和国昌都地区人民解放委员会”。著名的昌都战役彻底粉碎了亲帝分裂势力企图分裂祖国的阴谋，打开了和平谈判的大门，奠定了和平解放西藏的基础，开启了西藏历史的新纪元。在这个历史的进程中，昌都市卡若区成为西藏第一面五星红旗升起的地方，成为孕育“老西藏精神”、“两路精神”的摇篮，进而形成了昌都的红色文化。西藏解放后的很多“第一”是在昌都卡若起步的。西藏第一所新型小学、第一个气象站、第一个银行、第一个人民医院、第一家运输公司等十几个西藏的第一。为此，昌都市委、市政府高度重视红色遗迹，于2016年8月23日专门举行“红色遗迹·昌都地区人们解放委员会旧址”恢复开馆仪式。该遗迹由建于50年代的四栋小别墅、解委会小礼堂、解委会办公楼等组成。这些红色遗迹作为宝贵的精神财富，作为爱国主义教育的重要遗迹，具有十分重要的教育启迪作用。昌都人杰地灵，名人辈出。历史人物有：为西藏归入中国版图做出贡献的噶举派高僧嘎玛拔希、著名学者隆多喇嘛阿旺罗桑、著名民间画家普布泽仁、开创嘎学噶志画派的嘎学·嘎玛扎西等；近现代人物有：著名爱国人士和社会活动家诺拉、《格萨尔》说唱家学图旺布、西藏传奇巨商邦达多吉等。解放后，昌都籍和从昌都走出去的国家级领导有现任全国人大副委员长向巴平措、全国政协副主席帕巴拉·格列朗杰，以及白玛赤林、洛桑江村等担任西藏自治区政府主席在内的近20名省级干部，一批国内外有名望的艺术家、歌唱家、作曲家、画家等的涌现，使昌都大地熠熠生辉，令人瞩目。2013年10月，在昌都举办的“第七届藏、川、青、滇毗邻地区康巴文化旅游艺术节”期间，邀请国内知名学者在“藏东明珠”昌都举办康巴文化高峰论坛。来自京、沪、藏、川、滇、青、甘等地的30多位专家学者，共同研究讨论后达成了《康巴文化高峰论坛昌都共识》，其中对昌都文化地位的共识是：“昌都地区具有悠久的历史与灿烂的文化，地处康巴腹地，是藏族古文明的中心之一，是康巴文化的发祥地。昌都地区自古以来是各民族生存、迁徙和融合的重要走廊，茶马古道的必经之地，夙为康区中心，历史文化和民族文化积淀厚重，为西藏文化大区。同时昌都是西藏第一面五星红旗升起的地方，红色文化与康巴文化、茶马古道文化、三江地域文化并存，堪称天然的自然博物馆和人类学研究的宝库”。这个共识概括了昌都市曾经作为藏东政治、经济、文化、交通中心或军事要地的重要地位和作用。

第五条件是“在所申报的历史文化名城保护范围内还应当有两个以上的历史文化街区”。昌都解放65年来，政府投入巨资，对一些重要古迹进行了保护修缮，同时，恢复重建一批旧建筑和新建一批具有藏民族康区特色的建筑。如新石器的卡若遗址和小恩达遗址、昌都强巴林寺的维修，以及获得“全国人居环境奖”的昌庆街、茶马大桥、西藏第一个下穿隧道、解放广场、茶马广场等，极大地改善

2012年昌都旧城改造后新修建的建筑群

和提高了昌都市卡若区的城市品位。2015年6月，中国民族建筑研究会授予昌都市“中国民族优秀建筑名街”、“中国民族优秀建筑——建筑文化保护典型项目”、“中国民族优秀建筑——建筑文化传承典型项目”等五大奖项。说明昌都旧城改造富有成效，得到专家学者的充分肯定。“昌庆街”和“昌都茶马街”两个“街”

均分别荣获“全国人居环境奖”与“中国民族优秀建筑名街”。同时昌都强巴林寺的转经道也具有历史文化街区的性质，由此，也就具备了“两个以上的历史文化街区”的基本要求。

四、申报国家历史文化名城的对策与建议

1. **加强组织领导**。申报国家历史文化名城是一项艰巨的系统工程，必须有一个强有力的组织协调机构进行申报运作。建议市委、市政府下定决心，将申报工作列入重要的议事日程，由市主要领导挂帅，成立申报国家历史文化名城工作领导小组，并组建工作班子，具体负责包括国家历史文化名城、国家卫生城市、国家级生态示范区、全国文化先进城市、全国拥军模范城市、全国体育先进城市等在内的各类有关申报工作，统筹规划，统一部署、统一安排、统一申报。

2. **制订申报规划**。要把申报国家历史文化名城作为一项工程进行实施，制订具体的申报方案，明确重点，分步实施。要学习借鉴成功申报名城城市的经验，结合昌都市卡若区实际，研究制定申报规划。

3. **寓申报于建设中**。在整个申报的过程中，宣传、文化、城建、规划等部门通力合作，所有建设项目和活动项目均应考虑到是否与“国家历史文化名城”相协调，是否具有文化品味。要对照国家历史文化名城的标准，查找申报工作中存在的差距，同时申报规划应随着申报的深入不断进行补充和完善。

4. **了解申报程序**。按照国家有关规定，历史文化名城由西藏自治区人民政府提出申请，报请国务院批准公布。为此，按照有关要求，昌都市人大要以立法的形式，制定和通过《昌都市卡若区历史文化名城保护管理条例》。再按有关程序申报：第一阶段为前期准备阶段，主要是建立申报机构和补充完善相关的基础工作等，为全面启动申报打好基础；第二阶段为全面实施申报工作阶段，主要是编制申报材料、开展整治修缮、完善保护管理框架等；第三阶段为申报迎检阶段，主要是加强各方面的沟通、做好申报迎检准备等。为此，建议分别邀请自治区住建局、文物局和国家历史文化名城专家委员会的专家，帮助和指导卡若区申报国家级历史文化名城的工作。

5. **加强宣传工作**。申报历史文化名城是卡若区乃至全市人民的一件大事，要宣传发动全市人民积极参与。宣传部门要加大宣传力度，新闻媒体要开辟专栏征

求市民意见和建议，群策群力申报名城。要多听取专家的指导和建议，特别是国家历史文化名城专家委员会专家的意见；加强与建设部、国家文物局等国家机关的沟通，争取得到他们的支持与理解。

当然，昌都古城的建设也面临着新的挑战，如何统筹旧城与新城建设改造，如何使民族建筑与现代建筑紧密结合，如何更好地保护好历史文化街区等问题，需要今后进一步改进或探索。如果昌都市委市政府紧紧抓住发展机遇，在积极申报自治区级卫生城市等活动的同时，把目标定在申报自治区级和国家级历史文化名城，则对于推动丰富的文化资源转化为新的经济增长点，大幅提高城市的知名度和综合竞争力，增进各民族文化交往交流交融方面，所发挥和释放的作用会成倍地提高。

2016 年 9 月 2 日写于昌都

第六辑

藏戏艺术篇

浅谈昌都藏戏及其特点

传统的藏戏艺术首先是从西藏古老文化的发祥地之一的雅隆一带兴起的，后来随着发展，也逐渐流传到了包括“藏”、“堆”、“康”等在内的整个藏族地区，成为藏族人民喜爱的传统艺术类型之一。研究藏戏不能不重点研究和探讨藏戏最初形成的地区“卫”、“藏”。然而，对后来流传到昌都地方的藏戏也不容忽视，应将他纳入研究整个藏戏发展过程的范畴之内考察。只有这样，我们才有可能对古老藏戏有一个比较清晰和全面的认识。

一、来源及其分布地区

地处横断山脉和三江流域的昌都，人民素以能歌善舞而著称。他们把跳锅庄、舞热巴、拉弦子、唱山歌、说《格萨尔王传》等作为传统艺术中最喜爱的艺术类型。由于自然环境、历史条件和欣赏习惯的不同，藏戏在昌都一带没有普及到锅庄、热巴、弦子那样广的程度。但我们不能由此而得出昌都一带无藏戏或说藏戏在昌都一带影响不大的结论。事实上，藏戏在这个地区拥有大量的观众，而且昌都、察雅、江达等县也有着藏戏班子或演出团体。根据笔者这几年的考察和了解，可以把流传在昌都一带的藏戏分为两类：一是寺庙藏戏，它包括昌都强巴林寺、江达岗托和察雅香堆寺的藏戏；二

江达县岗托藏戏中着清代帽子的清兵舞

是民间藏戏，它主要是指察雅县旺卡乡新康一带的藏戏。这两类中，前者的表演者都是僧人；而后者的表演者则是俗人。下面我们逐一加以介绍。

1. 昌都强巴林寺的藏戏

昌都强巴林寺的藏戏在当地被称为“拉姆羌”，意为跳仙女舞或演仙女戏。也有人称为“朗他羌”，意为跳传记舞或演传记戏。主要由该寺阿却扎仓中属于昌都城镇的僧人来表演（古学扎仓的僧人偶尔也演藏戏）。在十世帕巴拉罗桑土登·米旁次成江村以前，昌都强巴林寺虽有藏戏，但影响不大，也没形成演出定规。十世帕巴拉年幼时在拉萨三大寺中学经时，受到了卫藏藏戏的影响，加之他是一个类似六世达赖喇嘛仓央嘉措式的风流倜傥的人物，爱好写诗书画、歌舞宴乐。当他于1919年返回昌都后，便组织和领导了昌都强巴林寺阿却扎仓藏戏班子的筹建工作。为了使藏戏在昌都扎下根，他一方面为阿却扎仓提供购置藏戏服装道具的资金；一方面把昌都达绒觉恩木寺划拨给他们，作为排练和演出藏戏的基地。当初使用的剧本是由昌都强巴林寺高僧谢松·格来江村根据西藏传统八大藏戏的剧本来改编的。不久，高僧降若又根据佛教故事改编了《拉鲁普雄》等剧目。新中国成立后，昌都强巴林寺曾排练过《顿月顿珠》。近几年来，昌都县文工队在民间艺人罗桑群培的指导和传授下，编排了《文成公主》。这个剧目在1986年雪顿节演出获得了好评。笔者个人认为，昌都强巴林寺藏戏的历史只有一百多年，其来源于卫藏一带。

察雅香堆藏戏

2. 江达岗托藏戏

在江达县岗托一带，对藏戏的称呼与昌都相同，亦称为“朗他羌”。

新中国成立前，江达县隶属于德格土司的管辖范围。而德格土司的家庙——德格更庆寺演藏戏的一班人马，大部分人属于金沙江以西的岗托一带。所以，江达岗托藏戏实际上就是四川德格更庆寺的藏戏。新中国成立后，岗托一带曾排练过藏戏，但追溯其来源，应是德格更庆寺的藏戏。过去由于我们对江达岗托藏戏了解不够，从而误认为岗托藏戏的剧目是以《格萨尔王传》题材为主，其实这是不确切的。江达岗托藏戏的主要流传地在金沙江两岸，即西藏昌都江达县和四川德格县一带。

3. 察雅香堆藏戏

察雅香堆藏戏是指流传在察雅香堆、荣周等地的藏戏。据我们的调查，香堆藏戏的来源有这么两种说法：第一种说法是唐东杰布传播的。据说唐东杰布曾在香堆附近建过左国桥等两座铁索桥。由此推论香堆藏戏在 14 世纪就存在了。第二种说法是在本世纪初，嘎登西珠曲科岭寺的香堆康村派了五位喇嘛到拉萨觉木隆处学藏戏，其中次旺仁增学得最好，成为香堆藏戏的第一个戏师。以上两种说法中本人认为第一种说法是泛指。可能有此事，但至少藏戏在那时没能流传开来。第二种说法才是特指，也就是说香堆藏戏是从本世纪初开始流传并扎下了根，其来源是拉萨著名的觉木隆流派。

4. 察雅新康的民间藏戏

我们之所以称新康的藏戏为民间藏戏，是因为剧中的表演者全是当地的民间艺人。据藏族近代著名学者冬孔·土登德来江村的自传记载，由于新康的藏戏从剧本到唱腔，从动作到服装，从对白到道具都突出了康区的特点，故在当地称之为“朗他康鲁玛”，意为康巴式表演形式的藏戏。据我们的调查，新康藏戏的主要组织者和领导者是冬孔·土登德来江村活佛。冬孔活佛原是察雅拉章的大秘书，任过西藏地方政府的堪穷。新中国成立后，曾任西藏第一所小学——昌都小学的董事。他学识渊博，著作颇多，爱好甚广。1927 年，他亲自把察雅活佛罗登西饶的传记改编成藏戏，并且获得了极大的成功。当地群众称赞道：“新康的藏戏比起察雅玛贡跳得德姆古羌和昌都强巴林寺跳得古庆神舞还要精彩。”当时冬孔还把传统藏戏《赤美衮丹》《诺桑王子》《朗萨雯波》等改编成“朗他康鲁玛”。

总之，昌都一带的藏戏大都是从本世纪初才正式兴起的。除新康民间藏戏外，其余藏戏的渊源都可追溯到卫藏一带的藏戏流派。

类乌齐岭卓舞

二、剧目及其内容梗概

昌都一带流传的藏戏剧目多以西藏传统的八大藏戏为主。具体讲，昌都强巴林寺的剧目以《顿月顿珠》《拉鲁普雄》《赤美衮丹》《释迦十二行传》《斯朗多王子》为经常上演的剧目。据说当初还演过《西藏王统世系》。按照十世帕巴拉的规定，昌都强巴林寺的藏戏要在藏历七月份，即僧人们在夏令安居时演出。江达岗托藏戏剧目以《诺桑王子》和《夏什巴个》等为主。其演出时间为藏历十二月二十七日至二十九日。察雅香堆藏戏剧目以《卓娃桑姆》《赤美衮丹》《朗萨雯波》等为经常上演的剧目。演出时间是藏历元月五日至八日。新康民间藏戏剧目主要以《罗登西饶传》为主，同时演出《赤美衮丹》和《朗萨雯波》等剧目。以上剧目中属于八大藏戏的其内容大同小异。

据说《拉鲁普雄》《释迦十二行传》《斯朗多王子》是由昌都强巴林寺的高僧降若喇嘛根据佛经故事新编的剧目。《拉鲁普雄》的内容梗概是：在很久以前，有个叫达俄果恰的国王，王子拉鲁普雄英俊聪明，智勇双全。为了使国政兴隆、与邻国和平相处，达俄果恰王特意从邻国玉唐苦娶了巴嘎德瓦公主，作为拉鲁普雄的妃子。但过了几年，王妃仍未得子。为此，拉鲁普雄整天愁眉不展、忧心忡忡。

后来，在一个偶然的场合，他看到了一位美丽俊秀的平民姑娘，一见钟情，便娶她为第二妃，不久便得一子。拉鲁普雄喜出望外，如获至宝，更加宠爱第二妃。由于巴嘎德瓦无子，对第二妃心怀忌妒，借故离家出走，返回玉唐苦国，并挑拨离间两国的关系，煽动父王大举出兵入侵。这时一婆罗门化装成乞丐来到达俄果恰国。国王问他巴嘎德瓦公主是否回来，乞丐说她不仅没回来，反而带了兵马前来入侵。国王即刻率领全国军民出征，一举打败了入侵之敌，拉鲁普雄凯旋而归。后来国王让位给拉鲁普雄。从此达俄果恰国的人们和睦相处，人畜两旺，人民过着安居乐业的幸福生活。

《释迦十二行传》是以佛教创始人释迦牟尼一生的事迹而改编的剧目。相传古印度净饭王的王子是释迦牟尼，他的生母为摩耶夫人。摩耶夫人在归国途中于蓝毗尼分娩七天后死去，王子由姨母摩诃波阇波提抚养长大成人。后来，当他看到人世间生老病死的痛苦后，很想找一个解脱的途径。于是他从 29 岁起，舍弃王族生活，出家修道。放弃一切欲望，拒绝一切生活的引诱后，最后找到了一条解脱的道路，从此成为佛陀。佛教书上把他的以上经历汇编成十二行传。昌都强巴林寺演的《释迦十二行传》就是撷取了其中“入住母胎”和“圆满诞生”两个片段。

《斯朗多王子》主要宣扬布施舍身的佛教道德观念。整个情节是围绕斯朗多王子如何布施积德行善来展开的。当剧中演到四大天王各执一方，向天南海北的人布施时，每人各端着一盘“宝贝”——在核桃上涂上五颜六色，当即把它散向观众时，观众的情绪高涨，大家以争着抢到“宝贝”为贵。有的甚至把它作为“宝贝”装入自家的宝匣内珍藏着。

《罗登西饶传》是冬孔活佛编著的。该剧主要以察雅呼图克图罗登西饶的生平事迹为展开情节。突出了寻找罗登西饶灵童的艰难曲折，以及找到灵童后隆重迎接的场面。剧中较多地运用了当地的民情民俗、歌舞曲调，生活气息和地方特色很浓。

三、程式及其艺术特点

昌都强巴林寺藏戏的程式是：先是一老翁出场，称为“多增”，意为道白者。他在唱两段祝福祈祷的曲调后，就开始介绍剧情，剧情介绍简明扼要，多用昌都方言。而后进入正戏，剧中人物相继出场，或韵白或表演或演唱，其韵白多为散文式，唱腔歌词多为诗句，正戏中间穿插有折嘎、锅庄等。这些歌舞说唱随着观众的情绪可长可短，具有较大的伸缩性，最后由折嘎艺人来说唱结尾，其歌词为祝福吉祥的内容。昌都强巴林寺藏戏与卫藏一带的藏戏比较，其主要的艺术特点有：

艺术节上表演的察雅香堆藏戏

（1）剧中主要人物大都有符合人物性格的唱腔，节奏多为散板，但音调却与昌都宗教锅庄有着更多的相似之处，其他配角的唱腔则是同一曲的不同唱词，因而昌都强巴林寺藏戏的唱腔就有锅庄曲调的风格，剧中人物唱腔都是独唱，没有帮腔的。

（2）除剧中的动物戴一些象征性的面具外，人物一律不戴面具，一般人物不化装，只是对反面人物和武士用红、白、黑三种颜色来画较简单的脸谱。脸谱是用以上三种色彩在面部勾画出较简单的纹样图案，以表示各种角色的不同身份，其脸谱与内地戏剧有相似之处。

（3）在开场戏中，没有像卫藏一带藏戏的温巴角色来介绍剧情，相反让一老翁来代替道白。

（4）昌都强巴林寺藏戏明显地受到了汉族戏剧的影响，除了脸谱的造型有相似之处外，在服装和虚拟的武打场面方面，直接用了内地戏曲的某些道具和动作，如要大刀和武打动作。

江达岗托藏戏的程式与昌都强巴林寺藏戏的程式差别不大。其艺术特点是：

（1）唱腔独特。当你听见岗托藏戏的唱腔时，仿佛听见寺庙唢呐在演奏，整个唱腔宗教特色较浓，唱腔中既有“多”调式，也有“拉”调式。如诺桑王子的唱腔就属于“多”调式，节奏比较舒展，王后的唱腔属于“拉”调式，既有女性抒情的特征，又不失其王后的尊严。

（2）乐器不限于一鼓一钹的伴奏，还有唢呐、大号、小号、串铃等，较多地使用了寺庙跳神时用的乐器。

（3）在正戏中穿插了清兵舞、狮子舞、猎人舞等，并且成为岗托藏戏的有机成分。在跳清兵舞时，服装完全是清朝式的，在背后缝有汉字篆体的“清”和“寿”字。

察雅香堆的藏戏，无论从程式到唱腔，从表演形式到舞蹈动作，较多地继承了拉萨觉木隆派的藏戏，同时也受到了江嘎尔流派的影响。香堆藏戏除猎人面具属于平板状外，其余面具均为立体状，在背景和道具上比起觉木隆较复杂一些。每当演戏时，先在广场中间树立一根小柱子，挂上唐东杰布的唐卡，而后在两边临时栽上几根松树作为背景，道具不仅有桌椅、轿子、垫子、供品等，而且在剧中较多地使用了写实的手法。如在排演《朗萨雯波》时，当朗萨在地狱中受苦时，不仅要架起大锅，还要烧起熊熊烈火，以增强气氛。

新康民间藏戏，会唱的艺人现已不多，但从《冬孔自传》中可知，“朗他康鲁玛”是一种值得藏戏研究者重视的民间藏戏。

总之，昌都一带的藏戏尽管来源于卫藏一带，但由于许多艺人的共同实践和努力，已不是对当初藏戏的照抄照搬，而具有昌都藏戏的特色，这个特色归结到一点，就是藏戏的昌都化。在这个过程中，昌都的艺人们充分发挥了自己的聪明才智，对古老的藏戏作了一些“改头换面”的艺术加工，巧妙地把昌都一带的文化艺术和风土人情有机地融合在剧情中，使得昌都藏戏烙上了康巴人粗犷、豪迈、质朴的性格特征，并把藏戏改编的更易于昌都人民理解，接受和欣赏。所以，我们既要承认昌都藏戏来源于卫藏一带，并受到汉族戏剧的影响，同时也要充分肯定昌都藏戏在整个西藏藏戏中所占的一席之地。

原载《西藏艺研动态》1987 年第 4 期

昌都藏戏和强巴林寺藏戏的产生

一、昌都藏戏的概念

昌都地区位于横断山峡谷的三江流域。古时，昌都一带属于朵康的一部分。“昌都”是藏语的译音。因从青海南部流来的扎曲河与从藏北流来的昂曲河在向巴林寺下面的玛唐坝前汇合成澜沧江，故昌都在藏语里意为两江汇合口。

自唐代以来，昌都一带归属于吐蕃王朝。从13世纪开始，昌都一带的地方势力或宗教势力的代表人物与中央王朝有了直接的联系。到了清代，昌都与祖国内地的关系日益密切，昌都逐渐成为“川滇青入藏孔道”。民国初年，赵尔丰在康区改土归流时，昌都地区划为川边特区。1939年，昌都划归西康省。1950年10月，昌都获得解放。昌都地区现辖11个县，人口近50万。所使用的语言属汉藏语系藏缅语族藏语支的康方言。

弄清了昌都地区的管辖范围后，我们对“昌都藏戏”的概念就不难理解了。“昌都藏戏”是解放后，随着对藏戏艺术的继承和研究深入而出现的，具有地域性内容的一个新概念。

昌都藏戏有广义和狭义两种含义。广义是泛指流传在上述昌都地区范围内的所有不同流派和风格的藏戏的总称。它包括来源于卫藏一带并有地方特色的昌都强巴林寺的藏戏、有与德格更庆寺藏戏一脉相承的江达岗托藏戏、来源于拉萨觉木隆流派的察雅香堆康村的藏戏、由当地著名学者冬孔·土邓德来江村编导的土生土长的新康民间藏戏（以上四种藏戏的简要介绍，详见发表在《艺研动态》总第4期上的拙作《浅谈昌都藏戏及其特点》）、以及流传在左贡田妥寺的藏戏等。狭义的昌都藏戏是指昌都强巴林寺的藏戏，也就是现昌都县文工队所演出的藏戏。近几年来，由于昌都县文工队较好地继承了昌都强巴林寺的藏戏，并代表昌都地区参加拉萨的“雪顿节”，使得昌都强巴林寺的藏戏，大有代替整个昌都藏戏的趋势。

二、昌都强巴林寺的藏戏

我们不仅要科学地划分每个藏戏的剧种，而且要正确地理解每一剧种的含义和特点。那么，强巴林寺的藏戏为何能在昌都得于流传呢？它的主客观原因又是什么？

昌都强巴林寺是由宗喀巴弟子下·西绕松布于公元1444年创建的。解放前，昌都强巴林寺共有9个扎仓，僧人约3000余众，是康区最大的黄教寺庙。昌都强巴林寺的藏戏在当地称之为“拉姆羌”或“朗他羌”。前者意为演仙女戏，这个名称是沿用了传统的称呼；后者意为演传记戏，这个名称是根据剧目多出自人物传记而称谓的。

19世纪末，昌都强巴林寺古学扎仓的僧人，曾模仿卫藏地区的藏戏演出过，但影响不大，既没有形成专门的藏戏班子，也没有形成演出的惯例。自20世纪初，十世帕巴拉罗桑土邓·米旁次成江村从拉萨色拉寺学经归来后，便积极组织和领导了昌都强巴林寺藏戏班子的筹建工作，并把藏戏演出正式纳入了寺庙每年的夏季活动之一。

十世帕巴拉是昌都强巴林寺藏戏的倡导者和组织者。他于1901年出生于芒康县的朵崩岗（今芒康县普拉乡多必共村）。他的转世是经过在十三世达赖喇嘛土登嘉措和驻藏大臣，在拉萨大昭寺释迦牟尼佛像前，经金瓶掣签认定的。1912年，当十世帕巴拉12岁时在昌都强巴林寺举行坐床典礼后，便到拉萨色拉寺结巴扎仓学经。他在学经期间，不仅接触了各宗教界人士，而且广泛地接触了社会各界人士。使他有机会目睹了“雪顿节”的盛况和各藏戏队的精彩节目。这种潜移默化式的艺术熏陶，使他萌发了在昌都再度恢复昌都强巴林寺藏戏的愿望。

当他于1920年返回昌都后，一方面花力气恢复因川藏纠纷时被烧毁的昌都强巴林寺，另一方面着手筹建昌都强巴林寺阿却扎仓的藏戏班子和卓舞（锅庄）队。十世帕巴拉是一个类似六世达赖仓央嘉措式风流倜傥、放荡不羁的高僧。他爱好歌舞宴乐，沾花惹草。有关他的“风流韵事”至今仍有不少传说。他又是一位关心民间疾苦，经常施舍于穷人的活佛。他不顾宗教戒律，收集藏族史诗《格萨尔》版本，请民间艺人演唱《格萨尔》，也曾创作过不少昌都卓舞（锅庄）的歌词。为了使藏戏在昌都扎下根，十世帕巴拉颇有远见地采取了以下三项重要措施：

（1）成立专门的藏戏班子。十世帕巴拉凭借自己的权力，正式规定昌都藏戏演员只准在昌都强巴林寺阿却扎仓中属于昌都城区的僧人中挑选。阿却扎仓是指以下乡登门串户念经的僧团经院。一般讲这类僧人口才比较好，有一定的文化水平。符合藏戏演员善讲善唱的基本要求。所以，十世帕巴拉的这个决策是很高明的。只准阿却扎仓中属于昌都城区的僧人演藏戏，既可减少寺庙内部的阻力，也有利于建成一个藏戏班子，便于统一行动。

（2）解决了藏戏排练和演出的场地。十世帕巴拉很清楚地认识到，不解决一个永久性的排练和演出场地，就很难使藏戏在昌都寺站得住脚。他也深知如果在寺庙里排练，不仅影响寺庙的正常学经活动，也会受到寺庙内部的极力反对。于是，他独具慧眼地把昌都近郊风景秀丽的达绒觉恩木寺划拨给他们，供排练和演出藏戏之用。

（3）规定了藏戏演出的时间。十世帕巴拉参照拉萨“雪顿节”的演出时间，明确规定昌都强巴林寺藏戏的演出时间定为藏历七月中旬的“雅奶节”——夏令安居时演出。这很巧妙地把宗教节日同藏戏的演出时间合二为一，既有力地保证了藏戏的演出时间，也保证了有很多观众前来观看，进而扩大了藏戏的影响，可谓一举两得。

当然，某个艺术品种在昌都扎下根，得于传播和受到群众的欢迎，不仅仅是凭一、二个人的主观愿望说了算的。而是有一定的社会条件和广大群众审美情趣的需要。自1913年以来，西藏噶厦地方政府在昌都设立“朵麦基巧”（昌都总管府），1918年“朵麦基巧”正式迁移到昌都城区以来，派遣大量藏兵在昌都驻守。由于这些藏兵是从卫藏一带征兵而来的，他们酷爱藏戏艺术。于是在闲暇之余，偶尔编排诸如《诺桑王子》的片段演出。他们无意中也把藏戏介绍给了昌都人民，同时也培养了昌都人民对藏戏艺术的审美情趣和欣赏习惯，为以后在昌都流传藏戏有了一定的社会条件。正是以上主客观两个方面的原因，加之，传统藏戏本身所具有的艺术魅力，才使藏戏在昌都逐渐扎下根，并赢得了昌都人民的喜爱。

昌都强巴林寺最初使用的剧本是由该寺第二大活佛谢瓦拉四世帕巴格来江村，根据西藏传统八大藏戏的剧本来改编的。自十世帕巴拉恢复昌都强巴林寺的藏戏后，所使用的剧本是高僧降若根据佛经故事新编的剧目有《拉鲁普雄》《嘎拉旺布》等。1950年昌都解放后，昌都强巴林寺根据昌都著名学者江村改编的《顿月顿珠》在寺庙演出。近几年来，昌都县文工队在民间艺人罗桑群培的指导和传授下，编排了《文成公主》和《赤松德赞》等剧目，并参加了 1986 年和 1987 年的拉萨“雪顿节”。演出获得了成功，博得了广大观众的好评。

昌都强巴林寺的藏戏，不仅在音乐唱腔、表演程式上有独到之处，而且在剧目上也有自己的特点。如《拉鲁普雄》《嘎拉旺布》《释迦十二行传》《斯朗多王子》等剧目在其它流派中都是没用或少有的。昌都强巴林寺藏戏剧目中，属于八大传统藏戏的内容大同小异，只是个别的情节和服装道具及唱腔动作中做了一些改动，较多地融合了昌都本地的特点。上述剧目的剧情介绍和主要特点，已在《浅谈昌都藏戏及其特点》一文中作了介绍，故不在此赘述了。

记得笔者在《浅谈昌都藏戏及其特点》一文中有这么一段：我们既要承认昌都强巴林寺的藏戏来源于卫藏一带，并受到汉族戏曲的影响 (如用红、白、黑三种颜色来画较简单的脸谱外，在服装和虚拟的武打场面方面，直接用了内地戏曲的某些道具和动作)，同时也要充分肯定昌都藏戏在整个西藏藏戏中所占的一席地位。如果对这段话再补充一句的话，那就是昌都藏戏的贡献在于扩大了藏戏在康区的影响，丰富了藏戏的剧目，发展了藏戏的音乐唱腔和表演形式。

昌都强巴林寺的藏戏，虽然来源于卫藏一带，但由于许多艺人的共同实践和努力，已不是当初藏戏的照抄照搬，而是具有昌都化了的藏戏。即把昌都一带的文化艺术和风土人情有机地融合在剧情中，又使得昌都藏戏的唱腔和动作都烙上了康巴人粗矿、豪迈、质朴的性格特征。具体讲：这个特色归结到一点，对古老的藏戏作了一些“改头换面”的艺术加工，巧妙地把昌都一带的文化艺术和风土人情有机地融合在剧情中，并把藏戏改变得使昌都人民易于理解，易于接受，易于欣赏的剧种。

原载《西藏艺术研究》1990 年第 1 期

第七辑

家庭文化篇

昌都地区解放前学校教育情况

解放前，西藏昌都的社会长期处于封建农奴制度下“政教合一”的社会制度。它不仅严重阻碍了生产力的发展，而且也妨碍了文化教育事业的发展。通过社会调查和查阅资料，我们得知1950年昌都解放前昌都地区至少存在三种教育形式。

一、寺院教育

寺院教育是藏族传统的最主要的教育形式。在当时，寺院教育遍及昌都13个县的城镇、乡村。解放初期，昌都地区共有大小寺庙576座，僧尼36546人。

聚精会神地听课学习

寺院教育除了带有浓厚的宗教色彩以外，也还有其它内容和形式的教育。昌都强巴林寺曾办过“志扎”（相当于书法班）和“门扎”（相当于藏医班）等带有专业性质的教育。二十世纪四十年代末，昌都强巴林寺主办过为期一年的藏医班，当时培养出来的藏医如今已成为藏医骨干。

寺院教育在西藏“政教合一”制度下产生的带有西藏自身特点的教育形式——尽管这个形式存在着种种弊病，甚至是很落后的东西，但它在传播、传授和保存藏族文化艺术、发展藏医、天文历算和培育人才等方面，起到过积极的历史作用。

从小接受爱国主义教育

二、地方宗办学校教育

所谓地方宗学校教育是指以当地宗政府出面资助和兴办的学校。这类学校招收的学生大部分是家庭比较富裕的子弟，其培养的目标是为统治阶级培养人才。

二十世纪三十年代，八宿宗政府在同卡办了一所学校，后因办学经费不足而垮台。从四十年代中期起，察雅宗在烟多办了一所学校。宗政府特意请了一名学有专长的教师，还给他配备了一名佣人。宗政府不仅承担他俩的月薪，而且还为入学学生供给部分食物。该校学生人数常在 60 人左右。

除了以上两所宗政府办的学校外，外来的教育也有一定影响。据调查，1908 年 6 月，赵尔丰在盐井西区建立官话学堂 10 所，“计盐井、蒲丁二校，河西一校，上中下觉陇二校，宗崖、八头人地二校，甲日顶一校，茶里一校，昌多一校，男女学生共 354 名”。1909 年，宁静县在县城、南墩和足塘各设一所官话学堂，各有学生 30 至 40 人不等，1912 年均改为县立小学校。后因经费不足仅留县城和南墩两所小学，“由于南墩和官道等地汉籍‘塘勇’（士兵）子弟皆愿读书，生源有所保证，加之历任官员积极就地筹款办学，所以这两所小学存留较久”。

1910年，昌都府在今昌都镇所在地开办了一所官话学堂，男女共40余人，民国后改为县立小学校，1918年因川藏纠纷而停办；察雅县在县城、烟多和塘江各设1所官话学堂，男女学生共113人，1912年因经费不足仅留县城1所，并改为县立小学校；恩达县（今类乌齐县一部）设官话学堂1所，男女学生共30余人，后因无办学经费而停办；同普县（今江达县）设官话学堂1所，男女学生共31人；左贡县于孔撒设官话学堂1所，男女学生共40余人。以上同普和左贡学堂于1912年改为县立小学校，至1918年因发生川藏纠纷而停办。1910年武城县(今贡觉县一部)在雄松、党河、溪萨等4处各设官话学堂1所，男女学生共400余人，1912年因学费不足仅留雄松1所，常有学生10至20人不等。1915年，定青县（时辖今丁青县和类乌齐县一部）在类乌齐寺前设县立小学1所，男女学生共20余人。因无专门办学经费，时由县署司书兼任教员。于1917年停办。

1940年，除了上述所办的学校以外，还有法国天主教会在芒康县的盐井办过的1所小学。二十世纪四十年代末，蒙藏委员会驻藏办事处分驻昌都特派员左仁极曾在昌都镇中的川主庙里办过1所小学。当时有20余名学生。开设了汉文、藏文、体育等课。后因昌都地方政府的干扰，只办了几个月就解散了。

地方宗政府办的学校教育因其教育目标是为统治阶级培养人才，这就决定了教育面小，不成规模，所起的作用也是有限的。

三、私塾教育

私塾教育是昌都地区较为普遍的办学形式。它遍及昌都当时的13个县。根据调查，在解放前夕，仅昌都镇有私塾11所，学生100来人，规模大的20至30人，小者几人不等。根据不同的教学方式，又可分为三种类型：

第一类是以解决学生阅读能力为目的的私塾。教师大都是把办私塾教育当作自己的职业。私塾的收费通常不高，颇受群众的欢迎。在昌都镇这类私塾有5~6所。如昌都镇光明街洛松云丹办的私塾，是受人欢迎且规模较大的一所，他本人原是喇嘛，在一次跳神活动中摔伤致残，回家后办起了私塾。学生多时30余人，少时十几人。一般讲，这类私塾中的学生有两条出路，一是平民子女多为到寺庙当僧人奠定文化基础；二是为今后谋生学点文化。家长的要求也只是让孩子能认读藏文而已。

第二类是以解决学生阅读和书写能力为教学目的的私塾。这类私塾中的教师属于业余性质的。生源是家庭比较富裕的子女。这类学生求学的目的多是多学点文化，为今后跻身于上层社会铺平道路。如位于昌都镇新生街扎郎办的私塾就属于这类。扎郎本人是昌都强巴林寺二活佛谢瓦拉的“志念”（接待宾客的官人）。他在当“志念”的同时，也教一批学生。除把阅读和书写作为主要课程外，还教正字法、一般公文的书写格式。由于他本人的社会地位较高，收费标准也高。并非一般平民百姓所能承担得了。又如昌都宗政府的智聂江村所办的私塾也属此类。由于他在藏文书法上有很深的造诣，故一些即将就任宗政府的秘书或一些富家子弟就拜他为师，专攻书法字体，为就业谋生打好基础。这类私塾昌都镇有 4 所，学生共有 30 人左右。教师文化程度较高，学生大部分家庭较富裕，大多是在第一类私塾过了阅读关的基础上继续来求学的。

第三类是昌都地区有些宗的几个头人或几个村庄联办私塾。如丁青宗的嘎日本和那日本各办一所私塾。教师的月薪由主办人承担。其招收的学生也只是属于头人阶层或自己的亲朋好友的子弟。

1984 年写于昌都

军拥村藏族农民家庭调查（合写）[①]

军拥村存在较严格的在村庄内一代人只能建立一个正式婚姻的原则。这一原则民主改革前主要见于差巴家庭，民主改革后随着差巴与嘎咱等级的打破，现在实际生活中已不存在等级差别，因此，村庄内一代人只能建立一个家庭的原则现在成了普遍的原则，而不限于什么等级。除较为封闭的地理环境外，仅从经济原因看，这种单一婚姻家庭原则在军拥村与土地制度、差税（税收）制度关系不大，但与住房习俗、劳动力状况和土地资源的紧缺有关。

以前对藏族多偶家庭的调查有两种模式：一种是仅选择多偶的家庭调查，另一种是以社区为单位，对单偶和多偶的家庭都进行调查。为了对多偶家庭的现状及其存在的原因有全面、深入、系统的认识，本次的调查方法选择了后者，即以村落为单位，对村庄内的各种家庭都进行调查。这有利于了解多偶家庭的现状、建立的原则及其与一夫一妻家庭的关系，家庭的结构和家庭成员的关系等。同时对村落的地理位置（封闭程度等），社会分层，土地与差税（解放后为税收），山村经济与劳动力，财产继承，一些独特的传统等也进行了调查，这对于了解多偶家庭存在的原因是必不可少的过程。调查中采用了人类学的参与调查法，对每户家庭进行直接的访谈和观察，不仅调查资料深入、详细、具体，也有利于对资料的准确理解。不足之处是在一定的时间内，调查的数量和调查的广度较为有限。

一、调查地点的选择及村庄简况

2002 年 6 月下旬至 7 月上旬到昌都地区左贡县进行田野调查。左贡县共有 15 个乡（镇），其中 6 个分布在玉曲河谷，6 个分布在怒江河谷，3 个分布在澜沧江河谷。其中一妻多夫家庭分布最多的为怒江河谷的东坝乡，其次是怒江河谷的上林卡乡、中林卡乡和玉曲河谷的美玉乡（牧业为主）也有较多分布，其余的乡

注 释：

① 本文为福特基金（美中学校交流委员会执行）资助项目“昌都藏族多偶家庭的调查研究”成果之一。是我与西南民族大学张建世教授合作撰写。

则只有零星分布。如旺达镇的芒穷村民主改革(以下简称“民改”)前有37户人家，其中一妻多夫1户，一夫多妻l户，现在村里有65户人家，均为一夫一妻家庭。布棵村现有48户人家，其中一妻多夫(均两兄弟共妻)仅3户。我们选择了东坝乡的军拥村(dkyil 一 g · yang)[1]进行调查，这有利于深入、系统地对多偶家庭进行研究。但只是在东坝乡，特别是军拥村多偶家庭分布最为突出，因此只是典型实例，在左贡县并不具备广泛的代表性，左贡县其他地方多偶家庭的比例不会有东坝乡大。

左贡县东坝群众正在下藏式棋

东坝乡现有323户，2398人(其中男1198，女1200人)[2]，下辖13个行政村，均分布在怒江河谷，距左贡县城83公里，十分偏僻。1991年修通了乡政府所在地至318国道的乡村公路，全长23公里，交通状况有所改善。但在这条路上行驶的汽车极少，绝大部分的农民外出仍以骑马和步行为主，处于十分偏僻的地区。至今乡里尚无电话，对外通信十分困难。

民主改革前，军拥村隶属于昌都帕巴拉呼图克图管辖，当时村里有23户差巴和7户左右的嘎咱。差巴是有土地、有房屋的支差户。所支的实物差为水果差，即每年向昌都强巴林寺交纳一定数量的核桃和葡萄干、梨干，供寺庙做佛事活动用。每户支的水果差数量多少不一样，与所耕种的土地多少有一定关系，土地多

注 释：

① 军拥系藏语 dkyil-g · yang 的音译，dkyil 为中间之意，g · yang 则是福运的意思。

② 第五次全国人口普查数字。

的多一些，土地少的少一些，但不是完全以土地多少计算。具体每户交纳的数量和全村交纳的数量，现已没有人能说清了，不过数量并不多。所支的劳役差主要是运输，以差巴户(家庭)为单位支差，每年每户从当时察美宗宗政府所在地，即原土洽寺附近运一次物资到昌都附近的布多村，这段路驮牛一般要走四五天。总体而言，当时所支的乌拉差并不重，与其他地方相比是很轻的。嘎咱均无土地，有的有一间小房子，有的没有，主要是帮差巴干活以维持生活，类似于雇工。差巴与嘎咱是两个严格区分的等级，当时差巴户只能在差巴户之间通婚，嘎咱户只能在嘎咱户之间通婚，一般不会逾越等级界限。

军拥村还有外出经商的传统。民主改革前，当地有一种说法，“家里有二三匹驴，也要外出做生意”，意为在其他地方，家里要有骡马的人才做生意，而在军拥村有骡马的人家出外做生意自不待言，没有骡马只有二三匹驴的人家也要外出做一点小生意。说明做生意的人很多，风气很盛。村内有一户叫“贝日仓”的人家，生意做得很大，有四五十匹骡、马驮运，曾到过云南的丽江、西藏的昌都、拉萨和印度等地做过生意。

1959年民主改革以后，军拥村与西藏其他地方一样，很快走上了合作化的道路。1970年建立了人民公社，当时军拥村为东坝乡人民公社的一个生产队，社员们靠工分吃饭。1980年实行联产承包责任制，土地先是承包到组，1982年，土地又进一步承包到户，生产队的土地按当时的人口每人一份(土地总面积除以总人口)分到各个家庭，以后不管每个家庭人口增减多少，政府再没有变更过土地，一直至今。由于国家在西藏实行特殊政策，免去了农牧业税，军拥村的农民至今也无须交纳任何税收。1984年底军拥村与昌都其他地方一样，随着人民公社的废止和“改社建乡”工作的完成，成为了东坝乡的一个行政村，村里成立了村委会。现在的村民委员会有主任一人，副主任一人，委员一人，管理村内事务，职责主要是协助乡政府完成农牧业生产计划，维护村内的治安，如调解纠纷等等。现在，村委会主任每年工资300元，副主任每年200元，这些费用由村内的每户人家分摊，每户每年大约为10元左右。可以说这种负担极轻，也是惟一的负担。

民主改革以来已有40多年时间，当地的政治制度、土地制度、税收制度等都发生了巨大的变化，但村内一妻多夫的传统一直沿袭下来，成为一大特点。

二、婚姻类型

军拥村户口 2001 年共有 47 户，本次调查采取随机抽样的方法，以乡政府的户口登记为准，每隔一户抽取一户，即以户口登记编号的单数为调查户，一共选取 24 户样本。现以经过详细调查的这 24 户样本为准，分析其婚姻类型 (24 户样本按调查先后顺序编号)。

军拥村的婚姻可分为一夫一妻和一妻多夫两种类型。除外还有一种习俗认为是一妻多夫，但现在实际上为一夫一妻，以后还会有变化，尚不能完全确定其婚姻类型。当地藏族非常忌讳提及死者名字，对死者的情况不便深入调查，因此对夫妻双方因一方去世或离婚的婚姻，其详细情况不是很清楚，故仅分析仍然保持夫妻关系的婚姻。其每户的婚姻情况见表一。

表一　军拥村婚姻分类统计表

样本编号	婚姻类型	备　注
1 号 A	一夫一妻	独子。
B	一妻二夫	两兄弟。
2 号 A	一夫一妻	两兄弟（与 4 号户主为兄弟）为外村人，民改时分开娶妻。
B	一夫一妻	入赘。
3 号	一夫一妻	入赘。
4 号	一夫一妻	两兄弟（与 2 号 A 户主为兄弟）为外村人，民改时分开娶妻。
5 号	一妻四夫	五兄弟，其中一人入赘他人家。
7 号	一妻二夫	三兄弟，其中一人外出工作结婚。
8 号	一夫一妻	三兄弟，两个哥哥取一妻，自已到外村入赘，前妻去世后，回村再娶妻。
9 号	一妻三夫	三兄弟娶一妻。
10 号	一夫一妻	两兄弟，一个外出工作结婚。
11 号	一夫一妻	两兄弟，原与哥哥同一妻，民改时自已分开娶妻。
12 号	一夫一妻	两兄弟，哥哥外出工作结婚。
13 号	一夫一妻	入赘。
14 号	一夫一妻	独子。
15 号	一夫一妻	入赘。
16 号	一夫一妻	入赘。
17 号	一妻二夫	四兄弟，其中二人外出工作结婚。
18 号	一妻二夫	两兄弟。
19 号 A	一夫一妻	独子。
B	未定婚姻	三兄弟，其中大哥 18 岁已婚，两个弟弟一个 9 岁，一个 7 岁，均读小学，现在实际为一夫一妻，习俗认为一妻多夫，两个弟弟长大后是否形成一妻多夫家庭尚不可知。
20 号	一夫一妻	两兄弟，一个外出工作结婚。
21 号	一夫一妻	独子。
22 号 A	一夫一妻	独子。
B	未定婚姻	七兄弟，其中三个兄弟在国外，一人当僧人，两个弟弟在读书，实际上为一夫一妻，习俗认为一妻多夫。
23 号	一夫一妻	入赘。
24 号 A	一妻多夫	两兄弟。
B	一妻多夫	两兄弟。

注：一个家庭两代人夫妻双方均健在的婚姻，上一代为 A，下一代为 B。

从表一看，除6号家庭因丈夫去世不在统计之列外，其余23户家庭共统计28起婚姻。其中一夫一妻17起，占60.7%，一妻多夫9起，占32.2%，未定婚姻2起，占7.1%。两代人为一妻多夫的有一户。

一夫一妻婚姻形成的原因中，招婿为6起，占35.3%，独子娶妻的为5起，占29.4%，其他原因的6起，占35.3%。对其他原因的6起婚姻还需加以具体说明。其中第2号的户主旺堆(1937年生)与4号家庭的户主(阿穷1940年生)为两兄弟，原为左贡中林卡人，年轻时来到军拥村，为嘎咱户。民主改革后不久，旺堆与从格瓦村来到军拥村的次旦卓玛结婚成家，阿穷也与外地来到军拥村的仁青娜姆结婚，建立了两个家庭，均为一夫一妻。当时是民改时期，也分得了土地。11号户主朗加扎巴(1938年生)与9号户主次臣洛松(1932年生)为兄弟，开始时共娶一妻，民改时受提倡自由恋爱的影响，分家另娶普卡村人向巴永宗为妻，成为一夫一妻。在当时的社会条件下，对于兄弟分家，无人谴责，也没有社会压力(现在次臣洛松的妻子已去世，故其婚姻不在统计数之内)。8号户主彭措，1941年生。原来为三兄弟，两个哥哥共娶一妻，自己入赘到外村为一夫一妻，妻子去世后，回军拥村娶妻，成为现在的一夫一妻婚。10号家庭与20号家庭情况相近，均为两兄弟，均是哥哥外出参加工作并在外地结婚，留下弟弟一人在村内建立一夫一妻家庭。

左贡县东坝乡错落有致的民居布局

一妻多夫婚中一妻二夫的7起，占77.78%。其中，一户是三兄弟，因一人外出工作结婚，形成两兄弟共娶一妻。一户是四兄弟，因二人外出工作，剩下两兄弟在家，共娶一妻。其余的五户均只有两兄弟，并共娶一妻。一妻三夫的1起，占11.11%，一妻四夫的1起，占11.11%(五兄弟，因一人到外地入赘，留下四兄弟共娶一妻)。

另有两户未定婚姻。其中19号家庭的曲美扎巴共有6个儿女，3个儿子中的大儿子今年22岁，1999年由父母做主娶嘎松娜姆为妻。他的两个弟弟中一个是1993年出生，今年才9岁，一个1995年出生，今年才7岁，均在读小学，不存在与哥哥共妻的事实。但按照当地的习俗，人们认为他们是一妻三夫的家庭。而曲美扎巴认为这两个小儿子“应该是嘎松娜姆的丈夫，但是年龄比嘎松娜姆均小10多岁，以后怎样就不知道了。从我本人的意愿讲，还是希望他们成为一妻

解放前，在昌都农区毛驴是驮东西的主要交通工具

三夫的家庭，这样好一些。”这是习俗认为是一妻三夫，父亲希望3个儿子共一妻，但现实的状况是一夫一妻的实例。而22号家庭共八兄妹，老三叫次郎。次郎的二姐已出嫁，大哥、四弟到了挪威，五弟到昌都出家为僧，六弟到了印度，七弟、八弟分别在昌都读中学、小学，父母在拉萨做生意，家里现在只有次郎一人。两年前次郎自己做主娶妻。同样，按当地的习俗，次郎的兄弟们如果回到家，可以与次郎共妻。而次郎本人也说：“我自己觉得，还是兄弟共妻好。”但事实上在国外的和在外地当僧人的兄弟已不会回来与次郎共妻，两个仍在外地读书的弟弟，会不会回来与次郎共妻，连次郎自己也说不清楚。这是一户习俗上认为一妻多夫，当事者(丈夫)自己也希望一妻多夫，但现在仍为一夫一妻的实例。

对于一妻多夫婚，村里普遍认为是值得称道的好事。所认为的好处，主要集中在四点：一是家庭团结、和睦；二是住房；三是土地；四是家庭劳动力(可分工干多种事)。地区政协委员，家住东坝乡八雪村的昌都知名人士其美对我们说："一妻多夫的好处在于不增加户数，不需重盖新房，不需分土地。"2号家庭(一夫一妻)的旺堆说："一妻多夫的原因，主要是当地土地太少了，要分家结婚，既无土地建房，也无钱，同时也是历史上传下来的习惯，且平时只留一人在家，其余都出外打工挣钱。"5号家庭的白玛拉措认为一妻多夫家庭的好处是"财产不分散，家庭和睦"，还进一步说，"现在提倡一夫一妻，但我们这里的传统是一妻多夫。我现在家里还有7个儿女，如果分为7家，房子去哪里找？土地上哪里开垦？"一妻三夫家庭中的哥哥邓珠认为："一妻多夫家庭的好处是：1.地方(可开荒的土地)太小了，几个兄弟共一妻，人地、房屋矛盾不突出；2.有利于劳力分工，有人在外挣钱，也有人在家干活；3.几兄弟在一起的话家庭经济发展快，如遇什么不测，也有人支撑家庭。"一妻二夫家庭中的哥哥伍竹说："两兄弟娶一个妻子好，可以互相帮助，全家人住在一起，家庭团结。"

11号家庭的朗加扎巴已经与哥哥共娶一妻，在民改时又离家另娶一妻，建立了一夫一妻家庭。他说："比较之后还是觉得当时年轻气盛，心血来潮就独立成家了，现在看来还是一妻多夫好。一夫一妻家庭一个人忙不过来，顾得了山上(牧业)，顾不了山下(农业)，顾得了家里，顾不了外面经商，如果两三个兄弟共妻就好了。"同样一夫一妻家庭的泽益珠说："一妻多夫好。家里家外都有人，现在我一个人顾了家里，就不能在外干活或经商，所以没什么经济来源。"

13号家庭的彭吉为上门女婿，一夫一妻，有4个儿子，大儿子在印度，家里还有3个儿子未婚。他说："一妻多夫好，我希望几个儿子娶一个媳妇。"

从上述事例可见，在军拥村，不管是一妻多夫家庭的妻子，或丈夫还是父母，以及一夫一妻家庭的人员，都一致称道一妻多夫家庭，认为这是一种好习俗。正因如此，人们总是笼统地说这里只要是几兄弟，都共娶一妻。在左贡县时，也听人笼统地说东坝乡(军拥村也包括在内)基本都是一妻多夫家庭，只要几兄弟都共娶一妻。难怪有人认为军拥村的一妻多夫家庭达95%[①]。然而，从上述的调查

注 释：

① 吕昌林：《浅论昌都地区一夫多妻、一妻多夫婚姻陋习的现状、成因及对策》【J】，《西藏研究》1999年第4期。

结果看并非如此，不是只要有几兄弟都会共妻，事实上多兄弟的家庭有三种情况：1. 家中有几个兄弟就几个兄弟共一妻（如 24 号、9 号家庭）；2. 家中有多个兄弟，其中有的外出娶妻建立新家，或入赘别的人家，留下几个兄弟在家里共娶一妻，这样减少了共妻丈夫的人数（如 17 号、5 号家庭）；3. 家中有几个兄弟，一般是两兄弟，因有人外出或参加工作，留下一人在家，形成一夫一妻家庭（如 12 号、20 号家庭）。

因此，人们所说的凡是几兄弟都共娶一妻只是一种提倡的习俗，并不是严格遵循的习俗。实际上，除特殊情况外，在当地较严格遵循的习俗是在村庄内一代人只能建立一个正式婚姻的原则。从所调查的 24 户样本看，除 11 号家庭是民改时期在村庄内与哥哥分家另外结婚建立的家庭外，尚无一户兄弟各自结婚，在村内分家建立两个家庭的实例。村庄内一般的情况是独子的家庭娶妻；独女的家庭招婿；有多个女儿的家庭，其中一人招婿，其余或外嫁，或因故留在家里。如 2 号家庭共 3 个女儿，大女儿招婿，二女儿因病没出嫁仍在家，三女儿外嫁他乡；15 号家庭共 4 个女儿，大女儿为尼姑，二女儿招婿，三女儿、四女儿外嫁。对于有多个儿女的家庭，一般是女儿外嫁，几个兄弟或共娶一妻（如 24 号家庭），或有的兄弟外出工作结婚 (7 号、17 号家庭)，或入赘到外村 (5 号家庭)，或为僧或因其他原因到外地 (22 号家庭)，留在家中的娶妻。如果留在家中的只有一人，则为一夫一妻，如果有几个兄弟，则为一妻多夫。

在军拥村，人们普遍赞赏一妻多夫婚，但认为一夫多妻不好。其主要原因是认为一夫多妻家庭子女太多，会使家庭变穷。在调查的样本中没有一户一夫多妻的家庭，现在的军拥村也是如此。但现在的人家中，曾有一户有过一夫多妻的历史。尊珠次成先娶曲珍为妻，因曲珍无法生育，又娶曲珍的妹妹仁青拉珍为妻，生了两个儿子，现尊珠次成与曲珍均已去世，只有仁青拉珍与两个儿子构成一个家庭。村里人认为，因不生小孩再娶妻是正常的，不然家里要绝后。除此特殊情况外，村里还没有其他的一夫多妻家庭。

三、家庭结构

军拥村的人们习惯上认为同在一座房子内，有共同经济和生活的人为一个家庭。现根据当地 2001 年的户口登记资料和实际调查的样本资料分析其家庭结构。

分析家庭结构时，这里仍采用人类学普遍使用的“核心家庭”、“主干家庭”、“卫星家庭”等概念。虽然这些概念大多数场合是用来分析一夫一妻家庭的，但也有人用来分析一妻多夫家庭[①]。军拥村的家庭，既有一夫一妻，也有一妻多夫。由于上文已经详细的对这两类家庭作了叙述，这里将忽略这两类家庭的差异，按照上述概念再从家庭的角度加以分类。现将所调查的24户样本分类整理为军拥村家庭结构分类统计表(表二)，其中主干家庭占54.16%；核心家庭占45.84%。

表二　军拥村家庭结构分类统计表

家庭结构＼户数		户数	%	样本编号
核心家庭	夫妻	1	4.17	11号
	典型核心	6	25	3，7，8，10，12，23号
	核心附兄弟姐妹	1	4.17	16号
	核心卫星	3	12.5	6，14，18号
主干家庭	典型主干	3	12.5	5，13，17号
	主干附兄弟姐妹	8	33.33	1，2，15，19，20，21，22，24号
	主干卫星	2	8.33	4，9号

表二中的家庭分类较细，有一些与普通分类不同的地方。现根据实际调查资料加以具体说明：核心家庭类中，细分为四种，第一种为夫妻家庭，指仅有夫妻二人的家庭。第二种为典型核心家庭，指夫妻及其未婚子女的家庭。第三种为核心家庭加兄弟姐妹构成的家庭，指一核心家庭为主体，加上未婚兄弟姐妹构成的家庭。这种家庭仅一户，该家庭大姐招婿上门，生有一女，构成核心家庭；二妹到昌都一亲戚家做家务，三妹为尼姑，在家；小弟仍在昌都读书。第四种为核心卫星家庭，指以一核心家庭为主体，与之共同生活的还有离婚回家的妇女、尼姑等其他一些成年人，共3户。其中6号家庭的曲宗与丈夫生有一子，构成一核心家庭，现丈夫已去世。与之共同生活，构成一个家庭的还有曲宗的妹妹(现为尼姑)，曲宗丈夫的姐姐的儿子(没有随父母等到外村居住)，以及现在长期到外地打工的丈夫的小妹妹，一共5口人。14号家庭的登增永珠娶一妻，生有4个女儿，构成六口人。14号家庭的登增永珠娶一妻，生有4个女儿，构成一核心家庭，但姐姐带着私生子也与之共同生活。18号家庭(见附图)的嘎泽两兄弟共娶一妻，生有10个儿女，构成一核心家庭，但与之共同生活的还有离婚回家的姐姐和母

注 释：

① 坚赞才旦：《论兄弟型限制性一妻多夫家庭组织与生态动困》【J】《西藏研究》2000年第3期。

亲的妹妹(尼姑)。

主干家庭共分三种。第一种典型主干家庭，指一个家庭中至少有两对夫妇(包括一方已去世)，而每代人只有一对夫妇的家庭。第二种主干附兄弟姐妹的家庭，指一个主干家庭加未婚的兄弟姐妹一起构成的家庭。24号家庭(见附

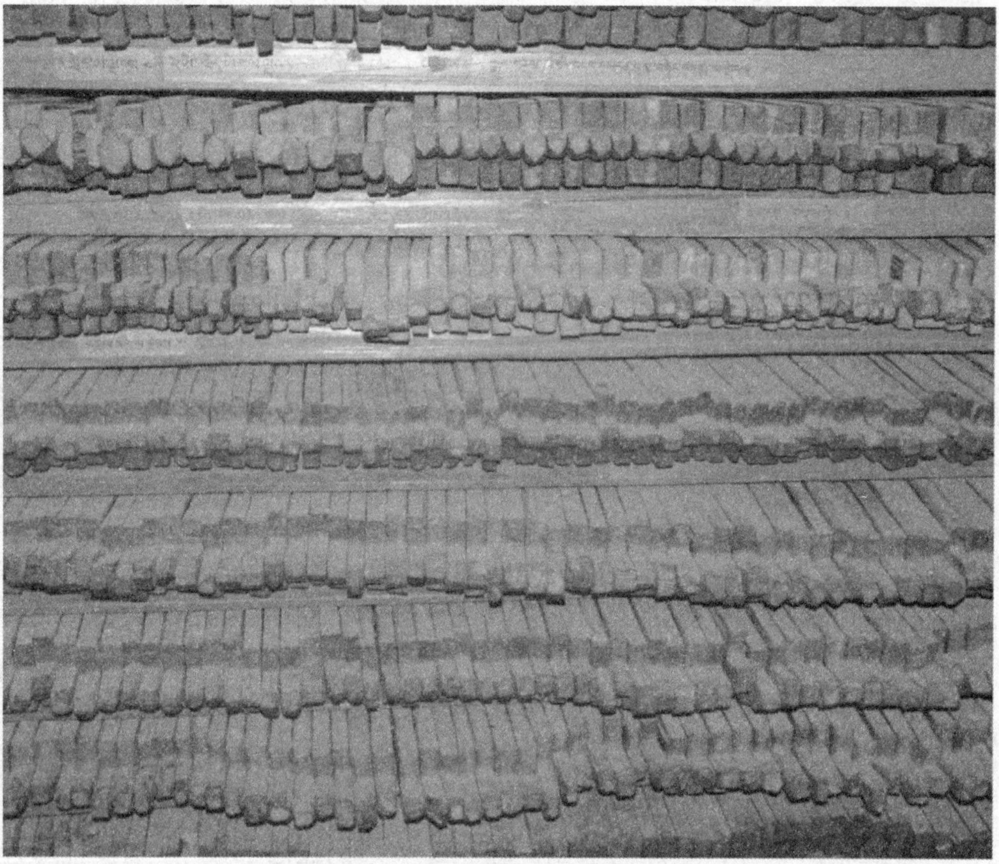

察雅县香堆寺珍藏的藏文木刻经版

图)向巴两兄弟娶一妻生有四个儿女，其中的两个儿子已共娶一妻生有一子，三代人构成典型的主干家庭，但向巴的两个未婚女儿也在一起共同生活。又如2号家庭(见附图)旺堆夫妻生有3个女儿，大女儿招婿在家，三女儿出嫁到外村，二女儿仍留在家里。第三种主干卫星家庭，指一个主干家庭加上离婚回家的妇女和尼姑等构成的家庭。如4号家庭(见附图)，阿穷生有3个儿女，大女儿离婚后带着儿子回家，二女儿未出嫁。小儿子娶妻生子，但也因离婚，妻子带着孩子回了娘家，自己仍住在父母家。现全家共有6口人。9号家庭次臣洛松有8个儿女，其中3个儿子共娶一妻，3个女儿已出嫁。此外大女儿离婚后回娘家居住，小女

儿为尼姑，也一直在家居住．加上 5 个孙子、孙女全家共 12 口人。

从军拥村家庭结构分类统计表可以看出，其家庭结构中，最突出的特征是主干家庭比例很大，达 54.16%(12. 5%+33. 33%+8. 33% ＝ 54. 16%)，略高于昌都其他地方 42%~48% 的比例[①]。显然这与当地较严格遵循的“在村庄内一代人只建立一个正式婚姻的原则”相关。这样的原则，不管是一夫一妻的娶妻家庭或招婿家庭，还是一妻多夫的共妻家庭，都使家庭代代延续，只要老年人还健在，就自然而然地形成了主干家庭。同样，受到这样的原则制约，兄弟姐妹多的家庭，女儿要不外嫁，要不未婚 (含尼姑) 留在家里，儿子要不共妻或离家外出或为僧 (含外出工作结婚，建立新家，或做上门女婿到外村的)，因此不会形成联合家庭 (同一个家庭同一代中有两对婚姻的家庭)。此外，在样本中主干附兄弟姐妹和核心附兄弟姐妹两类家庭，占 37.5 %，比例也很高，一个家庭中只要有人 (娶妻或招婿) 结了婚，其余同代的没离家的成年人和未成年人只能留在家里，当地的习俗认为，这是顺理成章的事。

察雅县香堆寺珍藏的藏文木刻经版滚筒

第二个特点是核心卫星和主干卫星家庭共 5 户，达到 20 .83％的比例。这 5 户家庭中，除 6 号家庭较特殊外，其余 4 户均是离婚妇女 (或带孩子，或无孩) 回到出生家庭居住的，占卫星家庭的 80％。这显然是军拥村单身家庭少 (样本中没有单身家庭，但户口登记中有 2 户单身家庭，占总数 47 户的 4. 26％。) 的一个原因。而另一个原因是在西藏农村一个单身妇女或一个单身妇女带着孩子独立生活的家庭一般生活都很艰辛，大多是贫困家庭。而大多数军拥村持有一代人在村内只建立一个正式婚姻 (家庭) 的原则，以及家庭团结，家

注 释：

① 李光文等：《西藏昌都－历史·传统·现代化》[M]，重庆：重庆出版社，2000 年，第 357 页。

人不分离的观念。在问到促使离婚妇女回到出生家庭，也促使出生家庭接纳离婚的妇女回来共同生活的原因时，对此当地同样认为是很自然的事。这在客观上使得离婚后的妇女生活不至于那么艰辛，也减少了村内贫困家庭的数量。

第三个特点是外出人员多。以上分析家庭结构时，是依户口名册为依据的，但其中有不少人却不在家，有的长期或较长期的在外经商等。这些人在外时间不确定，但也纳入计算。

附图：军拥村家庭结构图

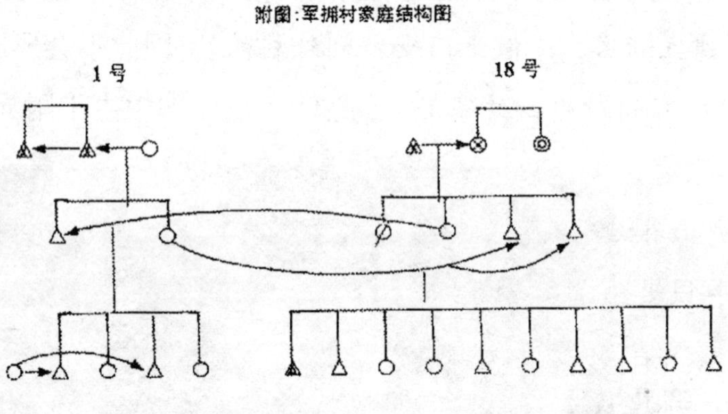

四、住房与房名

军拥村的住房十分高大、宽敞，已大大超过了居住的需要，其背后有着独特的文化意义。此外，村内还盛行房名习俗。这些都与家庭的延续有关，因此一并在此叙述。

1. 住房 军拥村的藏族民居又高又大，雕梁画栋，在西藏十分有名，至少在昌都地区可以名列第一。一般的房屋主体建筑有3层，底层堆杂物，二楼主要住人，三楼大部分地方以二楼的房顶为平台，其余部分仍建房屋，这层房屋较小，有的作为仓库，有的住人，有的堆杂物等，不尽相同。主体建筑前往往有一小院，还

左贡县东坝群众民居建筑内豪华的雕梁画柱建筑

有附属的马厩等。远远望去，一座座藏式建筑掩映在绿树丛中，十分美丽。房屋的面积也很大，单主体建筑的每一层都有上百，甚至几百平方米。军拥村内经济状况属于下等偏中的旺堆家是1999年新修的房屋，主体建筑有20根柱子，每层约270平方米。白马拉措家是村内最大的房屋，主体建筑3层，长28米，宽24米（墙内的距离，不含墙的厚度）每层面积约670平方米（不是完全的长方体），底层堆杂物、农具等。二层高4.5米左右，正中为长方形天井，天井四周为走廊，走廊四周有9间大小不等的房屋。其中客厅约80平方米，厨房约50平方米，是日常活动最多的地方。除外还有经堂、卧室、仓库等7间房屋和一个厕所。三层的前半部分是平台（二楼的房顶），后部已有柱子和房顶，准备修建房屋，但离完工还尚远。主体建筑外有院墙，墙内有院坝、马厩、堆粮食的小房，以及村内惟一一个私人小商店。占地面积超过1000平方米。

军拥村的房屋并非一次完工，家庭富裕的人家要先准备两三年，有的准备三五年或七八年，甚至十多年，主要准备木料等原材料。村子周围都是光秃秃的

山，木料要到远处购买，费钱又费力，需要有较长时间的准备。如旺堆家 13 年前就开始准备木料，1999 年才建房。建房一般是一年，也有的是两年。筑墙等简单的活主要是村里人互相帮忙，木工、画工、雕刻工等技术要求高的工种一般要支付工钱。经济条件差的人家，一般是完成房屋最基本的部分，如墙、房顶、柱子、门窗、地板及有关部分的雕刻等必须的部分。经济条件好的人家会多修一些，如二楼房屋的隔墙，部分彩绘，室内的一些壁柜等等，但没有哪家是一次全部完工的。旺堆家 1999 年修的房子，只完成了必须的部分，其余的就留下了。如最重要的住人的二楼，房内只有柱子，没有隔墙，更谈不上彩绘，空空荡荡，已住了三年。至于房子的修建，包括内部的装修和彩绘，哪年才能完工，他们自己也说不清。因为装修彩绘等需要钱，旺堆的女婿每年到外地做几个月生意，挣钱多

左贡县东坝群众民居建筑厨房内摆设的水缸与炊具

少不定，完工的时间与挣的钱多少密切相关，钱多完工早，反之则晚，甚至一直拖下去。泽仁拉措家 1996 年修的房屋至今已有 7 年，三楼还未完工。村内还有房子早已修好，已住了十多年但还未完全装修、彩绘完毕的。即使是富裕的白马拉措家的房屋，二楼许多柱子没有彩绘，三楼仅有柱子，也未完工。当地的房子修得又高又大，大大超过了家庭的经济实力，因此需要长期的准备，修好后还有大量的后续工作，需要多年的投入才能完成。可以说多年甚至几十年的家庭经济收入中的相当一部分都用来修房子了。

当地的房子很大，已大大超过了居住的需要。最典型的为房子最大的白马拉措家。4个丈夫，2个长期在外经商，1个一年中有几个月时间在牧场放牧。现在未婚的7个子女，2个在拉萨读书，1个在天津西藏班读中学，4个在昌都读书。连老母亲也到昌都照顾读书的孙子、孙女去了。调查时只有白马拉措和她的一个丈夫在家，偌大的房屋空空荡荡。即使全家人都回来，这么大的房屋也超过了实际需要的几倍。村庄内大多数人家房屋的面积都超过了实际的需要，只是程度不同而已。为什么会超出经济实力修建超出实际需要的房屋？主要是受当地文化传统的影响。在当地人的心目中，房屋的大小、好坏，不仅是财富的象征，还体现了家庭的势力和无形中的社会地位。用当地人的话说就是“房子盖小了没面子”。人们修房子，不仅为了居住舒服、实用，还为了“面子”，即无形中的社会地位。现在有的人在外经商等，走的地方多了，也觉得没有必要盖这么大的房子，实用性不大。但回到村里真正盖房子时，又觉得盖小了面子上过不去，仍是盖大房子，始终难以超越当地的传统。

2. **房名** 军拥村也和西藏其他地方一样，盛行房名习俗，但也有自己的特点。现在军拥村47户人家中，有28户房名，24号及以前的与样本编号统一，25号及以后的是调查样本以外的家庭，按问询先后顺序编号。如表三：

编号	房名	备注	编号	房名	备注
3号	兴巴仓		22号	村作仓	
4号	若那仓	1980年后新取的房名	24号	金康仓	
5号	更呷仓		25号	卧如仓	
6号	八穷仓		26号	戈连仓	
8号	卡日仓		27号	车色牙浪仓	
9号	那索仓		28号	白日斜马仓	解放前的大户人家
10号	西绕仓	解放前大户人家	29号	杰卡打马仓	
14号	八仲仓		30号	觉希仓	
15号	八仲俄玛仓	从14号分出，”俄玛”意为下边	31号	日咱仓	
17号	打国仓		32号	甲呷仓	1980年后新取的房名
18号	加新仓		33号	人珠仓	
19号	革卡仓		34号	车赛布浪仓	
20号	卓居仓	1980年后新取的房名	35号	白日打马仓	
21号	八穷仓	从6号分出	36号	车索仓	

以上共28个房名，除去15号，21号两个分出的家庭和3个1980年后新取的房名外，还有23个房名。他们也是民改前的23户差巴家庭，其房名一直延续至今。在民改前，只有差巴才有房名，嘎咱户没有房名。当时房名与社会和经济地位相关，特别与社会地位相关，有高低之分，例如有什么事大家聚在一起时，

会按房名的高低排座位。现在虽房名已无高低的区分，但仍与名声相关。

房名象征继承家业，主要是房子和土地的家庭继承。房名是居住在同一所房子内共同生活的所有人员构成的家庭的名字。即包括了有血缘关系的父母、子女、孙子、孙女等，也包括了没有血缘关系的女婿、儿媳妇等，以及其他在家中共同居住、生活的人，如私生子等。如 18 号家庭的房名为“加新仓”，它包括了现有的户主夫妻 3 人和儿女、户主的离婚回家的姐姐、户主母亲的妹妹。但是，嫁出去的女儿和外出单独成家或入赘别家的儿子不能继承房名。在村内分家，另建新家的儿子中有共同继承房名的，也有没继承房名的。从 6 号家庭分出的 2l 号家庭和从 14 号家庭分出的 15 号家庭即为共同继承的实例。但人们称呼 15 号家庭为“八仲俄玛仓”，以示区别。这两户家庭都是民改前分的家，详情已无从知晓。而在民改后兄弟分家，在村内建立两个家庭的(调查样本中)只有 l 户，即 ll 号家庭从 9 号家庭分出，就没有房名，“那索仓”的房名一直由 9 号家庭继承。

在日常生活中，对有房名的家庭人们总习惯称呼房名，对没有房名的家庭则称呼户主的名字。如村里需要通知几户人家派人干一些集体的事时，对有房名的家庭通知“××仓”出一人，对无房名的家庭则通知“××(户主名)”家出一人。房名作为家庭的名称代代相传，村内人们公认的有房名的家庭都是以前的差巴。而没有房名的不是以前的嘎咱户，就是民改后的外来户或其他原因新增加的户。尽管现在有无房名在社会地位方面已无明显的差别，但有房名的人家是当地的老住户，有历史有传统，与没有房名的家庭还是有所区别。改革开放后，传统文化复兴，有的家庭又新起了房名。当地新起房名必须请喇嘛，如 20 号家庭的房名就是在 1982 年时，请丁青的喇嘛起的。对这些新起的房名，很多群众都不承认，平时也不叫。如 20 号家庭的“卓居仓”，现在已有近 20 年时间了，但还是有许多人不叫其房名。32 号家庭也是这样，改革开放后新起了名叫“甲呷仓”的房名，但村里人不承认，于是将房名(藏文)专门写在布条上并挂于门框中央，希望别人叫其房名。

五、家庭成员的关系

在家庭成员的关系中，一夫一妻的家庭相对简单，且无特殊性，因此在这里着重分析一妻多夫家庭成员之间的关系

1. **夫妻关系** 在一妻多夫家庭中，经济的管理主要是丈夫，这一点与一夫一妻家庭差不多，具体将在家庭经济部分叙述。这里着重叙述性关系的处理，这也是与一夫一妻家庭不同的影响夫妻关系的重要因素。军拥村人普遍认为在一妻多夫家庭中，妻子起着核心和凝聚力的作用。能使家庭团结，兄弟不分家的妻子受人称道，认为是一种美德。9 号家庭的户主(一妻三夫)说："妻子对我们三兄弟没有偏爱，都一视同仁(包括性生活)，如果有，就是分家的征兆，一旦兄弟分家，她会受到社会舆论的指责，她也不会在性生活方面表现出偏爱。"在这样的文化氛围中，多夫的妻子们也是力图使自己成为社会称道的贤妻，对丈夫们不会厚此

左贡县东坝群众民居建筑豪华窗户的木质雕刻

薄彼，不希望因自己的原因而导致家庭分裂。在调查的样本中，有一妻二夫的6起，一妻三夫的 2 起，一妻四夫的 1 起。在这些多夫家庭中，由于丈夫的外出，常年在家的丈夫数仅在 1~2 位之间。如样本中惟一一户一妻四夫的家庭，除丈夫中的大哥常年在家外，二弟、三弟常年在外经商，主要是在过年时回家与妻子共同生活，而四弟则要外出放牧，每年也有几个月不在家中。一妻三夫的 9 号家庭有一人常年在外跑运输，只有二人长年在家。一妻二夫的 6 户家庭和 7 号家庭，丈夫均在外做生意，除大哥在家的时间多一点外，弟弟也是过年回来一次，一般住上半个月左右。18 号和 24 号的一妻二夫家庭中，也各有人长期在外做生意。而一妻二

夫的10号家庭，大哥(嘎松尼玛)也曾外出经商，因生意亏本才回到家里做木工，因此兄弟俩长期都在家里。1号家庭的两个丈夫结婚不久，哥哥22岁，弟弟18岁，均在家里。从上述实际情况分析，不难看出一妻多夫家庭的丈夫们一般(正常情况下)总有人外出，常常是长期外出，使得在家的人数大为减少。但是在过年期间，长期外出的丈夫们回到了家里，这时，常年在家的丈夫通常会把与妻子同房的机会主动让给偶尔才回家的兄弟。

军拥村的住房很大，每户人家都有多间住房，对一妻多夫家庭，普通的说法是妻于单独住一间，丈夫们合住一间，孩子们住一间，父母住一间。谁要与妻子同房时，只要看看同住一个房间的兄弟是否都在，如果是，自己就可去妻子房间过夜，反之，则说明已有人去了。如9号家庭的户主说：“妻子单独住一个房间，我们三兄弟住一个房间，只要发现少了一人，就知道他去妻子房里了，其他人也就不会去了。”实际上，在这种事情上，不同的家庭会有许多办法，常年生活在一起会有许多默契，也有极大的灵活性。不过，在调查中尚未听说过许多资料记述的在妻子门前放某种物件做标志的事。

当然夫妻之间的关系绝不是这么千篇一律的，而是复杂多样充满了个性的色彩，一妻多夫之间的关系更是如此，虽然调查中没发现因夫妻矛盾而兄弟分家的实例，但在这么多一妻多夫家庭中丈夫们与妻子之间不会全都是美满的，没有矛盾的。不过在军拥村，家庭团结是一条很重要的原则，同时因为村民们都很要面子，所以家庭内的矛盾基本不会对外人讲，也不可能达到兄弟分家的程度。同时，村内关于婚外性关系的习俗，使外出的男人获得了完全的自由(详见下文)。这也使得在家里有某种程度不满意的丈夫们(含一夫一妻和一妻多夫)，在外地寻找另外的女人时不受舆论指责和文化约束。这样，丈夫们在村内有一个可以依赖的家庭，同时在外地又有很大的自由，即使有什么不满意也会被这种在性关系方面有利于男人的习俗冲淡，从而保证了家庭的不分裂。

2.**婚外性关系** 军拥村内的性关系是十分严格的。虽然婚前男女可以自由接触，但绝不能发生性关系，否则女人就很难嫁出去。女人在婚后如果红杏出墙，也会被丈夫赶走。对男人而言，在村内的性关系也很严格，绝不能发生婚外的性关系，但在外地则很自由。按当地的习惯，只要出了村庄后面的一座大山——勒勒冬山，男人(不管婚前婚后)就自由了，在此之外的地方有了外遇，妻子一概不管，村内的舆论也不指责。用当地妇女的话说就是“不借耳朵”，意为不闻不问，不听这样的事。但丈夫绝不能把外面找的女人或外面的私生子带回村来，这种做法不但会招致强烈的谴责，还会引发事端甚至闹出人命。军拥村处于大山环抱之中，附近只有邦左、普卡、八雪、瓦多、格瓦 5 个村庄，加起来也就 200 多户人家，在这样小的范围内，谁家有什么事大家都很清楚。如果在本村内有婚外性关系，不仅与传统相悖，也极易败露，对双方家庭都是一种伤害并且有损颜面，所以在村内的性关系会受到非常严肃的对待。而出了勒勒冬山，已是离村庄几十里外的地方了，婚外的性关系便不受约束，对村内的家庭和社会影响也小得多。

3. **父子关系** 军拥村内强调家庭团结一致的原则，在父子关系方面也有明显的体现。在一妻多夫家庭，孩子叫父亲中的大哥“帕”(即父亲)，其余的则称叔叔(阿枯)，这种称呼并不表明谁是谁的亲生子女，实际上人们都避免作这种区分。当地的乡干部认为，由于村内的男人外出时间多，只要从丈夫何时在家，孩子何时出生推算，相当部分一妻多夫家庭的子女，也大致能推算出其亲生父亲是谁。但实际上在一妻多夫家庭中并不作这种区分，所有出生的孩子都是整个家庭的，都是丈夫们共同的。对此有一位妇女曾回答说：“连我都不知道孩子是谁的(丈夫们中哪一个的)，他们(丈夫们)又有谁知道哪个孩子是自己的呢？如果他们都只关心自己亲生的孩子，在外地经商的只把自己亲生的孩子带到外地读书，那在家里的丈夫生的孩子又由谁管呢？”不管实际上知道与否，人们都不作亲生父亲的区分。父亲们对孩子也一视同仁，不会厚此薄彼，这也是当地强化家庭团结的一种习俗。

4. **私生子** 这类情况在调查样本中仅一人，为 14 号家庭益珠巴措的儿子。当地修公路时，益珠巴措曾与一工作人员相好，怀孕后被抛弃，于是带着非婚生子回出生家庭居住。这种情况，许多社会都会发生，没有特殊性。

5. **离婚与丧偶** 离婚被认为是正常的事，不会被社会指责。离婚不需任何手续，如不存在财产纠纷的话，自行解决，分开即可，一般是女方将自已结婚时的嫁妆和新添置的衣物等随身带走。如 4 号家庭的美郎措姆与同村的嘎嘎措姆换亲，嘎嘎措姆嫁到 4 号家庭后，与其父母关系处不好，最后离婚，带着女儿回到娘家居住。同样与之换亲的美郎措姆也离婚带着儿子回到 4 号家庭居住。因是换婚，结婚时两家的土地、果树等都没分割，所以离婚时也不存在财产分割问题，仅仅是带走结婚时各自的衣物、首饰。离婚以后习俗上认为也可再婚。但当地婚姻由父母做主，离婚后父母一般不愿再去别家提亲。特别是女人，习俗是等男方家来提亲，而离婚后的女人再婚比男人困难。在调查样本中所有离婚的实例，除上述两例外，9号家庭的拉宗(1956年生)46岁，18号家庭的泽巴宗(1946年生)56岁，均无小孩，离婚至今未再嫁。

丧偶以后，习俗认为可以再婚，但男女还是有一些差别。男子丧妻再娶，大家认为很正常。女人丧夫后再嫁，会受到嘲笑，不改嫁则会受到称赞。6号家庭的曲宗，丈夫已去世4年多，仍没改嫁，留在6号家庭。而8号家庭的彭措和17号家庭的二兄弟，都是前妻去世后，又再娶后妻建立的家庭。

调查样本中离婚和丧夫的妇女均未再婚，其原因主要是妇女在婚姻中处于被动位置，如必须等男方提亲，结婚需要一笔数量不小的嫁妆等。另外，离婚后的妇女均回到娘家，生存有所依托，不是单身一人或带着孩子，并没形成生存十分艰难的单身或单亲家庭。丧夫的妇女留在丈夫的家庭情况也类似，这样就减少了生存压力，也减少了再婚的动力。而丧妻或离婚后的男子正好相反，由于习俗的支持及在婚姻中居于有利位置，大多都会再婚。

六、家庭经济与家庭分工

军拥村位于东坝乡政府所在地，海拔约2700米左右，为怒江边的台地和坡地，四周为巨大、陡峭的高山。由于这里为干热河谷地区，降雨稀少，四周的高山干燥，土石裸露，不少地方几乎寸草不生。一条名为“玉曲”的小溪从山上流经军拥村。这条小溪水源丰富，四季不断灌溉着军拥村的土地，使得村内树木繁茂，郁郁葱葱，与周围的光头山形成了鲜明的对比。村内有树有草的田地与村外无树无草的山体几乎是截然相反，毫无过渡地带，明显可见能开垦的土地已开垦殆尽，没开垦的山坡也基本无开垦价值。

军拥村共47户334人(其中男164，女170人)，土地222. 7亩，人均0.67亩。这里一年二熟，粮食作物主要为冬青稞，亩产平均600斤，其次为玉米，亩产平均约500斤，另有少量冬小麦。青稞全部自用，玉米和冬小麦以自用为主，另有少量出售。蔬菜有白菜、辣椒、南瓜等，以自用为主。水果主要有葡萄，其次为梨、苹果和桃子，另有少量的石榴和桔子。林产品主要有核桃。出售水果和核桃是村内大多数人家重要的经济收入。牲畜有黄牛、犏牛、马、驴、骡、猪、山羊。马、驴、骡均用于运输和出门代步，猪和山羊数量少，也全部自用。牛除自用外，每年也有部分人家出售一些牛肉作为补充经济收入。另外，大部分人家都有人在外做生意或打工、做木工等，这一部分收入因人因户而异，有很大差别。换句话说，这些农业外收入的多少，在很大程度上决定了其富裕的程度。这里所产的粮食完全能自给自足，最贫穷的人家粮食也能自足，但较多的依靠出售水果、核桃的收入购买盐、茶叶和衣物等生活必需品，有时也购买一点大米、面条调节生活。而有其他经济来源的较富裕的人家，则较少出售核桃、水果。因此，军拥村的农业和林果业成为了其基本的生存保障，即使最贫穷的人家，温饱也不是问题。但仅从村内的住房看，也可看出贫富之间有很大差距，这种差距主要取决于不同家庭农业以外经济收入的多少。

军拥村的习惯是农活和家务一般是女人承担，男人主要是外出经商和做工。当地男孩子到了十八九岁成年后，就要开始出去打工、做生意等。如果家里只有一个成年男人，一般是留在家里，不一定外出。但有两个及以上的成年男人，一般让能力强、聪明一点的出去做生意赚钱，或让有手艺的外出做手艺活赚钱。如果不外出赚钱，仍留在家里，村里的人会认为无能、没本事。这种观念和经商的传统，对成年男人产生了一种向外的推动力。当然，客观经济状况是每人平均0.67亩的土地，没有太多农活需要几个成年男人都留在家里，同时家庭的富裕则主要依靠外出赚钱，因此村内绝大部分的成年男人都在外赚钱或曾经外出赚过钱。现以所调查的24户家庭经济和家庭分工的情况加以分析，可见一斑。

第一类，除农业外以经商为主的家庭。其中有的既经商，又跑运输，在这类家庭中，现在常年有人在外经商的有1号、5号、7号、18号、22号、24号家庭，还有13号、15号两个家庭曾有人外出经过商，但成效不大，又回家务农了。这样仍在经商和曾经经过商的家庭占调查户的33%。从这8户人家看，情况也不太一样。如5号人家是一妻四夫，家务活和农活由妻子负责，农活平时由妻子自己干，忙不过来时请村里人帮忙，或出钱请人干。由于家务活和农活较多，一个人忙不过来，还长年请了一个年轻姑娘帮助干背水、打扫清洁等家务活，每天4元工钱。4个丈夫中，大丈夫在家管理门口的商店，二丈夫在昌都经商，三丈夫在丁青经商，四丈夫在牧场放牧，分工明确。又如一妻二夫的7号家庭，大丈夫既在家管理也外出经商，二丈夫常年在外经商，一般过年才回来住上 15 天左右，大儿子嘎松四郎在外跑运输，家务和农活由妻子阿措负责。农活忙不过来时出钱请人干，除管吃外，以前每天 5 元的工钱后来涨到 10 元，近年涨到 15 元。播种、收割的农忙季节请的人多，平时田间管理请的人少。家里的粮食、水果主要自己消费，其余的经济开支靠丈夫和儿子赚钱。这是两户经商的，经济条件好的家庭。当然也有一些经商不那么成功的家庭，经济条件相对会差一些。如 1 号家庭乌竹两兄弟娶一妻，弟弟还年轻，在家闲着，乌竹自己也才 22 岁。以前曾做过一年生意，现回家娶妻不久，也在家闲着。父亲以前在昌都做生意，每年过年才回家，带回一些食物等物品和现金，近几年到拉萨帮人做生意先是赚钱，后打麻将又输了钱，就很少拿钱回家了。家里的农活和家务则主要由母亲、妹妹和妻子 3 个人干。而 13 号家庭的彭吉以前曾经过商，后来生了病，只有回家务农，不过因懂一点医术，平时为人看病，有一点微薄收入。大儿子去了印度，二女儿已出嫁，现在家里的经济就指望学开汽车的三儿子了。

第二类为除农业外，靠传统手艺，其中大多是靠木工手艺赚钱的家庭。这类家庭有 3 号、8 号、9 号、10 号、11 号、19 号，其中最典型的为 9 号家庭。9 号家庭为拉索仓，意为画匠，但子孙们没有继承绘画艺术。其户主邓珠三兄弟娶一妻，邓珠先是经商，后改在村内做裁缝，二弟是村内最好的木匠，三弟则在外跑运输，每年过年回家十天半月。三兄弟中二弟收入最高，三弟次之，邓珠最少，但要兼管家庭。家务和农活由妻子、姐姐(离婚后回家住)和小妹(尼姑，仍住家中)负责，农忙时在家的邓珠和二弟也会帮忙。又如 8 号家庭，户主彭措为木匠，农忙时也帮助干一点农活，大儿子泽仁邓珠现在在林芝，跟人学木匠活，家务和农活由妻子和二女儿承担，家庭经济在村内属中等偏下。10 号家庭一妻二夫，儿女还小，哥哥为木匠. 平时在村内做木工，每天工资 12 元钱，农忙时也帮助干农活，弟弟和妻子主要承担农活及家务。

第三类为除农业外，有人参加工作，工资是家庭经济的重要来源。这类家庭现在只有 17 号家庭。户主嘎松次平原来是东坝乡乡长，现已退休，与之共妻的弟弟双目失明，在家休养，未婚的儿女都在昌都和南昌西藏中学读书，无一人在家，农活和家务主要靠妻子，另雇有一人帮助干农活，每年需付 1000 多元工钱。家里所用的花销主要靠嘎松次平的退休工资。另外 6 号家庭曲宗的丈夫以前在地质队工作，工资也是家庭的重要经济来源，但丈夫四年前就去世了，现在全靠农业收入。

第四类为全靠农业收入的家庭。这类家庭有的是户主或成年男人不太能干，不会外出经商或做工，有的是家里缺劳动力，无法离家，有的是既不能干，又缺劳动力。如12号家庭夫妻二人，有三女一儿，户主泽旺拥中一直在家务农，从未外出经商或打工，家里购买一些生活必需品的钱主要靠出售水果和辣椒等农产品，虽然粮食够吃，但在村里算较为贫穷的家庭。23号家庭的户主江巴，是从临近的普卡村来的上门女婿，有10个儿女，一方面家里缺劳动力，另一方面本人也不是很能干，故此一直在家务农，家庭也较为贫穷。22号家庭的次郎情况较特殊，父亲外出做生意，兄弟姐妹也走了，家里只有夫妻二人，土地又多，虽然他有文化，想到外面做生意，但因为家里缺劳动力只好在家务农。这类全靠农业收入的家庭在村内不太多，且大多较贫穷。

上述的划分，只能是大体的分类，或者说是以农业外的主要经济收入为标准。由于经济活动的多样性，有的家庭兼有几种不同的经济收入，无法机械地归入某一类。如上述的9号家庭，既有做裁缝、木工的收入，又有搞运输的收入，应以前者的收入为主，故划入第二类。

从以上情况可以看出，军拥村除了不是很能干和因缺乏劳动力离不开的家庭外，绝大多数成年男子都有到外地经商、打工，干一些诸如木工之类的技术活挣钱的经历。如此，相当多的家庭有较明确的分工，女人干农活和家务，男人在外挣钱，这一点比其他地方突出。少数家庭的男人在外挣钱多，家里忙不过来时还请人干活。与西藏其他地方相近，家庭的经济一般都是男人管理。一妻多夫的家庭，往往是大丈夫管家。5号家庭的白玛拉措说：“我只管干活，丈夫们赚了多少钱，怎样用，我从不问，也不操这份心。”一妻三夫家庭的大丈夫邓珠说：“两个弟弟挣的钱都交给我，由我安排全家的开支。”男人管家庭经济的收支是当地普遍的习惯，但在实际生活中也有不管事的男人和精明的女人。17号家庭的泽仁拉措就说丈夫记忆力不好，不管事，而自己记忆力好，家庭经济便都由她管。

七、婚姻的缔结

从配偶的选择到整个婚礼过程，一夫一妻和一妻多夫婚基本没有什么差别，人们都是按相同的习俗举行。不过，在军拥村的婚俗中，换婚的习俗很有特点，其他地方少见。

1. 配偶的选择 在军拥村，配偶的选择在习惯上由父母做主，有的事前会征求儿女的意见，但基本上是直接告知儿女，儿女也一般都不会反对。如 6 号家庭的曲宗说："我的婚姻完全是由父母做主，自己没有一点权利。如果自由恋爱，自己做主结婚，会被人讥笑。"这大体代表了村内一种普遍的观念和习俗。一般的人家，特别是大户人家，儿女结婚主要是父母做主。

虽然有这样的习俗，但在实际的生活中也有一些自由恋爱，自主结婚的，不过一般都有一些特殊的原因。第一种是民主改革时期受自由恋爱观的影响自主结婚的。11 号家庭的朗加扎巴，民主改革时受自由恋爱观念的影响，与哥哥分家，另娶一妻。第二种是一些外地来的人或小户人家往往不受习俗的约束，也是自由恋爱结婚。2 号家庭的旺堆是从中林卡来的，妻子是格瓦村的嘎咱户，也是民主改革前来到军拥村的，民主改革后自由恋爱结婚。第三种是孤儿或父母不管事，只有自主结婚的。如 16 号家庭，父母早逝后成为孤儿。大姐到了适婚年龄，自由恋爱，自主结婚。22 号家庭的次郎，父母在拉萨有住房，常年在外经商，很少管儿子的事，到了适婚年龄后次郎也是自由恋爱，自主结婚。

民主改革以前，当地有等级内婚的习惯。一般差巴户与差巴户结亲，嘎咱户与嘎咱户结亲，很少逾越。经过几十年的变迁，现在这种习惯已不存在了。不仅现实生活中不存在这种等级差别，而且人们选择配偶时，也不再关心对方家庭以前是什么了，不少人连自己的家庭和配偶的家庭民主改革前是差巴还是嘎咱都不知道，以前十分严格的等级差别和等级内婚的习惯发生了巨大的变化。因此，现在选择配偶更多的是看对方家庭的条件和本人的条件。如 15 号家庭是招婿上门，户主穷玛说："女儿的婚事是由我做的主，主要是觉得女婿家的经济较好，本人条件也不错，完全没考虑他家以前是什么（是否为差巴）。"此外，血亲禁婚也是需要考虑的重要因素。按当地习惯，有血缘关系的人只要隔了 3 代就可以结婚，当然，最好隔 7 代。计算方法是自己一代不算，往上追溯 3 代，父母双方都追溯。由于选择配偶多在本村和附近村庄，在此范围内的人，很容易分清是否有 3 代以内的血缘关系，至于外乡的、远方的人，很容易就在 3 代以外了。如果 3 代以内的人结婚，会遭到众人的唾骂。

2. 提亲、定亲、嫁妆与婚礼 当地的结婚年龄一般在十八岁至二十几岁间，婚礼的第一步是提亲。提亲的均为男方家，没有女方家提亲的。具体提亲的人为男方家的亲朋，男女均可，提亲时一般不带礼物。如上述19号家庭，提亲的是户主的妹妹(新郎父亲的妹妹)。双方家庭都满意后，还会各自请人看属相，一般是请寺院的喇嘛看。如24号家庭的向巴，就是将大儿子(两个儿子娶一妻，以大儿的属相为准)和未来儿媳的属相，请土恰寺的喇嘛看，确实属相适合、吉利后，才最后确定这门婚事。

婚事确定后，男方家还要找人(一般是提亲人)去女方家定亲，定亲人象征性的带一点礼物去。如24号家庭带了一条哈达和一小袋青稞(约10斤左右)，意为煮青稞酒用，到女方家后将青稞倒在一个木制圆形桶内，并将哈达放在木桶上。当地人忌讳提空袋子，女方家则在其口袋内放一块“巴罗”[①]，这也是当地的普遍习惯。定亲要商定男方的聘礼和女方的嫁妆，以及婚礼有关的事宜。一般而言，男方的聘礼都很少，多为礼节性和象征性的，而女方家的嫁妆数量很多，涉及家庭财产的分割。

嫁妆主要有衣物、首饰(天眼珠、珊瑚、金银饰等)、牛羊、果树、土地等。嫁妆的多少，贫富不同的家庭间有很大的差别。此外，由于嫁妆中包含了土地，所以它与不同时期的土地制度密切相关，这里需要加以详细说明。女儿出嫁要划给一块土地作嫁妆，是当地的一种传统。1938年出生，已64岁的穷玛说：“民主改革前差巴家嫁女有划给土地的，也有不给土地只给衣物、首饰的。我家当时是差巴，女儿多，出嫁划走的土地曾达一半之多，为此父亲还很生气。”民主改革后特别是人民公社时期，土地归生产队集体所有，自然不存在土地划分问题。同时，那段时期人们都很穷，嫁妆也很少，甚至谈不上嫁妆。1974年结婚的白玛拉措的嫁妆仅一件新藏装，一双新藏式长筒女靴，对此她至今还记忆犹新。1号家庭的嘎松娜姆1970年左右结婚，自然不存在土地的划分，嫁妆也仅几件衣服，一对天眼珠和几颗珊瑚。改革开放以来，人们的生活逐渐富裕，嫁妆也随之增加，同时土地承包到户，嫁妆中也包含了土地。如1号家庭嘎松娜姆的儿子近年结婚，儿媳的嫁妆除衣物外，还有两对天眼珠，几颗珊瑚，一对卡垫，一头犏奶牛，一份土地。除与本村的人结婚要划给土地外，有时嫁给外村的人也会划给土地。7

注 释：

① 巴罗，当地用面粉、奶渣、核桃做的厚饼子。

号家庭的白桑家原有10个兄弟姐妹，其中的真措出嫁到临近的普卡村，除衣物、首饰、牲畜、果树外，也按当时的家庭人口计算分给了一份土地。从此真措家每年都要到军拥村的土地上耕种以收获粮食。土地家庭承包制以来，女儿出嫁时划给一份土地作嫁妆已成为惯例。划给的数量，大体是以出嫁时家庭土地的总面积计算，按当时全家的人口进行划分。实际生活中，土地的划分也不那么严格，有时会多一点，有时少一点，出嫁到远地的也有多给一些牛羊或值钱的首饰等而不给土地的。此外嫁到城里的人一般也不会要土地，女婿家土地多的也有不要土地的。例如22号家庭的次郎，父母兄弟都在国外或外地，家里有9份(土地承包时9个人的土地)土地，所以2000年结婚时没要妻子家划给的土地。但次郎说：“以后如果去要，妻子家也会给的。”按当地惯例，他仍有取得妻子那一份土地的权利。土地作为农区基本的生产资料，其重要性不言而喻。解放前，当地就有划给出嫁的女儿土地的习惯，家庭承包责任制以来，对于两户联姻的农民家庭(嫁到城里的除外)，特别是本村或居住较近的农民家庭之间联姻，除特殊情况外，土地的划分就成了不成文的制度。

军拥村的婚礼有大小之分。大婚礼藏语称为“巴顿”，小婚礼称为“嘎沙”。大小婚礼可以分为两次举行，也可合为一次举行。在调查样本中，还有一些没有举行婚礼的家庭。因此，村里人结婚，可举行简单的小婚礼，也可举行隆重的大婚礼，也可不举行婚礼，社会均予认可，有很大的自由度。

定婚后，婚礼举行的时间取决于两个条件。在哪一年举行，主要取决于家里是否作好了准备，具体在哪个月的哪一天举行，一般请僧人或懂历算的人选择吉日。如向巴的儿子结婚，就是向巴自己拿着藏历历书，请懂历算的人帮忙选择的吉日。

小婚礼比较简单，有时相当于简单的迎亲。不管大小婚礼，按当地的习俗，新郎家要请一个“玛色”代表母亲去迎亲。“玛色”必须是父母双方均健在，有儿有女的贤妻良母。新娘家要请一个未婚姑娘作伴娘，伴娘称为“巴如”。如19号家庭的曲美扎巴的儿子罗布1999年结婚，就只举行了小婚礼。由于是换婚，双方家庭都互免了嫁妆。结婚时曲美扎巴请了一个“玛色”去迎亲，新娘家则请一个“巴如”为伴，与新娘一起3人来到曲美扎巴家，全家人在一起庆贺一下即可。举行过小婚礼后，如果愿意，那么几年后、甚至有了小孩后还可举行大婚礼。

大婚礼比较隆重，但不同时期有一定差异。改革开放前，因为贫穷，就相对简单一些，现在富裕了，就复杂一些。现以 24 号家庭向巴的两个儿子的婚礼为例，简要叙述如下。向巴的儿子洛松次仁和弟弟四郎达吉共娶泽巴拉措为妻，两年前结婚。结婚时，向巴请了一个能说会道的有儿有女的妇女和一个成年男人(对迎亲的男人没有特殊要求)去迎亲。迎亲不需带礼物，但要多带哈达。沿途的人家都知道他家今天结婚，故在门口放上装满水的水桶。在当地习俗中装满水的水桶表示吉利，迎亲者则要在水桶上系上哈达以示庆贺。到女方家后，还要在其厨房的柱子上献上哈达。女方家则用肉包子和米饭、人参果招待客人。从左往右为迎亲的男人、迎亲的妇女、新娘、伴娘(女方家找的姑娘)依次坐在厨房的上方，每人面前的桌子上放一块“巴罗”。男迎亲者面前的“巴罗”上要放两块羊后腿的肉，新娘面前的“巴罗”上放带有羊尾的肉，迎亲妇女和伴娘面前的“巴罗”上放什么羊肉没规定。并要给新娘献哈达，对新娘讲赞颂的话语，对迎亲人和伴娘则挂上红色腰带。

新娘离开娘家时，从厨房到楼梯口(当地的厨房、住房都在二楼)要垫一块白色的氆氇，上面间隔着放 13 撮生小麦，新娘在上面走 13 步，每步都踩在小麦上，然后下楼离开家。一行人到男方家上楼后，同样也是从楼梯口踩着白氆氇上的小麦，走 13 步进入厨房。进入厨房后，新娘要向灶磕 3 个头，然后坐在厨房上方，接受众乡亲敬献的哈达。与迎亲时一样，在去女方家迎亲的人和新娘、伴娘面前要放“巴罗”等食物。然后男方家的亲朋好友和村里人来送礼、祝贺，大家一起喝酒、吃肉，婚礼持续 3 天。3 天后新娘回娘家住 3 天，然后返回丈夫家，此后新娘新郎就可同房了。

在军拥村，结婚时新郎可以不参加婚礼。即使参加婚礼，也不像新娘那样要穿上新衣服，打扮得漂漂亮亮。新郎仍然像平常一样穿着普通的衣服，无事时走走看看，不会像新娘那样成为中心人物。如果是几兄弟共娶一妻，那几兄弟中有一人参加即可，一般是大哥在家参加婚礼的多一些，当然，没人参加也可以，并不是像许多民族那样，缺了新郎就不能举行婚礼。这种新郎不一定参加婚礼的习俗，给一妻多夫的婚姻带来了许多方便。如一妻四夫的白玛拉措说：“我结婚时，没有新娘新郎一起举行的仪式。按当地习惯，几兄弟只娶一妻，婚前没人告诉我是嫁给他们一个人还是几兄弟，但我知道他们家有几个兄弟，嫁过去后就是几兄弟的妻子。”又如，19号家庭有3个儿子，大儿子已娶妻，两个弟弟还在读小学，按习俗他们应3人共妻，但因年龄差距大，以后发展如何谁也无法预测。如果丈夫必须参加婚礼的话，按当地几兄弟娶一妻的习俗，两个读小学的孩子也应该作为新郎参加婚礼，这是难以想象的。而新郎不一定参加婚礼的习俗，使他们可以不参加婚礼，长大后如果大家都愿意的话，也可与哥哥共妻。

3. 换婚习俗 换婚，当地称为“布莫布杰”，意为“女换男”，即两个家庭都各自将自己的女儿嫁给对方家庭的儿子。当地习俗中，只有男方家托人向女方家提亲，而换婚的家庭有儿有女，因此其中任何一家都可托人向对方家庭提亲。当然，提亲人首先是为所代表家庭的儿子提亲，同时将女儿的婚事提出，如对方家同意，即可将儿女的婚事都确定。婚事确定后，两家娶妻，举行婚礼的时间可依儿女的年龄，家庭对劳动力的需求，婚礼的准备工作等因素确定，不一定同时结婚，可以相差几个月甚至几年。如19号家庭曲美扎巴的大女儿斯郎巴姆嫁给同村泽仁郎加的两个儿子，二儿子罗布则娶泽仁郎加的女儿嘎松娜姆为妻，两家换婚。当时是泽仁郎加的妹妹到曲美扎巴家提亲，曲美扎巴与妻子商量，并将事情简单的告知儿女，儿女无不同意见，听从了父母的决定，大约半个月后给了对方家肯定的回答。1999年两家的儿子都各自娶妻结婚，只是结婚的月份不相同。

军拥村内换婚的习俗比较盛行，仅调查的24户样本中，就有1号、4号、6号、7号、8号、14号、18号、19号共8户家庭有换婚，占家庭数的33%。其中仅6号家庭是与附近的格瓦村的人家换的婚，占换婚家庭数的12.5%，其余均为军拥村内的家庭相互换婚。如1号家庭户主的妹妹嫁给18号家庭的两兄弟，两兄弟的姐姐嫁给1号家庭的户主（见附图一），互相换婚。当地换婚盛行的原因：一是当地婚姻主要是父母做主，父母为儿女选配偶，既看对方的家庭条件，也看本人条件。为儿子提亲，表明对对方的家庭是满意的，如果对方家也有适合自己女儿的儿子，就很容易换婚。二是当地封闭的自然环境。除临近的八雪、普卡、格瓦、瓦多、邦左几个村庄外，到其他村庄要翻几座大山，走几十里路，隔得很远。这很容易使人们较多的在本村和临近的村庄选择配偶，选择配偶的范围受到了一定的限制，从而在条件合适时两个家庭容易换婚。第三，女儿出嫁需划给一份土地作为嫁妆，以至出现个别的女儿嫁到临村后又回本村耕种的情况，换婚可以减少这种麻烦。如上述的19号家庭换亲，双方都没给女儿划分土地，互相抵平。

在80年代土地承包到户以前的人民公社时期，也有不少家庭换婚。如上述列举的换亲家庭样本中1号、7号、18号都是在人民公社时期结的婚，当时不存在土地划分的问题。因此，减少划分土地的麻烦是换婚的一个原因，但不是重要的原因。虽然村内有换婚的传统，但它不是必须遵循的习俗。换婚的先决条件当然首先是双方家庭有儿有女，且年龄等有关条件也相应。除此而外，在有儿有女的家庭中，基于种种原因没换婚的也不少。24号家庭的向巴有两儿两女，两个儿子已婚，两个女儿未婚。对于换婚，他明确地说："换婚有好的一面，也有不好的一面，两个家庭换婚后，如果其中有一家夫妻的关系搞不好，就会影响另一个家庭，因此他不想儿女换婚。"这种情况，在村内也确实存在。如4号家庭(见以上离婚一节)就是换婚后因有矛盾，两个家庭都离婚的例子。

八、结语

军拥村藏族的婚姻家庭，在许多方面与整个藏族的婚姻家庭相同，但也有当地的一些突出特点，现仅就这些突出的特点加以简要分析。

1. 单一婚姻家庭原则 军拥村藏族农民的家庭中一妻多夫占有相当大的比例，这是一个十分突出的特点。对此，当地人的说法是一个家庭有几兄弟，就必须共娶一妻，从而形成了一妻多夫婚，这是一种笼统的说法。经过一户户的具体调查，实际上，当地较严格遵循的习俗是在村庄内一代人只能建立一个正式婚姻的原则。即：独子娶妻；独女招婿；几个兄弟或者共娶一妻，或者是几兄弟中有的离家到了外地(或参加工作，或入赘到其他村庄等，也含出家为僧)，留在家中的娶妻，留在家中的只有一人则为一夫一妻，留在家中的有几人则为一妻多夫；有多个女儿的家庭，其中一人招婿，其余或外嫁，或因故留在家里；对于有多个儿女的家庭，一般是女儿外嫁，儿子在家娶妻。在实际生活中，因特殊情况也会有偶尔的例外。这一原则在民主改革前主要见于差巴家庭。民主改革后随着差巴与嘎咱等级的打破，现在实际生活中已不存在等级差别，因此，村庄内一代人只能建立一个家庭的原则成了普遍的原则，不限于什么等级。

这一原则与戈德斯坦提出的"单一婚姻原则"在基本的方面是相同的，但也有差异。戈德斯坦认为"如果在这一代中有许多儿子，他们只能共同娶一个妻子，如有其他女儿则出嫁；如果只有一个儿子，那么他就只娶一个妻子，如有其他女儿则出嫁；如果没有儿子而只有一个女儿，她将招赘一个丈夫；如果没有儿子但有许多女儿，她们只能共同嫁给一个入赘的丈夫。”[①]与之相比，军拥村最大的差别是认为一夫多妻不好，除有一个家庭以前曾因妻子无法生育而娶第二个妻子外，还没有一夫多妻家庭。因此，军拥村不存在“如果没有儿子但有许多女儿，她们只能共同嫁给一个入赘的丈夫”的情况。虽然军拥村的情况有一定的差别，但在基本的方面是相同的，大体属于“单一婚姻原则”的范畴。

军拥村一代人只能建立一个正式婚姻，婚后所建立的家庭并不另立新家，而是在原来的家庭中居住，形成主干家庭，即戈德斯坦所说的“单一婚姻主干家庭”[②]。从而导致了村庄内高达54.16%的主干家庭的比例。家庭代代延续，极少有分家的习俗，客观上导致了村庄规模的相对稳定和人口的低增长。由于缺乏以前的人口数字，无法分析人口的增长情况，但家庭的数字却是大体清楚的。民主改革前的23户差巴，加上7户左右的嘎咱户，共约30个家庭。虽经过40多年时间，现在也只有47户人家，由此也可看出人口的低增长程度和村庄规模的稳定程度。

2. **一妻多夫家庭盛行的经济原因** 许多研究都提到了藏族一妻多夫家庭与土地、差税制度的关系。认为以前差巴家庭是领种土地和支差税的单位，但家庭规模的大小与差税的多少没有关系，因此家庭如果分裂，那“两个家庭单位的差税比原来要多”[③]。故出于经济理性的考虑，反对家庭分裂，实行一妻多夫婚。与之相比，军拥村的情况有所不同。从民主改革前到现在，当地的差税、土地制度发生了翻天覆地的变化。民主改革前，当地的差巴有自己领种的土地，需向强巴林寺交纳一定的差税；解放后，人民公社时期，土地集体所有，按个人劳动的工分进行分配；改革开放以来，土地承包到户，西藏实行特殊政策，免除了农民的税收，军拥村的农民也不例外，再也没有缴过税。然而从民主改革前到现在，一代人只能在村内建立一个家庭的原则除特殊时期有个别家庭违反外(民主改革时有个别人违反这一原则分家，另建一个家庭)，尚无根本性的变化，即使在文化大革命和人民公社时期也是如此，从调查样本中可见，文革和人民公社时期人们同样在建立一妻多夫的家庭。因此，当地一代人只能在村内建立一个家庭的原则

注 释：

① 马戎：《试论藏族的“一妻多夫”婚姻》[J]，《民族研究》2000年第6期。

② Melvyn Goldstein 1971, Stratification, Polyandry, and Family Structure in Central Tibet, South western Journal Of Athropology, V01. 27, PP. 64—74.

③ 巴伯若·尼姆里·阿吉兹著，翟胜德译：《藏边人家—关于三代定日人的真实记述》，拉萨：西藏人民出版社1992年版。

与土地制度、差税（税收）制度关系不大。

如果仅从经济的角度看，这一原则在军拥村主要与住房、劳动力和土地资源的紧缺有关。如第三节所述，军拥村的房子雕梁画栋，又高又大，大大超过了居住的需要，属于昌都地区最好的民居。修建也大大超过了家庭的经济实力，需要多年的投入才能完成。住房成了财富和社会地位的象征，在当地人的价值观中占有重要的地位。如此重要的、需一个家庭多年的投入才能建成的房子，又是无法分割的。这样，如果一个人要想在村内分家建立新的家庭，在住房方面会面临很大的难题。首先，住房已超越了实用的层面，具有了文化意义，如果住房差了，会觉得没有面子。像很多地方的农村那样，修一座简陋的住房就可凑合居住的事，在军拥村是难以想象的。而要修建一座高大的住房又是如此困难，是一般的年轻人很难办到的。其次，一座房子就是一个家庭最大的财产，它具有的不可分的性质，使谁要分家就得离开家庭，就得放弃对这一巨大财产的权利。因此，对离开村子到外地成家的人来说这两点都不是问题，但在村内要建立新家的人却很难克服这两个难题。因此不管是客观的分析，还是村里人自己的说法，房子都是不分家、几兄弟共娶一妻或一代人只能在村内建立一个家庭的原则变化不大的重要原因。这也是当地的特点，其他地方少见。

解放前军拥村就有外出经商的传统。现在的经济基本是靠农业和林果业解决人们的温饱，是基本的生存保障。但要富裕则主要靠农业外的经济收入，即经商、搞运输、做工（包括做木工、外出打工等）等。多种经济活动对劳动力的需求，使得劳动力的质量和数量对于家庭来说十分重要。现实生活中，富裕的人家都是家里劳动力多（有人在家务农，还有人外出经商、做工，并且干得不错）的家庭。而贫穷的人家，大多是缺少劳动力，没有人外出赚钱，或因男人不能干、不能外出赚钱的家庭。因此，人们在说到一妻多夫的好处时，总是说这样的家庭有人在家干活，还有人外出赚钱。正如许多研究所表明的，一妻多夫是保持家庭劳动力的一种选择[①]。当然劳动力不仅要有数量，还要有质量，这一点表现在军拥村对教育的重视程度上，不仅入学率高，而且有条件、有能力的家庭，还会把小孩送到昌都等地读中小学，这也是在其他农村少见的。

军拥村地处怒江边的台地，四周被光秃秃的高山环抱，能开垦的土地已开垦

注 释：

① 王文长：《对藏东藏族家庭婚姻结构的经济分析》[J]，《西藏研究》2000年2期。

殆尽，没开垦的山坡也基本无开垦价值，几十年来土地面积变化不大。有限的土地是人们赖以生存的基本资源，其重要价值不言而喻。土地资源的紧缺，使得家庭总是力图保住已有的土地，减少分割。单一婚姻家庭的原则，一代人只能在村内建立一个家庭，避免了分家，也减少了土地的分割。这也是人们所说的为什么要实行一妻多夫的原因。

藏族的一妻多夫家庭，或者说单一婚姻家庭原则，除与经济有关外，还与历史传统、基层社会组织、社会分层、伦理观念等密切相关。这些问题需要进行更多的调查，从更广阔的层面来进行探讨，这里只能从略。

原载《中国藏学》2005 年第 3 期和第 4 期

康区昌都行帮组织的成因及其作用

1950年昌都武装解放前，在昌都镇有不少的民间行帮组织。随着昌都的解放，这些行帮组织大都已消声匿迹，因而对昌都行帮组织的情况至今鲜为人知。为了披露“茶马古道”上昌都行帮组织的内幕，笔者查阅解放前后的有关资料，以及对知情人士的采访调查，初步勾勒出了昌都行帮组织的成因、行帮组织的来龙去脉及其作用，供对此有兴趣的同志参考。

一、形成行帮组织的历史背景及成因

昌都的行帮组织是从汉族地区传入昌都的。从本质上讲，它是汉藏文化交流的产物。但任何一个组织的建立，都有其客观和主观因素来促成。昌都的行帮组织也不例外。

从客观因素讲，首先，昌都的地缘因素是形成行帮组织的前提条件。昌都地区位于西藏东部的边缘和连接内地川、滇、青的前沿，这种地缘关系上的双重性使昌都历史地充当起连接藏汉民族重要纽带的特殊区域。其次，地缘关系上的双重性，必然带来经济文化上相互交流与融合。而这个交流与融合主要是通过著名的“茶马古道”来完成的。昌都是“茶马古道”南北两道必经之地。茶马古道不仅仅是藏汉民族之间茶与马的交易，更主要的是中国西南各民族自古以来相互交往融合的民族走廊和文明传播的通道。这就决定了昌都是藏、川、青、滇的交通枢纽和货物的集散地。再次，自清康熙以来，清朝多次对西藏用兵，而昌都镇是清军进藏的必经之地。昌都镇是清朝进藏路上的六大粮台之一。1719年（清康熙五十八年），朝廷派大兵进藏平乱。南路清军途经昌都时，察雅、昌都、八宿三处活佛将“所属喇嘛、民人等户口，全造总册投递”，向清军表示“归顺”。之后康熙帝先后授封昌都帕巴拉、察雅罗登西饶、类乌齐帕曲、八宿达察四大活佛为“呼图克图”“诺门汗”等名号。康熙帝从四川、云南两省派出制兵132人驻守昌都，作为保护帕巴拉活佛的清军卫队。同时开始在昌都镇设粮务1人、游击1人、千把外委各1人。这是昌都镇有固定汉族居民的开始。随后，清雍正、乾隆帝对西藏用兵时，驻扎昌都的清军少则400余人，多则3000人。久而久之。不少清朝文武官员娶藏族姑娘为妻，落籍昌都安家。至清末，在昌都约有汉族后裔“三百余家”。当时汉人势力既厚，于是建有寺院，创立会馆，组织社团，俨与内地无异。

从主观因素讲，任何民族要在他处谋生生存，首先遇到的是来自自然灾害和人为灾害（包括战争）的挑战。这些挑战，有些是个人可以克服和战胜的，而有些则是个人无法抵御和承受的。在此情况下，人们为了生存和自身的利益不受侵害，自觉或不自觉地把周围同一民族或志同道合者组织起来形成合力，共同抵御各种困难和灾害。

唐宋时，昌都与内地的文化交往开始增多，“茶马古道”的开通，更是促进了藏汉民族之间的经济与文化交流。13世纪中叶西藏地方归顺元朝后，极大地促进了藏汉民族之间政治、经济、文化等方面的交流。明清时期，昌都地区的上层僧俗人员，受到内地王朝的赐封与丰厚的赏赐，更加促进了各方面的来往与交流。清朝对西藏用兵时，在川康入藏沿线，设立了粮台，塘汛。除官方的官兵进出藏外，还有相当数量的内地民间人士到昌都经商、垦农，并与当地藏族妇女通婚，繁衍生息，和睦相处。

清末民初，由于外国势力对西藏的干涉，川藏时局不稳，时常发生磨擦。1912年（民国元年）3月，英国人利用川、藏两地之间的纠纷，煽风点火，推波助浪，唆使十三世达赖发动“驱汉事件”。5月，昌都藏军在边军领粮处，砍杀10余名边军，引发昌都之战。藏军依仗人多势众，团团围困彭日升部，彭日升暗地调动兵力，合围昌都，并放火烧毁了昌都强巴林寺。彭日升趁势反攻，迫使藏军撤退。1917年（民国6年）9月，驻守类乌齐的川军和藏军发生磨擦，爆发了第一次康藏纠纷。西藏地方军队与驻守昌都的边军之间发生冲突，进而引发了藏汉之间的矛盾。当时昌都汉民人数少，为自卫和互济，于是成立了各种行帮组织。

据民国30年代的一份调查材料记载：“民七昌都初失陷后，汉民不免受其虐待，最后逐渐减少。而此地汉人，为团结力量，互助起见，组织有孝友（义）会。积有基金大洋达数千元。董其事者均为地方上有力之汉人。凡汉民有被虐待事情，由孝友会当事人，或书面或口头报情核办，颇发生效力”。由此，我们清楚地知道孝义会成立的目的就是“团结力量，互助起见”，也就是为了生存的需要而成立的。

二、解放前昌都的帮会

1. 孝义会

孝义会，藏语称之为“甲喜巴”，意为“汉族公共的帮会”。虽名为汉族公共的帮会，但事实上是昌都的汉回两个民族公共的帮会。该会成立于何年，已无原始档案可查。不过有三种说法可参考：一说成立于清乾隆年间；二说成立于土马年的1918年（民国7年）；三说成立于乾隆年间，1918年再度整顿恢复的。总之，孝义会至迟在1918年存在是可以肯定的。孝义会是当时昌都人数最多、影响最大的帮会之一。

据笔者查阅有关资料和调查了解，孝义会是由驻昌都汉族后裔王勋志、王运新、王任芝等于1918年改组的，是为了汉、回两个民族生存的需要而组建的民间联谊组织。当时他们提出了“汉人管理汉人”的口号，要求昌都汉人后裔的事务由汉人自己处理，包括派差等事，须经过孝义会安排。孝义会最初的职责为：联络会员感情，筹措会务基金，维护汉回民利益，延续汉族传统文化。后来，随着国民政府的力量在昌都的增强，国民党特务唐磊、左仁极曾一度插手过孝义会。

孝义会早年入会需办何手续不知。但从1918年后，凡在昌都的汉族和回族，缴纳一定的基金后即可参加该会。当初登记簿上有近百名会员。孝义会敬奉比干为神。该会的组织管理形式分为正副会长负责制和会首管年制。设有正副会长2人，任职时间一般为8年。正副会长大都在当地汉回族中有势力和德高望重的人中推举。会首6人，每年一换，轮流做庄。会首在正副会长的领导下，主要负责筹措会务基金，维护汉回民利益，帮助料理红白喜事，组织有关活动等联谊事项。昌都解放时，孝义会会长为王永兴，副会长为斐文秀，会首为毕永胜、毕永兴、蔡相尧、胡林、王任芝、徐久林等人。1950年，蔡嘉溶、铁宝兴当选为昌都地区第一届人民解放委员会代表后，他们俩人立即又被换为新会首。1951年，昌都孝义会尚有会员58家，若连招的女婿在内则有80多家。

该会资金筹措方式有：一是靠做生意；二是放债利息收入；三是为昌都朵麦总管府舞狮等活动的赏钱。资金筹措由每届会首经营，实行承包，自负盈亏。每届会首任满须交盈利 80 品藏银（每品 50 两），超过 80 品盈利归经营者所有，亏本则由经营者补偿。20 世纪 40 年代，孝义会公积金约合藏银 8000 两。1950 年时会务基金已增至 12000 藏银。

孝义会每年的主要活动有：一是每年春节时，组织会员到昌都朵麦总管府和昌都寺庙舞龙灯、耍狮子舞。到昌都朵麦总管府耍狮子舞时，前面须由一个持灯笼的人引路，灯笼上用汉文写有“恭贺新志”四字。届时，昌都朵麦总管府官员和寺庙活佛前来观赏。观看完毕后，照例要赏钱，以示感谢。二是每年的清明节，抬城隍菩萨出巡，绕城一周。这一天，由孝义会出资为全体会员在昌都城西南面的城隍庙聚餐。昌都城隍庙有二尊城隍菩萨，一尊是固定的泥塑像，另一尊为木雕的城隍菩萨，据说是用檀香木雕好后从成都驮运过来的。每当清明节时，供在轿子上绕城一周。抬轿子的人要穿长衫，另有若干人扮喜神、殃神、判官等。前面开道的是敲鼓、打锣、吹笛的若干人，紧接着是套有龙袍的木雕城隍菩萨供在轿子内由四人抬着。其余人跟在后面，极为热闹。同时，这天要进行扫墓活动。在解放前，昌都较有名气的墓地有：位于昌都城东菜园子以汉族为主的王氏两块墓地；城南面澜沧江汇合处的一块墓地；城北杂宏坝上以回族为主的墓地等。三是在春季到昌都郊外听布谷鸟鸣叫的活动。这个活动虽属于孝义会的活动之一，但其费用由自家承担。因此，其活动相对自由，有条件者则去，无条件者可不参加。四是每年七月十五日，城隍菩萨还要出巡一次，其仪式同上。五是农历五月五日的端午节。六是八月十五日的中秋节。后两个节日，虽没有清明节热闹，但一般都到“陕西会馆”或“云南会馆”参加自娱自乐的活动，品赏自制的粽子和月饼。七是参加昌都朵麦总管府新旧总管的迎送活动。每当三年一届的昌都朵麦总管换届时，要在昌都城西北面的“嘎塘木”搭帐篷迎送。作为久居昌都的汉回民，也要备上七、八盘汉式点心作为礼品，前往迎送。

在孝义会下面，还有称之为葬会的小组织。有会首 2 人，会员 11 名，一年一换，主要负责料理会员死后的后事。孝义会规定：凡 12 岁以上的会员死后，由会务基金中拨出藏银 120 两作为安葬费。安葬时要装棺木入殓，坟墓前立有石刻碑文。非会员的汉回人死亡后，虽不出安葬费，但帮助料理丧后事已成为贯例。葬会的主要活动是每年六月七日的耍坝子。

2. 白拉提

白拉提是昌都回族的民间帮会。早期回民都加入孝义会，到1923年（民国12年），由铁宝星等人创办白拉提，有会员20余人。凡参加该会组织的人，遇到婚丧嫁娶时，由会友们出资帮忙。

清代，在昌都城中建有清真寺。大殿占地300余平方米，采用中国传统的四合院建筑形式，有学房、住房、客房、月台、沐浴间、厨房以及宰场。大殿中间为拱顶，前后重檐卷棚斗拱，可容纳200余人同时礼拜。该会的主要活动都在清真寺举行。主要活动有：每年三月一日至十七日念经；四月为斋期；七月十三日为聚餐日；八月十三日念经聚餐。

1950年时，该会有基金808个藏洋，分别由阿訇铁宝星、铁宝亨、徐言龄、胥洪发4人平分经营。主要经营商业及发放贷款收利息，所赚的钱用于七月十三日所有在昌都的回教徒在杂空附近耍坝子的聚餐开支。

该会与马步芳有联系，有时送些钱，作为该会的经费补助。他们还与拉萨、成都、康定等地的回教有一些来往。曾从成都派阿訇到昌都清真寺管理教务，因生活不习惯，不久就返回成都。

3. **妇女结拜会**

昌都藏语称之为“接白”，实际是汉族“结拜”的变音。它是昌都镇部分汉族后裔和当地藏族妇女社交的民间组织，成立于20世纪30年代。该组织由情投意合的姐妹组成。一旦结拜后，一般就不再接纳新成员。据妇女结拜的人介绍，她们结拜的礼仪很简单，其中一人拿着一块刻有藏文六字真言的石块依次放在每一个人的头顶后，自己发誓：我们从此结为姐妹，愿与大家同甘共苦，永不反悔。就算正式履行手续，加入妇女结拜会。

结拜会所有成员之间是平等的，无固定的负责人。每年轮流由称之为“涅巴”的两位管事人负责。其职责是负责每次聚会时有关食物的准备工作，遇到婚丧嫁娶或会员需要帮助时的通知和联络事项。每年的主要活动有：一是盛夏时到野外耍坝子；二是冬季时到某个会员家中聚会一次，以达到相互倾吐甘苦、巩固友情的目的。

该会没有什么会务基金。每次聚会活动时，按“涅巴”的要求，各自临时从家里拿一些诸如酥油、糌粑、面粉、茶叶、盐巴等食物作为聚餐用。妇女结拜会成立的目的在于得到姐妹们的帮助，寻求心灵的抚慰。她们之间重在精神上和劳力上的互慰、互帮、互助。

4. 三圣会

1919 年（民国 8 年），该会由在昌都的汉族后裔陈涛喜、王玉喜俩人创立。最初会员有 30 人，1950 年时有会员 28 人。

凡在昌都的汉回族后裔均可自愿入会，但要交一定的会务费。会首 4 人，一年一换。每年农历五月十三日要到昌都城中的关帝庙敬关羽，同时举行耍狮子等活动，全体会员聚餐一次。

该会会员病故后，由全体会员每人捐资藏洋一元，帮助安葬，料理后事。会员家中遇到婚嫁喜事，全体会员不仅要帮忙，而且还要送些礼物。

5. 青年会

该会成立于 1947 年（民国 36 年）。会员全系昌都汉族后裔中的青年。有会首 2 人。主要活动为农历六月八日的耍坝子。1950 年时有会员 13 人，每年农历二月十三日换会首。

三、解放前昌都的行会

1. 孙膑会

孙膑会成立于 1945 年（民国 34 年）。会员全系昌都的汉族和回族中从事皮匠手工艺的人。主要供奉孙膑神。该会系行业性的民间组织。

1949 年，该会又分为大小两个孙膑会，大孙膑会由手艺较精的老皮匠组成，有会员 13 人。小孙膑会由手艺较差的年青人组成，有会员 9 人。大小孙膑会每年的主要活动为：农历九月十三日，集中全体会员敬孙膑神，举行祭拜活动，同时，由该会出资聚餐一次。

2. 仁和会

该会标榜正义感，由富商有钱人组成。1950 年有会员 9 人。设会首 2 人。每年农历二月十三日换会首。六月八日的耍坝子是该会的主要活动。

3. 至义会

至义会何时成立不详。昌都解放前夕，该会与孙膑会合并而单独不存。

以上帮会成立时间有早有晚，其活动内容也不尽相同，但它们凭借众人之力而共渡难关的愿望是一致的。换句话说，这些帮会是汉、回等民族为了相互联络感情、相互帮助、维护自身利益、延续各自传统文化等需要而成立的民间组织。

四、昌都行帮组织的作用

昌都行帮组织在维护汉回民族利益方面起到了一定的作用。孝义会成立之初，就提出“汉人管理汉人”的口号。如1940年（民国29年），在军统昌都情报组组长左仁极的支持下，孝义会在昌都川主庙办过一所小学。当时有二十几个男女学生。左仁极利用办学的机会，让小学生举着国民党的党旗和国旗在市区游行，引起昌都朵麦总管不满。昌都朵麦总管要求将小学搬迁他处，左仁极拒不执行，昌都朵麦总管一气之下，下令解散孝义会。时任孝义会负责人的王永兴、王任芝等人急向昌都朵美总管说明解释，若解散孝义会，汉民无首，支派乌拉差役均成问题。经过多次交涉最终同意不解散孝义会，但必须服从于昌都朵麦总管的领导。于是，帕巴拉活佛任命了王永兴为新任会长。可见孝义会在当地还是发挥了一定的作用。昌都行帮组织的作用具体体现在物质上的相互帮助和相互调剂，体现在精神上起到凝聚力量和延续传统文化的作用。

从物质方面讲，昌都的行帮组织一是起到了互济、互助的作用。从1918年后，凡是来昌都的汉族和回族，只要缴纳少量的基金后即可参加孝义会。而你从该会得到的分红和其他待遇，绪如参加孝义会的各项活动，帮助料理红白喜事方面得到的实惠远远大于你缴纳的入会基金。据解放初期的社会调查，1949年每户入会会员分得藏银100两；1950年分得50两。这个分红在当时来说是极为客观的。这对一个生活拮据、无劳力的家庭来讲，确实起到了雪中送炭般的作用。孝义会成员一旦家中有12岁以上的人去世，可从孝义会会务基金中获得藏银120两的资助，足够料理安葬等后事。倘若你有志自己去经商或从事其它行业，同样可以从孝义会中便利地获得贷款。所有这些，在经济上都起到了互助、互济的作用。二是汉回民族的传统技艺得于保存并延续了下来。这点在行会中的孙膑会和仁和会的组织中体现的最为充分。孙膑会是皮匠手工艺的行会。入会者既可以把皮匠手工艺传授给后代人，又由于有了行会组织，相互学习，相互切磋技艺，共同提高，促使皮匠手工艺向前发展。同样，仁和会是商业帮的行会，也有很多做生意的技巧可以传授。比如说哪些货物从何时何地进货，哪些货物在何时何地销售，都有很多经验或巧门需要生意人掌握。这些巧门对仁和会成员来说是不保密的，而对仁和会之外的人则成了“商业机密”，密不传授。总之，行会组织的成立，不仅对于交流和传承各自行业的技术，保护各自的经济利益，促使其健康发展有积极的意义，而且，对昌都传统的民族手工业也注入了新的活力。

从精神作用上讲，首先，它起到了凝聚力量，共同抵御自然和人为灾害的作用。在旧社会，从异域他乡到昌都立足经商是很难的，撇开气候不适应、语言习俗不同等困难外，人地生疏、生活无着落的困难是最为棘手的。这时如果参加了帮会组织，不仅精神上有了倾诉衷肠的地方，而且在物质上有了靠山。一旦遇到天灾人祸，通过帮会组织的帮忙，使你共度难关。孝义会的葬会组织，就是针对汉回民在异地死后料理后事之难的情况而成立的。加入孝义会后，至少解除了人死后的后顾之忧。不仅丧葬费用从孝义会基金中得到资助，还可以从做棺木到入殓，从埋葬到制作墓碑，均可得到孝义会成员的鼎立相助。妇女结拜会在精神抚慰方面的作用更为明显。旧社会，妇女在家庭中的地位很低，甚至连个倾诉心中甘苦的地方都很难找到。有了妇女自己的组织，就可以在姐妹们面前尽情地倾诉自己的甘苦。她们聚会，往往要么手舞足蹈、淋漓尽致地欢快一场；要么倾诉甘苦、嚎啕大哭地发泄一番，以寻求心灵的平衡。解放后，昌都帮会中惟独妇女结拜会保存至今。昌都藏族有些妇女仿效她们组建了妇女结拜会。可见其有一定的生命力和影响。

其次，传承和延续汉回民传统文化方面起了较大的作用。当一个民族远离自己的故土，来到几乎是全民信仰藏传佛教的昌都，不要说发扬本民族的传统文化，哪怕延续下来固有的习俗也是很不容易的。而各种帮会组织，由于人多势众，各有所长，恰好为保留汉回民族的传统文化提供了一定的条件。孝义会一直办有私塾学校为汉回民子弟传授汉文化，也曾一度办有小学，这对传承和延续汉族传统文化方面起了较大的作用。又如汉族的丧葬仪式、春节时帖对联和迎门神、清明节扫墓、中秋节吃月饼、端午节吃粽子、抬城隍菩萨巡游等，以及回族的葬礼、斋月节和圣纪节等一代一代延续下来，均得益于各种行帮组织所提供文化氛围。有些习俗不仅保留而且影响了当地藏族群众的生活习俗。如听布谷鸟节，本是昌都汉回民族过的一个节日。后来，昌都的藏族群众也过这个节日，而且对这个节日又赋予了新的内容：若是谁在吃饱喝足之余听见布谷鸟的鸣叫，谁能在这一年就不会挨饿，并且万事大吉；若是谁在空腹时听见布谷鸟的鸣叫，谁就在这一年会挨饿，而且诸事不顺利；若是谁在这一年没有听见布谷鸟的鸣叫，谁就在这一年会疲惫无力，在混混浊浊中度过而不得志。

综上所述，昌都的行帮组织是从内地汉族地区传入昌都的。从本质上讲，它是汉藏文化在特定的历史条件下交流的产物。当我们理性地去分析其产生的原因和作用时，决不能简单地把它归为内地哥老会性质——欺压群众、欺行霸市的帮会组织。相反，昌都的行帮组织浸透着社会的艰辛，积淀着丰富的文化内涵，从一个侧面述说着汉藏文化交流的古老故事。

原载《康区文化名人论坛文集》，2004年由中国藏学出版社出版。

昌都藏族传统服饰

康区昌都位于青藏高原东部，在横断山脉、三江流域一带。由于这一带群山巍峨，江河纵横，交通闭塞，故使昌都康巴人服饰的地方特色极为浓厚，成为藏族服饰艺术中的一朵绚丽之花。富有情趣的昌都服饰以华丽典雅为主，注重装饰艺术，强调整体效果，色彩对比强烈，非常鲜明地表现着康巴人耿直、强悍、豪放、淳朴的性格特征，反映着昌都人的实用观念和审美情趣，表达着丰富的文化内涵。昌都地区的服饰具有鲜明的地区特色。昌都藏袍的基本特点是长袖、宽腰、大襟、肥大、直裙。农区和牧区的服饰依据气候条件，劳动强度的不同而在用料和制作上各有不同，藏族男性和女性服饰的制作和用料也有所区别。

一、昌都传统服饰类型

身着节日盛装的昌都男女

1. 衣裤袍

农区的服装主要有藏袍、衬衫等。藏袍以自织的氆氇、毛料、呢子等原料制作。日常穿着的服装均以黑、蓝、米黄色为主，男女无区别。藏装一般比人的身高要长，穿时藏袍提至腰部，再系上或红、或蓝的腰带。

昌都地区家庭富裕的男女都流行缝制进口毛料的藏装，在节假日穿着。这种藏装的衣边用 10 厘米至 15 厘米宽的水獭皮镶边为主，也有少量的豹皮或虎皮；再在皮边上用 10 厘米宽的刺绣镶缝，做工精细，用料考究，一件衣服价值上万元。在喜庆的日子里，女性都穿带有颜色和花卉图案的服装。穿藏装时，里面穿件衬衫。男性衬衫以白色、黄色为主，女性衬衫以红色、粉红色、血清色和印花绸布居多。衬衫的主要特点是袖子很长，其长出部分平时卷于袍袖内，跳舞时放下，以增姿色和气氛。男性衬衫均为高领，女性衬衫为翻领。男性在藏袍里穿裤子，女性多穿直筒裙子，而现在女性也多穿衬裤。女性藏袍较男子藏袍小。夏秋穿无袖类似长背心的藏袍，主要是便于劳动且较凉爽。

牧区海拔高、风沙大、气候寒冷，所以牧区以穿老羊皮袍为主。皮袍为不加面子的白面板皮，其襟和袖口边镶上 10 厘米左右宽的黑色平绒、灯心绒或毛呢。皮袍肥大，袍袖宽敞，臂膀伸缩自如。夜里可以解带宽衣就睡，既是衣袍，又是被子、垫子。白天可以方便地脱去袖子束在腰间，显示出康区牧民豪放的性格和豁达的风度。牧民的皮袍也离不开腰带，穿时提起下部，腰带一束，怀里和腰间自然就形成了一个行囊，里面可装不少的随身用品，冬季时也可将婴儿放在里面。

八宿县着吉祥八宝图披衣的姑娘

僧服大都简单庄重。僧人上身里面穿红色无袖的坎肩，下身围紫红色的僧裙，外面披一件紫红色的袈裟。袈裟一般宽约 70 厘米，长约身高两倍半的条状披单。披时裹叠于上身，袒露右肩，长及脚面。僧人服装因等级和职位高低的不同而有所差别。包括衣料质量、颜色、式样，以及僧帽。一般来讲，在坎肩上用黄色锦缎镶边或是平时披黄色绸缎袈裟的大都是活佛或高僧。

2. 鞋帽

昌都藏族的帽子样式很多。有金花帽、博士帽、羔皮帽、狐狸皮帽，男女均可佩戴。另外，农村妇女夏日里为遮挡阳光喜戴一种形同簸箕的帽子。

昌都城镇和察雅、八宿、洛隆、左贡等县城较富裕的藏族喜穿一种叫“都乍”和“秀替”的长筒鞋。“都乍”指多层鞋底重叠之鞋。“秀替”为用纸或棉布粘联成约 2 厘米厚的底作为鞋底纳制而成，是昌都妇女在节庆日跳锅庄舞时必不可少的长筒鞋。穿这种鞋跳舞，能使舞者动作轻松自如。这种鞋腰高至小腿之上，鞋面用红绿相间的毛呢装饰，鞋腰上有横向红绿线条。鞋帮用黑氆氇呢做长腰，长腰与鞋面间，用红绿毛呢相接，颜色相配得体，长腰上端靠腿肚部位，竖开一条约 15 厘米长的口子，便于穿着和提携。这种鞋很适合高原寒冷的气候。“都乍”鞋底一律用成革的 6 层牛皮重叠，用麻绳纳制。农村牧区年龄较大者喜穿只有一层牛皮的“都奖”鞋，这种鞋保暖、轻便，而且不易被蚊虫叮咬和荆棘所伤。以上几种鞋的共同点是鞋后跟和鞋尖缝上黑色（秀替鞋除外，秀替鞋的前后用草绿色）牛皮，鞋帮用染黑牛皮拉条及金丝绒镶边，鞋尖朝上耸起，如木船的前端（狗鼻），穿上威武大方又保暖。

昌都康巴汉子着节日盛装

藏传佛教宁玛、萨迦、噶举、格鲁四大教派袈裟的样式和穿着法大体一致。不过噶举派和萨迦派僧人的下裙往往为白色僧裙。如果从一些隆重的法会上僧人戴的僧帽上区分四大教派，则容易得多，一眼就能区别开来。宁玛派僧人的帽子以氆氇为料，帽顶尖长，帽檐向上翻，前面开口，形如莲花状，故称为莲花帽。萨迦派僧人的帽子称为“俄尔帽”，帽以红色氆氇为料，帽顶微弧，帽檐两边左右相互对折到正中间呈人字形。噶举派僧人的帽为宽檐礼帽，与一般礼帽不同的是其颜色为深蓝色底上带有红白相间的十字形或大字形条幅。格鲁派僧人帽形似鸡冠，帽顶有黄色穗须，剪缝整齐，向上耸立，故称之为竖穗鸡冠帽。至于格鲁派的通人冠、噶举派的黑帽和红帽，是属于特定人物或高僧的标志，并非一般僧人可随意戴的。需要指出的是僧人的服装简单，但寺庙跳神用的服装装饰物则极为华丽复杂，且自成体系，并非这篇短文所能介绍清楚。

左贡县文工队演员灿烂的笑容

3. 配饰

昌都地区牧区男性喜欢将头发梳成一个粗大的辫子盘在头上，并在发辫上戴上玉制戒指或精制的银饰发箍。藏族男女都喜爱装饰，特别是昌都地区的藏族普遍爱用天珠（也叫猫眼石、九眼珠）、珊瑚、绿松石、琥珀、珍珠、金银、象牙、玉器来装饰打扮自己。还有各种花纹的镯子、镶有猫眼石的“达嘎玛”戒指以及项链、“洽玛”腰带、小腰刀、针盒、火镰盒、“嘎乌”等都为昌都藏族男女所青睐。另外，藏族僧俗人手持的念珠也配有许多珍贵的装饰品，如绿松石、珊瑚等。有些富有人家还佩戴有称之为“色嘎”的纯金制项盒。

就康区昌都一带来讲，男女都喜欢蓄长发，且发式最能体现地域与性别、未婚与已婚的差别。昌都妇女极讲究发型和头饰。昌都城镇和附近农区妇女扎辫时，将小辫拢成一股，与红色的丝线编织成独辫，垂在背后摇曳，头顶饰由两颗深红色珊瑚中间夹一小块绿松耳石组成马鞍形状的装饰物。这种精致而又简练的发型

聚精会神地欣赏文艺节目

更能衬托出昌都姑娘亭亭玉立的身姿，同时也是辨别昌都、类乌齐、八宿、洛隆、部分丁青、边坝等县妇女头饰最独特的标志。牧区妇女头饰以蜡黄色的琥珀为主。昌都嘎玛、拉多、面达以及江达等地的妇女，未婚女子的头顶只戴一颗黄色的琥珀，而已婚妇女至少要戴三颗以上的琥珀，以此来区别少女与已婚妇女。牧区姑娘盛装时还爱好在腰间系上银雕花带，更喜欢在后垂的独辫上镶嵌各种珠宝玉器、金器银币和贝壳等饰物，重达一二十斤。昌都的康巴汉子也有蓄发的嗜好。他们常把油黑的头发梳成独辫，辫梢再编一股鲜红色或黑色的丝线，然后左向缠盘于头顶，使红丝穗垂于额侧。人们风趣形象地称之为“英雄结”，这种发型装束使康巴汉子更显得威武勇猛。不过，农区的男子一般不在发辫上装饰其他饰物，而牧区的男子则喜欢在发辫上装饰一块很精致的雕有花纹的菱形银器作为发夹，富裕的人往往还在发辫上装饰几只特制的大戒指或象牙圈以显示自己的富有和威武。

无论是农区，还是牧区的康巴男女都有佩挂藏刀的习俗。男子汉盛装时佩挂长短两把藏刀和精美的火镰盒、子弹夹装饰等，芒康、左贡、贡觉、察雅一带还喜欢佩带錾花镀金的护身盒。长刀的长度一般为50厘米左右，刀鞘以银质为贵，并雕刻有虎狮龙凤等吉祥图案，斜插在腰带上，而小刀一般吊在腰带上，以此显示出康巴人潇洒威武的英姿。女性所佩带的小刀长度不超过20厘米，制作考究，小巧玲珑，它

昌都姑娘

与银质针线盒、“圆光”（藏族腰间佩戴的据说有避邪作用的饰品）与奶桶钩一起佩戴在腰带上，成为昌都妇女腰部装饰必不可少的重要组成部分。康巴男女之所以佩挂刀子，其用途有生产、生活、自卫、装饰等四大功效。当然，这四大功效是针对新中国成立前西藏昌都社会发展和生产力的发展程度而言的。现在，随着社会进步和社会生产力的发展，人民生活水平的提高，社会的安定，佩挂刀子的生产、生活、自卫的功能逐渐消失，随之是刀子的装饰作用越来越明显。过去昌都妇女成婚与否从其辫根区别。已婚妇女的辫子较为松弛，叫“扎鲁”，未婚女子的发辫较已婚妇女要高，且较紧，叫“扎嘎”。

农区、牧区、城镇妇女都喜欢在藏装外围一种叫“帮典”的多彩围裙。“帮典”是由一块窄幅织物拼缝而成，但三块织物上的彩条图案并不吻合，更显得错落有致。其上部两角拼接有彩色刺绣，图案多略具写生风格的花卉，底色深沉，花卉鲜艳。

第七届藏川青滇毗邻地区康巴文化旅游艺术节上的服饰表演

二、康区昌都服饰的文化内涵

服饰作为藏民族文化的重要载体和外在的表现形式，从一个侧面反映着藏民族的历史传说、道德标准和审美价值。藏族服装的基本款式为大襟、长袖、肥大、宽腰。昌都服装除了具备藏民族共同的这些特点外，还在于它有自身的个性特征。

1. 昌都服饰较多地保留着远古文化遗风

藏族先民在远古狩猎时发现，猎物不仅可以充饥，而且兽皮还可以御寒保暖。于是，他们将兽皮披在身上避寒，成为藏族原始服装的最初雏形。这说明服装的产生首先是为了御寒，保护身体，便于狩猎等实用和功利的目的。后来，随着社会的进步和纺织业的出现，藏族人民除保留柔软性好、保暖性强的羊皮藏袍外，完全用野兽皮来制作的原始服装逐渐演变为仅用美观大方、花纹艳丽的皮毛镶边藏袍的习俗。这种习俗的形成，是由于人们的审美观念和生活情趣的需要产生的。当我们看到康巴人冬季的藏袍上，时常用水獭皮和虎豹皮来镶边，戴狐狸皮和猞猁皮帽子的习俗时，就知道这是远古遗风的留存。它真实地反映了藏族先民从狩猎生活到农耕生活的演变过程。

吹唢呐的僧人

2. 昌都服装更多地适应了当地的自然条件和生产生活的需要

康区藏族过着游牧为主的生活，自然要选择那些便于起居乘骑和行旅的衣着样式，同时，又由于这里地处高寒地带，冬长夏短，昼夜温差大，故康区藏袍比卫藏一带结构肥大、袍袖宽敞、臂膀伸缩自如，具备了御寒性能强、散热方便、夜晚解下腰带可当被褥的多功能特点。当白天阳光充足时，人们便可方便自如地脱下右臂或双臂，以此来适应当地的温差，也便于劳动。一般讲，女性脱掉双袖后在腰背打个结，而男性将双袖在腹前打个结。以后，脱下衣袖袒露右臂的打扮，由于能显示出康巴人豪放的性格和豁达的风度，故成为昌都服装别具一格的穿法。

3. 昌都人最喜欢用珠宝来进行外在的装饰，以此来衬托自己的英姿倩影

康巴人对玛瑙、九眼珠、珊瑚石、琥珀、珍珠、松耳石、象牙、金、银等贵重宝物的装饰品有着特殊的爱好。在四五千年前的昌都卡若遗址出土的装饰品中有两串项饰，其中一串是由 40 颗长方形石珠和 20 颗管状骨珠组成的，这种石珠和管状骨珠相互串联的项饰组合法，至今仍是康巴人珠宝串联法的基本格式，而这种格式与四五千年前卡若先民的装饰法是一脉相承的。昌都人民把珠宝看作财富和美的象征。不少人家里再穷再苦，为了添置几颗珠宝，也会倾其所有，设法求购，以便在众人面前毫不逊色。现在一位富裕的康巴男女，最昂贵的装饰品价值从几十万到几百万元不等，令人瞠目结舌。昌都人所佩带装饰品从头顶、发辫到耳、颈、胸、腰、腕和手指。其装饰品包括发夹、耳环、项链、护身盒、火镰袋、针线包、钱包、腰刀、手镯、戒指等众多品种。以金、银、铜、象牙为材料，镶嵌各种珠宝玉器，精致加工而成。以上所佩带的装饰品，只是形状和数量，以及质地的不同，而无男女性别及部位的本质不同。

写于 2014 年 6 月 15 日

昌都藏族传统的食品和饮料

一、昌都饮食品种

糌粑、酥油、牛羊肉、茶叶是昌都藏族饮食的基本食物。昌都藏族传统饮食的特点是口味清淡、平和，一般除了盐巴和葱蒜，除海拔较低的河谷地带的人喜欢吃辣椒外，其余农牧民很少放辛辣的调料。昌都传统的待客宴席一般有人参果、煮牛羊肉、血肠、灌汤包子、米饭、酸奶等食品组成，以肉类为主。

1. 主副食

昌都藏族传统的食品主要以糌粑、酥油、牛羊肉和奶制品为主。糌粑是青稞晒干炒熟后，用石磨磨成的细面。糌粑可分为三等：头等糌粑是将青稞洗净，晒干后炒熟，再将炒熟后的青稞花装进牛皮口袋中用脚踩或用木棍敲打，使青稞花上的外皮全部脱落，而后磨成细面。这相当于头等精面。二等糌粑就少一道取皮程序；三等糌粑是青稞炒熟后，直接磨成的糌粑，即不洗也不取皮。在农区还有一种叫“色糌”，其原料为豌豆，将豌豆去皮炒熟后磨成细面而成。

牧区的主要食物之一牛肉与血肠

食用方法是把糌粑放在碗里，加点酥油或茶水，用手不断揉匀，到能捏成团时，送嘴而食。也可用青稞酒、酸奶搅拌而食。糌粑营养丰富，携带方便，出门时只要怀揣木碗，腰系“唐库”（糌粑口袋），遇水而食，便用不着生火做饭了。

酥油是从牛、羊奶中提取出来的。牧民妇女将烧开后的牛奶倒入特制的木桶里，再用力上下抽打、搅和数百次，搅得油水分离，直至上面浮出一层淡黄色的脂肪质，然后将脂肪质舀起用手拍打成团，将水分挤出，冷却后便成了新鲜的酥油。

贡觉县老百姓在烙饼子

酥油有很高的营养价值。牧区藏族因高寒无法种植蔬菜及水果，日常所需的热量除了牛、羊肉外，便全靠酥油。

昌都藏族食用的肉类，以牦牛肉和羊肉等偶蹄类动物肉为主，不食马、骡、驴等奇蹄类动物和狗等动物肉，大多数农牧区也不食鱼肉。昌都海拔较低的山谷地有养猪与吃猪肉的习俗。昌都食肉的方式比较多。常用的方式有煮、炒、烧等，还有吃风干牛肉和生肉的习俗。

酸奶在藏语中叫“秀”。酸奶的做法是将鲜奶煮沸，倒入容器中，待牛奶稍为降温不烫手时，加入酸奶酵头，放于温度适当的地方，几小时后，牛奶凝固成豆花状即成酸奶。酸奶有两种：一种是没有提取过酥油的牛奶做的，昌都方言叫“秀恩”；另一种是提取过酥油的牛奶做的，昌都方言叫“秀琼”。酸奶具有镇静、催眠、开胃、补气等功能，适合老人和小孩饮食。较为高档的喝酸奶方式叫“秀麻古”，将酥油熬成汁后倒入酸奶中，加上白糖边搅拌边喝下。过去这种喝法只有富人家才具备条件，而现在普通百姓也能喝上。在江达、洛隆等地喝酸奶又是另一种风味，即把已煮熟的人参果放入“秀恩”里，再放入已化成汁的酥油，这种吃法在当地叫“秀卓”，意为酸奶人参果。在洛隆县的个别区、乡，喝酸奶的方式很特别，将萝卜切成粉丝状，倒入酸奶中，再放入香菜、辣椒、葱等作料边搅拌边喝。

酸奶酒：昌都话叫“秀让”。其做法是放适量的酥油在锅内熬化，再放入少量的酸奶和藏白酒加热。放入白糖或蜂蜜，边搅拌边饮用。

2. **饮料**

昌都藏族饮料以酥油茶、奶茶、青稞酒为主。茶是藏族群众从早到晚必不可少的一种饮料。昌都地区的藏族群众更喜欢喝浓茶。其种类有酥油茶、奶茶、清茶和称之为“曲甲”的茶。

酥油茶：是藏族群众普遍喜饮的佳品，也是接待亲朋好友的最佳饮料。酥油茶的制做方法为:将茶叶(昌都地区的藏族群众喜用“金尖茶”牌的大茶)熬成浓汁，把茶汁筛滤出来，倒入事先放有酥油、食盐的茶桶内，用特制的“甲罗”用力上下不断地搅和，至酥油、食盐和茶汁交融后倒进专门装酥油茶的陶制或铝制壶内，并将茶壶放在装有微火的火盆上保温，即可随时趁热饮用。制作较高级的上等酥油茶，除以上的酥油、食盐外，再加入几勺已碾细的核桃仁和一个去壳的生鸡蛋，茶味便更加鲜美可口。

老百姓用传统的木桶内打酥油茶

奶茶：藏语称“俄甲”，是牧区和半农半牧区藏族群众常喝的饮料。奶茶的制作方法是将茶叶熬成浓汁，把茶渣滤出，将茶汁倒入壶中，再放适量的鲜奶、食盐既可饮用。在洛隆、边坝等县的农区群众喝奶茶时将清茶倒入茶壶后，每人除茶碗外，还有一个简易的小器皿，如小铁盒或玻璃瓶。主人家给每个人的小器皿里倒入牛奶，而饮茶者将清茶倒入碗里后再从各自的器皿中将牛奶倒入自己的碗里，直至喝足为止。

“曲甲”：意为水茶。这种茶的制法是在开水中放入酥油、食盐、倒入酥油茶桶内不断搅和而成。“曲甲”一般为不宜喝茶水的病人和不喝茶叶汁的人而特制的。

“清茶”：昌都藏语叫“甲国”，其制作方法为将熬好的茶叶汁倒入壶中，再放点食盐即可。“清茶”一般是外出劳动、旅途时不便带酥油茶桶时饮用的。

不过一般在喝清茶时在碗里都要放入一点酥油，叫做“波玛”。喝法为当酥油在热茶中完全溶化后，用嘴将浮在茶水上的酥油吹到碗边，再喝茶水，这样即有茶叶的清香味又有酥油的芳香味。

青稞酒：昌都藏语叫“酡”。其制作方法为：将备好的青稞洗净，滤取砂石等杂物，放入锅中煮熟，尔后捞出并在阴凉处稍作降温，加入酒曲后盛入陶罐或瓷盆中封闭，再盖上衣被保温，让其发酵。待三天后把已发酵的青稞装入有过滤装置的木桶内，加入清水，盖好盖子，隔天便滤出青稞酒。青稞酒呈淡黄色，酒精含量少，味甘醇微酸。青稞酒是藏族群众喜爱的饮品。是节庆以及红白喜事时不可缺少的饮料之一。青稞酒的另一种喝法较为讲究，昌都妇女在洗澡、洗头、产后都喝一种叫“酡典”的青稞酒。其做法是：放适量酥油在锅内熬化，放入少量的青稞酒加热，另打 1 至 2 个鸡蛋放入搅匀，再放点糌粑和红糖（白糖也可），待几样食物搅匀后再倒入青稞酒至稍有热度时饮用。这样饮用可补血、祛寒、促进新陈代谢。

二、昌都名小吃

风干肉：每当年底 11 月，当气温降到零度以下时，将新鲜的牛肉切成条状，或直接挂或抹上食盐和一些野生的佐料挂在通风、阴凉的木杆上，让其冰冻风干，既去水分，又保持鲜味。一般风干 2~3 个月后即可直接食用。其肉质味道鲜美、口味非常独特，成为招待客人的主要食品。由于西藏昌都的气候较高寒，风干牛肉可以保存几个月而不变质。

“卓玛麻古”：卓玛意为人参果。其做法是将人参果洗净煮熟后捞起，把熬成汁的酥油倒入人参果中，再加上白糖食用。“巴乍麻古”：巴乍意为煮熟后的面疙瘩。其做法与卓玛麻古相同。这两种食物，可口好吃、补养身体。

牛肉香肠：昌都语叫“玖玛”。做法是把牛的大肠洗净，将牛肉砌碎，添加糌粑、蒜、葱、盐、牛油、野茴香搅拌后灌入牛肠内煮熟即可食用。另有一种叫“玖纳”的血肠，其用料与上述相同外，另在小肠内加入少量的牛血。

“当图”：意为稠粥。藏传佛教僧人最有特点的食物之一。一般在僧侣考取格西学位时，用“当图”招待僧众的高级食物。它的做法是，将米饭煮成稀粥，加少许盐，再加上肉丁、红枣、杏干、葡萄干，以酥油为主煮熟，充分均匀搅拌后用小火焖上 3~4 个小时即可食用。

“羊根角如”：昌都居民喜欢吃一种叫“羊根角如”的蒸馍，其做法是将面和好后擀平，切成厚 2 厘米，宽 4 厘米的条状，将条状面扭成羊角形的螺旋状放入蒸笼里蒸熟。

“加加面”：就是吃完后不断地重复添加，故得加加面之名。应该说加加面是昌都知名度最高的名小吃。芒康盐井的加加面是为了增加食欲而做出来的一道具有当地特点的面条。制作加加面应选取上等的面，加上鸡蛋和当地人用青冈木火灰渗泡制作的碱水来和面，用擀面杖摊薄片后切成的细面条，臊子用当地藏猪肉煮熟后，再切成细块回锅炒出香味，加盐井的花椒与盐作调料，再倒汤成臊子的面条。吃时一般加一口面，再加臊子即可食用。其吃法是用小碗面倒入客人面前的碗中，待吃完后，再倒入第二碗，吃完再加第三碗，一直到客人吃饱为止。据说，加加面的来源可追溯到元朝，传之为芒康盐井献给八思巴的贡品。公元 1265 年左右，八思巴完成西藏归入中国版图的历史使命后返回西藏，途径康区芒康一带时，当地的僧俗群众为欢迎八思巴大师，特以盐井的加加面作为贡品之一供奉。为调和八思巴大师的食欲，厨师以小碗面敬奉，大师连吃数碗并大赞其味道鲜美。从此，盐井加加面一小碗“加”、“加”的方式流传下来。其味道鲜美、可口。有“到盐井，不吃加加面，遗憾终身”的说法。2010 年 2 月，芒康加加面列为西藏自治区级非物质文化遗产名录。

农牧民群众兴高采烈地购买年货

生肉酱：将新鲜牛肉剁为肉酱，放入盐、蒜、花椒、辣椒等佐料，加少许冷开水，调成肉酱后即可食用。这种生肉酱不仅没有丝毫生肉味，反而有一种极富吸引力的香辣味。

“阿多吉”：在察雅县则松和巴日以及贡觉一带有“阿多吉”的小吃。做法是将羊宰杀后，把羊的肠、心以及肉切碎，添加野蒜、野葱、盐，搅拌后装入羊肚内，再将烧红的拳头大小的鹅卵石放入羊肚内不断地揉搓。同时不断地将冷却的石头取出，再装入烧红的石头，一直到将羊肚内的食物完全烤熟能食为止。这种小吃风味独特、别有一番滋味。

“土巴”：昌都藏族群众喜欢吃面食。在冬季或晚饭都喜爱喝“土巴”。“土巴”的做法与汉族地区常见的面块无异。

“志色”：意为放酥油的米饭。制作方法是把米洗净后蒸熟，趁热放上酥油熔化搅拌揉和而成，再放点白糖或红糖食用。其味道独特、可口，营养丰富。一般是招待客人或节日时食用。

“卓差”：农村、牧区以及城镇居民在冬季喜欢喝一种叫“卓差”的类似麦片粥的土巴。将小麦里的杂物筛出、洗净，小晒后放入碓里用力舂捣，使麦皮全部脱落，而后与牛肉或者牛的内脏（大、小肠）一齐放入锅里，用大火熬煮即可食用。

荞麦饼：芒康、左贡、八宿、贡觉等县盛产荞麦，群众也喜欢吃荞麦饼。制作荞麦饼的方法大致与内地制作千层饼相同，只不过烙饼的锅不是铁的，而是较平展的石板。

“卓推”：在江达、昌都、类乌齐县的农牧区有一种较为高级的食品称“卓推”。其做法是将人参果洗净、炒熟，装入皮口带内用力揉搓，待人参果的外皮全部脱掉后磨成面粉状，用酥油汁、新鲜牛奶和红糖搅拌，将成团的“卓推”做成方型，再在面上用酥油画“卐”字符号，这是馈赠亲朋好友和招待客人的最佳礼品。

奶渣：昌都藏语叫“曲热”。是牛奶中提取酥油后剩下的残汁经熬煮、过滤、晾晒而成。奶渣是牧民替代粮食的主要补充食物，晒成碎米状后与糌粑拌食。奶渣可做成曲状或块状，可待客或节假日作为小孩的零食。

“萨侨”羹：藏历每年三月开春时，昌都及各县群众喜欢吃一种叫“萨侨”的野菜。“萨侨”即野荨麻。其熬煮方法为，水烧开后将洗净的“萨侨”放入锅内，放点糌粑，用勺子不断地搅拌，使“萨侨”完全与水搅溶，而后再加牛肉以及少许牛油、盐，再次搅拌食用。“萨侨”只有在开春发芽、叶根很嫩时食用。

烤蘑菇：当夏季在林区或草原上长出各种各样鲜嫩的蘑菇时，将新采来的蘑菇去掉泥土杂质后，放点酥油和盐，再直接放在小火上烘烤，待酥油慢慢浸入蘑菇内烤熟后食用。蘑菇中以松茸和黄蘑菇为佳。其味道鲜美可口，十分诱人。

三、饮食文化习俗

昌都农牧区冬秋季一般以一日三餐制，春夏季因夜短昼长，加之是劳动的季节，故用一日四餐制的习俗，即在午饭和晚饭间加一顿喝茶和吃糌粑的时光，以增强体力更好地完成农事，度过农忙时节。

在农牧区，早餐以喝茶，吃糌粑为主。在昌都大部分地方先在碗里放一点糌粑，用手或勺稍微压一下，再将酥油茶倒在上面，待喝完茶后，舔食糌粑。在察雅一带，在碗里倒入清茶后，再放点酥油，然后直接将糌粑用勺送入口中，再喝上一口清茶吞咽糌粑。午饭一般先倒点清茶再放入糌粑，用手揉成糌粑坨坨吃，再根据家庭经济状况，佐以酸奶、炖菜或炒菜。晚饭以面食或米饭为主，吃面食以面疙瘩或面块为多，如烙饼子或蒸窝窝头，搭配风干肉食之。吃米饭则一般以牛肉炖土豆或萝卜为主，或牛肉烧白菜。

主副食搭配，在农牧区多以糌粑为主，附带吃土豆或萝卜炖牛肉、牛肉炒白菜、骨头汤为多。农牧区的食物相对清淡、简单。城镇居民的主副食较为丰富，肉食品充足，不仅有牛羊肉，而且有猪肉或鱼肉，加工方式有炖、炒、烧、烤、焖等多种，蔬菜类也丰富得多。

农区的藏族群众，尤其是城镇群众喜欢吃各类蔬菜。夏季时农民在自己房前屋后种植白菜、土豆、萝卜、莴笋、莲花白菜，以提高生活质量和增加品种。随着改革开放力度的加大和从内地引进大棚蔬菜种植技术，昌都镇和各县政府所在地群众的菜篮子不断丰富，黄瓜、生菜、茄子等内地所产的菜类在菜市场上随处可见。人们的口味也从过去单一的白菜、萝卜逐步趋向多样化。

昌都藏族将酸奶、牛奶、酥油称之为“白食”；将牛肉、羊肉、血肠称之为“红食”。以此作为招待客人的最佳食品。

在餐具里，昌都藏族忌讳用缺口、有裂纹的碗来招待客人。忌讳用腿跨过家中的炊具，不能往炉灶里扔垃圾等不洁的东西。尤其忌讳将毛发、肉类、油脂等扔进灶中。

2016 年 11 月 15 日写于昌都

第八辑

《格萨尔王传》文化篇

试析《格萨尔王传》传说的类型及特点

《格萨尔王传》是藏族人民创作的一部伟大的英雄史诗，是藏族人民奉献给世界文化宝库的一部最宏伟的文学巨著。它包含着丰富的社会内容，有着很浓郁的民族风格，达到了很高的艺术成就。自从将《格萨尔王传》的搜集整理工作列为国家“六五”、“七五”重点科研项目后，史诗越来越引起国内外众多学者的高度重视，其学术价值和历史价值也愈加凸现出来，世界最长史诗的桂冠不得不让位于藏族史诗《格萨尔王传》。随着搜索、整理、研究工作的深入，人们对这部藏族古代社会百科全书的研究，也应该是多方面和全方位的。研究《格萨尔王传》的传说，对于我们揭开史诗的起源和形成，理清史诗主人公的真实问题，正确地理解“历史真实”与“艺术真实”，全面地理解史诗深刻的社会内容，有着很重要的意义。

在探讨史诗传说的类型及特点之前，我们有必要对传说的内涵有一个基本的界定或看法。民间传说是指以可考的事物或人物为中心叙述的口头文学样式。钟敬文主编的《民间文学概论》中说：“传说的主人公大都有名有姓，而且不少还是历史上的有名人物；他们的活动遗迹常被联系到地方上的某些自然物、人工物及社会风俗习惯上面，于是有不少传说就成了这些事物来历的一种说明”。因而，民间传说具有历史性和可信性的特点。格萨尔传说也具备了这两个特点，这就决定了格萨尔传说直接或间接地反映了藏族历史上曾发生过的重大历史事件，艺术地反映了历史的真实面貌，包含着深刻的社会生活。当然，我们看待和分析史诗传说时，首先应把它看成是民间文学作品，而不应把它当作历史文献来阅读。在看待它的历史真容时，不能把历史真实与艺术真实对立或等同起来，这就是我们分析史诗传说的出发点和所遵循的一个基本原则。在确定了传说的界说和认识大体一致后，我们再从以下两个方面对史诗的传说进行探讨。

一、传说的内容及类型

从目前所接触的资料来分析，凡是《格萨尔王传》流传的地方，几乎也流传着相关的传说。据有关调查统计，在全国境内可查到一千多处格萨尔遗址，这也仅仅是目前已发掘出的初步统计而言。事实上，仍有大量的传说有待挖掘。根据现有资料来分类，有关传说大致可分为人物型、风物型、风俗型、名号型四大类传说。

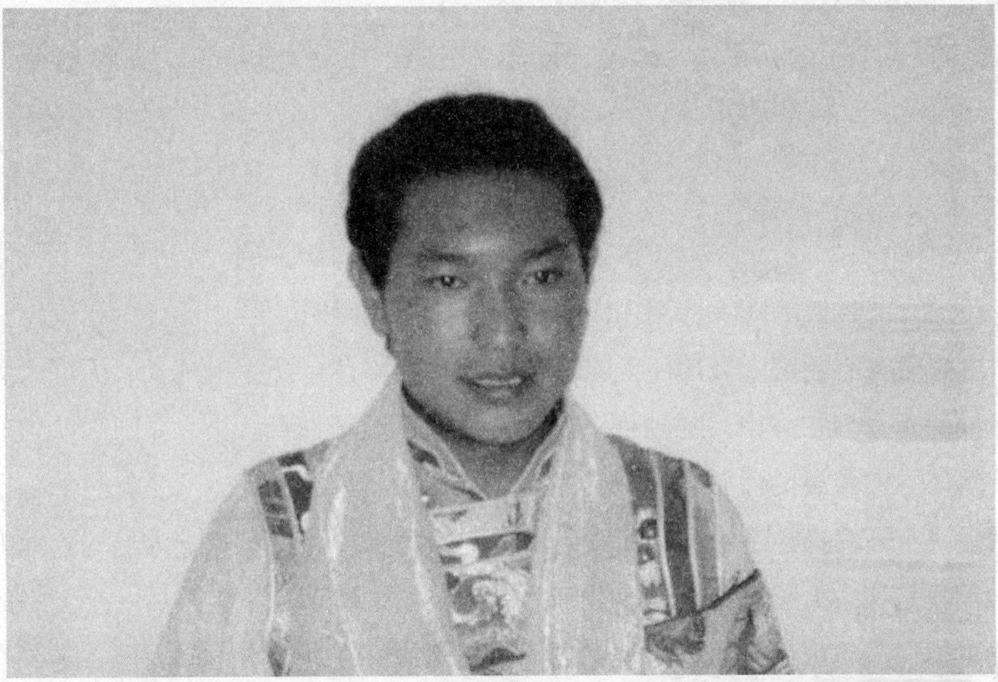

边坝县《格萨尔王传》说唱艺人斯塔多吉是西藏最年轻的说唱艺人

（一）人物型传说

人物型传说是指以与史诗有关的人物为中心，叙述他们的事迹和遭遇的传说。这类传说几乎涉及了史诗的主要人物，如格萨尔、珠姆、总管王、贾查、辛巴、丹玛、晁同以及魔王。其中格萨尔的传说起着主干作用，因此，涉及格萨尔的传说最多、流传也最广，知名度也最高。仅格萨尔的诞生地就有多种传说。

格萨尔诞生在四川德格县的传说。相传格萨尔王是上界天国白梵天王十五个儿子中的长子东珠·尕尔宝。当时，人间一片混乱，妖魔鬼怪到处横行，善良无辜者惨遭涂炭。白梵天王为了拯救人间苦难，派遣东珠·尕尔宝下凡人间，降服四方妖魔，救苦救难。在藏历虎年虎月初九的土曜日，格萨尔在德格察察村的一顶破牛毛帐篷里降生了。此地现属德格县阿须区察察公社境内。后人为了凭吊格萨尔王，修起了一座称为格萨尔神庙的殿堂。

格萨尔诞生在四川阿坝嘉戎的传说。在格萨尔出生前，岭国出现了妖魔，每年都要岭国一个属虎的少年充当人质，逼得已经退位的老王交出自己惟一的小公子。无奈之下，老王求告天母保佑。于是天母派遣了一位英武聪慧的小神下凡，这就是后来的格萨尔。格萨尔投胎到了母腹中，受尽了晁同的迫害，把格萨尔的母亲逼上了玛尔柯河源头的大雪山，正当她走投无路时，腹中的格萨尔安慰母亲道："你暂且忍耐吧，我出生后自有办法哩！"格萨尔出生的那天，天降大雪，把晁同的王宫埋在雪中，唯独格萨尔诞生的帐篷温暖如春。格萨尔呱呱坠地时，是一块羊肚腹包裹的怪胎，用刀刨开后先是一条红色的小蛇，后是银色的老鼠，接着是一个浑身白色的小人，再接着又是一个浑身青色的小人。他们一落地就说道："我是四大天王之一，用着我时我就到！"说罢不见了。最后一个出来的是一只青蛙，不幸被晁同发现，把它的四肢用木钉钉在地上。谁知晁同一走，青蛙一跃而出，变成一个英俊少年，说道："阿妈，四根木钉给我消灭四方仇敌的力量，我要像石头一样坚硬顽强，使我的生命永放光芒。"就这样，格萨尔遭受磨难而又奇迹般地降生了。

祖籍琼布丁青的著名《格萨尔王传》说唱艺人桑珠

格萨尔诞生在四川邓柯县的传说。相传原邓柯林葱土司就是格萨尔的后裔。林葱的"林"出自"岭"国的岭。林葱土司在格萨尔诞生地的将达，修建了一座"格萨尔经堂"，内置格萨尔及其妻子珠姆和岭国早期三十员大将的塑像，并供奉有格萨尔当年用过的兵器、象牙章等。对此说法，似乎历史的成分多一点。

以上三则有关格萨尔诞生地的传说，充满着奇异的神话色彩。在这里，我们不去讨论传说的真伪，而是想说明格萨尔的传说很多，其情节也不尽一致，甚至有的相差甚远，但从传说学的角度讲，都为我们描绘出了一幅内容丰富、情节曲折、语言通俗优美的格萨尔诞生地的传说。至于格萨尔的手印足迹，在藏区随处可见。

如较有名气的有格萨尔与珠姆石像、格萨尔利斧劈开的“河道”、格萨尔的“拴马桩”、大石磨盘、宝座靠背等。总之，这类人物型传说多，且涉及面较广，情节也比较生动。

（二）风物型传说

察雅县泥塑格萨尔王像

风物型传说是指对与史诗有关的山川河流、名胜古迹等内容的由来及形态作了有趣的解释和说明。风物型传说的特点是每一则传说都有实物遗迹可考，这便是风物型传说的标记——“可信物”。根据风物型传说所涉及的可信物的属性，风物型又可细分为岩石、江河泉水、奇峰异洞、遗址、墓葬、兵器文物等传说。

1. 岩石的传说

岩石作为万物之中的坚固之物，象征着永恒。用这个永恒之物作为传说的可信物，本身就是对真善美的肯定，对假恶丑的鞭挞。我曾在西藏昌都县的瓦寨村看到一块方石，上面自然显现着类似藏式棋盘的经纬格式，据说这块方石就是当年格萨尔与珠姆下棋的棋盘。在云南德钦县蓉中村有块三尺来高，形如喇嘛帽的石头，相传那就是格萨尔到戎地时被风吹掉的帽子。在西藏察雅县仁达的悬崖上有长达三百米的斜线，据说是格萨尔用他的马鞭刻划的印迹。在青海的扎陵湖与鄂陵湖之间，有珠姆背水时的石头。四川若尔盖麦溪乡有珠姆放牧时钉帐篷桩子用的石锤。在内蒙古赤峰一带还有传之为格萨尔的马桩、棋盘、石房等。总之，在所有传说中岩石型传说的数量最多，形象逼真，涉及面也最广。

2. 江河泉水的传说

水是人类赖以生存的最基本的条件之一，没有水，人类就无法生存。传说通过这生命之水作为可信物的标记流传下来，是颇具匠心的。在内蒙古赤峰阿斯罕山，有一股滔滔不绝的泉水，相传格萨尔与残害百姓的虎怪搏斗时，格萨尔一箭射去，不仅射死了虎怪，而且把山峰射了个大豁口。那只多年危害草原的虎怪的四肢和脑袋，变成了五座土丘，它的脏腑变成了沮如河——诺干淖尔，箭镞射穿的地方，形成了一股泉水。箭头打翻的岩石击出了十眼泉水，喷涌汇集成一个清澈明亮的甜水湖，从此这里水草丰美、牛羊兴旺。在云南德钦大中甸流传着热水潭的传说。相传热水潭是格萨尔的姐姐沐浴的地方。因姐姐没有听从格萨尔所说只能洗七天的劝告，而多洗了两天，结果被魔王抢去，导致格萨尔与魔王大动干戈。在西藏丁青至色扎的路上，有一股一年四季叮咚作响的泉水，相传是格萨尔的神马迥姆找出的泉水。四川阿坝红原县的色既坝草原上，流传着这么一个传说：晁同路过娘尔加时，因水土不适拉肚子，从此娘尔加变成一片沼泽地，直到今天，那里的水都是深黄色的，犹如人拉出的粪便。看来民间传说对史诗人物的褒贬是泾渭分明的，即使水质是浑浊的，也归咎于晁同。在西藏那曲有称之为晁同泉水的晁同琼果。这些江河泉水娓娓动听的传说，犹如滔滔江水一般，永不停息地流淌着，传诵着。

画在布上的格萨尔王像

3. 奇峰异洞的传说

这类传说实际也是岩石传说派生出来的，由于数量较多，故单列。这类传说一方面反映了人们对史诗英雄人物的崇敬，另一方面也表达了人类征服大自然的信念。四川若尔盖西北边缘的尕窝山上，据说珍藏着格萨尔赠给珠姆的七神箭，这七支神箭直刺青天，象征着他们坚贞的爱情不容破坏。那马鞍式的山峰，是他们的鞍座；那若隐若现的雾气，是他们寝宫的青纱；那潺潺的溪水，是他们缠绵的情意；那主峰正中的岩洞，犹如深邃莫测的“宫廷侍卫”在守护着这对长眠的英雄伴侣。这是对他们忠贞爱情的颂歌。当晁同把格萨尔母子流放到杂日纳色饶卡谷口，母子俩走到那吉柯地方时，那里的十三座山峰也一齐朝着他们母子俩走过的方向转过去，似乎在遥遥相望远去的母子二人。在这里，山峦也有情，山峰走向也有意，他们为格萨尔母子打抱不平。当格萨尔征战北方霍尔时，用他的宝弓连射三箭，不仅把那些贼头贼脑的霍尔小卒射死了，而且把西藏丁青协雄境内突兀的山峰也射穿了三个大窟窿。这类格萨尔射穿山峰的传说在西藏那曲索县、内蒙古赤峰、青海同仁等地均有流传。在达日县和那曲萨嘎等地也有奇形怪状的山洞。这些奇峰异洞的传说为后人留下了无限的思古情怀，也为后人留下了一段段优美动听的传说。

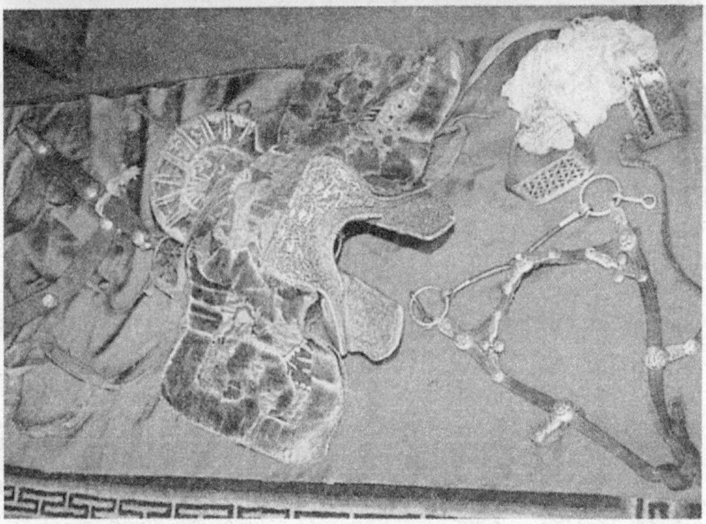

珍藏在昌都类乌齐县查杰玛大殿的称之为《格萨尔王》的马鞍与马具

4. 遗址传说

如果说以上岩石、江河泉水、奇峰异洞的传说以虚构夸张的成分为主的话，那么遗址传说的真实成分则大于其他传说。四川毛尔盖有个叫“岭”的村寨，他们自称是岭国人的后裔。据说寨子里还有岭国时代的战壕、坑道、粮仓、练兵场等遗址。青海曲麻河上游有霍尔白帐王的都城雅孜卡玛的残垣断壁。青海称多县的昂则山上有称作格萨尔大臣嘎德的切宗，在扎陵湖和鄂陵湖之间有珠姆的色卡宫堡。在德格龚垭乡有贾查的房屋遗址。石渠县上吉柯的多素还有总管王的遗址。在贡觉有僧大阿东的宫堡遗址，在哈加区有巴拉的宫堡。以上遗址传说均来自有关同志的介绍，我没到过实地调查，只是曾在丁青色扎的达那村看见过被称为晁同城堡的建筑物。这个所谓的城堡在三、四层楼高的巨大岩石上，上面有高约一米左右的石头残墙，一般人很难上得去。如果在上面住十来个人也许可以，但如果摆几十人、上百人的兵马则是不可能的事。在这类传说中，有遗址是真，但究竟是属于谁的遗址，仍是我们今后需要花费时间探讨的问题之一。

5. 墓葬的传说

这类传说中墓葬的存在是可以肯定的，只是究竟为谁之墓葬则众说纷纭，一时很难肯定。云南德钦荣中桥附近有一块墓地，相传其中最大的一个是伦布钦恩的墓。在西藏日土县的日土寺内，有辛巴的陵墓。据李朝群同志介绍，该殿的墙上有壁画，在陵墓内可挖到尸盐和灰烬，该地的囊底噶波山是辛巴的灵魂山，当地群众每年要祭祀三次。我在波密工作时，听说在倾多乡的果唐有一座残塔，里面埋的是拉脱加的遗体，被毁前，曾发现里面确有人的胫骨，而且特别长，故当时人们说岭国时的人比现代人高大些。墓葬的传说虽不多，但它的科学价值和考古价值是不言而喻的。

6. 兵器的传说

兵器传说实际上就是文物传说，因为传说中的兵器不管是否真实，历史上确有其物。为方便起见，暂且放在风物型传说中予以介绍。据青海的丹玛·江永慈诚介绍，在青海玉树藏族自治州烜纳寺的依怙殿中存放着格萨尔的兵器。其中主要有“达巴来美”宝剑、“康松扎堆”长矛、“巴麻来庆”大盾、“热芶切庆”大弓，以及雕翎箭、盔甲等。除此之外，还存有珠姆的海螺腰带，贾查的“亚色嘎成”宝剑，晁同的“结拉芶”宝剑等。著名学者毛尔盖·桑木旦介绍：甘肃拉卜楞扎西奇寺的陈列馆中展有一把格萨尔的长剑。德格竹箐寺有两把相传是格萨尔时代的战刀。红原县白河沿头四寨喇嘛存有相传是丹玛大将的马鞍、刀、垫等原物。哲蚌寺弥勒佛殿的兵器库中，保存着相传是岭格萨尔的刀、矛、盾、箭袋等。十三世达赖喇嘛灵塔内供有一把称作“冈赤吉丁曲女”的格萨尔使用过的宝刀。除此之外，我曾在西藏昌都类乌齐查杰玛大殿中看到被称为格萨尔的铁制雕龙镀金马鞍，丹玛、辛巴的木质马鞍，晁同的战刀等。其中格萨尔的马鞍工艺考究精致，九条长龙盘绕交错，形象生动逼真。而丹玛的木质马鞍的马镫是用一块木头弯曲而成的，这种马镫在西藏似乎未见过。晁同的战刀略显弧形，刀身上刻有几处不知道何意的符号。这些珍贵的文物，对于我们揭开史诗的形成和弄清格萨尔人物的真实身份有着重要的价值。

（三）风俗型传说

风俗型传说通过史诗的人物或事，对某些风俗习惯的形成做了溯源式的说明和解释。相对来讲，风俗型传说的数量远远不及风物型传说多，但从已搜集到的风俗传说来看，还是极富有民族和地方特色的。风俗型传说根据不同的内容，大致可分为帐篷、装饰、饮食、习俗、忌讳五种。

1. 帐篷的传说

帐篷是藏族牧民生活中不可缺少的住所，帐篷传说的出现与史诗主要流传在藏族牧区是符合逻辑的。四川阿坝嫩洼有一座称为“热吾贡巴”的寺庙，意为“牛毛帐篷寺”。说起它的来历，还有一段优美的传说：相传珠姆为了改善牧民们的帐篷，设计了一个玉蟾帐篷。帐篷的上部像狮子一样盘踞着，帐篷的下部像松耳石一样敷设着，帐篷的中部像金刚钻一样矗立着。帐篷后边供奉着岭国的天神、雷神、电神像。帐内又分为父母住的地方，大英雄们练武和各位王妃歌舞的地方。后来，为了记住这个繁荣兴盛的岁月，也为了赞颂珠姆的功绩，人们在原址修起了一座金碧辉煌的寺院，并以牛毛帐篷寺命名。这就是“热吾贡巴”的来历。当年霍岭大战时，岭兵所到之处，把霍尔的帐篷撕得千疮百孔。当霍尔兵重返家园时，便把帐篷上的大眼小洞缝补起来，心灵手巧的姑娘们把帐篷缝补得疏密有致，色调均匀，黑白相间，无形之中成为难得的装饰。从此，青海海南一带缝制新帐篷时都要缝成花帐篷，且成为一种缝制习俗。白帐王属民搭帐篷时要树立一根细柱，其顶部安上一根小横木，据说这是表示格萨尔征服霍尔得胜以后放过牛鞍的象征物。西藏那曲安多一带牧民的帐篷，前门和后帏上均有一幅宽约 30 厘米的白布标志，据说有了这个标志魔王就不再伤害人畜。帐篷的传说大都说得有声有色，生活气息浓厚，人们一般对此深信不疑。

2. 装饰打扮的传说

这类传说的民族和地方特色很浓，比较真实地反映了当地群众穿戴打扮的习俗。格萨尔在岭地征战时，把畜群放在水草丰盛的拉达江格竹若地方，格萨尔对母亲说："现在我需要合我头戴的一顶帽子、合我身穿的一件衣服、合我脚穿的一双靴。"于是，格萨尔先到色玉日拉杀死了三只羚羊妖，后到吉本犊牛场，杀死伤害畜群的七只牛犊，最后到晁同的马场杀死白额妖驹。这就是格萨尔羚羊遮眼帽、牛犊皮衣服、生马皮靴的来历。珠姆在民间传说中的形象比史诗所描绘和塑造的更加可爱和贤惠。四川若尔盖一带的牧民认为他们最初的服装是由珠姆设计缝制的。据说珠姆出生时，狮子在扬威、葵花在开放、青龙在吼叫。所以，牧区姑娘喜欢有狮子、葵花、青龙的图案。他们缝制藏袍时，左袖筒上的刺绣比右袖筒上的精致、美观。据说这是因为当年格萨尔和珠姆成亲时，互敬喜粥浓酒，珠姆被逼得发笑喷吐，于是急用右袖擦拭遮面，把右袖上的刺绣弄脏了。后来，姑娘们效仿学样，使得左袖上的刺绣比右袖筒好看，从此，形成了重左袖筒轻右袖筒的习惯。西藏察雅察拉多一带的群众过去总是披头散发，服饰也特别。他们自称是魔尔国的属民，披头散发是他们的习俗。丁青色扎一带的人一般不梳头发，自称是晁同留下的习俗。装饰传说为我们研究史诗时代的装饰文化提供了具有参考价值的形象资料。

3. 饮食传说

这类传说是风俗型传说的一部分，也是饮食文化的重要内容。在四川理县甘堡一带过节时，用麦面揉成各种各样的食品。圆形带圈——象征霍尔的眼睛；菱形馍饼——象征霍尔的心房；椭圆形薄饼——象征霍尔的耳朵；荞麦面条——象征霍尔人的肚肠。尤其是条形链扣状油炸馍的来历有一个优美的传说。相传当年霍尔进犯时，人们被赶入深山峡谷，一个大雨滂沱的夜晚，山洪暴发、冲断了道路，进退两难。在这千钧一发的危险关头，一位化装成白胡子爷爷的山神，前来指点他们团结一致，齐心协力，把各自随身携带的链扣状油炸馍连成一串。于是，这串油炸馍奇迹般地变成一条闪闪发光的金桥，飞架在山谷之间，成为天梯石栈。当霍尔兵逼近时，他们沿着这串天梯石栈，飞越悬崖峭壁，终于摆脱灾祸，挽救了危亡。为了纪念这位白胡子爷爷和油炸馍立下的功绩，他们每年过节时必须炸制链扣状的油馍。这则传说既表现了对仇敌的刻骨仇恨，更是表现了只有团结一致，才能共渡难关的哲理。西藏那曲安多、林芝波密、昌都一带狩猎获取猎物时，在皮和尾骨未分离之前，只要有人到现场者均能分得一份。据说这是阿达鲁姆定下的一个规矩。在甘孜卫隆一带，至今仍能看到当年珠姆和晁孟措等留下的酒窖。在阿木柯河乡的草坝子上，相传有格萨尔用过的锅、碗等餐具。

江达县瓦热寺里的藏族史诗《格萨尔王传》壁画

4. 习俗传说

这类传说往往把人们生活当中的某一习俗的形成与史诗联系在一起，并且作了有趣的说明和解释。四川阿坝甘堡一带有一个传统节日叫格尔宗节，每年冬月十三日至十五日，相传是格萨尔叔叔格尔宗领兵追歼霍尔白帐王的纪念日。每年这一天，他们都要举行隆重的礼仪，家家户户烧柏香、祭祀、唱祈祷歌，摆设象征降服霍尔的各种形状的食物，载歌载舞，欢庆胜利。四川红原瓦西寨子的麦洼人每年五月四日举行盛会跳格萨尔舞、赛马、唱歌，尽情地欢庆。甘孜德格县阿

昌都卡若区柴维一带工匠锻造打制的格萨尔王铜像半成品

须村的群众，每年要在格萨尔神庙前举行两次纪念活动，其内容有赛马、演唱《格萨尔王传》等各种活动。在格萨尔诞生日要烧柏枝，烟祭这位非凡的英雄。若尔盖牧民多以“环形寝卧式”睡觉，相传这是模仿了格萨尔当年的睡法。在昌都一带和若尔盖多马乡一带，骑马以骑滑背马为荣，马以枣红马为上等骏马，这都是沿用了格萨尔当年的习俗，赛马时牧民大都把马尾挽起打个结。据说，格萨尔当年去降魔救姐途中经过一个峡谷时，格萨尔扬鞭策马而过，但马尾巴被山夹断了，从此人们引以为戒，赛马时都把马尾巴挽起打个结，为的是在赛马中取胜夺魁。

5. 忌讳传说

忌讳传说的地方特色很鲜明，地域性强。西藏那曲一带的牧民喜欢掷骰子，但掷骰子时只在草坝子上而不能在家里玩。据说这是因为掷骰子容易招来饿鬼，而饿鬼最喜欢掷骰子赌博，据说是受了《格萨尔王传》的影响。四川阿坝嫩洼一带，每天夕阳西下时，他们忌讳骑枣红马的过客而不予接待，相传当年格萨尔就是骑着枣红马来征服霍尔的。在云南中甸一带，艺人们只讲《格萨尔王传》各部中打仗的片段，而忌讳讲整部的格萨尔，据说这是因为中甸寺的护法神与格萨尔打赌，结果护法神输了，被格萨尔割掉了耳朵，从此，护法神下令在这一带不许讲格萨尔的全套故事。藏族地区大凡看到乌鸦飞来时，便认为是不祥之兆，会立即将它赶走，这是因为当年乌鸦把珠姆的戒指衔去报功，以致酿成了一场流血的战争。

（四）名号型传说

根据传说中所涉及的名号来分析，可分为地名传说和世家传说。

1. 地名传说

这类传说是说明某个地名的由来或是史诗中的某个地名沿用至今的传说。阿坝红原县阿衣果木康对面，有个地名叫“珠姆卡奇”，相传当年格萨尔追赶魔王沙当时，在此与珠姆重逢，地名由此而来。在若尔盖琅架岭下的“马蹄子”地名，也因格萨尔领兵途经此地时，用手指在草坝子上画了一个圆圈，泉水当即汩汩流出，形成马蹄形的水域，故而得名。江达有个地名叫“扎俄唐”，意为鬼哭狼嚎的坝子，相传在此贾查把魔王打得一败涂地，成了鬼哭狼嚎的地方。波密的如那、丁青的孜珠、曲果嘎、嘎卓塘等地名均与格萨尔征战有关。西藏芒康一带，人们认为《羌岭之战》就发生在现今芒康盐井，是为争夺盐井的盐而发生战争的。史诗中不少古地名沿用至今。在德格流传着这么一首歌：“要说觉如的出生地，地名叫做吉苏雅的谷叉口。”“吉苏雅”地名，至今仍在阿须一带沿用。在玛日县玛域地方的阿玉得、固扎拉石山、拉得、鲁得，邓柯县的呷坡、昌拖、呷巴，芒康的芒康岗、左贡县的察瓦戎等地古地名至今仍在沿用。

壁画中的格萨尔王妃珠姆像

2. 世家传说

在藏族地区，尤其在康区一带，自称史诗中某个大将的后裔说法，我们称之为世家传说。康区嘉洋钦泽旺宝自称是岭格萨尔的后裔；德格林葱土司据说是岭僧钦王的后裔；红原县白河沿头四寨喇嘛自称为格萨尔大将丹玛的转世；理县土官泽昂华旦自称是丹玛的转世；江达也有丹玛的后裔；贡觉哈加有巴拉的后代。那曲总管金格家族自称是辛巴的后裔，其女噶卓说，他们家中的男人均系红卷发、发梢有分支，说这是辛巴后裔的证明。德钦县荣中村有一个至今健在的、自称为钦恩大臣后裔的日古麻家。他们承认自己是钦恩的第二十五代传人。这类世家传说在康区较多。他们的真实性如何，仍是我们今后研究和考证的一个重要内容。

以上从人物、风物、风俗、名号四个方面对史诗的传说作了初步的归类和介绍。事实上，这四类传说之间的界限并非都是泾渭分明的。其中多数传说是通过史诗中某个人物把风物、风俗、名号串在一起罢了。所以，不少传说是复合性的传说。

二、格萨尔传说的主要特点

格萨尔传说如同《格萨尔王传》一样，在艺术上达到了很高的成就，本文着重从文学的角度，即从传说的主题、构思、情节和传播四个方面，探讨其基本特点:

1. 主题——正义战胜邪恶势力

尽管格萨尔传说的内容非常丰富，可以说无奇不有，但始终贯穿着降妖伏魔、伸张正义、抑强扶弱、正义战胜邪恶这个主题。格萨尔诞生不到一昼夜，便使用神变降服了危害人畜的七只孽鸟。生下才三天，就遭遇了晁同的暗算并与咒师阿尼贡巴热扎进行搏斗。传说从一开始就赋予了格萨尔抑强扶弱、为民除害的历史使命。而这一切正表达了人们希望出现一个拯救百姓的贤明君主，渴望过上和平安宁、幸福美满生活的愿望。在史诗传说中，这类正面形象与邪恶势力发生冲突的传说不多，而以肯定和赞扬史诗正面人物、鞭挞和讽刺反面人物的传说居多。在古代藏族社会，妇女是没有什么地位的。然而，在传说中把珠姆塑造成劳动妇女的典型形象来歌颂。为了歌颂珠姆勤劳、勇敢、贤惠的品德，传说把藏族先民早已发明和创造的挤奶、打酥油、织毡、缝制服装都说成是珠姆的功绩。为了岭国人民的和平安宁，珠姆毅然送夫去征战，表现了爱国爱民的思想。传说对珠姆“心地豁亮如明镜、思想锐敏如子弹”的评价，是她形象的真实写照。传说以特有的可信物——“奶桶勾”、“石锤”等实物，把珠姆可亲可爱的形象传播到了整个藏区。而对反面人物晁同，则作了无情的鞭挞和讽刺。红原尕坝的沼泽地浑浊不清，说成是晁同被吓得屁滚尿流而造成的。丁青仲仍地方的红白乱石堆，也说成是晁同偷吃野牛肉而呕吐的印记。总之，传说的思想倾向极为鲜明。

2. 构思——听觉艺术与视觉艺术融为一体

史诗本身属于口头语言的艺术，也即听觉艺术的范畴。它主要靠语言的艺术来描绘和叙述情节、塑造形象，作用于人们的听觉器官。而史诗的传说把口头语言中虚幻的、看不见的东西转化为实体，无形化为有形，眼睛看不见的转化为眼耳能感知的物质形态即“可信物”。而这个构思的转换公式为：史诗—人物—可信物，我们暂且称之为“三结合”的构思方式。格萨尔诞生在德格一带的传说，可以从《拉岭》《冲岭》中得到印证。而其中描绘的自然环境、地貌特征与德格阿须乡极其相似，不少地名至今仍在沿用。格萨尔诞生地雄坝——是史诗所描绘的；主人公格萨尔——是藏族人民理想之中的人物；地名雄坝——是属于名号型传说的“可信物”。这种将史诗、人物、可信物“三结合”的构思方式，就是把听觉艺术与视觉艺术融为一体的具体体现。史诗传说除了“三结合”的构思方式之外，更多的则是史诗人物与可信物的“二结合”构思方式。这主要是因为民间传说与史诗形成时间的不同差异所致。相传珠姆出生时，杜鹃崖上杜鹃鸣，牦牛山上玉龙叫，神仙谷里神赞颂，天空霞光万道，瑞气万千，景色异常。虽是数九寒天，却下起了濛濛细雨。珠姆出生落地时，脐带出血，血迹上生长出一株檀香树。后来用这棵檀香树做柱子建了一座寺，取名为檀香寺。这则传说流传在西藏那曲索县。根据史诗所描绘的情况和先人的述评，索县一带显然不是珠姆的诞生地。但由于这则传说把檀香寺的创建与珠姆联系在一起，使人相信索县卧象山附近就是珠姆的诞生地。以上传说中的人物珠姆和可信物——檀香树，以“二结合”的构思方式构成了这则传说。这种将传说的情节紧紧地依附在特定的自然景物山

传之为格萨尔王下棋的棋盘——位于昌都卡若区嘎玛乡境内

石树木上时，既加深了传说的可信程度，也增强了传说的艺术魅力，进而达到“物以人而得名，人依物而不朽”的艺术效果。

3. 情节——以浪漫的手法，构成了传说情节的传奇性特点

古代藏族人民渴望有一个武艺超群、勇猛刚强的英雄人物去战胜强敌，保护部落成员免遭掠杀侵扰，得以过上安定的幸福生活。于是，就对渴望中的理想人物以浪漫的手法赋予超人的神奇力量，把他塑造成一个非凡的、无敌于天下的英雄人物。这样，就在听众面前描绘出了既是一个现实生活中的英雄，又仿佛是神话中的英雄。这种神话与现实的经纬线交织在一起而构成的情节，把人引入到了一个既现实而又奇妙的神仙境界，从而构成了传奇性的特点。

在传说中，人们以浪漫的表现手法把各种逸事、奇闻附会在各种景物中，并使之水乳交融，形成一个完整的情节，给人以新奇之感。传说中的情节大都是一人一事，人物性格比较单一，然而在艺术上却达到了传奇性的效果。这是因为民间艺人在史诗传说中充分运用了虚构、夸张、幻想、联想等浪漫的艺术手法，通过安排偶然的、巧合的情节，使传说的故事发展既在情理之中，又出乎意料；既给人以真实感，又比较曲折离奇，呈现出浪漫的色彩，进而特别引人入胜。流传在昌都才维和丁青孜珠的格萨尔用利斧劈开河道的传说，显然是以浪漫的想象，加上虚构和夸张的艺术手法编织而成。因为这两处地方是扎曲河与达秋河流经的必然之地，是几千万年激流冲刷切割的结果。同样，丁青协雄山峰的奇洞只能是大自然的造化，并非格萨尔射穿。但在传说中的情节里，这些大自然巧夺天工的杰作被说成是格萨尔凭借法力的结果，这无疑给这些奇峰异洞注入了新的生命，使这些山水的自然之美具有了永久审美的某种价值。

为了在艺术上取得传奇性的效果，传说通过丰富的想象力，造成一次又一次的悬念，以丛生不绝的期待来激发听众的好奇心，得到一种感官的享受。相传格萨尔的王妃梅萨在织毡时，被魔国的旋风卷走，在昏迷中被魔王奸污，不久生下一子。一年后，格萨尔终于探听到梅萨的下落，于是格萨尔杀死了魔王，只见溅起的血渍变成了跳蚤、粉碎的筋骨变成了虱子。在这则传说里，把魔鬼的丑恶面目刻画得淋漓尽致，但富有才华的民间艺人觉得魔鬼虽死，祸根已除，但心头之恨仍未解除，于是通过夸张、联想和悬念，把魔鬼杀死后溅起的血和筋骨，化成了视觉形象——可憎可恶的跳蚤、虱子等害虫，才算解恨。正是这种悬念和期待之情，牢牢地抓住了听众的心，不断引起人们的兴趣，密切注视着故事情节的发展，从而使传奇性的特点更加突出，取得引人入胜的艺术效果。

4. 传播——形成了较有特色的密集型传说圈

格萨尔传说是民间艺人口头的说唱史诗，代代相传。在漫长的传播过程中，形成了较有特色的传说圈。这个传说圈有两个特点：一是形成了密集型的传说圈；二是每个密集型的传说往往可以连贯成比较完整的故事情节。

从我所搜集或阅读到的史诗传说流传的地方看，在全国至少有七个密集型的传说圈。一是流传在四川甘孜州一带的，以德格县和邓柯县为中心的密集型传说圈；二是流传在青海玉树藏族自治州一带的，以称多县和囊谦县为中心的密集型传说圈；三是流传在西藏昌都地区一带的，以丁青、昌都、贡觉和察雅为中心的密集型传说圈；四是流传在四川阿坝州一带的密集型传说圈；五是流传在西藏那曲地区一带的以索县和那曲为中心的密集型传说圈；六是流传在云南德钦州一带的以德钦县为中心的密集型传说圈；七是流传在以内蒙古赤峰为中心的密集型传说圈。除此之外，在西藏阿里地区、青海互助土族自治县、内蒙古昭乌达盟、四川木里、云南丽江、宁蒗等地也流传着不少的格萨尔传说，但似乎很难构成密集型的传说。当然，这也许与我搜集的资料有限有关。

以上七个流传着格萨尔传说的密集圈，在一定的区域范围内大体情节是连贯或完整的。如流传在甘孜州的传说，从格萨尔诞生到晁同的暗害，从格萨尔降伏妖魔到母子俩迁徙，从贾查大将到丹玛大将，几乎均可连成一串。又如流传在丁青境内的传说就可连成一个较完整的故事情节。一般来讲，密集型传说的形成与这一地区流传的格萨尔传说的数量是相对等的。传说的数量越多，“可信物”的知名度就越高，也就越容易形成密集型的传说圈。密集型的传说圈或许为我们较准确地勾勒出了史诗产生的地区和最初流传格萨尔的地域范畴。

藏族史诗《格萨尔王传》以它反映的社会生活面之广之深之远而著称于世。然而，有关格萨尔在史籍中的记载却凤毛麟角，这是一种矛盾。所以我认为，从传说学的角度去研究格萨尔不失为一个可行有效的研究方法，应当能为史诗研究提供新的领域和途径。

1991年5月5日写于昌都

《格萨尔》谚语的艺术价值

藏族史诗《格萨尔》，是一部富于人民性和艺术性的民间文学作品，它不但是我国人民极其宝贵的文化遗产，而且也是世界史诗中罕见的巨作之一。如果我们把《格萨尔》称作世界文化宝库的瑰宝，那么其中的各种谚语，可以说是镶嵌在史诗中闪闪发光的明珠。

本文拟就《格萨尔》霍岭大战之部上卷的谚语，着重从思想内容，艺术特色，以及它在作品中所起的作用等问题，提出自己的一些较为肤浅的看法，以求教于从事藏族文学研究和热爱藏族文学的同志们。

一

谚语是人民群众在阶级斗争、生产斗争和日常生活中总结出来的经验和教训，具有劝诫的功能。它广泛流传于人民群众之中，并且是经过经年累日的传诵，千锤百炼后才丰富和发展起来的。史诗《格萨尔》中的谚语不仅数量多，而且内容广，是藏族其他文学作品所望尘莫及的。

由于受到作品题材和产生时代的制约，史诗中的谚语呈现出它自己独具的特点。现根据作品中所提供的谚语内容，初步归纳为以下几个方面。

（一）用于战争和总结战争策略的谚语

这类谚语在藏族其他民间文学作品中是不多的，但在史诗中占整个谚语的五分之一。我们知道，任何一种文学形式，包括素材的选用，都要服从于作品的内容。民间文学的作者们也自觉或不自觉地遵循了这条创作的规律。《格萨尔》主要描写和歌颂了古代藏族人民热爱家乡，热爱和平，反对侵略，争取自由的美好愿望。作品用了很大的篇幅描写了格萨尔王降伏妖魔，抑强扶弱的战斗的一生，这种战争的题材就决定了在史诗中必然大量运用有关军事方面的谚语。古代的战争是面对面、刀对刀的肉搏鏖战，这就要求参战者要具备勇敢、坚定、沉着、机智的品格和不怕死的精神。谚语热情讴歌了勇猛顽强的英雄行为，鞭挞了胆小怕死的软弱行为：

与其像狐狸夹尾逃深山，不如像猛虎斗死在人前；

与其厚颜老死埋坟场，不如英勇战死在九泉。

战争的胜败，不仅仅在于人数的多少和武器的优劣上，而且在很大程度上取决于是否做到了知己知彼，是否制定出了切实可行的作战方案。谚语说：

大江河面虽宽阔，有了船只不难过；

大树枝梢虽繁多，有了快斧不难剁。

在敌我双方的战斗中，利用他人之短，发挥自己之长，出其不意地攻击敌人最薄弱和最要害的地方，是古今中外战争的策略之一。史诗谚语也总结了这一经验：

砍树要在苗幼时，灭火当在火小时，

揉虎皮应从头上起，对敌人必须迎头击。

这首谚语告诉我们：当敌人的力量还处于劣势时，必须及时抓住战机，给敌人以毁灭性的打击；当敌人气势汹汹地侵犯时，必须集中优势兵力，给他当头一棒，打掉敌人的嚣张气焰以鼓舞自己的斗志。

（二）说明人生哲理和处世的谚语

在阶级社会里，不同阶级有不同的世界观和处世哲学。劳动人民从长期的生活感受中领悟出了如何对待生活，如何去待人接物。于是他们用谚语的形式把这些经验保留下来，以便教育下一代人。在这些谚语中比较充分地表现了人民群众健康的生活态度，高尚的道德品质，正确的处世哲学。

由于这类谚语要表达人民群众对待生活的态度，阐明自己的道德标准。所以，它要赞美那些自己认为最美好的言行，痛斥和抨击那些最丑恶的行径，褒贬的态度区分是非常鲜明的。如：

话与箭杆要正直，话直箭直朋友喜；

道路宝弓要弯曲，路曲弓弯敌人惧。

这首谚语用箭杆的笔直和宝弓的弯曲作为比喻，形象而生动地说明了做任何事都要言行一致，真诚相待，切不可三心二意，弄虚作假。

藏族人民长期在高原生活，养成了坚强刚毅的性格。他们以耿直刚正、威武不屈、忠贞不渝的言行为美德，而对于那些唯利是图、奴颜婢膝，攀龙附凤的卑鄙行径进行严厉的谴责。谚语说：

渴死不喝沟渠水，那是兕牛的高贵品格；

饿死不吃泥塘草，那是野马的高贵品格；

痛苦至死不淌泪，这是大丈夫的英雄品格。

谚语鼓励人民刻苦学习，也教育人们遇到困难时不要灰心丧气，失去信心，取得成绩时不要骄傲自满，得意忘形：

道德学问没有主，看谁能够下功夫；

荒山野畜没有主，看谁猎技最纯熟；

懊丧时候不要面向地，愉快时候切勿脸朝天。

另外值得一提的是史诗中有几首反映藏汉两族人民友好往来的谚语。如：

对汉人讲情会欢喜，对藏民造福得安乐；

商旅往来藏汉莫叹苦，赚钱时候自会有。

这两句作为反映古代藏汉人民互相友好和经济来往的历史关系的谚语，其意义非同一般，它真实地记录和反映了当时历史上藏汉人民的友好关系。

（三）总结有关阶级斗争经验的谚语

在史诗中，这类谚语似乎不多，但提出的问题却是很深刻而发人深思的。因为它们是人们在长期的社会实践中，在阶级斗争和社会关系中所得出的结论。这类谚语所反映的内容具有深刻性和普遍性的特点，也表达了劳动人民的爱憎感情和态度是极为鲜明的：

浓云深处藏冰雹，绝不让谷穗长得旺；

群星深处藏浓霜，绝不让芳草活得长。

这首谚语我们可以这样理解：只要敌人还存在，那他就不会让你过上安宁静谧的幸福生活，同时提醒人民随时都要提高警惕，不要麻痹大意，忘乎所以。

三

《格萨尔》以它特有的艺术魅力，赢得了国内广大人民群众的喜爱。这固然是由于作品本身有着很强的人民性，有着宏伟的结构，动人的情节，但也与史诗富有民族特色的语言分不开，而其中藏族谚语的运用更是一个不可忽视的因素。

史诗谚语的艺术特点同其他民族的谚语一样，有许多共同的特点，但也有它自己的独特表现形式和艺术手法。

谚语是劳动人民经验和智慧的结晶。它所总结的每一条经验和教训，所说的每一个事理，都是立足于本民族的地方特点。史诗中的谚语就是产生在那古老而遥远的世界屋脊上。这就决定了史诗中的谚语必然要打上藏族古老的历史、语言、文化、宗教，以及衣食住行、风俗习惯等的烙印。

首先，从谚语所选择的素材上看，史诗谚语所选用的比喻都是藏族人民所熟悉和经常耳闻目睹的事物。如牛马、猛虎、狼、幼苗、青松、浓云、冰雹、神佛、觉巴等等。这些事物的属性在土生土长的藏族人民当中，几乎无人不知，无人不晓，是易于理解的。虽然鬼神谁也没见过，但对于宗教影响很广的古代藏族先民来说，这些宗教的术语并不陌生。

其次，从谚语所表现的内容来看，也反映了藏族人民特有的高原生活和心理素质。每个民族都有自己的形成和发展过程。在漫长的社会发展过程中，每个民族对同一事物很可能产生不同的看法，这就形成了每个民族的审美观。藏族人民总是把“牛”、“马”、“杜鹃”、“春风”等作为褒义词来用；而把“毛驴”、“霹雷”、“冰雹”等作为贬义词来用。又如对老虎和狐狸的看法与汉族不尽相同。在绝大多数的场合下，藏族谚语不是把老虎作为那种凶猛、残暴的形象来比喻，对狐狸也不是把它作为狡猾的属性来比喻，而是把老虎看作是勇猛善战，把狐狸作为胆小如鼠的动物来用于比喻的 。

宗教在古代藏族人民的生活中，占有相当重要的地位，他们往往把宗教作为自己的精神寄托。在他们看来，人的生存死亡皆有“神”来安排。谚语中也打上了这种思想的烙印。“如果砸烂金佛头，不能指望受保护”、“提防射中佛慧眼”等，就把“金佛头”、“佛”作为主宰人类至高无上的力量来进行比喻。

再次，史诗谚语在结构形式上的最大特点是：大多数的谚语都比较长。一般谚语的句子均在二至六句之间，最长的可达十八句。如此之长的句子，不仅在汉族谚语中没有，恐怕在其他民族的谚语中也没有。

最后，史诗谚语在表达内容的方式上也很独特。在史诗谚语中，特别是两句以上的谚语，它都要“借用”别的谚语来构成排比式的句子，从而达到说明问题、论证观点、传授知识的目的。当运用“借用”的修辞格时，我们理解它时不能拘泥于它所借用的谚语上，而要从一首谚语的整体上去理解。从它所借用的几条谚语所共同揭示的涵义上理解。只有这样，才能理解它真正的涵义。

三

藏族谚语说：“茶水不放盐巴没有喝头，言语不用谚语没有听头。”阿拉伯谚语也说：“谚语——生活中的盐。”可见，谚语所起的作用是多么的大！如果在某一部作品中的语言里，不运用一些生动的谚语，不用一些群众喜欢的口语化的语言，那么，这部作品就很难扣住广大读者的心弦，艺术效果也大为逊色（当然并不是说，用了谚语就一定能打动读者的心。）。

由于谚语反映了某些事物的规律和本质特征，有着很强的教育和传授知识等作用，加强了语言的力量。所以，在史诗中把大量的谚语作为说明某一事情，论证某一观点的基本依据和基本准则。

史诗中有这么一个事例：当珠姆得知岭国不久将要遭到霍尔国的进犯时，就派她的亲信女伴莱琼前去向总管王报告此事。当初总管王听了莱琼的报告后，置若罔闻，不以为然，于是莱琼说：“现在绝不是坐的时候，常言道：‘黑夜不得不亮，因为有太阳在后面催’。珠牡随后就来，现在若不召集岭拉德各部，万一出岔恐会受害。”她的这段话里，显然是用谚语来说明她的到来是事出有因的。准确、恰当，具有很强的说服力，使得总管王不得不立即行动。类似这样的谚语用法，在史诗中俯拾即是，信手可得。

谚语作为一种文学形式，本身具有一种内在的美。它有丰富而深刻的内容，形式简短而精炼，语言生动而优美。总之，它达到了深刻的思想内容和完美的艺术形式的统一。这样一种优美的文学形式用在作品里，当然会增加作品的文学色彩和艺术魅力。使读者看了作品后，津津有味，百读不厌。

读过史诗的人，可能会发觉唱词部分大都是几十行左右，有的长达近两百行。在这几十行诗句中，如果仅靠诗句来表达，那么很可能显得枯燥、呆板，并且节奏缓慢。但是，在这几十行诗句里恰当地运用一些谚语，那么不仅给人的印象深刻、具体，而且令人深思，回味无穷。

史诗第八章中有这么一段情节：总管王劝告岭国的将领们不要轻举妄动，并提议暂时避开霍尔军的侵犯。这时贾察大将站出来，愤怒地驳斥了总管王的提议，号召人民为保卫祖国而战斗到最后一刻。在唱词中，引用了“与其像狐狸夹尾逃深山，不如像猛虎斗死在人前；与其厚颜老死埋坟场，不如英勇战死在九泉。”这条谚语充分表现了他在强大的敌人面前，临危不惧的英雄品格。由于恰当地运用了谚语，使得这近二百行诗句的唱词，不觉冗长、平淡，反而觉得有条、有理、有情、有文采。给人印象极其深刻，难以忘怀。

史诗在解放前，主要是以说唱形式来流传的。这就是说，人们主要是以听觉来欣赏这部史诗的。史诗所要描绘的社会生活，战争场面，人物和场景都是通过作品的语言，活灵活现，栩栩如生地表现出来的，给听众以如闻其声，如见其人，身临其境之感。而要达到这样的艺术效果，就不能不在语言的通俗性和形象性上下功夫。史诗的作者们在表达人的心理活动和抽象的感情时，就借助于他物的形象来反映和获得可感性。如：

上等汉子像藤条，太阳一晒随意弯；

中等汉子像牛角，冷热合适才能弯；

下等汉子像顽石，无法成器永不弯。

这条谚语就是借用了“藤条”、“牛角”、“顽石”三种具体可感的物体来作为比喻的。短短的六句话，却包含了三种不同人物性格的特征。他把抽象的人物性格刻画得多么深刻，比喻得多么巧妙，描绘得多么形象。真叫人拍手叫绝，惊叹不已。这条谚语的人物性格如此之鲜明，生动，就在于民间的作者们巧妙地运用了比喻的修辞手法，在于他们对本体的正确理解和对喻体特点的认识上下了功夫，才获得了如此鲜明的效果。

当然，肯定了史诗中谚语的艺术价值和作用，并不排斥史诗中唱词部分（诗句）的艺术价值和作用。相反，只有在史诗中那种简练明快，清晰朴素，富于民族特色的唱词的衬托下，才能更加显示出谚语的艺术价值和作用。

总之，我们在读了《格萨尔》之后，觉得可以冠以它“藏族谚语的宝库”的美称。这个称号在藏族文学中只有《格萨尔》才配得上，并且当之无愧。

原载《西藏文艺》1981 年第 5 期

第九辑

旅游文化篇

对昌都地区旅游资源开发的思考

随着改革开放的深入，开发西藏东部门户昌都地区的旅游事业，被提到了自治区党委、政府和昌都地委、行署的议事日程上。如何正确地认识和把握昌都地区旅游资源自身的优势和制约因素，制定一个符合实际的具有昌都特色的旅游发展规划，确定昌都地区的旅游发展布局等问题，是摆在我们面前的重要问题。本人先后于 1985 年和 1994 年，两次组织并参与了昌都地区旅游资源的调查工作，撰写了《昌都地区旅游资源情况调查报告》①，起草了《昌都地区旅游资源开发规划》，对昌都地区的旅游资源现状有了一点感性和理性的认识。现将自己的粗浅认识和看法整理成文，以期能为有关部门作决策参考。

一、昌都地区旅游资源开发的指导思想和原则

要以邓小平同志建设有中国特色的社会主义理论为指导，根据党的十四届三中全会和中央召开的第三次西藏工作座谈会议精神，本着抓住机遇、解放思想、更新观念、扬长避短、积极开拓的创新意识，在制定规划时要强调全面规划、协调发展、从长计议；在确定景区时，要强调立足昌都、突出特点、讲求实效；在实施方法上，要强调重点倾斜、以点带线、逐步展开；在实施步骤上，本着先易后难、先名胜古迹、后民情风俗；在投资方向上，既强调投入，也要考虑产出的原则，充分发挥和开发昌都地区旅游资源中最具特色的优势，使昌都从封闭走向开放，以开放带动开发，以开发促进发展，更好地为昌都的经济建设服务，为民造福。

二、昌都地区旅游资源评估

一般来讲，评价旅游资源应从资源本身和资源所处的环境两个方面进行。由于篇幅有限，本文着重讨论对资源本身的评价。旅游资源一般分为自然资源和人

注 释：

① 土呷、荣少华：《昌都地区旅游资源情况调查报告》，载《拉萨藏学讨论会论文选》，西藏人民出版社，1987 年版。

文资源两大类。它是旅游业赖以发展的首要条件和重要的物质基础。就我们昌都地区来讲，无论是自然资源，还是人文资源，都丰富而又独特。真可谓相得益彰，优势互补。

1. 山水风光雄伟而险峻

昌都地区位于西藏的东部，属于著名的横断山脉、三江流域地带。这个地势决定了昌都的自然景观雄伟险峻而又奇特。巍巍横断山脉，纵横南北。著名的澜沧江、怒江、金沙江等大河奔腾于深山峡谷中。奇特的山、奇特的水，融入独特的高原气候，则显得更加雄伟奇异，风格独特。由于这一带地形复杂，海拔高度差异明显，山高、谷深、水急，自然景色有明显的垂直地带规律,故素有“一山见四季”、“十里不同天”的美称。

藏族传统织布机

横断山脉特殊的地理构造，造就了千姿百态的“神山圣湖”，而优美的民间传说又为“神山圣湖”披上了一层绚丽而神秘的面纱，使得昌都的山水更加灵气诱人。据藏文史料记载，康区有著名的二十五座神山，其中大部分坐落在昌都境内。如位于江达岗托的生钦朗扎山，左贡一带的察瓦绒山，类乌齐的波仍山，八宿的朗卡则等神山。康区还有十八座著名的巉岩山，而其中的佼佼者就是昌都县的谷普山。丁青觉恩一带的孜珠山是苯教徒心目中的著名神山。类乌齐的德曲波章山，江达的果布白宗山，边坝的丹达山，贡觉的钟日山，洛隆的夏来日朝山，昌都的白西山，八宿的巴吉山等，既是宗教徒朝山拜佛的圣地，也是旅客游览的好地方。

昌都的神山独具特色，而昌都的湖泊也是姿态万千。八宿境内的然乌湖，以它秀丽的景色博得了“西天瑶池”的美称。地处芒康东南面的莽措湖碧波荡漾，湖边绿草如画。湖中的两个小岛上栖息着白鹳、黄鹤、斑头雁等多种珍稀鸟类。八宿境内的仁措湖，湖水清澈，环境幽静，地势开阔，是各种鸟类和鱼类安居的理想场所。丁青布托卡的大小两个湖泊，犹如镶嵌在布托卡草原上的两颗明珠，波光粼粼，闪闪发光。边坝县的三色湖，不仅以白、黑、黄三种湖色吸引人，而且周围美丽的神话传说会把你带入遥远的年代。洛隆县所属被称为二十一度母神的小湖群，如天上撒落的星星，会使你流连忘返，浮想联翩。

在三江流域的广袤大地上，大自然同样给人们恩赐了各种具有康复作用的温泉。类乌齐伊日温泉早在1100年之前，就以疗效好而闻名于世。昌都县瓦美卡温泉，以治疗风湿性关节炎而备受人们的欢迎。江达青泥洞温泉、芒康盐井的曲

芒康县盐井盐田

孜卡温泉、丁青布托村温泉、左贡美玉温泉、昌都作揖卡温泉等都是疗养的好去处。

2. 动植物资源得天独厚

在横断山脉的高山深谷中，森林茂密、植被极为丰富，南来北往的珍稀野生动物比比皆是，不计其数。外国专家称“横断山系全世界的动植物分化中心之一”。据有关部门统计，昌都境内有国家一级重点保护动物17种，二级重点保护动物54种，其他常见动物400余种。高等植物1000余种。尤其值得一提的是昌都境内有两处自治区级重点自然保护区。芒康滇金丝猴自然保护区面积为1853平方公里。据了解，目前滇金丝猴在世界上的数量仅存1000多只，而在芒康的自然保护区内就约有600多只金丝猴。在该保护区内除金丝猴外，有国家和自治区重点保护的野生动物50余种，其他常见的动物也在百种以上。类乌齐长毛岭马鹿自然保护区的总面积为637平方公里。保护区内有国家和自治区重点保护的野生

动物近30种，野生的马鹿约有1000余头[①]。为了自然驯化马鹿，早在70年代，该区那登通的草原上建起了西藏第一处马鹿自然驯化场地。饲养野生马鹿120余头。在离昌都镇40公里左右的朱角山上，德国专家发现了成片的古柏树。据他们测试和研究后认为，这处古柏树距今已有1200多年。这对于研究当时的气候和生物发展史有着重要的研究价值。1976年，中科院青藏高原综合考察队古脊椎动物组，在昌都县大野乡境内，发掘了5处恐龙化石和鱼类化石，在海拔4200米以上发现恐龙化石不仅在我国是头一次，在世界上也属首次。它不但填补了西藏在这方面的科学、考古空白，而且是研究昌都地区古地理、古气候的宝贵资料。

3. 文物古迹的时空组合较为理想

昌都的文物古迹，尤其在古刹上的优势不如拉萨、山南、日喀则等地，但在时空的组合上则有自己的优势。如果我们拨开神秘莫测的神话传说，那么昌都一带实实在在的、有据可查的历史可以追溯到四五千年前的新石器时代。位于昌都镇附近的卡若遗址，是西藏境内科学发掘的第一处新石器遗址[②]。卡若遗址的发掘，为我们科学地展现了昌都先民在澜沧江流域创造的远古文明。早在4000多年前，昌都的先民不仅能制造各种精致的石器，制造彩陶和装饰品，而且还建造房屋，从事粗放的农业和驯化家畜，用自己的双手开拓了这片美丽富饶的土地。离卡若遗址相距不到20公里的小恩达遗址，虽同属于卡若文化范畴，但从遗址文化内涵看，比之卡若文化具有明显的进步性。在年代上，小恩达遗址晚于卡若遗址，距今3700多年[③]。八宿岩画年代久，时间延续长，内容丰富，手法简练，真实而又形象地反映了早期部落狩猎和战争的远古生活。贡觉县相皮石棺墓是藏东文化的重要遗址，其年代距今约2200年[④]。苯教寺庙孜珠寺的历史可以追溯到2000多年前的西藏第二代赞普牟赤赞普。1200多年前，著名译师白若杂那被藏王赤松德赞流放到康区时，其足迹遍及现在的察雅、芒康、左贡、江达等地。1100多年前凿刻的察雅仁达摩崖造像，是康区一带年代最长、最为完整的吐蕃时期的摩崖造像[⑤]。芒康扎国徐的松赞干布等石雕像、徐中的大日如来佛等圆雕像，都具有吐蕃时期的风格。察雅隆龙殿堂的千手千眼观世音和文成公主的石雕像，

注 释：

① 刘务林、尹秉高：《西藏珍稀野生动物与保护》，中国林业出版社，1993年版。

② 西藏文管会、四川大学历史系：《昌都卡若》，文物出版社，1985年版。

③ 西藏文管会文物普查队：《西藏小恩达新石器时代遗址试掘简报》，刊《考古与文物》1990年第1期。

④ 侯石柱：《西藏考古大纲》，西藏人民出版社，1991年版。

⑤ 土旺：《察雅县简志》，发表于《西藏日报》，1987年7月17日。

也是早期的石雕艺术品。而具有几百年历史的遗迹就更多了。

从古刹看，昌都一带几乎囊括了西藏原始宗教到藏传佛教各个教派的寺庙。孜珠寺、丁青寺、永忠巴日寺等是苯教著名寺庙。建于藏传佛教后弘期的玛仓噶举祖寺学寺；嘎玛噶举派祖寺嘎玛寺；达垅噶举派主寺类乌齐杨贡寺即查杰玛大殿等，在藏传佛教史和西藏历史上均占有重要的地位。察雅香堆的自生弥勒佛，早已闻名雪域高原。传说为萨迦派高僧八思巴修建或开光的萨迦派寺庙有唐夏寺、校达寺、瓦拉寺、则松寺、吉仁寺等。建于公元1444年的昌都强巴林寺是康区最早、最大的格鲁派寺庙[①]。同卡寺、卓珍寺、边坝寺等是参观旅游的好地方。生达寺是宁玛派知名的寺庙。西藏最大的尼姑庙角克寺，最盛时尼僧有700余人。除此之外，西藏唯一的天主教堂——盐井天主教堂，至今仍拥有不少藏族或纳西族的教徒。昌都镇中清真寺阿訇的念经声时时耳闻。总之，从以上列举的遗址遗存和古刹，可以勾勒出西藏古代文化，尤其是康区文化演进发展的基本轮廓。这就是昌都地区文物古迹在时空组合上的一大优势。

卡若区嘎玛乡民间画家平措伦珠在精心画唐卡

4. 文化独特、民风古朴

昌都是康区文化的腹心地区。这里的文化艺术和民情风俗不仅古朴奇特，而且多彩多姿，充满了神秘感。这一点又是昌都旅游资源中的一大优势。然而，我

注 释：

① 土旺：《昌都县简志》，发表于《西藏日报》，1985年3月17日、19日。

们对这方面的认识尚不够，需要继续研究和挖掘。在文化艺术上，较为突出的有：丁青的热巴舞蹈艺术[①]、昌都的卓舞艺术、芒康的弦子艺术。这三个舞蹈艺术品种，在西藏的舞蹈发展史上均占有重要的地位，享有很高的声誉。昌都地区是藏族著名史诗《格萨尔王传》产生和流传的主要地区之一，有关格萨尔的传说、古迹几乎遍及全地区。被称为“国宝”的已故扎巴老艺人，就是在边坝长大后成为著名的《格萨尔王传》说唱艺人的。从绘画艺术讲，昌都一带有三个唐卡画派。一是“勉宁”画派，主要流传在丁青、察雅、贡觉等地；二是“勉萨”画派，主要分布在昌都县的才维一带；三是“嘎雪噶志”画派，主要流传在昌都县的嘎玛一带。其代表作品藏于昌都嘎玛寺和拉萨堆龙楚布寺[②]。雕刻和雕塑艺人遍及昌都11个县。其中在泥塑方面技艺最高的有昌都县的才维、边坝、察雅、贡觉的部分乡村。在石刻艺术方面，昌都、察雅、芒康、江达等地的技艺最高。其中昌都县妥坝乡公路边的玛尼石刻，其技艺之精、内容之丰，堪称昌都一绝。位于察雅宗沙乡一带的建塔和雕刻艺术达到了很高的艺术成就。在金、银、铜、铁的雕刻和加工方面，昌都、类乌齐、丁青、边坝、察雅、洛隆、江达等县均有着悠久的历史。其中昌都县的才维和嘎玛、察雅的则松、类乌齐的桑卡、丁青的色扎等地的产品在全区享有盛誉。在木刻方面，江达县波罗古泽乡是名副其实的“木刻之乡”。左贡和沙贡、察雅的木刻艺术也达到了较高的水平。这些雕塑和雕刻工艺美术品既是康区文化艺术的表现形式，同时也可组织加工成为具有民族特点的旅游纪念品。至于宗教艺术，昌都一带不仅有其他藏区常见的“酥油花”、“羌姆”神舞、“噶尔”宫廷舞，而且在丁青孜珠寺有苯教古老的跳神艺术——“泻朝”半裸体舞。在民俗方面，昌都一带的民居、婚姻、丧葬、服饰、饮食、节日，以及民间文学等方面，处处显露出康巴人淳朴善良、热情好客、性格豪放的康区文化特色。从社会制度上讲，有父系氏族社会研究的活化石之称的贡觉县三岩一带。以上的文化艺术和民风，无不反映出昌都一带能工巧匠高超的艺术水平和昌都人民勤劳智慧的美德。但由于种种原因，以上这些情况鲜为人知，昌都几乎成了一个未开垦的处女地。而这个处女地处处充满着新鲜感、神秘感。这点恰好满足了国内外游客猎奇、探险、冒险的旅游心理。这就使昌都在国内外游客心目中有了很强的诱惑力。

注 释：

① 土呷：《西藏热巴艺术初探》，刊《西藏研究》，1990年第4期。

② 土旺：《昌都县简志》，发表于《西藏日报》，1985年3月17日、19日。

美丽的然乌湖畔

5. 制约昌都地区旅游开发的主要因素

从自然景观和人文景观看，昌都的旅游资源具有自己的优势。但要使这些优势转化为经济优势、市场优势，仍有不少无需回避的制约因素。交通仍然是制约昌都旅游事业发展的关键；旅游景点虽丰富，但唯我独有的好景点却很少，且知名度不高；多数景点不够集中，可进入性差，需要原路返回；接待设施差，至今没有一家涉外饭店；通讯联络跟不上事业发展的需要；地区外事旅游局刚刚组建，下属无旅行社和其他办事机构，资金人才的缺乏更不待说。所有这些都是制约昌都地区旅游事业发展的主要因素。因此，面临的困难很多，任务也很艰巨。但我们深信，在当前改革开放进一步深入的新形势下，在中央召开的第三次西藏工作座谈会精神的推动下，我们要振奋精神，克服困难，勇于开拓，加倍努力，争取国家和有关部门以及全社会的大力支持，使昌都地区的旅游资源开发工作有一个良好的开端。

三、昌都地区旅游发展的战略布局和对策

根据昌都地区旅游资源的布局和交通状况，本着先易后难、需要与可能，我认为以昌都镇为依托，以国道 317 线、318 线、214 线三条公路为主线，逐步在以上公路沿线建成具有康区特色的藏东旅游区是可行的。为此，重点先要抓好以下四个景区的规划和建设工作。

（一）以昌都县卡若遗址和嘎玛寺为主的扎曲河沿线，以人文景观为主的民俗风情旅游区

整个景区所辖6个乡，除嘎玛寺尚有十几公里的路不通车外，其余90多公里已通车，但路况差。此处景区最远为嘎玛寺，离昌都镇约有120公里。在这个景区内，以藏东重镇昌都为依托，沿线有卡若遗址、昌都强巴林寺、金堂和旺达贡的工匠、瓦寨画匠、嘎玛寺、谷普溶洞、多拉多观世音石刻像等景点构成了民情风俗旅游区。从才维乡到昌都镇的扎曲河上，在历史上就有木排漂流的习俗。这就为满足部分外国游客的好奇心和探险心理提供了一条理想的线路。

在规划和建设这个景区时，一是要在卡若遗址附近尽快建起卡若文物陈列馆，再现4000多年前昌都先民创造的远古文明——卡若文化。复原早期的民居，展出出土的打制石器、细石器和磨制石器，以及陶器、装饰品和骨器，用实物表明昌都先民是如何辛勤地开拓这块美丽富饶的土地。二是要做好格鲁派古刹昌都强巴林寺的维修和保护工作。昌都强巴林寺的壁画和泥塑像，汇集了昌都地区能工巧匠的聪明和智慧，代表了康区民间艺人的最高水平。该寺最具特点的宗教活动有辩经、藏历十二月二十七日至二十九日的“古庆”神舞，元月十五日的酥油花节“觉阿曲巴”、二月十五日的迎请向巴佛，十月二十五日的燃灯

位于江达县的岗托巨石，见证着人民解放军渡过金沙江解放西藏的历史

节，以及钺斧舞等。除此，我认为应该恢复每年传统的夏令安居节时，在达荣觉恩木演昌都藏戏的习俗和组织传统的寺庙卓舞队。三是要把才维乡和嘎玛乡的工匠组织好。争取加工和制作一些受国内外游客欢迎的旅游产品。需要说明的是，国内外游客既对民族手工业产品感兴趣，更对民族手工业的加工和制作过程感兴趣。四是要充分展现出享有“画匠之乡”之称的嘎玛乡瓦寨一带的精神风貌。在继承传统画法的基础上，力争在技艺上有所创新和提高。绘画原料尽量使用传统的矿物质颜料，努力使传统的唐卡真正再现“嘎雪噶志”画派的精髓。五是尽快打通到嘎玛寺的断头公路，同时继续做好嘎玛寺的维修和管理工作。在维修中要严格遵循“不改变原状”的修缮原则。嘎玛寺在历史上影响深远，建筑别具一格，文物古迹众多，是昌都地区最著名的古刹之一。嘎玛寺的特点在于古建筑保存较好。大殿为单檐歇山式，屋面盖的是琉璃瓦。屋檐正中是藏族工匠设计建造的狮爪形飞檐；左边为汉族工匠建造的龙须形飞檐；右边为纳西族工匠设计建造的象鼻形飞檐。高僧堆松钦巴和噶玛拔希等的灵塔亦保存完好。几百平方米的传统壁画历经几百年的风霜，至今仍依稀可辨。明使臣赠送的皇帝万岁牌、旌旗缎带、锦缎和刺绣品，近百幅传世唐卡画及不少佛像、瓷器、高僧遗物、贝叶经等文物至今仍保存完好。该大殿中一尊17米高的弥勒佛塑像，是目前昌都地区唯一保留下来的最大泥塑像，艺术价值很高。六是在建设好以上景点的同时，可以开辟杂加谷普山这个属于探险性质的旅游景点。总之，扎曲河沿线的民情风俗旅游区是昌都地区有一定竞争力的景区，关键是要解决好交通和其他服务设施是否跟上的问题。

（二）以类乌齐镇为中心的自然景观与人文景观为一体的综合性旅游区

这个景区的每个景点都通公路，交通相对方便，其中最远的为伊日温泉。从县城到温泉处95公里。整个景区所辖5个乡镇。从县城到昌都镇为105公里。如果邦达机场通航，从邦达到类乌齐县的公路再修通，交通就更为方便。这个景区内除伊日温泉和长毛岭养鹿场的路较远外，其余类乌齐、查杰玛大殿、德曲波章山、卡玛多塔林都相对集中，最适合徒步或骑自行车旅游。其最佳的时间为藏历六月十五日的传统节日“仲确节”期间。这个景区的最大特点是沿途风景优美，青山绿水，民风古朴，整个景区的空间组合较为理想。如果交通和食宿问题解决好，就会是一个很有竞争力的景区。

在开发和建设这个景区时，要紧紧围绕“仲确节”这个传统节日，把其他旅游活动贯穿起来，推向高潮。类乌齐杨贡寺的查杰玛大殿是昌都地区寺庙建筑中规模最宏伟、最有特点的一座古寺。寺内至今还珍藏着数量不算多，但质量上乘的文物精品如桑吉雅君的银质佛像，被传之为格萨尔等大将的三副马鞍和两把战刀，八瓣莲花的时轮金刚像，元明清时的唐卡多幅，其中不乏西藏唐卡的精品，以及雕刻精美的经版等文物。如果从民俗学角度去考察，笔者认为查杰玛大殿旁的德曲波章神山，是一个形象地反映藏族民间信仰习俗最典型的地方。这座神山山清水秀、环境幽雅、鸟语花香。整个山势不高，一般走路 2 ~ 3 小时可转一圈，适合于徒步旅游。每当藏历六月十五日，远近的藏族群众都要穿上节日的盛装，一早赶来朝拜神山。当天刚蒙蒙亮时，游客可随着虔诚的信教群众的人流，尽情地去欣赏这座山的神韵，尽情地去了解藏民族信仰习俗的外在表现。在转经路上，有看不完的精美石刻艺术，所谓圣者的手印脚印，猎猎飘扬的各色经幡，成堆的牛头六字真言，寺庙喇嘛祈求祭祀念经的活动，还有群众自发组织起来为表示欢悦之情而跳的卓舞等。总之，你转了一圈后就会从中会悟出淳朴虔诚的人们渴望风调雨顺、人畜平安的古老愿望在信仰习俗上的形象体现。卡玛多塔林依山傍水、风景秀丽、古木参天、苍松翠柏。在葱郁的翠柏中有一座造型别致的小经堂，主供莲花生大师像，左右各竖有一排高大的转经筒。经堂背后为巨大的玛尼堆。过去，这里有 108 座塔，现已恢复和新建的塔也有几十座，其造型各异，别具一格。

长毛岭养鹿场离县城 52 公里。养鹿场位于西藏自治区珍稀野生动物保护区内。养鹿场占地面积 3.6 平方公里，饲养野生马鹿 120 余头。由于县委县政府的重视和宣传，该地群众自觉地保护珍稀动物，故时常可以看到上百头成群的马鹿和白唇鹿在此悠闲地活动。每当盛夏之际，当你漫步在这充满生机的绿色世界时，你才会觉得大自然的可爱之处，才会觉得人与动物和谐相处在一起是多么令人惬意。在昌都众多的温泉中，伊日温泉的知名度最高。传说早在公元 8 世纪时，著名译师白若杂那就在此洗浴过。伊日温泉环境幽雅，风景优美，在不到 100 米的狭长地段，有 6 处不同疗效的泉眼，水温在 20 ~ 40 度不等，对治疗风湿性关节炎、骨折、半身瘫痪、小儿缺钙症、皮肤病等有极为明显的疗效。故在此沐浴治疗的区内外患者络绎不绝。类乌齐的“仲确节”，最初是为了酬谢当初修建查杰玛大殿的僧俗群众举行的宗教节日。后来随着时间的推移，这个节日逐渐演变为以民间物资交易为主，既有宗教仪式，又有文娱体育活动的民间传统节日。如果我们的宣传工作跟上，加强引导，精心组织，那么“仲确节”有可能办成像拉萨“雪顿节”一样，带动一个地方整个旅游活动的传统节日。就我们昌都一带来讲，历史如此悠久，影响如此广泛，文体活动丰富的传统节日，除藏历新年以外，首推类乌齐的“仲确节”。总之，在这个景区内需要解决的一是合理规划；二是公路要畅通；三是宣传工作要跟上；四是要解决食宿问题。一旦这四个问题解决了，那么，这个景区有可能成为昌都地区最具活力、最具魅力的一个旅游胜地。

（三）以芒康县红拉山珍稀野生动物为主，以科学考察和人文景观为一体的盐井旅游区

昌都农区麦架上的青稞和串起来的元根

整个景区所辖6个乡镇，最远处为盐井，离县城111公里，离昌都镇436公里，但离云南省德钦县城只有112公里。著名的梅里雪山就位于芒康、左贡、德钦三县的交界处。在这个景区内以自治区红拉山滇金丝猴自然保护区为主，还有曲孜卡达美拥雪山、盐井扎国徐和邦达朗巴朗则石刻、盐井天主教堂、纳西族民情风俗、井盐采集处等各类景观。

这个景区内的景点相对集中，而且特色也比较鲜明。在规划时，要着重抓好以下几个方面：（1）抓好有“滇金丝猴乐园”之称的芒康红拉山自然保护区的规划和保护工作。据有关专家介绍，滇金丝猴是当今世界上同大熊猫一样珍贵的动物，被誉为“国宝”。而世界上仅存1000余只的金丝猴中，约有600余只在这个景区内栖息活动。保护区核心面积为888平方公里。这一带森林覆盖面积大，雨水充足，气候特殊，加上山高谷深，形成了典型的“一山见四季”、“十里不同天”的气候。故有人称此地为“我国雉类动物种类最丰富的地区之一”①。这一带无论从观赏大自然美景的角度，还是从科学考察的角度，都充满了无限的情趣、无穷的魅力。（2）西藏唯一的天主教教堂盐井天主教堂也在这里。引起国内外不少人感兴趣的是在西藏这个佛教色彩特别浓厚的地方，为何在芒康的盐井不仅建了天主教教堂，而且还拥有不少的藏族天主教信徒。故有人风趣地称他们为“藏族中的异教徒”②。教堂位于盐井乡，高高的教堂里面有巨幅耶稣像。殿堂内的墙壁和柱子上挂着圣母和耶稣的“圣心图”。教堂里每周都要做礼拜，并诵读已译成藏文的《圣经》。当地群众生小孩后要到教堂请主教主持洗礼，在婴儿前额上用圣水画一个十字架，而后起圣名。（3）盐井是西藏唯一的纳西族自治乡所在地。当地的民情风俗既有纳西族自己的特色，又吸收融合了一些藏族的特点，形成了别具一格的纳西乡民俗风情。盐井一带又是弦子的故乡之一。优美舒展的弦子舞，人人能歌善舞。每当农闲时，当地群众经常聚会跳弦子舞，常常是通宵达旦，尽情而散。而流传在这一带的“扎念琴舞”，更是西藏特有的舞种之一。“扎念琴舞”由男性边跳边弹“扎念琴”绕圈而舞，其动作粗犷大方，旋律优美，风格豪放。（4）芒康盐井扎国徐有松赞干布和文成公主的石雕像，其造型大方，风格浑厚朴实，具有西藏早期石刻艺术的特点。邦达朗巴朗则经堂内的石雕像，传说是文成公主时期雕刻的。（5）盐井是我区井盐采集的唯一加工处所。每当桃花盛开的时候，当地群众按照传统的方式背来盐水，泼洒在盐田上。在太阳的照射下，块块盐田雪白晶莹、闪闪发光。同时，盐井一带是昌都的水果之乡，有梨子、苹果、核桃、橘子、葡萄、水蜜桃等经济林木。

盐井旅游区的区域位置较为理想。东与四川省巴塘县隔江相望，南与云南省

注 释：

① 刘务林：《西藏自然保护区》，西藏人民出版社，1993年版。

② 多吉占堆、杨新河：《藏族中的异教徒》刊登于1990年的《西藏日报》。

德钦县毗邻。国道318线和214线在芒康县城相会。德钦县与盐井交界处的梅里雪山吸引了众多的国内外游客，有着广阔的旅游前景。

（四）以察雅县香堆为中心，以石刻艺术为主的传统文化旅游区

整个景区所辖6个乡镇，最远处为旺布乡，不通公路。离县城约有80公

牦牛是传统运输驮运物资的主要形式之一

里。这个景区内的烟多释迦牟尼佛石刻、香堆弥勒佛圆雕、宗沙灵塔的线刻和圆雕、旺布乡的仁达摩崖造像、王卡的隆荣石雕群等构成了颇具特色的藏族传统文化——石刻艺术为主的旅游区。但这个景区内的交通状况差，多数景点要骑马或徒步才能考察。

昌都地区的石刻艺术在藏区是颇有名气的，而其中察雅石刻艺术的历史最悠久、品种最齐全、雕刻技艺最高。据位于旺布乡仁达丹玛摩崖造像下面的铭刻题记，该处造像雕刻于公元804年，至今已有1100多年的历史。这组摩崖造像的主要部分在仁达殿堂内。居正中的是近两米高的大日如来佛，左右有八大随行弟子和飞天女神，下面有吐蕃时期刻写的藏文和几十个汉字，以及线刻的护贝龙王。大日如来佛上面刻有精致豪华的双层华盖。佛头戴三叶冠帽，斜披飘带外，全身袒裸，双手上下相叠，作禅定印，结跏趺坐于仰莲座上。莲座下面有一对古朴的狮子。上述造像除护贝龙王属于线刻外，其余均属于深浮雕。整组造像依山雕

昌都强巴林寺的酥油花

凿，比例匀称，布局合理，造型大方。尤其是主供佛的雕刻更是精雕细琢、线条流畅、形神兼备、栩栩如生，堪称吐蕃时期石刻艺术的精品。位于主供佛下的藏、汉文内容，涉及吐蕃时期的历史、宗教、法律、书法、绘画、雕刻等领域，有极高的研究价值。在大殿上面的悬崖上刻有包括松赞干布、文成公主，以及释迦牟尼佛和菩萨在内的十几尊浅刻像。尽管吐蕃时期留下的石刻作品在西藏有十几处，但像仁达丹玛摩崖造像般既有深浮雕又有线刻；既有图像又有文字；既有藏文也有汉文的仅此一处。1986 年在拉萨召开的藏学讨论会上，笔者首次向区内外有关同志介绍仁达丹玛摩崖造像时，引起了区内外专家学者的重视，《西藏日报》称此发现是西藏“考古界的重大发现”[①]。香堆镇的向康大殿，因珍藏一尊“自生”

注 释:

① 见 1986 年 8 月 6 日《西藏日报》。

的弥勒佛而闻名全藏。相传文成公主当年进藏时，在香堆埋下了“伏藏”，过了若干年后，地里长出了一尊石佛，当地农民犁地时被发现。当萨迦派高僧八思巴路过该地赴内地时，认定那就是弥勒佛，并把自己的披风披在这尊佛上。以后，宗喀巴大师，四、五、七、十世达赖喇嘛，七世班禅等曾专程前去朝拜[①]。该佛像在“文革”时遭到破坏，现已修复。位于王卡乡的隆荣殿堂里，珍藏着高约一米的11尊石雕像，其中主供佛为十一面观世音。其余有释迦牟尼佛、大日如来佛、文成公主、汤东杰布等，相传已有几百年的历史了。这群石雕巧妙地利用了不同石头的自然原形，略作雕琢，故其风格和手法有别于藏族传统的雕刻手法，似乎外来影响的成分很浓。在宗沙乡附近，有大小宝塔和高僧灵塔近百座。其中大型塔呈菩提形，小型塔呈四方形。大型塔修得极为精致豪华，气势雄伟。更令人赞叹不已的是镶嵌在大型塔四周的线刻石雕和供奉在灵塔前面的圆雕之作。这些线刻包括佛像、菩萨、护法神和动物以及八吉祥图等，其线条流畅，手法娴熟。而供奉的圆雕之作都是禽兽异鸟，造型古朴浑厚、线条简洁粗犷，充分显示出民间艺人高超的雕刻技艺[②]。除此之外，香堆吉来温泉的仙女，烟多古嘎扎乍的释迦牟尼佛，卡贡德学村的石刻，以及遍布全县的玛尼堆，构成了察雅石刻艺术特有的景观。

当然，察雅境内的景点不单纯是石刻艺术，还有诸如西藏最大的尼姑寺，西藏最大的六字真言，西藏玛仓噶举的祖寺——学寺，西藏著名的热巴流派，昌都特有的藏戏“朗他康鲁玛”，说唱《格萨尔王传》，以及察雅著名的母寺——扎西央恰寺，子寺——嘎登西珠曲科岭寺，都是了解藏族传统文化的理想场所。

综上所述，我认为开发昌都地区的旅游资源，要以市场为导向，立足于昌都，扬长避短，从一开始就要树立昌都地区康区文化特色的形象。只有坚持和突出康区文化特色，发挥优势，大胆探索，才能增强吸引力，吸引更多的游客，提高市场竞争力，迎接同行的挑战，进而提高昌都地区旅游的整体经济效益。

原载《西藏研究》1996年第2期

注 释：

① 《香堆寺志》（藏文版）。

② 土呷：《察雅石刻》，刊《西藏艺术研究》，1991年第3期。

昌都地区五县旅游资源简介

1994年，我参加了昌都地区旅游局前期筹备工作。在近一年的筹备工作中，我与有关同志一道先后深入到昌都、江达、类乌齐、八宿、丁青5县，重点对有关景点作了实地的考察和了解，掌握了大量的第一手资料。为了介绍昌都、宣传昌都，同时，也为了加深我们自身对有关景点的认识，笔者将调查的部分资料整理成文发表，供有关同志参考。

如果说发表在《西藏研究》1996年第2期上的拙作《昌都地区旅游资源开发的思考》是从理性的角度来思考和探讨的话，那么，本文则是从感性的角度来客观介绍和评价昌都地区的旅游资源。有兴趣的同志不妨把这两篇看作姊妹篇来阅读，或许会对昌都地区的旅游资源状况有一个较全面的印象。

一、遗址、岩画

1. 著名的新石器卡若遗址

卡若遗址是西藏自治区24处重点文物保护单位中唯一一处新石器遗址。卡若遗址的文化遗存面积大、保存情况好、文化积淀厚、内涵丰富、地方性强，被学术界公认为西藏三大原始文化之一。

卡若遗址离昌都镇12公里，海拔3100米。遗址面积约1万平方米。西藏自治区文管会会同有关部门于1978年和1979年两次发掘，面积为1800平方米。共清理出房屋遗址28座，道路两条，石墙3段，圆石台两座，石围圈3座，灰坑4处，出土各类石器7968件，骨器366件，陶件两万余片，装饰品50余件，以及部分粟米、动物骨骼等。发掘结果表明，昌都先民早在四五千年前，不仅学会了制造各种精致的石器，有了粗糙的纺织物和缝制的物品，能够制造彩陶和装饰品，而且过上了定居的生活，开始建造房屋。他们用自己的双手开拓了澜沧江畔这片美丽富饶的土地。这对研究西藏的原始文化及与相邻地区的关系，有着极其重要的意义。

2. 古老的八宿嘎学岩画

嘎学岩画位于八宿县城以西 5 公里处的巴冬村牧场上。这里山势高大、坡大路陡、交通极不方便，骑马赶路也是需要一天方能到达。整个岩画是在一块巨大岩石上雕凿的。岩画内容既有单个的图案，如人物、动物、日、月、塔、藏文字母；也有组合的图案，如张弓射箭、骑马的人、奔跑的人等。值得注意的是岩画的布局较乱，不是从一个视线雕凿的；其次个别人物的生殖器很夸张地表现出来，这种形式的岩画在阿里等地的岩画中有所反映。整个岩画画面简洁、古朴，显露出较原始的风格。根据所画内容，估计是在不同时期内时断时续完成的。它既反映了人类早期狩猎的远古生活，也反映了人们对大自然的认识。同时，佛教的思想也反映到了岩画中。这处岩画是昌都地区至今发现的唯一早期岩画群，它对研究八宿一带早期社会形态和生活具有重要的研究价值。

二、寺庙古刹

1. 古老而又神秘的苯教寺院——丁青孜珠寺

孜珠寺位于丁青县觉恩乡境内的孜珠山上，离县城约 45 公里，乘车 36 公里后改为骑马，两小时就可达孜珠寺。据说孜珠寺的历史最早可追溯到两三千年前。现在的孜珠寺是由苯教著名高僧罗旦宁波于 14 世纪中期再度恢复修建的。孜珠山意为“六座山巅之峰”。这里异峰突起，挺拔险峻，怪石嶙峋，禅洞重重。由于历史的原因，苯教这个曾经一度统治过西藏地方政教大权的原始宗教，后来不得不让位于唯心主义思想体系严密的佛教，而到边远偏僻的地方隐藏起来，以保存自己的势力，这使琼波丁青的三十九族地区成为苯教寺庙和教徒最多、影响最大的地区。而孜珠寺是康区一带现存规模最大、教徒最多、苯教仪轨保留较完整的寺庙之一。孜珠寺的苯教禅院，系统地讲授苯教的经典，传授神秘而古老的苯教无上瑜伽在内的各种修法。该寺独具特色的是苯教裸体跳神舞。

2. 著名的嘎玛噶举派祖寺——嘎玛寺

嘎玛寺位于昌都县扎曲河上游约 120 公里处，白西山麓的幽静山谷里，其中简易公里通 95 公里。嘎玛寺是由噶举派高僧堆松钦巴于公元 1185 年创建的。该寺是嘎玛噶举派的祖寺，嘎玛噶举也因建该寺而得名。嘎玛寺在历史上影响深远，建筑别具一格，文物古迹众多，是康区著名的古刹之一。嘎玛寺是藏传佛教独具特色的活佛转世制度首创的寺庙，对藏传佛教有深远的影响。嘎玛寺的大殿为单檐歇山形式，屋面覆盖琉璃瓦。屋檐正中是藏族工匠设计建造的狮爪形飞檐；左边为汉族工匠建造的龙须形飞檐；右边为纳西族工匠建造的象鼻形飞檐。大殿内一尊17米高的弥勒佛，是目前昌都地区唯一保留下来的最大的泥塑像。传之为第二世噶玛拔希从内地带来的汉柳树至今根深叶茂，高僧堆松钦巴等人的灵塔至今保存完好。明使臣来嘎玛寺时赠送的万岁牌、旌旗缎带、丝绸锦缎的刺绣品、近百幅传世唐卡以及不少佛像、高僧遗物、贝叶经、瓷器等文物至今保存完好。

3. 康区最大的格鲁派古刹——昌都强巴林寺

昌都强巴林寺是1962年公布西藏自治区重点文物保护单位时，昌都地区唯一入选的自治区级文物保护单位。它位于昌都镇内的第四台地上。该寺由宗喀巴的弟子向生·西饶松布于公元1444年创建。昌都强巴林寺与内地中央王朝的关系历来极为密切。从康熙帝开始，该寺主要活佛受历代皇帝的册封，寺内至今保存有康熙五十八年五月颁发给帕巴拉的一枚铜印。乾隆五十六年，乾隆帝为昌都强巴林寺书赠“祝釐寺”匾额。昌都强巴林寺有5大活佛世系，9个扎仓，僧人最多时3500余人，所辖寺庙近70座。现任全国人大副委员长帕巴拉·格列朗杰为该寺第一大活佛，现已转世至11世。该寺主要建筑保存完好，经堂内塑有数以百计的各类佛像和高僧塑像，绘制的上千平方米壁画以及众多的唐卡画，可以说是汇集了昌都能工巧匠的智慧，代表了昌都一带雕塑绘画工艺的最高水平。昌都强巴林寺的“古庆”跳神素以狰狞逼真的面具、整齐典雅的动作造型、宏大的场面而闻名于雪域高原。该寺跳的钺斧舞，服装整齐华丽，舞姿古朴典雅，乐器少而不单调。该寺独具特色的昌都藏戏自成一派。该寺喇嘛们跳的豪放粗犷、注重造型、气势不凡的寺庙卓舞，更是一绝。昌都强巴林寺不仅是康区最大的寺庙，而且也堪称康区文化艺术之宝库。

4. 八宿同卡寺

同卡寺全称为八宿嘎登桑珠林寺，简称同卡寺。它位于八宿县同卡乡政府所在地。离县城约250公里，通公路。该寺是由洛巴·江村生格于公元1473年创建的，为西藏地方政府四大摄政中功德林所属的一座寺庙。同卡寺在为祖国的统一、藏汉民族的团结，加强藏汉文化交流方面做出了突出的贡献。尤其是该寺第七世达察活佛罗桑巴登江村任雍和宫的堪布以来，与内地的宗教文化交往更加频繁。该寺至今珍藏着大量的文物，既有古印度铸造的佛像，也有吐蕃时期藏族工匠铸造的佛像，更有内地工匠铸造的佛像。该寺珍藏的绸缎刺绣量多质好，有缂丝、绸缎、刺绣、锦缎等品种。明朝永乐年和宣德年铸造的双龙戏珠的钹，以及圣旨等都是极为珍贵的文物。寺庙大殿中还供有三座达察活佛的肉身灵塔。在离寺庙1000米处，有一座称为泽培波公齐的塔。塔呈四方形，底宽36米有余、高约25米多。从外形看，塔为六层，实际内部只有三层经堂可绕塔观赏。每层经堂内塑有大小各类佛像。该塔稳重挺拔、气势雄伟、造型独持。它是昌都境内最高大的古塔之一。

5. 气势雄伟的查杰玛大殿

查杰玛大殿位于类乌齐县类乌齐镇，通公路，距县城30公里。查杰玛大殿是昌都地区历史最悠久、规模最宏大的一座古寺。属扬贡寺管理。扬贡寺是由高僧桑吉温于公元1277年创建的，系达垅噶举派的主寺之一。1320年，由吾金公布奠基修建查杰玛大殿，并于1326年竣工。该殿一向以雄伟壮观的气势、珍藏众多的佛像经典而闻名于世。过去，当地群众流传着“先去朝拜拉萨的大昭寺，而后再去朝拜查杰玛大殿”的说法，可见它的名气之大。十年浩劫中，尽管查杰玛大殿毁于一旦，但从现已恢复的情况看，大殿的规模和气势仍不减当年。寺庙至今仍珍藏着数量不多，但质量均属上乘的文物精品，如桑吉雅君的银质佛像，相传为格萨尔等大将的三副马鞍和战刀，八瓣莲花时乐金刚像，明清时期的多幅唐卡，其中不乏西藏唐卡的精品，不同时期金银铜质的各类佛像，雕刻精美的经版等文物。

三、神山奇山

1. 康区25座神山之首——生钦朗扎山

生钦朗扎山是康区25座佛教神山之一。它位于江达县岗托乡境内，距县城约100公里，其中90公里通公路。该山的规模较大，骑马转一圈需一天的时间。按照传统的说法，该山大约有几十个参观点。不过，现在真正能看到和有欣赏价值的景点则没有那么多。其中较有特色的景点有：猴子摘帽、山顶结跏趺坐的佛像、莲花生大师石刻像、巨龙腾空而飞、莲花生降妖洞、莲花生修行洞、噶玛巴修行洞、仁增水晶洞、生钦朗扎寺等。诸多修行洞中莲花生修行洞最为著名。据说该洞很长，内有奇形怪状的石柱、石芽，自然形成的佛像。不过，一般人平时很难上去。康区几位宁玛派和噶举派的高僧，如德青·秋吉林巴，噶玛拔希、公珠·元旦江措等到此神山朝拜修行过。故在信教群众中，极为推崇生钦朗扎山，并将朝拜神山视为一生幸事。

2. 民俗之山——类乌齐德青波章神山

德青波章山，俗称“类乌齐”，意为大山，由山名变为地名，又从地名演变为县名。该神山位于类乌齐镇旁，离县城30公里。这里山清水秀，环境幽雅、鸟语花香、流水潺潺，真可谓“时时闻鸟语，处处是泉水”。这座神山不通公路，但山势不高，一般走两到三小时便可转一圈，适合于徒步旅游。每当藏历六月十五日，远近的群众穿上节日的盛装，带上可口的食物美酒，扶老携幼，全家出动朝拜神山。无论是朝拜沿转经路的所谓圣迹手印，还是对精美的石刻佛像叩头抹酥油；无论是为了祈求丰收、人畜平安的祭祀活动，还是为表示欢悦之情而跳的卓舞；无论是采撷用于焚香祭祀的植物叶子，还是插上经幡或献上牛头六字真言，都无不形象地反映了藏族人民渴望风调雨顺、人畜平安的古老愿望在信仰习俗上的具体体现。

3. 探险之山——昌都谷布神山

谷布神山是康区18座著名的巉岩山之一。它位于昌都县日通乡与如意乡交界处，距昌都镇约40公里，其中简易公路30公里。该山是昌都城附近最高的山峰之一，海拔5400米，登上顶峰，周围的群山尽收眼底，确有“会当凌绝顶，一览众山小”之意境。谷布山全称杂加谷窝琼普山。传说在很久以前，有一支巨型的大鹏鸟从远方飞来，直接从山顶穿过形成一个大洞，故称为琼普，意为大鹏穿透的溶洞。谷布神山山势险峻雄伟、异峰突起，山顶是裸露的石灰岩和片岩。骑马转整个山峰一圈需两天的时间。由于海拔高，故处处显露出高原岩溶所特有的、经历千万年日晒雨淋所形成的石芽、石墙、石柱、溶洞、穿洞、竖井。位于谷布半山腰的称为仍宁的旧洞，是该山上规模最大、知名度最高的山洞。传说莲花生大师在此修行过。洞口处建有不少佛塔和塑像。洞口虽不大，但洞内则是巨型的溶洞，至少可容纳上千人，堪称昌都地区第一大洞。在该山东面半山腰的岩石上有称之为昌都寺第三大活佛的圣湖。虽说是湖，其实大者不足10平方米，小者不到0.5平方米。不过，在海拔这么高，水源不足的岩石上看到有水的坑洞，也算谷布山的一处奇观。如果游客在游览中留心观察，还可拣到一些奇形怪状的石头，带回去留作纪念，也能为游览增添不少的情趣。确为探险游览的好去处。

4. 神秘的八宿多拉神山

多拉神山位于八宿县白马镇以东 3 公里的川藏公路旁，交通极为方便。这座神山规模不算大，但按照传统的路线讲，有外圈、中圈、内圈。外圈走路转一圈约需 4 个小时。沿途可以观看天葬台，欣赏各类石刻艺术。登上主峰，可鸟瞰整个多拉山的美景。内圈转一圈要不到两个小时。这是多拉神山的核心部分，也是主要的参观点。途中可朝拜并欣赏到以莲花生大师为主的各类石刻佛像、佛塔、六字真言及其他藏文祈祷经文。在多拉山凹中还有一座规模不大的经堂，内供各种泥塑像。多拉山的神秘在于满山遍野的石灰岩上，刻满了佛像和六字真言。由于雕刻年代久远，加之长年累月的风吹雨淋，风化现象极为严重，故早已失去了人工雕凿的印痕，乍一看上去，似乎是自然形成的。使不少人相信，这些佛像和六字真言是天然形成的。于是，虔诚的佛教徒更认为这是佛的造化、神的意志，故顶礼膜拜，虔诚备至。

5. 挺拔秀丽的果布白宗山

果布白宗山位于江达县城东果达村，离县城约 10 公里，公路可直接通到白宗山麓边。相传这里是莲花生大师修行过的神山。此山走路转一圈约 4 小时。沿途主要有老虎洞、嘎乌洞、猿人厕所、右旋海螺、莲花生修行洞、护身佛盒岩等自然形成的景观。果布白宗山风景秀丽、苍松翠柏、植被保护良好。山的东北面为茂密的森林和灌木林，半山腰建有一座小寺庙，山的西南面则是悬崖峭壁，层层叠叠的岩石犹如雕塑的经书，故称之为垒经岩。每当盛夏之际，朝拜转山的群众络绎不绝，耍坝子的人也不计其数，这个季节漫山遍野开满了五颜六色的鲜花，使这里成为花的海洋、人的海洋、帐篷的海洋。

四、圣湖温泉

1. 疗效显著的伊日温泉

在昌都众多的温泉中，伊日温泉的知名度最高。温泉位于类乌齐县伊日乡境内。伊日温泉三面环山，山脚芳草萋萋、野花点点，山上则是茂密的森林。整个温泉分布在长约 100 米的狭长地段。现在可利用的有 6 处泉眼，水温在 20 度 ~ 40

度之间。这里风景优美，环境幽雅，空气清新。由于伊日温泉在治疗风湿性关节炎、骨折、半身瘫痪、小儿缺钙症、皮肤病等方面有极为明显的疗效，因此无论是白天还是晚上，到这里来沐浴、治疗的区内外患者络绎不绝、从未间断。不少患者来时卧病不起，或只能在旁人搀扶之下站起，一旦在此治疗一段时间，就可拄着拐杖走路或不再需要拐杖，完全康复。

2. 碧蓝清澈的仁措湖

仁措湖位于八宿县郭庆乡境内，离同卡乡路旁约 5 公里。这里地势开阔，环境幽静、绿草茵茵，是良好的天然牧场。由于湖水来源于雪山冰峰，水源充足，一年四季清澈透明。仁措湖面积不算小，需一天时间才能转一圈。湖中的鱼类资源极为丰富，尤其是盛夏之际，大量的鱼在碧蓝的湖水中悠闲地游来游去。各种各样的飞鸟则在这幽静的地方筑巢栖息。各种鸟的阵阵鸣叫声和湖边牛羊的哞哞声，加之放牧娃豪放的山歌声，构成了野外特有的自然交响曲，更使人心旷神怡，悠然自得。如果在欣赏仁措湖美景的同时，在湖边钓上几条鲜鱼烧着吃，而后在湖旁的温泉里泡个澡，那真是一种别有情趣的野外享受。

3. 雪山森林环抱中的然乌湖

然乌湖位于八宿县城西南面 89 公里的川藏公路边上。它是雅鲁藏布江支流帕隆藏布的主要源头。湖面海拔 3800 多米，整个湖呈狭长河谷状。长约 26 公里，平均宽约一到两公里。然乌湖北面有著名的拉古冰川，冰川延伸到湖边，成为特有的一处景观。每当冰雪融化，雪水便注入湖中，使然乌湖经常保持丰富的水源。然乌湖畔是青青的草场和绿油油的庄稼；湖边山腰上则是莽莽森林，再往上是五颜六色的杜鹃花和灌木林带；山顶上则是终年不化的雪。然乌湖的风景美，而然乌湖的神话传说更是充满着神奇的色彩。猿猴碰头山和海象相斗的传说就是一例。

离然乌湖不远处，有一座称为康区 25 座神山之一的“朗卡则”神山。在这座山上，有茂密的森林，大小十几个岩洞，最大的岩洞高约 10 米、深约 40 米。洞口处修有经堂，塑有数米高的弥勒佛像供人朝拜。岩洞内天然形成的钟乳石奇形怪状，人们饶有兴致地称之为：地狱之门、藏经库、水晶塔、莲花生大师通人帽、白度母、天鹏鸟等。

4. 高山湖泊布托湖

布托湖是两个不同面积的高山湖泊的统称。位于丁青县城北约 25 公里处，不通公路。它是澜沧江支流色曲河上源的两个平行排列的高山湖泊，海拔4560 ~ 4600米。两湖相隔约5公里。布托措青湖南北向，面积约9平方公里。布托措穷湖位于措青湖的东面，面积约6平方公里。布托措青和措穷湖泊的水源来源于附近雪峰林立的冰川，湖四周为宽谷盆地，地势较开阔，牧草丰盛，是丁青一带较理想的夏季牧场。布托大小两个湖泊的渔业资源很丰富，湖畔生长的虫草质量好。每当夏季，在这宽阔的草场上，水草丰美，野花如艳。牧民的帐篷点点散落在草原上，肥壮的牦牛和雪白的绵羊犹如繁星般点缀其间，俨然是一幅高原牧场的风景画。

五、圣地佳景

1. 马鹿的乐园——类乌齐长毛岭养鹿场

长毛岭养鹿场位于类乌齐县长毛岭乡那登通村，海拔3960米，离类乌齐县城52公里，通公路。1988年被西藏珍稀野生动物考察队划定为以保护野生马鹿及其赖以生息的自然环境为目的的自然保护区。该场始建于1975年，后逐年扩大。现养鹿场围圈面积为3.6平方公里，饲养野生马鹿120余头。在养鹿场圈外的野鹿至少有几百头。长毛岭养鹿场不仅是昌都地区、而且是西藏唯一的马鹿自然驯化场地。鹿场内以国家二级保护动物马鹿为主，也有少量的国家一级保护动物白唇鹿。由于地形和气候的关系，养鹿场一带山势开阔、水草丰美、植被丰富。每当春夏之际，整个草原变成充满生机的绿色世界，而盛开在草原上的各种野花更是五彩缤纷，争奇斗艳，各种珍禽异兽悠闲地在这里互相追逐嬉戏。整个山谷呈现出一片蓬勃的生机。在驯鹿人的引导下，游客进入圈内，马鹿会友好地伸出舌头舔游客的手心，十分有趣。

2. 朱角山唐代柏树及作揖卡

朱角山位于昌都县俄洛乡境内国道317线上，距昌都县城约30公里。朱角山一带崇山峻岭、山清水秀、古木参天，植被极为丰富。国外专家在朱角山的半山腰上发现了成片的唐代古柏树。据他们测定距今已有1200多年的历史，可谓世界柏树林中的寿星群。这为研究古代气候的形成和变化，以及其他相关科学研究提供了珍贵的实物资料。近年来，有关部门把朱角山一带划分为唐代柏树林加以保护。在朱角山对面，有一个称之为作揖卡的坝子。坝中有昌都强巴林寺第五大活佛甲热的夏季避暑圣地。这里风景优美、气候宜人，是昌都附近最理想的耍坝子的地方。在坝子北面的山谷里，有几股季节性的温泉。每当盛夏之际，这里便开始有温水。当你劳累了一天后，沐浴在这幽静山谷中的泉水里，呼吸着明净的新鲜空气，谛听着悦耳的鸟鸣，饱闻着奇花异草的芳香，仿佛置身于仙山琼阁，很是惬意。

3. 颇具特色的卡玛多塔林

卡玛多塔林位于类乌齐县国道 317 线右侧，距县城 25 公里。塔林依山傍水、古木参天、苍松翠柏、四季常青。在葱郁的翠柏中有一座别致的小经堂，主供莲花生大师像，左右各装有几个高大的转经筒。每天都有不少虔诚的佛教徒从早到晚不停地转动巨大的转经筒，以此来祈祷和祝福。据说在经堂前面原有 108 座塔，“文革”中多被毁坏。现已恢复和新建的塔有几十座，其造型各异，别具一格。既有严格按佛画度量经要求设计建造的善逝八佛塔，也有方形怪柳塔；既有雄伟的大塔，也有精巧的小塔。经堂后面为巨大的玛尼堆，玛尼堆中有六字真言，也有佛像图案。由于交通便利，处在 317 线必经之地，加之秀丽的景色，生机勃勃的翠柏，使这里成为颇具特色的一个旅游景点。

4. 大峡谷波罗吉荣谷

峡谷位于江达县同普乡与波罗乡交界处，离县城约 25 公里。从县城流来的藏曲河向东流入奔腾的金沙江。两岸雄峰夹峙，悬崖千丈，最宽处约 100 米，最窄处只有 2~30 米。峡谷长约 5 公里。行走在此谷，仰望天空，云天一线，奇峰耸峙，形态各异，令人赞叹不绝。在峡谷的多曲河中间，有传之为格萨尔下棋用的四方形巨石骰子、珠姆的“天桥”、石刻佛像等景观。在峡谷半山腰处有一个一般人很难攀登上去的山洞，当地群众称此洞是格萨尔降妖之洞。传说在很久以前，吉荣峡谷内有一个坑害过往平民百姓的女妖。格萨尔为了伸张正义，为民除害，毅然把女妖处死化为石像。现在洞口处，有一块人形巨石，传说那就是格萨尔降伏的女妖现出的原形。从此处下去有色江寺、波罗寺等古庙。木刻之乡波罗古泽也位于峡谷的下游。

六、名产之乡

1. 热巴之乡——琼波丁青

在西藏众多的热巴舞流派中，历史最长、久负盛名的首推琼波丁青的窝托热巴。他们的祖籍为丁青县觉恩乡达沙唐村。窝托热巴自称他们是米拉日巴家族的人，热巴舞也是米拉日巴传授给他们的。据传说，在修建类乌齐查杰玛大殿时，工匠们白天辛辛苦苦修筑的房子一到晚上便被妖魔拆毁。于是，高僧吾金公布特邀琼波窝托的7名热巴艺人，在大殿前面的波泽卡地方表演热巴舞。他们奇迹般地在“天上结绳，在水上建起曼荼罗”，以精湛的技艺、强烈的艺术魅力，使妖魔神魂颠倒，迷惑了妖魔，进而使工匠们赢得了建筑庙宇的时间，最终建起了气势雄伟的查杰玛大殿。窝托热巴艺术的主要特点是技巧性很强，诸如杂技气功类的节目——爬杆技巧、高空倒立、腹上破石、夹刀旋转等，均属于窝托热巴的绝技，而非一般热巴流派所能表演和胜任。至今，丁青境内不仅有著名的窝托热巴，还有迥学热巴、色扎热巴等。丁青县文工队较好地继承并发扬了传统的热巴舞，他们曾多次代表昌都地区参加拉萨等地的文艺调演和比赛，均受到了广大观众的好评。

2. 木刻之乡——波罗古泽

波罗古泽位于江达县波罗乡境内，金沙江支流藏曲河两岸，离县城约50公里，通公路。这里青山绿水，森林面积大，林木品种多，尤其是用于刻经版的桦木，更是这里特有的树种。据调查，波罗一带能独立刻经版的熟练艺人多达150人。修建德格印经院时，这里就有一批熟练的刻工。现藏德格印经院的经版，主要是波罗古泽一带刻工的杰作。波罗古泽一带所刻经版，从选材到刻印，要求非常严格。雕书木板都是挑选那些秋天落叶的红桦木，经过多道加工，然后精工雕刻而成。古泽一带所刻经版，素以刀工匀称、深浅适度、字迹清晰，版面光洁而闻名于世。波罗古泽的刻工不仅能刻大部头的《甘珠尔》和《丹珠尔》经，而且也能刻难度很大的佛像和护法神一类的图案。该地刻经历史之长、刻工人员之多、刻工技艺之高，是西藏其他地方少有的，是名副其实的“木刻之乡”。

3. 工匠之乡——昌都扎堆

据不完全统计，在昌都县的农牧民中金银匠79人，铁匠351人。其中影响最大的要数扎堆和嘎学的匠人。“扎堆”意为扎曲河上游，具体指金通和翁达岗一带。扎堆匠人之中的扎青仓和扎穷仓两家的工艺驰名昌都、德格、夏河、玉树、拉萨等地。自党的十一届三中全会后，这一带的民族手工业才真正走上了健康发展的道路。翁达岗这个昔日破败不堪的村庄，以打制铸造佛像供器、绘制唐卡画走上了真正富裕的道路。翁达岗 32 户村民中，有手艺的多达 24 家。村民年人均收入由过去不足 200 元，现猛增到 2000 元以上。现在，全村家家户户都盖上了别具一格的新房。不少家庭自己购买安装了太阳能灶具和太阳能蓄电池，不仅解决了照明，而且还用上了广播喇叭。翁达岗最著名的工匠是朱巴仓，他家 12 口人，其中有 6 人从事绘画、铜铁匠、泥塑等民族手工艺工作。他们打制和绘制的工艺品，深受广大藏族人民的欢迎，经常是供不应求。

4. 匠才之乡——昌都县嘎玛瓦寨

昌都县嘎玛乡位于扎曲河上游，离昌都县城 120 公里。古时，嘎玛乡所属的瓦寨、里池、里土、比如等村，称之为“嘎玛”。这一带素有“匠才之乡”的美称。据说建于公元 1185 年的嘎玛寺地基就是由当地画匠堆日仓设计的。由此可见，这一带的绘画历史至少可追溯至七八百年前。16 世纪中叶，扎西三氏在原“勉林”、“勉萨”画派的基础上吸收了内地风景画法和作画方法，在嘎雪创立了独特的“嘎志”画派，名曰“嘎雪噶志”。从那时起，“嘎雪噶志”就成为西藏唐卡画的一个重要流派。该派的主要特点是画面整洁，线条刚劲流畅，勾勒人物衣纹较细腻，人物神态生动，色彩艳丽，善画花草树木，山石瀑布，神佛肖像。党的十一届三中全会后，这门古老的绘画艺术喜获新生。仅瓦寨村 33 户中，有手艺的多达 27 家，比如村 17 户中，画匠就达 9 户 18 人。在嘎玛乡一带，依靠传统的绘画艺术脱贫致富的群众越来越多。绘制唐卡已经成为嘎玛一带群众致富的支柱产业。

七、传统节日

历史文化悠久的传统节日——“仲确节”

“仲确节”直译为修供仪轨节，在每年藏历六月十五日举行，它是类乌齐一带的传统节日。据说“仲确节”始于 1326 年，当初是为了酬谢修建类乌齐查杰玛大殿的僧众和工匠而举行的宴庆活动，随着时间的推移和群众生活的需要，这个节日逐渐演绎为以民间物资交易为主，既有宗教活动，又有文娱活动的民间传统节日。节日期间，一是寺庙要举行隆重的宗教活动，包括跳神和跳格萨尔舞；二是当地群众要去朝拜类乌齐著名的德曲波章神山；三是各地商贾云集，进行大规模的物资交流；四是群众自发地开展文娱体育活动。总之，就昌都地区来讲，历史如此悠久，影响如此广泛，文体活动如此丰富的传统节日，当首推类乌齐的“仲确节”。

原载《昌都经济》1996 年第 2 期，后被《西藏科技报》《西藏旅游》《中国西藏》等多家报刊转载。

第十辑

与传统文化有关的调研报告和提案篇

关于继承和发扬藏民族优秀传统文化的调研报告

根据中央第五次西藏工作座谈会、区党委第八次党代会和昌都地委（扩大）会议精神，结合《政协昌都地区委员会 2012 年工作要点》的安排，就如何更好地继承和发扬藏民族优秀传统文化遗产，进一步推动昌都文化大发展、大繁荣献计出力，由市政协副主席图嘎同志率领区、地、县三级政协委员和有关人员 7 人，于 2012 年 10 月 20 日至 31 日开展了调研工作，其中仅在昌都县嘎玛乡开展为期 3 天的实地考察。为使调研工作取得实效，我们专门拟定了《昌都地区政协关于开展继承和发扬民族优秀传统文化遗产调研的方案》，并直接进驻到嘎玛乡比如自然村群众家中调研。先后分别召开专题会议，听取了昌都地区文化局和昌都县

曾行走在茶马古道上当过马帮，2016 年时 80 多岁高龄的芒康县盐井夏关（中）老人全家

文化局的情况汇报。本次调研采取听取汇报、实地调查、个别走访等形式，先后深入嘎玛乡和柴维乡，以及走访昌都镇附近的艺人开展调研工作。本调研报告，经过地区政协主席会议研究，同意提交地委、行署决策时参考。现将有关情况报告如下：

一、昌都地区继承和发扬民族文化遗产的现状与取得的成绩

2010年，在上级有关部门的关心指导和昌都地委、行署的重视支持下，昌都地区率先成立了非物质文化遗产保护办公室。截止到目前，昌都地区列入国家级保护名录的有8个；列入自治区级名录的项目有12个；县级名录的有33个。出版发行了《西藏昌都非物质文化遗产之歌舞艺术》DVD光盘集。2007年至2012年，投入非物质文化遗产普查和保护的资金达300万元。仅昌都县拥有国家级非物质文化遗产项目2个，自治区级非物质文化遗产项目6个。通过开展评选“十大民间艺人”，开展“民族民间文化月”等活动，加大了对外宣传、对内鼓励的工作力度。2006年“昌都锅庄”成功列入国务院第一批非物质文化遗产名录。2011年昌都县文化局组织编辑出版的《昌都锅庄》和《嘎玛嘎赤画册》作为昌都解放

昌都卡若区嘎玛一带工匠锻造打制的格萨尔王及三十大臣铜像

60 周年献礼图书，受到了社会各界人士的好评。

本次调研的重点为昌都县的嘎玛乡。全乡 501 户 3236 人，辖区共有 10 个行政村 43 个自然村，系半农半牧区。目前，嘎玛乡有画匠 330 人，银匠 120 人，铜匠 230 人，石匠 570 人，木匠 19 人。其中以嘎玛德勒为代表的“嘎玛嘎赤画派”于 2008 年列入国务院第一批非物质文化遗产扩展名录。“嘎玛银器工艺制作技术”被列入自治区级非物质文化遗产保护名录。从事和传承唐卡、锻造佛像及打造民族首饰和宗教法器的人逐年在增多。在调研组借宿的嘎玛乡比如自然村，全村 16 户都有人从事民族手工艺，其中从事唐卡绘画的 31 人、打制工匠 17 人。2010 年嘎玛德勒等艺人被授予国家级非物质文化遗产传承人称号。随着嘎玛嘎赤画派的影响与日俱增，区内外专家、学者、媒体前来采风、研究的人络绎不绝。仅以 2011 年初至 2012 年 9 月底的初步统计，就有中央四台、旅游卫视、康巴卫视等传媒前去采风。中央民族大学王华教授、四川大学艺术学院教授康·格桑益西、四川大学艺术学院党委书记闫茜莉以及姚军、中国民间文化遗产抢救与保护中心唐卡项目负责人冯莉等 12 位专家学者前往嘎玛进行考察、研究。说明新闻界和学术界更多地关注嘎玛沟的民间文化艺术。

二、发现的问题和存在的困难

在取得上述成绩的同时，我们通过在嘎玛乡实地调查了解也发现了一些值得关注的问题，主要有以下 6 点：

1. 外迁户数呈上升趋势。由于嘎玛乡道路交通以及基础建设远远跟不上发展步伐，部分工匠搬迁至交通便利的昌都镇或拉萨等地。时至今日东仲村、里土村、德达村、瓦寨村外迁户数 21 户，其中迁居到昌都的 10 户，搬迁到拉萨的 6 户，搬到青海玉树州的 5 户。

2. 在商品经济的冲击下，追求数量而忽视唐卡画质量的现象时有发生。由于供求方尽量压低价格，按件计酬，只看数量和大小而不注重绘画质量，因此不少唐卡画师只求速度而忽视质量，致使唐卡画难以保证质量。

3. 昌都地区民族手工艺加工的规模小、市场知名度不高。传统的技艺创新不够，服务面狭窄，大都仅局限于宗教用品范畴。

4. 为了满足供求方的要求，出现画师不注重嘎玛嘎赤所传承画派的风格，而

2012年10月，调研组成员与嘎玛噶志国家级著名艺人嘎玛德勒（左三）合影留念

将多种风格硬性拼凑在一起，其画出来的唐卡“四不像”。在嘎玛以外的地方地道的嘎玛嘎赤画风不多见。

5. 由于画唐卡的收入远远不及打制佛像的收入，不少从事唐卡绘画的艺人转行为佛像打制艺人。又如由于木刻手艺收入不高，木刻之乡江达波罗的年轻人学习木刻手艺的积极性不高。

6. 由于传统材料的缺乏，致使一些传统工艺面临失传，如在唐卡勾勒微线条所用的画笔，历来都是采用黄鼠狼尾尖毛来制作，当前有价无市，造笔无望，致使微量技法面临失传。

三、几点建议

1. 继承和发扬藏民族优秀传统文化必须发挥好政府的主导作用。建议有关部门：一是加大对非物质文化在内的传统民族文化的继承和保护的宣传力度；二是开辟社会力量参与的通道和途径，出台鼓励社会力量参与的政策和措施；三是加大经费的投入、建立保护专项基金；四是以地区或县为单位建设集展示、保护、传习、销售为一体的传统文化遗产展示中心。

2. 保护好藏民族优秀传统文化的主体是传承人，因此建议：一要甄选好有代表性的传承人。以嘎玛为例可以分为 4 大类：嘎玛嘎赤画派的传承人、打造佛像的传承人、打造民族手工艺首饰的传承人以及石刻艺人的传承人。同时要积极做好新一批传承人的考察、申报、推荐工作。二要落实好有关传承人的补贴政策，将补助资金及时足额发放到位。三要为传承人创造必要的条件，鼓励传承人收徒传艺，积极参加教学、交流、展览、比艺等活动。

3. 要抓住昌都工作会议的机遇，加快推进整体性保护方面的工作力度。要抓住“精心打造‘三江’流域精品旅游区”，重点建设“嘎玛沟民俗文化走廊等旅游景区”的难得机遇，一方面邀请有资质单位的高层次规划部门，制定符合实际、符合长远利益、符合科学发展观的整体保护与开发的规划工作；另一方面积极申报“嘎玛沟民俗文化走廊等旅游景区”为自治区级或国家级风景名胜区。只有建立整体人文生态的保护方式，才有可能保护好嘎玛这条昌都“活态”的民族手工艺沟，使古老的民族工艺之乡永葆艺术的青春，焕发出新的活力。

昌都卡若区嘎玛乡艺人用精湛的技艺敲打出来的精致菩萨像

4. 要树立嘎玛艺术之乡的品牌意识。在调研中发现，嘎玛乡那耶村的占堆家，曾到青海省玉树州称多县的色巴寺，打制过 63 米高的释迦牟尼铜质佛像。原住柴维乡温达岗村，现搬迁到昌都镇四川街的尼玛泽仁，曾带徒弟为青海省玉树州志多县的更萨寺，打制加工过高 32 米的宗喀巴铜像。以上两尊铜像的高度和规模远远超过被誉为亚洲第一铜像的日喀则扎什伦布寺弥勒佛像。如果我们的宣传工作跟上，对此进行跟踪报道，并申请吉尼斯世界纪录的话，不仅会使嘎玛一带民族手工艺的技艺名震海内外，而且订单和资金也会滚滚而来。

5. 要继续加大申报非物质文化遗产的工作力度。昌都地区文化底蕴深厚，在民间珍藏着极为丰富的民族文化遗产，但申报的数量、广度、深度方面还有很多潜力可以发掘。一是加大普查力度，提高普查质量，善于发现非物质文化遗产项目，做到情况明、家底清；二是各级文化部门要积极、主动地层层申报国家、自治区、县三级的非遗项目；三是申报非遗项目要讲究方式方法，要化整为零，尽可能多地申报非遗项目。

6. 要开拓新的民族手工艺领域。将民族手工艺产品由传统、单一的宗教领域开拓转变为多元化的市场领域。如打造或绘制具有地方特色的旅游纪念品以及城市雕塑等。里土村土登罗布家的作坊，成功地为青海省玉树州的打那寺打制格萨尔及其部将的铜雕，他们已从过去打制佛像领域已开拓为世俗领域，对此，政府应加大扶持和积极引导的工作力度。要因地制宜地将传统民族文化遗产的保护与旅游项目的开发相结合，两者相互促进，共同发展。

7. 建议继续加大在有条件、有基础的中小学开展民族传统文化的教学工作，聘请当地的传承人开展诸如唐卡绘画、舞蹈等的教学，使青少年从小就接触藏民族优秀的传统文化并以教促兴，发挥普及作用。要继续定期在职业学校联合举办民间绘画、民间歌舞的培训班。

8. 根据昌都工作会议“支持昌都设立经济技术开发区”的精神，建议由政府引导，大力扶持将那些有愿望、有技术、有创业精神的代表人物入住昌都“开发区”，力争使民间艺人发扬传承民族优秀文化遗产的愿望转化为传承实效。我们在调研中发现，如嘎玛德勒、尼玛次仁、曲雄泽仁、贡嘎平措等唐卡画师和打造佛像艺人，都表达了创办民营企业、带领学徒、创业致富的积极愿望。

本次调研，如有不妥之处，请批评指正为谢！

昌都地区政协赴昌都县嘎玛乡调研组

（图嘎参与调研并撰写）

2012 年 11 月 5 日

关于在察雅、芒康、左贡、边坝、洛隆五县开展非物质文化遗产的调研报告

根据昌都市委的工作安排，在围绕昌都市委中心工作的同时，兼顾市政协年初的工作安排，由市政协副主席图嘎同志负责牵头组织的“昌都市非物质文化遗产保护传承情况”开展了多层面的调研。现将有关情况报告如下。

一、调研工作基本情况

按照昌都市政协年初的工作安排，市政协副主席图嘎同志带领有关人员，分别于2016年3月16日至29日在察雅县有关乡镇，6月22日至7月2日在芒康和左贡有关乡镇，7月17日至24日在洛隆、边坝有关乡镇，9月28日至10月1日对察雅县仁达乡等地，对非物质文化遗产保护与传承情况进行了调研。调研工作得到了五县政协的全力配合与积极支持，五县政协主席及自治区、市、县三级政协部分委员分别在所在地参加调研工作。

精致的线刻石刻艺术

本次调研虽是围绕市委安排的中心工作，但借机抽出时间对非物质文化遗产保护情况进行多层次的实地调研。其工作方式是深入有关县分别召开相关部门负责同志、老干部座谈会，广泛了解和掌握有关情况与线索，同时有针对性地深入乡镇村实地考察等方式，在察雅县重点对吉塘镇学谢村中日自然村造纸技艺、仁达丹玛摩崖造像等实地考察；在芒康县重点对盐井纳西民族乡境内的

茶马古道及马帮艺人进行调研；在左贡县重点对田妥镇列达村民俗陈列馆调研；在边坝县重点对草卡镇丹达山及其遗留文物进行调研；在洛隆县重点对康沙镇也德村制陶技艺、硕督多镇古城墙、清代汉墓群调研；还就洛隆和边坝县先后两次赴后藏江孜等地抗英的爱国事迹进行了重点调查。在调研过程中，采取边调研边考察、边宣传边提问、边了解边传授等现身说法的方式，帮助群众和县直有关部门的同志了解有关非物质文化遗产情况，取得了良好的效果。

二、在非物质文化遗产保护工作中存在的问题

近年来，随着昌都市委和市政府对非物质文化遗产工作的重视，各县和有关部门对非物质文化遗产工作，应该说在思想上是重视的、在经费上是有投入的、在保护上是有成效的。但在肯定成绩的同时，不容忽视的也存在一些问题：

一是认识上的问题。在非物质文化遗产工作的保护与传承中不同程度存在重申报、轻保护，重开发、轻管理的现象。尤其对非物质文化遗产开发和利用所赋予的广阔空间，认识有待提高深化。其问题表现在：一是建设性破坏现象时有发生。由于认识态度没端正，或出于良好愿望、或出于追求经济利益、或出于完成上级下达的建设任务目的，建设性破坏常常是在加强保护和开发利用的名义下进行。当前，美丽乡村建设和精准扶贫工作以及易地搬迁工作正在各地展开，这本来是一件好事，但由于非物质文化遗产大部分保存在农牧区，如果建设不当，很容易对其造成不可挽回的损失。因此对古村落古遗址的保护等迫在眉睫。二是保护工作与开发利用处理不够好。如城镇快速发展过程中，因城乡居民占地建房等原因，对现存茶马古道遗迹、重要文化遗址认识不到位，进而造成保护不力，甚至个别地方还存在毁坏文物遗迹的情况。如对一些手工艺项目的大量机械复制，使这些项目失去了艺术品存在的价值。因此，加大对非物质文化遗产的保护势在必行。三是理念滞后给非物质文化遗产保护工作带来瓶颈。如资源保护开发与村民生活相对隔离，呈现遗产保护群众参与率低、文化普及融合度低、旅游产业开发成本高等现象。部分非物质文化遗产传承面临断代等现象。

二是普查工作浮在表面、深入不够。非物质文化遗产的普查是一项细致、专业、艰苦的工作。而我们在普查时往往重在口头的了解，或是在群众中泛泛的了解，并没有深入广大农牧区火热的现实生活中，更没有下苦功夫认真、仔细地观察和

调查了解。如这次在洛隆考察期间，由于工作深入、工作方式方法得当，调研组新发现了清嘉庆元年“灵应有感”的一块匾额、残缺的三块匾额，以及反映茶马古道上藏汉民族交往交流交融的部分瓷器、生活器皿、点心模具、绣品、账薄等文物。说明只要我们的工作做到位，群众手中还有不少价值的文物可以挖掘。

三是在非物质文化遗产的研究方法中，综合运用工作方式方法不够，进而对非遗项目的价值认识不清、挖掘不到位的现象时有发生。如对洛隆硕督古城墙何时修建说法不一。这次我们经过查阅很多藏汉文史料，通过运用历史研究法和比较研究法，查到了清代泸州知州王世睿于1732年入藏时撰写《进藏纪程》中就有硕般多“碉楼峻巍，环以长坦，如雄镇焉”的记载。由此得出硕督古城墙最迟在1732年已建成的结论。同时从古城墙具有的烽火台和墙体上的射孔可以推断，古城墙具有很突出的军事防御功能。硕督古城墙依山而居，气势雄伟，且修筑有烽火台的建筑，明显受到内地万里长城建筑的影响。进而挖掘出了城墙遗址背后藏汉文化交流交往交融的真实历史，也就有了历史的厚重感和现实教育意义。

三、昌都在非物质文化遗产保护工作中的难点

1. 专业人员严重缺乏。客观地讲，对非物质文化遗产的保护方面，缺钱是一方面，但更多的是缺有关专业人员、尤其是保护方式方法欠妥当欠科学的问题。非物质文化遗产中除了有形文化外，还有更多的文化内涵要深入发掘。当下，较多地重视了看得见范围内的文化遗产，而隐藏在其背后的看不见的历史、传说、故事，以及岁月遗痕、逸闻趣事等挖掘很不够，成为昌都非物质文化遗产保护中存在的最大短板。

2. 对非物质文化遗产的识别不清，也就是说哪些文化遗产和民族手工艺可申请为非物质文化遗产的情况不明或不清。如芒康县如美镇在历史上有加工酒曲的传统技艺，然而，当地有关部门没意识到酒曲加工技艺可申请为非物质文化遗产；又如左贡县的东坝和沙益、察雅县的米堆乡等地的方言，都是典型的非物质文化遗产，但都没有想到可申请为非物质文化遗产等等。

3. “活”体传承方面工作不到位。昌都非物质文化遗产是植根于昌都三江流域这块特定的民族土壤中存在的，有些依赖于当地水源、气候、原料的非遗项目，一旦它离开原来存在的土壤和环境，往往就失去了它应有的价值。如嘎玛这条昌都“活态”的民族手工艺沟，只有建立整体人文生态的保护方式，才有可能保护好嘎玛这条昌都“活态”的民族手工艺沟，使古老的民族工艺之乡永葆艺术的青春，焕发出新的活力。

4. 活态保护的关键在于对传承主体的保护，主要指非物质文化遗产的优秀传承人。由于种种原因，往往在确定非物质文化遗产的优秀传承人时，还没有真正做到公开、公平、公正、客观，致使真正掌握绝技的传承人没有享受到有关待遇的现象依然存在。

四、对非物质文化遗产工作的几点建议

1. 提高认识，进一步加强非物质文化遗产挖掘、传承、保护的组织领导。对于如何持续做好这项工作，各级各部门特别需要注重的就是要强化“政府主导、社会参与，明确职责、形成合力；长远规划、分步实施，点面结合、讲求实效”的工作思路。非物质文化遗产是不可再生，且弥足珍贵。做好非物质文化保护和开发责任重大、意义深远。所以，要确立非物质文化遗产保护的法律地位，尽快以市人大会议方式通过昌都非物质文化遗产的保护办法等规范性文件，明确责任，加大执行力度，真正把非物质文化保护纳入法制轨道。这是一种长远之计的需要。

2. 加强对西藏非物质文化遗产传承主体的保护。西藏非物质文化遗产是植根于西藏民族土壤中的活态文化，而活态保护的关键在于对传承主体的保护，也就是指非物质文化遗产的优秀传承人。西藏各级政府要积极采取措施，着力改善传承主体的生活和工作条件，为他们创造从事非物质文化遗产传承工作的有利环境，并使年轻人也静下心来学习非物质文化遗产，做好传承工作。为此建议：一要甄选好有代表性的传承人；二要积极做好新一批传承人的考察、申报、推荐工作，力争使后继有人；三要落实好有关传承人的补贴政策，将补助资金及时足额发放到位；四要为传承人创造必要的条件，鼓励传承人收徒传艺，积极参加教学、交流、展览、比艺等各项活动。

3. 突出重点，进一步加快非物质文化遗产基础设施建设，发挥好政府的主导作用。要把工作的着力点放在基础设施建设和文化内涵的挖掘工作上，突出非物质文化遗产的“闪光点”，突出康巴文化特色。要找准定位、找准方向，把非物质文化遗产保护开发与新农村建设、把非物质文化遗产保护开发与旅游开发工作、

昌都工匠打制的格萨尔王铜像

把非物质文化遗产保护开发与精准脱贫工作有机结合起来，实现历史文化保护与自然、人类生存环境的协调发展。在做好重点非物质文化遗产保护工作的基础上，注重挖掘收集一些流传在民间的谚语、故事和地方民俗节日、活动，进一步突出茶马古道文化的底蕴。要动员全社会尤其是文化宣传部门搜集保护非物质文化遗产，有计划地开展非物质文化遗产资源数据收集和系列音像资料的利用和保护，为后人研究非物质文化遗产留下宝贵的资料。

4. 重视发挥昌都非物质文化遗产所在基层社区的作用。昌都非物质文化遗产所在的基层社区特别是乡、村，是广大人民群众繁衍生息、生产劳作的基本场所，很多非物质文化遗产就是以这些乡、村基层社区中的人为主要负载者和传承者，以这些基层社区为流传区域而不断传承。昌都非物质文化遗产保护的好坏在很大程度上取决于昌都广大的基层社区的作用能否得到很好的发挥。如果一种非物质文化遗产所在社区的人们对这种非物质文化遗产抱有深厚的感情，认为她是有用的，值得保护的，对于他们的生产生活是非常重要的，那么不用政府号召，这种非物质文化遗产就会继续沿着它自己的发展轨迹延续下去。反之，即使政府有再多的投入，再好的蓝图，非物质文化遗产仍然会被曾经创造、享用并传承它们的人们所抛弃。

5. 要继续加大申报非物质文化遗产的工作力度。昌都地区文化底蕴深厚，在民间珍藏着极为丰富的民族文化遗产，但申报的数量、广度、深度方面还有很多潜力可以发掘。一是加大普查力度，提高普查质量，善于发现非物质文化遗产项目，做到情况明、家底清。如芒康如美镇的酒曲制作技艺、左贡东坝乡和沙益乡、察雅米堆民间方言等可申请非物质文化遗产项目。二是各级文化部门要积极、主动地层层申报国家、自治区、市、县四级的非遗项目，要建立非物质文化遗产的储备库，积极争取更多优惠政策的扶持力度。如芒康县举办的千人弦子舞表演可

昌都工匠在作坊里打制锻造佛像

申报世界吉尼斯纪录，芒康扎果顶大日如来佛石刻应申报为自治区级或全国文物保护单位等。三是各级文化部门要善于发现新生事物，并积极引导和有力扶持。左贡列达村民俗陈列馆是当地群众自发筹集资金办起的民俗陈列馆，理应得到政府在资金、场地等方面的支持、帮助、引导与指导。要重视挖掘洛隆、边坝两县抗英事迹，重视和保护边坝县丹达庙有关文物、拉孜庄园石刻艺术等。

6. 在非物质文化遗产的调查和普查中，综合运用科学的工作方式方法。一要强调实地考察法。提倡和鼓励文化工作者，深入实际、深入民间，通过自己的直接观察，对所研究的对象作深入细致的调查。二要注重历史研究法。就是要追溯非物质文化遗产的纵的历史联系。要借助古籍文献资料和口头流传资料，追溯某一非物质文化遗产的原始形态和它以后的发展及今天的传承。三要注意比较研究法。将不同民族、不同地区的非物质文化遗产拿来作比较，从而找出各类民间文

化事象之间的纵的和横的联系，探讨某一非物质文化遗产产生、发展和演变规律的方法。

以上调研报告，仅供市委、政府领导参考。如有不妥之处，请批评指正为谢！

（图嘎参与调研并撰写）

写于 2016 年 10 月 25 日

关于尽快在西藏各地所在地筹建博物馆的提案

随着时代的进步、社会的转型，以及家电的普及，从前藏民族民间曾使用过的民俗器物，正渐渐从城乡居民生活中或被淘汰、或退出历史的舞台。如藏民族传统的生产工具、生活用具，包括石磨、旧式服装、风箱、马鞍马具、织布机、酥油茶桶等大量民俗实物正在被老百姓遗弃或用新的物品替代。为有效保存、保护这些民俗实物，促进非物质文化遗产的保护和传承，在西藏各地所在地建立一座展示民俗文物为主的博物馆，已到了迫在眉睫的程度。建立博物馆，对于保护西藏传统文化，尤其是区域民俗文化，把西藏建设成为“重要的中华民族特色文化保护地、重要的世界旅游目的地”，做大做强特色旅游业，具有重要的历史和现实意义。

据我调查，在西藏除拉萨建有西藏博物馆、山南建有雅砻博物馆以外，严格意义的博物馆在各地所在地还没用，至于县级博物馆基本处于空白。在各地所在地建立博物馆的目的，就是及时抢救、收集民俗文物，将其陈列在博物馆，既起到保护作用，又满足旅游者参观和社会科学研究的需要。目前，西藏各地正处在全面建设小康社会，城乡都正在大兴土木、拆旧翻新，全面推进安居工程的社会转型时机，不少民俗文化赖以生存的环境发生了根本性的变化，大量传统的民俗文化，包括非物质文化正在减少或消亡。如果我们不抓住这个千载难逢的机会，用不了多少年，这些民俗文物在不经意中消失。到那时，能摆进博物馆的民俗文物寥寥无几。所以，尽快着手筹建各地博物馆，应该提到各级党委和政府的议事日程。建议分两个阶段：第一步当务之急是先征集民俗文物，第二步待条件成熟时再正式建博物馆。为此，建议从以下四个方面开展相关工作：

1. 展开可行性论证。博物馆的方案要请相关专家学者来出谋划策，尽量使博物馆真正具有历史记忆和文化积淀的价值。同时制订抢救、征集、整理、利用民俗文物的办法，作为开展这一重要工作的统一规则。

2. 当务之急的是先解决一些征集民俗文物的经费。尽快从民间广泛征集即将被毁坏丢弃的或即将流入外地的民俗文物。要充分利用社会转型和安居工程兴建的大好时机，从城乡居民身边手头收购一批濒临失传的珍贵民俗文物。对积极捐献民俗文物的义举要给予适当的鼓励或物质奖励。

3. 要突出西藏各地文化的地域特色。如昌都以康巴文化为主、拉萨以卫藏文化为主、阿里以象雄文化为主、那曲以羌唐文化为主、日喀则以后藏文化为主、山南以雅砻文化为主、林芝以工布文化为主。届时，整个西藏就可以形成以西藏博物馆为主，各地博物馆为辅的多层次、多功能的不同地域特色的博物馆，进而充分展示底蕴深厚、丰富多彩的藏民族文化。就拿昌都地区来说，历史文化底蕴深厚，民俗文物独具特色，多元文化相容，多种文化并存，又是康区文化的核心区域，有众多民俗文物可以征集。

4. 政府采取有效措施，进一步加强博物馆建设。文化大发展、大繁荣是党的十七届六中全会提出重要任务。而加强西藏各地博物馆建设，是文化大发展、大繁荣的重要载体之一，更是创造良好人文环境必不可少的建设项目。建议国家财政加大对民俗博物馆建设的投入力度，在项目、资金等方面统筹规划，给予倾斜性的支持。

西藏昌都市政协副主席、自治区政协委员：图 嘎

2011 年 12 月 22 日

关于重视建立西藏著名爱国统战人士故居的提案

名人故居是指名人曾经的居所，成为人们学习历史，缅怀先贤，弘扬前人风范的重要场所。同时，名人故居又代表着一个城市、一个地方厚重的文化精神，也是不可再生的宝贵人文资源。目前，整个西藏随着旧城改造、安居工程、新农村建设在内的拆旧建新的工程正在如火如荼地进行。为此，需要更加重视藏族著名爱国统战人士在内名人故居遗址的保护与恢复工作。

自1950年西藏和平解放以来，一大批西藏爱国统战人士在中国共产党的英明领导下，高举爱国主义、社会主义的伟大旗帜，坚定不移地跟着中国共产党走，坚定不移地拥护党的民族区域自治政策，在西藏的社会主义革命和建设以及改革开放的伟大进程中，在维护祖国统一、反对民族分裂的斗争中，在协助和推动贯彻党的民族政策、宗教和统战政策中，发挥了重要的、不可替代的作用。他们长期与中国共产党合作，真正建立起和衷共济、肝胆相照、荣辱与共的密切关系。在这些方面，以阿沛副委员长、班禅大师、帕巴拉副主席为代表的一批著名爱国统战人士为我们树立了光辉的榜样。他们为西藏的发展、进步做出的杰出贡献，党和政府不会忘记，西藏人民不会忘记，历史不会忘记。为此，我建议在西藏各地选择具有代表性的知名人物，建立著名爱国统战人士在内的名人故居，开辟为爱国主义教育基地，对于建立和壮大最广泛的爱国统一战线、最大限度地调动一切爱国统战人士的爱国热情，最大努力团结一切可以团结的力量，为实现西藏跨越式发展和长治久安凝聚力量、汇聚人心，具有重要的作用。就我所在的昌都市来讲，建立邦达多吉故居的条件基本成熟。

邦达多吉，男，藏族，1906年出生在西藏昌都芒康县邦达乡邦达村。父亲邦达·尼江以“邦达昌”（意为邦达家族）商号在印度、拉萨、昌都、康定等地经商。邦达多吉的长兄叫邦达尼玛，为达赖的近侍；二兄叫邦达养壁，以经商为业，西藏地方政府三品官；三兄叫邦达绕噶，曾为国民党蒙藏委员会委员；邦达多吉排行老四。有学者称邦达多吉是“西藏近代史上一位具有传奇色彩的人物”。我之所以提出建立邦达多吉故居的理由是：

一是邦达家族在昌都、在康区、在西藏都是家喻户晓，知名度很高。解放前，邦达昌是藏区规模宏大、资金雄厚、经营范围广的家族商号。过去藏区有一句谚语“天邦达、地邦达”，说明邦达家族的势力与影响很大。邦达家族曾在茶马古道上发迹并壮大起来的。他们以善于经商、敢于冒险而著称。长期在西藏工作的著名作家马丽华在《藏东红山脉》中，对邦达家族的地位和影响有段精辟的概括：“西藏现代史上赫赫有名的邦达家族，脚踏商、政两界，不仅是首屈一指的巨商富豪，也曾在政坛上呼风唤雨，尤其邦达三兄弟堪称乱世枭雄，在西藏、在康区的现代史上写下了轰轰烈烈的一笔。”

二是邦达多吉对西藏地方政府的反叛，成为轰动一时的重大事件。1933年底，十三世达赖喇嘛圆寂后，西藏地方政府内部矛盾日益激化。邦达多吉对西藏地方政府处理土登贡培事件大为不满，又闻言其兄邦达养壁在拉萨也有被捕的危险，因而在次年初起兵反叛西藏地方政府。后来，邦达多吉放弃芒康，率部投奔四川巴塘避乱，继续与西藏地方政府抗衡。

三是邦达多吉在抗日战争期间运输货物，支援抗战。在第二次世界大战期间的1942年，缅甸沦陷，日军侵犯云南，最后一条通往中国战区的滇缅公路被迫中断。以邦达多吉为首的行走在茶马古道的生意人，开辟了印度经西藏直往川、滇的陆路国际通道，缓解了抗日战争时期因沿海水路封锁而使物资匮乏的困难，支援了抗日战争，其意义重大。

四是在和平解放西藏中邦达多吉做出了可贵的贡献。1949年秋，邦达多吉与格达活佛等人派代表去北京向毛泽东、朱德献旗致意，要求尽快解放康区。1950年3月27日，康定成立军事管制委员会时，邦达多吉出任副主任。进军伊始，他积极为解放军筹措给养，支持了解放军进藏。1951年1月成立的昌都地区人民解放委员会上，他当选为副主任，1956年12月升任主任。昌都解放后，邦达多吉积极与人民政府合作共事，先后任昌都地区人民解放委员会副主任、主任，西藏自治区政协副主席，并历任昌都地区、西藏自治区人大代表，出席一、二、三届全国人民代表大会。他是跟随党和政府坚定的著名爱国主义者。

五是党和政府对邦达多吉早有定论。1979年5月26日，西藏自治区为邦达多吉公开平反昭雪，落实政策。在悼词中说：“邦达多吉先生拥护我国各族人民的伟大领袖毛泽东和中国共产党的领导，反帝爱国，同我党合作，走社会主义道路，为西藏人民的解放事业做出过贡献”。甚至美国人梅·戈尔斯坦在其所著《喇嘛王国的覆灭》中对邦达多吉也有好评：“邦达昌是东藏芒康地区的一个有权有势的富商家族，该家族在十三世达赖喇嘛执政的初期便在拉萨建立了自己的根据地。达赖喇嘛圆寂之时，他们家是西藏政府在利润丰厚的区内外羊毛贸易活动中的惟一代理人。邦达昌家族的族长尼玛是十三世达赖喇嘛的亲信，达赖喇嘛曾派遣他去完成了许多非官方的使命。”有学者认为，将邦达昌作为“西藏的大商人且权势显赫而具有远见的官员”的典型加以剖析，对于昌都及西藏历史的研究都有启发意义。

依托茶马古道上做马帮生意发迹起来的西藏富豪邦达多吉之子邦达旺青在昌都地区政协会议上阅读文件

鉴于邦达多吉在解放前后的这些活动，尤其在抗日战争中表现出来的爱国热情和新中国成立后专门派代表进京，要求人民解放军早日解放西藏的义举，以及参与昌都地区人民解放委员会等工作，表现出了他维护祖国统一，加强民族团结的爱国热情。应该说邦达多吉为修复民国时期与西藏地方政府的关系，推动西藏和平解放，尤其是昌都解放方面做出了积极贡献。邦达多吉作为昌都解放委员会副主任和主任期间，曾居住在昌都地区解委会旧址中的第一栋。所以，为他保留和恢复故居，作为爱国主义教育基地，有其特殊的教育意义。

2016 年 8 月 23 日，在昌都市委、市政府的高度重视下，“红色遗址·昌都地区人民解放委员会旧址”正式开馆，这不仅为开展爱国主义教育、弘扬和研究老西藏精神提供了重要的基地，而且为发掘、保护昌都解放初期留下的珍贵历史文化遗产有了重要的载体，更是为传承藏民族优秀文化、留住历史根脉、建设文化强市注入了有意义的内容。红色遗迹·昌都地区人民解放委员会展示区主要包括昌都地区人民解放委员会办公旧址、小礼堂和将军楼三部分，其中将军楼有四栋，其中已将一栋作为张国华故居、一栋作为王其梅故居。建议一栋作为邦达多吉故居之用，更何况他确实在将军楼里居住过。

对于邦达多吉故居的保护与开发，我建议：

一要采取尊重历史、客观求实的做法，认真开展扎实细致的论证和评估工作。

二要深度挖掘文化内涵，通过对整体环境的精心布置，真实再现，让参观者在轻松愉悦的过程中受到教育和启发。

三要开拓故居保护思路，要在正确理论指导下大胆创新，依据现有条件最大限度地保护与利用故居，让其发挥教育功能。

四要广泛征集有关实物资料，包括从其家属和社会中征集实物用具，丰富馆藏文物。

西藏昌都市政协副主席、自治区政协委员：图嘎

2016 年 12 月 22 日

关于西藏茶马古道的开发尽快融入“一带一路”建设的提案

2013年9月和10月，习近平主席在出访中亚和东南亚国家期间，先后提出共建“丝绸之路经济带”和“21世纪海上丝绸之路”的重大倡议，至今得到全球100多个国家和国际组织的积极支持和参与。2016年11月，第71届联合国大会首次将“一带一路”倡议写入决议。2017年5月14日，“一带一路”国际合作高峰论坛在北京开幕。至此“一带一路”建设逐渐从理念转化为行动，从愿景转变为现实。这意味着，它由中国战略上升为联合国和众多国家的战略。

茶马古道源于古代西南边疆和西北边疆的茶马互市，兴于唐宋，盛于明清。茶马古道主要分川藏、滇藏两路，延伸至不丹、尼泊尔、印度境内，直到西亚、西非红海海岸，是古代中国与南亚地区一条重要的贸易通道，也是陆上丝绸之路的一部分。茶马古道又是古代西藏与内地政治、经济、文化交流的重要通道和遗留的历史见证。昌都是茶马古道的必经之地和重要集散地之一。

一、西藏境内开发茶马古道中存在的几个主要问题

由于主客观的因素，在茶马古道的开发与建设上面临的困难较多，存在的问题不少。主要表现在思想不够解放，视野不够开阔，加之底子薄、起步晚、投入少、没有形成合力等，造成了茶马古道开发“硬件不硬、软件太软，档次不高、特色不显”。

1. 茶马古道的开发如何真正融入“一带一路”国家战略层面的认识有待加强与深化。眼下主动对接和借助“一带一路”国家战略做的不够。其原因是没有认识到茶马古道本身就是陆上丝绸之路的一部分。进而造成与国家“一带一路”建设对接的不紧密，其推进的力度与投入都不够理想的主要原因。

2. 地方性法规及政策制定缺乏统一指导。由于茶马古道涉及范围广、路线长，在西藏不仅包括昌都市，也包括拉萨、林芝、日喀则、那曲等地，还包括云南、

四川省等，单纯一地一市一省区的法规政策制定不仅存在沟通协调困难的问题，其有效性、执行力也将大打折扣。

3. 基础设施、品牌打造、专业人才等软、硬件配套工作相对滞后。一是资金投入不足，进而造成基础设施建设欠账多。交通便捷通畅是昌都乃至西藏境内亟待解决的迫切问题。在昌都富有地方特色与风格的文化休闲设施投入明显不足，公共厕所、路标等基础设施建设缺少或不规范，制约了游客流量和区域旅游产业发展。二是旅游产品开发力度不大，资源利用效率低下。旅游线路长、体验少、互动缺，旅游产品深度开发不足，纪念品单一、设计粗糙，难以满足游客需求。三是现有旅游管理单位中行家里手人员少，导致文化市场缺乏活力和竞争力，制约了地方旅游产业可持续发展。缺少融会贯通的专业导游，致使路途中景点看得多，而沿途景点之外的文化内涵和故事没人介绍或挖掘不够，造成旅游内容单调，更留不住游客，赚钱少，效益低。

4. 科学处理好资源保护、开发和利用三者关系没有很好处理。一是人类经济活动与过度旅游造成的破坏逐渐加剧。如在城镇快速发展过程中，因城乡居民占地建房等原因，对现存茶马古道遗迹、遗址造成伤害。加大对古村落古遗址的保护迫在眉睫。二是建设性破坏现象时有发生，而更多的是由于对文物和非遗保护的认识态度没端正，或处于良好愿望、或处于追求经济利益、或处于完成上级下达的建设任务，建设性破坏时有发生。

二、对策与建议的思考

为更好的深入挖掘茶马古道文化内涵，加大对茶马古道文化的保护和开发力度，尽快融入“一带一路”建设范围，提出以下几条建议：

1. 昌都乃至西藏茶马古道的开发与建设，要真正与国家提倡的“一带一路”战略对接好。中央第六次西藏工作座谈会和国家“十三五”规划纲要草案，明确了“把西藏打造成为我国面向南亚开放的重要通道”。历史与现实的发展使得“一带一路”战略与千年茶马古道不谋而合，茶马古道在新的历史时期有了新的定位与广阔的发展空间。为此，要在理清工作思路的基础上，抓住、利用好“一带一路”战略及中共中央、国务院出台《关于实施中华优秀传统文化传承发展工程的意见》的机遇，自觉、主动、积极地把茶马古道文化融入国家“一带一路”发展大格局，利用国家的相关政策，配套建设相关项目，进而带动茶马古道全方位发展，使古道重新焕发新的活力与生机。

2. 建章立制，进一步加快茶马古道文化保护和开发的法制建设。要以立法的形式保护和开发茶马古道的建设。历史是根，文化是魂。茶马古道文化是不可再生，且弥足珍贵。就昌都市来讲，当务之急是在原来《西藏昌都茶马古道旅游开发——可行性研究报告》的基础上精心编制好《西藏昌都茶马古道的保护规划》，确定五年或更长时间的保护规划目标。要确立茶马古道保护的法律地位，茶马古道沿途市县人大或以西藏自治区人大尽快制定《西藏自治区茶马古道的保护与开发实施意见》，并出台具有地方法规性质的规范性文件，明确责任，加大执行力度，坚决克服“权大于法、利大于法、情大于法”的现象，真正把茶马古道文化保护纳入法制轨道。

3. 提高认识，进一步加强茶马古道文化挖掘、传承、保护的组织领导。首先，要形成领导班子的共识，形成相关职能部门的共识，形成全社会的共识。在共识中增强历史使命感和责任感，进而切实把茶马古道保护开发真正纳入到“一带一路”建设，纳入西藏自治区“十三五”规划，纳入各级领导目标责任制。其次，建立科学的专家咨询制度。对西藏各地市下一步有关茶马古道保护和开发中的重大问题、规划，要组织一批在专业上有造诣、热爱历史文化的规划、古建、文化、环保、地方志等方面的专家学者进行研究论证，充分听取和尊重他们的意见与建议，促使决策更具科学性、持续性和统一性。再次，要建立全民参与、齐心协力、整体推进的工作机制。在今后茶马古道的保护与开发工作中，要形成至上而下且覆盖多层次多领域的工作领导机制体制，做到集思广益、权责分明，责任到位，落实具体。

4. 突出重点，进一步加快茶马古道旅游基础设施建设。一是增加资金投入，做好基础设施建设。要充分借鉴国内外先进生态旅游地域开发的成功经验，注重区域交通、文博馆、各类特色星级及大众化餐饮娱乐场所和旅游厕所、标示牌等便民服务基础设施建设。二是在坚持国家保护为主、加大政府资金投入的同时，积极鼓励社会资本的参与。要在确保古道遗迹安全、产权为国家所有的前提下，采取古道遗迹文物的维修维护经费主要由其使用单位和主管部门筹集负担；三是尽快建立茶马古道保护开发基金，动员社会各界无偿捐助，广泛争取国内外华人侨胞和热爱家乡人士的资助支持。

5. 广泛宣传，营造全民参与浓厚氛围。保护和开发茶马古道，不仅仅需要党政部门的全局把控，更需要广大农牧民群众具有保护历史文化遗产的责任和使命意识。各级宣传文化旅游部门要发挥职能宣传优势，强化茶马古道文化的宣传推广普及力度。首先，要收集有关茶马古道相关音视频、报刊、学术论文等资料编辑成系列书或制作光盘，努力做到有视频可看、有图书可读，让游客更多地体验茶马古道的丰富文化内涵。其次，要创新宣传推介方式方法，传统媒体要借鉴“丝绸之路”、“话说长江”等推广方式，坚持长期发声，应用新兴媒体，包括网络、微信、微博等手段，既要巩固前期宣传成果，更要突破宣传瓶颈，扩大影响。实事求是地讲，对茶马古道的研究，包括我们昌都市在内的西藏远远落后于云南境内的滇藏段和四川境内的川藏段的研究与宣传工作。对此，有很多经验值得我们学习与借鉴。

西藏昌都市政协副主席、自治区政协委员：图嘎

2018 年 1 月 5 日晚写于昌都

第十一辑

文化艺术人物篇

勉萨画派的杰出民间画家——普布泽仁

普布泽仁，男，藏族，17 世纪末出生在现昌都卡若区柴维乡温达贡村一户称之为朱巴仓的画匠世家里，所以也有人称朱巴·普布泽仁。他们家族曾有 8 名从事绘画、金属造像工匠的艺术家。小时候随父学习文化和绘画。他学习刻苦勤奋,从小练就了一手高超的绘画本领。他继承和发扬了十世嘎玛巴·曲英多吉(1604 年至 1674 年）开创的画风，这种风格也受到嘎玛噶志画派风格的极大影响。因而在实践中他通过自已的探索努力,创造出了独特的表现技法而呈现出新的风貌，被世人誉为“康赤”，即康区的画法。使他成为“噶志派”的杰出画家。嘎托五世活佛司徒·曲吉坚参（1586 年至 1632 年？）称赞他为“工巧天·毗首揭摩的活化身”。

在他成名之后，被邀请到德格嘎妥寺主持该大殿的壁画。他在该寺创作了《莲花生八种别名》一套九幅画、《宁玛八大法行》等壁画。1729 年，由德格法王旦巴次仁（1678 年至 1739 年）出资让普布次仁在德格印经院为刻画经版范本作画。他先后绘制了《释迦牟尼传·如意藤》《释迦牟尼十二行传》《二胜六严》《十八罗汉》，以及新旧密乘本尊及众多护法神的范本。如今德格印经院中的木版唐嘎画，大都出自普布次仁之手。他画的这些范本不仅在康巴地区，乃至在整个藏区都视为最出色的唐嘎画范本。普布泽仁的佛像神，动态生动丰富，风景画美丽精细，怒神类造像的头部较大而威严，善像类四肢更具柔性，表情略带微笑，且绘有丰富的装饰及飘带等。他所创的画风，在康区一带享有很高的声誉，甚至成为当时整个雪域高原最具标准型的范本。

他成为著名画家后，弟子很多，其中最著名的有画匠旺嘎、增拉甲央、嘎嘛旺堆、策巴拉措、才玛格来、生达嘎玛多吉等。他的弟弟朱巴·索朗泽仁也是出类拔萃的画家。他的另外两个弟弟拉则和布珠也是画家。昌都柴维地方的朱巴仓画匠至今历经不衰，人才辈出。

2004 年 5 月写于昌都

嘎玛噶志画派的创建人——嘎学·嘎玛扎西

嘎学·嘎玛扎西，男，藏族，出生在素有匠才之乡的西藏昌都嘎玛瓦寨比如地方。他是扎西三氏之一，是继朗卡扎西、曲扎西之后，在传统的“勉林”、“勉萨”唐嘎画法的基础上，吸取了明永乐年间的山水、风景画法和着色的精华，开创了藏区唐嘎画派之一的“嘎学噶志”，并成为该派的祖师之一。关于他的生卒年不详。只知他与司徒·曲吉迥乃（1700-1774年）是同时代人，也曾是嘎学·嘎玛扎西的最大资助者。

在昌都拉多佐孜寺有嘎学噶志画派的绘画作品。嘎学·嘎玛扎西是将嘎雪噶志画派推向高峰的集大成者之一。他继承和发扬了十世嘎玛巴·曲英多吉开创的“噶志派”，这种风格也受到本地嘎玛噶志画派风格的极大影响。因而在实践中他通过自已的探索努力，创造出了独特的表现技法而呈现出新的风貌，被世人誉为“康赤”，即康区的画法。使他成为“噶志派”的杰出画家。“嘎学噶志”派的主要特点是画面整洁，线条流畅，勾勒人物衣纹较为细腻，人物神态生动。自然而写实的清雅之境，加上表现生动的神佛、罗汉、高僧大德，使画面产生出一种美丽神奇的艺术情趣。该派善画风景、花草树木、山石瀑布、神佛画像等，其主要流行于康区，尤以西藏昌都嘎玛、拉多一带为盛。

1729年，司徒·曲吉迥乃修建德格八蚌寺时，专门从嘎玛一带邀请23名画师为寺庙作画。可见，当时嘎玛一带是康区绘画的中心和大本营。司徒·曲吉迥乃本身是精通唐嘎绘画艺术的，他绝不会请平平庸庸的画家去自己的寺庙作画，说明当时嘎玛一带画家众多、画技高超。嘎雪噶志画派一直以康区作为自己的基地向外发展或辐射的画派。

2004年5月写于昌都

爱好民间艺术的活佛
——昌都十世帕巴拉·洛桑土登米旁次成加村

西藏昌都强巴林寺（以下简称昌都寺）是由向生·西饶松布于公元1444年创建的[①]。帕巴拉活佛作为昌都寺第一大活佛世系，最初形成于16世纪初。1719年，康熙皇帝赐封六世帕巴拉为“阐讲黄法额尔德尼那门汗”职衔，从此，帕巴拉活佛正式跻身于清朝理藩院注册批准的藏区大活佛行列[②]。根据藏汉文史料记载，一世至十一世帕巴拉间接或直接与内地中央政府发生过密切的联系[③]。从政治角度讲，历代帕巴拉活佛坚决维护祖国统一，在加强西藏同内地中央王朝的联系，促进藏汉民族的团结和宗教文化交流等方面，做出了不可磨灭的突出贡献。从宗教角度讲，《土观宗派源流》中高度评价昌都寺创建的意义：由于昌都寺的创建，才“使格鲁派遍布于号称六岗、六绒、六雪、三茹的整个康区”[④]。而作为昌都寺第一大活佛的帕巴拉为格鲁派在康区的传播与发展做出了巨大贡献，被五世达赖喇嘛赞誉为“朵康驱逐黑夜之明灯”[⑤]。

在历代帕巴拉活佛中，十世帕巴拉是一位特殊的活佛。第一，他是通过金瓶掣签认定的十世帕巴拉呼图克图活佛，具有很高的政治和宗教地位；第二，他是一位类似六世达赖仓央嘉措式的又一个封建禁欲的叛逆者，曾有过“康珠玛”明妃，为此还一度“撤销”过呼图克图的封号；第三，他对藏族民间艺术有着特别浓厚的兴趣与爱好，不仅亲自倡导并在寺庙组织了昌都寺藏戏班子、开创了昌都寺跳卓舞的先河，而且还把说唱《格萨尔王传》的艺人请到自己的府邸说唱，并命人整理过《格萨尔王传》。所以，我们说他是藏传佛教活佛中少有的敢于公开

注 释：

① 桑吉松布：《向生·西饶松布传》，第29页，藏文木刻版。土呷：《明代高僧向生·西饶松布与西藏昌都强巴林寺建寺年代新考》，《中国藏学》，2010年第4期，第29页~35页。

② 土呷:《西藏昌都帕巴拉活佛与帕巴拉呼图克图名称沿革考释》,《中国藏学》,2012年第1期,第80~85页。

③ 土呷:《西藏昌都历代帕巴拉活佛与中央政府的关系研究》,《西藏研究》,2012年第3期,第17~37页。

④ 土观·罗桑却季尼玛著，刘立千译注：《土观宗教源流》，第170页，西藏人民出版社，1984年版。

⑤ 江参：《昌都强巴林寺及历代帕巴拉传略》，藏文版，第64页，《西藏文史资料选辑》第十八辑，中国藏学出版社，1995年12月版。

冲破佛教清规戒律、痴迷于民间艺术的高僧之一。研究他的生平，探讨他对藏族传统文化做出的突出贡献，对于理解藏传佛教高僧为推动和发展藏族传统文化艺术方面有着重要的学术意义。

一、十世帕巴拉·洛桑土登米旁次成加村生平

十世帕巴拉·洛桑土登米旁次成加村，简称次成加村（以下简称十世帕巴拉），男，藏族，1901年出生在西藏芒康朵崩岗（今芒康县普拉乡多必共村），父亲益西曲培，母亲楚成卓嘎。在十三世达赖喇嘛土登嘉措和驻藏大臣的监督下，在拉萨大昭寺释迦牟尼佛像前，经金瓶掣签认定为十世帕巴拉活佛①。1912年，十世帕巴拉被迎请到昌都寺举行坐床典礼。之后，去拉萨色拉寺结巴扎仓学经，由十三世达赖喇嘛为十世帕巴拉取法名洛桑土登米旁次成加村。在经师七世甲拉活佛玉美曲吉旺修的教授下学习6年并受戒。

十世帕巴拉是在西藏内忧外患和清末民初改朝换代时转世和坐床的。1904年，英帝国主义发动了第二次侵藏战争，为了维护祖国的统一和领土完整，昌都孜雪拉章毅然派出士兵，奔赴前线与西藏人民一起共同抗击英国侵略者。1906年8月，清廷为统筹川边经营事宜，任命赵尔丰为督办川滇边务大臣。1908年3月，清廷任命赵尔丰为驻藏大臣兼边务大臣。赵尔丰即在昌都拉开了改土归流的序幕。当年9月，督办川滇边务大臣赵尔丰从成都启程，1909年12月10日抵达昌都，并布置护送川军入藏事宜。他用强硬的军事手段大力推行“改土归流”政策，将昌都地区的土司和呼图克图的统治权收归清朝中央政府。1910年，赵尔丰先后奏请将察木多改为昌都府②，并实行“改土归流”。1911年，代理边务大臣傅嵩炑驻扎昌都，以昌都、察雅“两处虽系呼图克图，而管理地方与土司无异，应一并改设流官”③，进而收缴了昌都、察雅两个呼图克图之印。不久，傅嵩炑应帕巴拉的请求，“查该呼图克图之印，与土司印不同，准其发还”④。1912年1月，藏兵东扩，占据了昌都地区各县。同年6月，四川都督尹昌衡被任命为西征总司令（后

注释：

① 昌都强巴林寺活佛、堪布杰龙·向巴曲扎著：《强巴林寺志》，藏文，第385页，昌都印刷厂版。江参：《昌都强巴林寺及历代帕巴拉传略》，第153页，西藏文史资料选辑第二十七辑，中国藏学出版社，2010年12月版。

② 四川省民族研究所编：《清末川滇边务档案史料》，中册，第678页，中华书局，1989年版。

③ 四川省民族研究所编：《清末川滇边务档案史料》，下册，第1092页，中华书局，1989年版。

④ 四川省民族研究所编：《清末川滇边务档案史料》，下册，第1098页，中华书局，1989年版。

改川边经略使），率领新军入康，击退藏军，恢复了对昌都各县的统治。1912年5月16日，在西藏噶厦地方政府的授意下，昌都寺暗调民兵，当场砍杀川军十余名。时任清朝边军第七营营长兼昌都县知事的彭日升，一气之下组织川兵反攻，放火焚烧昌都寺[①]。十世帕巴拉和谢瓦拉活佛为躲避战火前往拉萨。1913年，为了加强对昌都地区的管理，西藏噶厦地方政府在昌都设立了"朵麦基巧"（昌都总管）[②]，设噶伦1名，总揽昌都地区的军政事务。

1918年，年满17岁的十世帕巴拉为修缮被烧毁的昌都寺，向十三世达赖喇嘛呈文请假，提出学经考辩及修比丘戒等诸事虽没完成，但昌都寺修缮刚刚开始，需要返回寺庙主持寺政。得到十三世达赖喇嘛的批准后，于1919年返回昌都寺。他首先要办的事是与首任昌都朵麦总管噶伦喇嘛强巴丹达商定，颁发修缮寺庙之文告，俗称"土羊年文告"（意为1919年文告）[③]，着手恢复修建被彭日升烧毁的昌都寺。焚寺前，昌都寺有僧侣3000余人；焚寺后，僧众四处逃匿，只剩下600余人。"土羊年文告"重申了昌都每户人家"两丁抽一"，即有两个男孩的家庭必抽一人为僧的制度，明确了缴纳税收的范围等一系列有关政策措施。这些制度和措施使昌都寺的僧众在较短的时间内得以迅速增加，寺庙得以全面恢复修缮，佛事活动逐渐恢复正常。为使读者对当时的情况有一个基本了解，我们将珍藏在昌都地区档案馆的藏文史料"土羊年文告"的主要内容翻译引用如下：

对初始主持通娃顿垫（通娃顿垫为三世帕巴拉——笔者注）及历代主持的管理，历史上有很高的评价。正如《噶当书》中所载："最初从四位僧人发展到3000余众，精通'三学'的释迦弟子一举成为众生之救主"。然而，当3000僧众在数量上一跃成为黄帽系之冠，清净修持和传播本教派法门时，却遭到怨敌极大摧残，……僧人仅存600余众。上师目睹其状，一阵心酸，大发慈悲，遂结合前世历代喇嘛和导师们特别制定的盟约对所教化的弟子们的会供资财收支项目进行汇总，并针对过去有些未将僧源制度按本教派的规矩进入仪轨和法事的具体实际，依靠上主圣恩，紧紧围绕弘法兴政，为尽力使各部门得以恢复，僧人管理规矩和所有庙产善源范围按过去所定规矩执行自不必说，按上年朵康文武总管大臣

注 释：

① 王廷选：《昌都历史述》，原稿，昌都地区档案馆藏。《昌都地区社会调查资料选》，主编，第202~210页，2000年8月由西藏昌都地区地方志总编室内部出版。为西藏昌都地区地方志参考资料之三。

② 土呷：《"朵麦基巧"沿革考》，《中国藏学》，2009年第1期，第161~170页。

③ 江参：《昌都强巴林寺及历代帕巴拉传略》，第154页，西藏文史资料选辑第二十七辑，中国藏学出版社，2010年12月版。

上师向政教大小执事们询问协商所形成的指示精神，各修行部所占有的庄园按过去应缴税种如数全额缴纳并永远坚持下去，不得有任何争议、改变和违反。……对此，今后主寺会供和修法赋税将根据百姓部落较小且少的具体情况按主寺制定的原有规矩实行“两丁抽一”入寺，并将造具分配花名册。喇嘛、活佛、寺庙、百姓、官员等务必明辨事理，无论职位大小，任何人不得违反此令，不得对僧源进行争议和阻挠。如有违令者，必依法追究。……今后，本府内各修行部僧人下半旬法会需增加税赋，应提前将其法会所需开支按各项的实际之需造具预算，不得在过去下半旬法会在编僧人中增加赋税，四人间涉及承担的支差凭证及“旦觉”修行、以及“桑丹”等事宜，执事僧可根据拉章内难以承担下旬法会所需茶、酥油、粮食、干果、牛羊肉、奶和牲畜等的具体情况适当放宽。筹备部门的僧人根据石材和木材拥有量在此期要新建众僧会聚的遍喜乐园，无论高低贵贱，任何人均不得违反规定程序而促其施工。与之派差无关的僧人、大小俗民执事不得责罪进行打骂，否则一切责任自负。将组织执法小堪布对执事进行严格追究。因此，望大家永远认真取舍不得违反①。

“土羊年文告”的发布，在昌都寺的发展史上有着非同凡响的意义，标志着昌都寺恢复的工作全面启动。后来的昌都朵麦总管多次重申“土羊年文告”的内容，也说明其内容的重要性。“土羊年文告”的发布和昌都寺的恢复，为十世帕巴拉赢得昌都僧俗人民众口称赞的主要原因之一。

十世帕巴拉在拉萨学经时，喜欢看藏戏。当他于1919年返回昌都不久，就亲自倡导并组建了昌都寺阿却扎仓的藏戏班子。十世帕巴拉生性风流倜傥，放荡不羁。1920年，十世帕巴拉有了“康珠玛”明妃，十三世达赖喇嘛认为这违犯“戒律”，下令“废除其帕巴拉呼图克图名号”②，查封皇帝御赐的宝物及拉章的全部财产，只留7个随从和佣人，罚其于净地日追闭关静修思过。尽管撤销了十世帕巴拉“呼图克图”的名号，但他仍挂念昌都寺的僧俗群众，一方面继续不停地负责管理昌都寺的恢复修缮工作；另一方面还专门邀请八宿的然让活佛，授受沙弥、比丘戒律及灌顶经教。为使昌都寺的学经制度走上正常轨道，他还特意迎请嘎达赤活佛，为昌都寺僧众讲授《甘珠尔》和《丹珠尔》。1930年，十世帕巴拉

注 释：

① 昌都档案馆馆藏藏文抄件。

② 江参:《昌都强巴林寺及历代帕巴拉传略》，第154页，西藏文史资料选辑第二十七辑，中国藏学出版社，2010年12月版。

从昌都寺长远发展着想，恢复创建次尼扎仓即法相院。为筹集修建次尼扎仓的资金，十世帕巴拉将拉章之土地、草场、庄园，以及施主的布施等收入作为其基金。同时邀请尼隆杂活佛降班若白洛珠主讲佛法经典。十世帕巴拉自己担任次尼扎仓名誉堪布。开设有因明学启门广略摄类学、思辩学、成住质三类学。考辩时他亲临考场主持或监督，特别注重闻思学业的提高。新建可修炼先行四本、观世音颂、大威德十三之静修院等。据藏文史料记载，十世帕巴拉还“对穷困百姓颁发减免赋税之凭条等”[①]。他不仅为僧俗群众念经祈祷，而且还应邀到天葬场亲自为死者尸体分解肢体进行天葬。“毋论尊卑贵贱、亲疏远近何人辞世，均应请迅至逝者近前，为其诵咒开路，祈祷往生净土。信众呈供之物皆即刻上供下施，从不据为已有。待聋哑眼障、年老体弱、疾病缠身、孤苦无依之人，则施以衣食供养之举，慈爱有加”[②]。十世帕巴拉“不可苛累于百姓”的主张，尤其为僧俗群众逝世时到天葬台念经祈祷之事等亲民行为，在高僧中是极为罕见的，所以，更受广大僧俗群众的敬重与崇拜，至今仍为昌都僧俗人民所称道。

1933 年秋，昌都寺全体僧人和昌都广大群众强烈请求恢复十世帕巴拉的“呼图克图”名号，并派出卓尼顿甲为代表去拉萨陈词上报十三世达赖喇嘛准允。但派出的卓尼顿甲等还来不及面呈，达赖喇嘛却于 10 月圆寂。1934 年夏，国民政府参谋本部次长兼边务组长黄慕松入藏致祭十三世达赖喇嘛圆寂。途经昌都时，昌都寺的代表又详细陈词，直到黄慕松 8 月到拉萨与热振活佛商定协调后[③]，才于当年 9 月，由摄政热振图丹降班益西盖印发文同意恢复：“允准恢复帕巴拉之封赐名号。剃度受戒等佛事由拉擦贡多活佛承负”[④]。由此同意恢复十世帕巴拉“呼图克图”名号及他在昌都寺的政教地位。

1934 年 9 月 22 日，在昌都寺举行了隆重的恢复封赐名号仪式。昌都朵麦总管哲东 · 久美多吉亲自参加并迎接十世帕巴拉。他将噶伦喇嘛 · 强巴丹达查封的印章打开封条后，呈还于十世帕巴拉，至此，昌都寺政教事务都由十世帕巴拉承

注 释：

① 江参：《昌都强巴林寺及历代帕巴拉传略》，第 155 页，西藏文史资料选辑第二十七辑，中国藏学出版社，2010 年 12 月版。

② 江参：《昌都强巴林寺及历代帕巴拉传略》，第 155 页，西藏文史资料选辑第二十七辑，中国藏学出版社，2010 年 12 月版。

③ 谢廷杰、洛桑群觉：《西藏昌都史地大纲》，第 286 页，西藏人民出版社，2000 年版。

④ 江参：《昌都强巴林寺及历代帕巴拉传略》，第 156 页，西藏文史资料选辑第二十七辑，中国藏学出版社，2010 年 12 月版。

负。“帕巴拉严把寺庙戒律，呵怀僧众冷暖，诸事管理得当”①。为使讲经院内外的各机构完善，更加规范学经制度，十世帕巴拉邀请哲蚌寺高僧帕邦卡活佛讲经传法。1935年9月22日，帕邦卡活佛莅临昌都寺传授经典。当讲到《八楞伽经》所载食肉之孽，并教导僧徒切不可食非三净之肉。为此，十世帕巴拉严厉规定昌都孜雪各拉章，改易先前宰杀牲畜之旧规，并要求立誓守约。自此，拉章宰杀牲畜之例得以杜绝，无论何种肉类均须到市场购买。帕邦卡活佛在昌都寺传授显密宗长达一年多，前来聆听的有昌都各宗的活佛、格西等僧人，而且云南等地的喇嘛、活佛、格西等僧人也纷纷前来聆听②。为使昌都寺次尼扎仓开齐其他显教经典课程，十世帕巴拉与帕邦卡活佛商定，特意迎请帕邦卡活佛之弟子，显密双通的格西向巴塔益讲经传法，为后来昌都寺的再次兴盛奠定了良好的基础。

1936年10月底，十世帕巴拉应邀去丁青麦如一带讲经。1937年春，十世帕巴拉返回昌都，略有病症，虽举行祈寿等佛事活动，然于当年9月28日在昌都病故，享年37岁。十世帕巴拉所著佛典有《象班之补足供》《修炼菩提道次第经教》《修炼密道之多哈金刚曲》《神道与人道之教言》③等若干部。

二、十世帕巴拉是昌都寺藏戏的倡导者和组织者

昌都寺的藏戏，在当地被称为“拉姆羌”，意为跳仙女舞或演仙女戏。也有人称为“朗他羌”，意为跳传记舞或演传记戏。主要由昌都寺阿却扎仓中属于昌都城镇的僧人来表演（古学扎仓的僧人偶尔也演藏戏）。

昌都藏戏来源于卫藏一带。19世纪末，昌都寺古学扎仓的僧人，曾模仿卫藏地区的藏戏演出过，但影响不大，既没有形成演出的惯例，更没有组建专门的藏戏班子。十世帕巴拉年幼时在拉萨色拉寺学经时，受到了卫藏藏戏的影响，加之他是一个性格开朗，思想活跃，类似六世达赖喇嘛仓央嘉措式的风流倜傥的人物，爱好写诗书画、歌舞宴乐。当他于1919年返回昌都后，便组织和倡导了昌都寺阿却扎仓藏戏班子的筹建工作。为了使藏戏在昌都扎下根，十世帕巴拉颇有

注 释：

① 江参：《昌都强巴林寺及历代帕巴拉传略》，第156页，西藏文史资料选辑第二十七辑，中国藏学出版社，2010年12月版。

② 江参：《昌都强巴林寺及历代帕巴拉传略》，第158页，西藏文史资料选辑第二十七辑，中国藏学出版社，2010年12月版。

③ 江参：《昌都强巴林寺及历代帕巴拉传略》，第159~160页，西藏文史资料选辑第二十七辑，中国藏学出版社，2010年12月版。

远见地采取了以下三项重要措施：（1）成立专门的藏戏班子。正式规定昌都藏戏演员只准在昌都寺阿却扎仓中属于昌都城区的僧人中挑选。（2）解决了藏戏排练和演出的场地。十世帕巴拉独具慧眼地把昌都近郊风景秀丽的达绒觉恩木寺划拨给他们，作为排练和演出藏戏的基地。（3）规定了藏戏演出的时间。十世帕巴拉参照拉萨“雪顿节”的演出时间，明确规定昌都寺藏戏的表演时间为藏历七月中旬的“雅奶节”——夏令安居时演出。

当然，某个艺术品种在昌都扎下根，得益于传播和受到群众的欢迎，不仅仅是凭一、两个人的主观愿望说了算，而必定有一定的社会基础和广大群众审美情趣的需要。先说社会基础：自1913年以来，西藏噶厦地方政府在昌都设立“朵麦基巧”（昌都总管府），1918年“朵麦基巧”正式迁移到昌都城区以来，派遣大量藏兵在昌都驻守。由于这些藏兵是从卫藏拉萨等地征兵而来，他们酷爱流行于卫藏的藏戏艺术。在他们闲暇之余和节假日时，偶尔排练诸如藏戏《诺桑王子》的片段演出。于是，他们无意中也把藏戏介绍给了昌都人民，同时也培养了昌都人民对藏戏艺术的审美情趣和欣赏习惯，为以后在昌都流传藏戏奠定了一定的社会基础。再说藏戏本身的艺术魅力：藏戏是15世纪噶举派僧人汤东杰布开创的广场艺术。相传为汤东杰布为化募修建雅鲁藏布铁索桥资金而创作的文艺演出形式，内容多取材于宗教题材的神话传说和民间故事，一般是连台演出。17世纪以后，逐步形成了比较完整的艺术表演形式。藏戏故事情节完整，唱腔高亢，动作舒展健美，用鼓和跋来伴奏，有浓厚的藏族艺术特点。正是藏戏的这些艺术特点，给康区昌都人民耳目一新的感觉，进而赢得了昌都群众的喜爱和欢迎。

我们既要承认昌都藏戏来源于卫藏一带，并受到汉族戏剧的影响，同时也要充分肯定昌都藏戏在整个西藏藏戏中所占的一席地位。正是十世帕巴拉在内的不少高僧和很多艺人的共同努力，最终使昌都寺的藏戏成为西藏众多藏戏流派中独具特色的一大剧种。在藏戏昌都化的过程中，应该说十世帕巴拉起了重要的推动作用，他即是昌都寺藏戏的倡导者，同时也是昌都寺藏戏的热情组织者和推广者。

三、十世帕巴拉是一位难得的《格萨尔王传》的喜爱者和传播者

十世帕巴拉不仅在宗教经典上有造诣，受到僧俗群众的爱戴，而且还是一位痴迷于藏族史诗《格萨尔王传》的活佛。在其经堂里绘有格萨尔王和30位英雄

的画像，他把昌都著名说唱《格萨尔王传》艺人学图·旺波请到寺内说唱，命人将说唱内容记录整理成文[①]。据说在十世帕巴拉父亲益西曲培的主持下，整理成册的《格萨尔王传》手抄本就有 18 部之多。上世纪 80 年代，笔者在地区文化局工作时，曾专门调查了解过《格萨尔王传》18 部手抄本的下落。遗憾的是只了解到 1959 年叛乱时，这些手抄本被昌都寺第二大活佛谢瓦拉带走时遗失，至今下落不明。

关于学图·旺波的情况，我们知道的也很少。只知道他的家在昌都县沙贡乡学图村，他的名字叫旺波，是昌都著名的说唱《格萨尔王传》艺人，经常被十世帕巴拉邀请到自己的官邸说唱《格萨尔王传》。好在 1960 年 7 月，著名的《格萨尔王传》研究专家徐国琼老师历经千辛万苦，孤身一人赴康区昌都等地收集《格萨尔王传》时，曾专门拜访过《格萨尔王传》的著名说唱艺人登巴江才。从他那里了解到一些学图·旺波的情况。据登巴江才本人介绍，“在他未满二十岁时，曾向著名‘仲肯’学图·旺波·布拉俄吾詹笃学唱过”[②]。登巴江才说“我的老师学图·旺波是一位非常了不起的‘仲肯’，他能唱的〈格萨尔〉，要用牦牛才能驮得走！”[③]。据登巴江才介绍，学图·旺波除能唱《天岭九卜筮》《花岭诞英雄》《赛马七珍宝》等部外，还亲自加工编唱过与别人唱法不同的《姜岭大战》《门岭大战》等部。另据昌都 80 高龄的才旺扎巴老人介绍，学图·旺波还加工说唱了《大食财宝城》《尼泊尔绵羊城》《蒙古骏马城》《昔日珊瑚城》《阿乍玛瑙城》《阿赛铠甲城》《祝姑兵器城》等七部[④]。

在十世帕巴拉的影响下，昌都一带传唱《格萨尔王传》曾风靡一时。昌都寺第二大活佛谢瓦拉也是一位《格萨尔王传》的爱好者。他曾藏有 10 多部《格萨尔王传》。尤其是他在昌都生格村的夏季别墅里就有《格萨尔凯旋归宴图》等大型壁画。不幸的是这些珍贵的壁画在“文革”中遭到毁坏，但幸运的是 1960 年 7 月，徐国琼老师亲自考察过这幅壁画，且有详细的考察记录，在此全文引用，以窥见

注 释：

① 土呷：《西藏昌都历史文化研究文集》，第 421~422 页。中国藏学出版社，2010 年 9 月版。

② 徐国琼：《试论〈格萨尔〉‘仲肯’的‘博仲’》，降边加措等编：《〈格萨尔王传〉研究文集》（二），第 118~119 页，四川民族出版社，1989 年 10 月版。

③ 徐国琼：《试论〈格萨尔〉‘仲肯’的‘博仲’》，降边加措等编：《〈格萨尔王传〉研究文集》（二），第 118~119 页，四川民族出版社，1989 年 10 月版。

④ 徐国琼：《试论〈格萨尔〉‘仲肯’的‘博仲’》，降边加措等编：《〈格萨尔王传〉研究文集》（二），第 119~120 页，四川民族出版社，1989 年 10 月版。

这幅已毁坏壁画的原貌：

（谢瓦拉的）别墅由一个大院组成。建筑物是清一色的木质结构，雕梁画栋，宏伟壮观。一连几间楼房，组成了楼上一个宽敞别致的大客厅。登上楼梯，客厅墙壁上一幅大型彩色壁画《格萨尔凯旋归宴图》即呈现在眼前。我来不及放下挎包，便站在壁画前仔细地看了起来……

壁画自楼梯头对面壁上开始，沿着几间楼上正壁通幅画成，画面高约两米，长约 20 余米，彩色绘制。其画面为：

在岭国森珠达泽王宫前的达塘查茂大会场上，树立着御帐“通哇衮曼”大宝帐。在宝帐的彩色帷幕下面，正中设一宝座。威武仁慈、面如皓月的格萨尔大王端坐在宝座上。他右手持着一枝开放的牡丹，牡丹上方显现出一枚“如意金刚”。他左手持一盘正欲给众人分赠享用的珠宝，粒粒珠宝放射着莹莹晶光。座前支有方桌一张，桌上摆有各种佳肴美食共 24 盘。盘中有水果、糕点、牛奶（大碗，以羹匙示意）、各种肉食、饭食等。赴宴的每人旁边都用藏文署有名字。桌右边坐着格萨尔的长兄贾察霞尕尔。贾察手提酒瓶，示欲开瓶斟酒状。桌左边坐着眉、须皆白的老父森隆。森隆手持一碟，碟中盛一杯奶茶，示意正在喝茶状。森隆右边坐的是且居系的部落长赛巴·尼奔达雅。尼奔达雅右手提一直毛笔，左手持书卷，示意正欲书写文书。桌前站着格萨尔大王的 4 名贴身侍卫。右边两人，一为巧嘴矮子俄丑穆穹卡德，一为侍卫官维美拉旦。穆穹卡德双手捧着哈达，哈达一端栓有一大银锭。维美拉旦手持玉如意一枚。左边两侍卫，一人为仲居系侍卫官文布·江赤安庆，另一人为传令官郭曲梅让达玉。江赤安庆手端茶壶，示欲倒茶。郭曲梅让达由双手端一食盘，盘中盛有 6 碟，示正在往席上上菜。格萨尔大王两后侧，为歌妓演奏舞乐之地，7 个乐女，各奏一种乐器，边奏边舞于格萨尔两旁。自格萨尔右肩后面向外，第一歌女手弹琵琶，第二歌女口吹长管喇叭，第三歌女口吹葫芦形长管芦笙。自格萨尔左肩后面向外，第一歌女摇彩扇，双唇圆吹，似在作某种口技；第二歌女手摇上端以线穿连的两片双板；第三歌女手握横笛，正在吹奏；第四歌女怀抱经卷，经卷用圆寿字图案布（锦）料包裹。

格萨尔大王就座的正席左右各设一席。

左席设在且居系长官赛巴·尼奔达雅（主宴席在座者之一）座位后面。桌上摆有一茶壶、一茶杯、一酒壶、一酒杯、一盘。盘中放有鱼两尾，颠倒放置，一尾仅剩鱼头连着骨架，一尾也已取食过半。另放有米饭一盆，米粒圆圆可数。此席在座者为：大臣巴拉生达阿顿，木江·仁庆达尔鲁，仁喷，旦生玉安本美，珠·尕德却江外乃亥，查香丹玛香查以及玛玉长官阿库晁同。

右席在座者为：王妃珠牡的弟弟嘉洛·伍雅周吉，大臣南格玉达，贾察之子扎拉泽嘉，阿奴巴森，晁同之子年查阿旦，总管王幼子戎察玛尔勒，尕鲁尼玛江参，那鲁塔巴江参，拉工布鲁，叔叔岭国老总管戎察叉干（吉奔），旦彭，共11人。此席上的戎察玛尔勒双手展示一横卷，卷上写有“金子，四、五、六”5个汉字，字迹清楚，笔画结构生疏不合规范。

在左、右两席旁边，尚站有无名侍童6人。6童皆光头，穿藏袍。

整幅壁画共40人。除7名歌女和6名侍童未署名外，其他27人均用藏文在人物下面署有名字。

在左、右两席后面，各绘有一个大型花瓶。瓶中插着几枝红花绿叶正在开放的牡丹。

格萨尔与在座诸人，除晁同外，其余26人头上皆戴尖顶卷边喇叭口型圆顶羊毛毡帽，帽顶多插有彩色孔雀翎毛，毛梢均向左倾斜；人人均穿藏袍，容态虽然各异，但均现慈容。唯晁同与众不同，他光脑袋，络腮胡，圆睁怒眼，半开血口，右手食指与拇指持一放光圆珠，举国头顶，似在向席间炫耀手中所举珠宝。在左席在座者仁喷后面，放有一张空桌，桌前坐着文书南阿巴。南阿巴右手握毛笔，正在直书两幅字帖。其中一帖已写好，放在桌上。贴上书有“吉祥如意”4个汉字。字迹清楚，字形仍不规范，其中“祥”字的“礻”旁写成了“衤”旁。另一帖“吉”字已写好，“祥”字刚写了个“衤”旁，示正在书写状。

在御帐“通哇衮曼”上面，正对格萨尔头顶上空，天母贡曼婕姆骑一头绿鬃狮子，显现在滚滚翻动的彩云中间。天母左边有一巨龙，舞着利爪，驾着浓云俯视。晁同右手所持的放光圆珠，又好似在戏此向下俯视的巨龙。

整幅画面，即如上述。这是一幅不可多见的大型壁画。在以《格萨尔》史诗为题材的绘画中，如此精湛的绘画民间仅见到过此幅。可惜当时未带相机，未能拍照，无可奈何，笔者只好先在笔记本上把画面构图部位如实画出，再按每个部位画面所画，作上述详细文字记录。回到西宁后，我将这份文字记录读给青海美术家协会的藏族老画家、“五屯画派”名师卡先加及画家罗赞听，并将该画的画面布局图出示给他们两人看。两位画家看后都说，根据这份记录，完全可以另画一幅类似的画卷。随即“文革”到来，两位画家重画的愿望未能实现。“文革”后经多方打听，一位来自昌都的人士告知：“别墅里的原画在‘文革’期间已经通通铲掉了！”原画虽然已经毁了，欣幸还留有此篇考察纪实[①]。

笔者之所以不惜篇幅地引用全文，是因为这幅壁画对于了解和研究《格萨尔王传》壁画、研究藏汉民族的文化交流、研究藏族食鱼的习俗和器乐文化等多方面，有着重要的历史价值与研究价值。同时，也缅怀当时克服千难万险，孤身一人考察《格萨尔王传》的著名学者徐国琼老师的历史功绩，是他的敬业精神和对藏民族文化的热爱，才使我们得以领略在“文革”中被毁壁画的研究价值和艺术风采。

以十世帕巴拉为主的高僧们热爱、收集、整理《格萨尔王传》的行为，对于规范史诗的文字，减少史诗在民间流传过程中的变异，起着十分重要的作用。惟一遗憾的是至今流传下来的《格萨尔王传》手抄本还没有收集到十世帕巴拉命人整理、规范过的《格萨尔王传》手抄本，但这并不影响十世帕巴拉为整理、规范《格萨尔王传》手抄本所作出的贡献。在西藏大活佛中如此酷爱藏民族优秀文化，把英雄史诗《格萨尔王传》推崇到如此地步实属罕见。

四、十世帕巴拉开创了昌都寺庙卓舞的先河

“卓”是藏语的音译，是指远古流传在昌都一带的以脚步动作为主的民间舞蹈形式的名称。卓舞在汉语中俗称“锅庄”舞，广泛流传于昌都地区 11 县，其中流传在昌都县的卓舞最具特色。昌都卓舞的音乐以淳朴深沉、奔放流畅和浓郁的地方特点而闻名区内外。卓舞一般不受时间、地点人数所限。人数少则几个，多则上百。卓舞动作的基本特点，丰富多样的脚步动作是昌都卓舞的一大特点；拉手、甩手、挥手成了卓舞动作的第二个特点；卓舞动作的第三个特点是，卓舞因无乐器伴奏，故很注重整个舞姿的力度和气势。而力度和气势主要靠脚步强弱有序、高低快慢的节奏来表达感情和力度。

昌都卓舞分为农区卓舞、牧区卓舞和寺庙卓舞三大类。寺庙卓舞在昌都叫“曲卓”，据说是十世帕巴拉活佛倡导和引进的。寺庙卓舞从歌词内容上看，则以歌

注 释：

① 徐国琼：《〈格萨尔〉考察纪实》，第 240~247 页，“别墅里的格萨尔壁画”，云南人民出版社出版，1993 年 8 月版。

颂佛法高僧为主；从风格上看，则豪放典雅、注重造型；从服饰上看，则非常讲究服饰，喇嘛们头戴蒙古式红须圆盘帽，身穿水獭或虎皮镶边的高级藏式长袍，极讲究火镰盒和银丝带，必着肥大的裤腿衣，显示出雍容华贵、超凡脱俗的姿态；从舞蹈者的身份上看，表演者都是清一色的喇嘛，没有女性。

卓舞从古至今，之所以流传到现在，得力于千千万万的劳动人民，是用口头代代传承下来的结果。而十世帕巴拉以他独有的艺术情趣爱好，冲破宗教清规戒律的桎梏，毅然引进民间卓舞并开创了昌都寺庙卓舞的先例，不能不说是一个大胆而有益的行为，这为卓舞艺术发展带来了新的契机，扩大了卓舞的流传范围，丰富了卓舞的品种。据说寺庙卓舞《艾玛伙啦嗦》的歌词就是由十世帕巴拉创作填词[①]。歌词内容是这样的：

艾玛伙啦嗦！
人杰雄狮是神的宝贝，
领着战神魏玛的队伍，
法相庄重威严地来吧，
亲临右边卓舞的队列；
神力加持的父系英雄，
儿子永记父亲之大恩，
我也时常不忘祈祷他，
心里想着人杰雄狮王；
脚的卓舞与手的噶舞，
敞开歌喉引歌唱一曲，
太阳一般可敬的神子，
您满月般雄姿驻心间。

艾玛伙啦嗦！
快如雷电加持之雄狮，
魏玛白色之战神顿珠，
敬请展开迷人之笑颜，

注 释：

① 土呷：《西藏昌都历史文化研究文集》，第421~422页。中国藏学出版社，2010年9月版。

不要吝啬动人之嗓音；

心怀欢悦智力来眷顾，

加持之征兆敬请显现，

业绩伟业敬请遂我愿，

身语意作为贡品奉献；

父之怜悯是念的宝贝，

父亲永记儿子之感情，

如若没忘记现在就来，

带着吉祥加持请参与[①]。

从歌词内容上我们不难看出，它既充满着佛教浓郁的思想，又较多地留下了藏族僧人写诗注重修辞典雅，辞藻堆砌的艺术手法。这与民间卓舞歌词清新明快，通俗易懂的形式形成了鲜明的对比。但作为昌都寺第一大活佛的十世帕巴拉亲自撰写歌词，引进卓舞艺术，开创昌都寺庙卓舞的先河是值得充分肯定和赞赏的。

五、十世帕巴拉在藏民族文化艺术发展史上的地位与作用

从藏传佛教的角度看，十世帕巴拉是一个封建禁欲的叛逆者。他向往自由，分享文化的情趣，渴望过上普通人的正常生活，但他身不由己，是一位已出家受戒的高僧——昌都寺的第一大活佛。按照藏传佛教的戒律，沙弥戒受持36条戒律，其中包括“不杀生、不偷盗、不淫欲、不妄语、不饮酒、不涂饰香料、不视听歌舞”等，这些戒律是任何一个佛教徒神圣不可侵犯的。而十世帕巴拉敢于冲破封建禁欲的枷锁，公然娶“康珠玛”明妃，就犯了“淫欲”戒；他爱好歌舞音乐，就犯了“不视听歌舞”戒，这些都是藏传佛教所不容许的。如果我们从十世帕巴拉对藏族传统文化的发展和传播方面所做出的历史功绩分析，把他放在一定的历史条件和特定的环境中去评价，那么其价值便远远超过他的叛逆行为，而具有重大的积极意义和进步意义。我们可以这样评价，十世帕巴拉是六世达赖喇嘛仓央嘉措之后为数不多的又一个封建禁欲的叛逆者，他在藏族传统文化诸多领域内做出的突出贡献是值得充分肯定的，他在藏族传统文化艺术发展史上，更是有着一席独特的地位。然而，以往人们对十世帕巴拉的事迹了解不多，对其材料挖掘不够，

注 释：

① 昌都县文化广播电视局编：《昌都锅庄》，（藏文版），第32页，中国藏学出版社，2010年9月版。

故他在藏族传统文化诸多领域做出贡献的行为没有引起足够的重视。相信随着研究的深入，埋没在历史迷雾中的十世帕巴拉在西藏传统文化发展史上的地位会得到应有的肯定与正确的评价。

1. **十世帕巴拉创建昌都藏戏，为扩大藏戏的范围与影响做出了突出的贡献**。传统的藏戏艺术首先是从卫藏一带兴起的，后来随着发展也逐渐流传到了包括“康”等在内的整个藏族地区，成为藏族人民喜爱的传统艺术品种之一。地处横断山脉和三江流域的昌都人民素以能歌善舞而著称。他们把跳锅庄、舞热巴、拉弦子、唱山歌、说唱《格萨尔王传》等作为传统艺术中最喜爱的艺术品种。由于自然环境、历史条件和欣赏习惯的不同，藏戏在昌都一带没有普及至锅庄、热巴、弦子那样广的程度。但由于像十世帕巴拉这样具有开明意识的高僧们的努力，使藏戏在昌都寺等地扎下了根，其积极意义是扩大了藏戏在康区的影响，也为昌都人民的精神文化生活领域又增添了一个新的艺术品种。

2. **十世帕巴拉对民间文学有着特别的爱好与情趣**。由于他的倡导和爱好，敢于冲破宗教的禁区，创建了昌都寺称为“曲卓”的宗教卓舞。他身体力行，亲自撰写过民间舞蹈卓舞的歌词。如果我们从音乐舞蹈发展史的角度看“曲卓”在寺庙中推广的积极意义，一方面引进了充满生活情趣的民间舞蹈品种，丰富了寺庙的文化生活，使僧人有更多的机会接触流传在民间的原生态藏族舞蹈；另一方面也推广和扩大了民间原生态卓舞的影响。所以说十世帕巴拉为引进和扩大卓舞的影响做出了重大贡献。

3. **十世帕巴拉是在推广、搜集、整理《格萨尔王传》方面做出贡献的高僧活佛之一**。《格萨尔王传》是藏族人民创作的一部伟大的英雄史诗，是藏族人民奉献给世界文化宝库的一部最宏伟的文学巨著。《格萨尔王传》始终贯穿着降妖伏魔、伸张正义、抑强扶弱、正义战胜邪恶这个主题。它包含着丰富的社会内容，有着很浓郁的民族风格，在艺术上达到了很高的艺术成就。在这方面，民间的说唱艺人既是史诗的创作者，又是传唱者和继承者，他们为此做出了杰出的贡献，理应名垂青史，日月同辉。同时，我们不应忽视的是有一些藏传佛教界的活佛高僧，在搜集、整理、规范《格萨尔王传》方面也做出了很大的贡献，尤其在版本的整理和规范方面的作用更为突出。而十世帕巴拉是这方面的杰出代表人物之一。他不仅把说唱艺人请到自己的官邸说唱《格萨尔王传》，而且责成有关人士整理过《格萨尔王传》。

在这里需要指出的是，尽管藏族人民对《格萨尔王传》视如珍宝，把抄本作为传家宝来珍藏，但在寺庙里尤其在格鲁派中是禁止存阅和传唱的[①]。不过由于十世帕巴拉的倡导，昌都曾一度对《格萨尔王传》格外关注与追捧。1985 年，西藏境内普查说唱《格萨尔王传》艺人时，共发现 39 名说唱艺人[②]，其中，仅在昌都境内就有 18 名，几乎占了西藏全区艺人的一半。之所以有这么多的艺人，与当年十世帕巴拉的爱好和倡导不无关系。如果我们把十世帕巴拉喜爱和倡导《格萨尔王传》的做法，放在格鲁派禁止存阅和传唱《格萨尔王传》的历史背景下考察，那么，我们很容易理解十世帕巴拉的这一叛逆行为的积极意义和所展露的非凡的勇气。

综上所述，十世帕巴拉在藏族传统文化诸多领域内做出的突出贡献是值得充分肯定的，他在藏族文化艺术发展史上，尤其在昌都地区传统文化发展史上更是有着不言而喻的重要地位。

2013 年 3 月 8 日写于昌都

原载《中国藏学》2013 年第 2 期

注 释：

① 中央民族学院《藏族文学史》编写组：《藏族文学史》，第 415 页，四川民族出版社，1985 年 9 月版。另见降边加措等编：《〈格萨尔王传〉研究文集》，第 44~45 页，徐国琼：《藏族史诗〈格萨尔王传〉》，四川民族出版社，1986 年 8 月版。

② 《〈格萨尔王传〉抢救工作“六五”总结》，刊 1986 年 10 月，西藏《格萨尔工作通讯》第 1 期，第 9 页，西藏自治区《格萨尔王传》抢救办公室编。

说唱《格萨尔王传》的“国宝”级艺人——扎巴

扎巴，男，藏族，1906年出生在西藏昌都边坝县加贡乡一个贫苦农奴家庭。1979年被西藏大学请去讲授《格萨尔王传》。扎巴老人1984年当选为西藏自治区政协委员、自治区文联委员，中国民间文艺研究会会员。后被授予“国宝”称号、人民艺术家称号。

扎巴自幼聪慧过人，天赋很高，具有惊人的记忆力。据扎巴本人介绍：9岁时他在山上放羊睡着后做了一个梦，梦见格萨尔的大将丹玛用刀把他的肚子剖开，将五脏全部取出，装进《格萨尔王传》的书页。梦醒回家便大病一场，其间神志不清，颠三倒四地说着格萨尔的故事。随后，家人把他送到边坝寺，请甘单活佛念经祈祷、沐浴作法，终于使扎巴慢慢地清醒过来。从此扎巴与以前判若两人，他一开口，不用思考，不用准备，像事先学过似的，就将格萨尔的故事唱了出来。

在他13岁时，开始了说唱《格萨尔王传》的生涯。扎巴的家乡位于昌都西北方的边坝县，曾是茶马古道必经之地的一个重要通道。扎巴经常与古道上的商人、朝佛者结伴而行，到西藏高原各地朝圣，途中便以说唱为生，常在路途歇脚，住上十天半月，为当地人说唱。后来，为了还清父母留下的债务，以及繁重的乌拉差役，扎巴不得不离乡背井，随带妻子、儿女离开边坝流浪，以说唱《格萨尔王传》行乞来养家糊口。此间，他朝拜了藏区的神山圣湖，膜拜了古刹名寺，后来他流浪到林芝才定居下来。西藏和平解放后，党和政府安排他在林芝公路养护段工作。

“文革”期间，扎巴被迫多年不能说唱《格萨尔王传》。党的十一届三中全会后，为了抢救著名史诗《格萨尔王传》，经西藏自治区有关部门批准，1979年西藏大学派专人找到扎巴，将全家8人安置在拉萨，使他有了一个舒适的环境，潜心于史诗的说唱录音工作。为了使《格萨尔王传》史诗保留下来，扎巴耐心地解答工作人员整理、记录时提出的各种疑难问题，并认真地进行修改，直到他认为满意为止。1984年8月，在拉萨举行7省区《格萨尔王传》说唱艺人汇演时，恰逢扎巴老人79岁寿辰。西藏社会科学院和西藏文联隆重召开祝寿大会，表彰他在《格萨尔王传》抢救工作中的巨大贡献。在祝寿会上，老人激动地说："在旧社会我是个穷要饭的，今天国家给予我很高的荣誉，我要更加努力地说唱，继承和弘扬优秀的民族文化"。1979年至1986年，扎巴说唱完了《门岭大战》《松岭大战》《天岭占卜九藏》等25部半，录制了大、小磁带998盘，约计500多万诗行。除了《姜岭大战》一部外，其余24部，已全部整理成藏文。其中的《门岭大战》《松岭大战》《天岭占卜九藏》等已成书出版，受到了广大读者的欢迎，学术界专家学者也给予极高的评价。仅扎巴老人说唱的25部《格萨尔王传》，相当于25部荷马史诗、15部印度史诗《罗摩衍那》，可谓世界之最。扎巴自报能够完整地说唱《格萨尔王传》大、小宗42部，对于一位年届八旬、目不识丁的老人，完全凭借记忆，竟能够说唱规模宏大、篇幅浩繁、人物众多、情节复杂的史诗，是十分罕见的。因此，他又被人们称为"比一座金房子还要宝贵"的著名艺人。经过西藏大学30余年的努力，至今已出版了扎巴说唱本11部，编纂扎巴谚语集一部。

西藏和平解放前，《格萨尔王传》说唱艺人社会地位极其低下，过着食不果腹、衣不蔽体的生活。艺人们把说唱《格萨尔王传》故事作为乞讨工具，换取食物，维持生计，他们艰辛的足迹散落在西藏的各个角落，扎巴老人也不例外。扎巴老人有七个儿女，在旧西藏，苦于生活窘迫，携全家背井离乡，长期流浪，他的妻子和五个孩子相继去世。西藏和平解放以后尤其是民主改革后，说唱艺人的社会地位和生活水平有了明显改变，扎巴老人从旧西藏过着乞丐一样的卖艺生活，到新西藏成为民间说唱《格萨尔王传》艺人，走上说唱艺术家的职业道路。"旧社会我是个要饭的，今天当上国家的主人。过去没有吃过的，现在吃上了；过去没有穿过的，现在穿上了；过去没有住过的，现在住上了。"简单的话语，概括了扎巴老人一生的辛酸与幸福的全部生活历程。

长期研究《格萨尔王传》专家的降边嘉措研究员说："扎巴老人是当代最著名的《格萨尔王传》说唱艺人，是卓越的人民艺术家。他具有惊人的记忆力和非凡的艺术才华，在他身上，充分体现了藏族劳动人民的聪明才智和吃苦耐劳的精神。他为做好这部伟大史诗的搜集整理工作，继承民族文化遗产，发展社会主义的藏族文化，做出了任何人无法替代的、不可磨灭的卓越贡献。"

1981年，在四川成都召开的第二次全国《格萨尔王传》工作会议上，扎巴被誉为“国宝”。1986年5月，在北京召开的全国《格萨尔王传》工作表彰总结大会上，扎巴被评为先进工作者，授予“说唱艺术家”的荣誉称号，受到了国家领导人的亲切接见。扎巴从北京返回拉萨后，立即投入了紧张的说唱。在他报的目录中，《巴嘎拉国王》之部是其他艺人不会说唱的，而在搜集到的抄本和刻本中也没有，故工作人员抢录了这一部。1986年11月3日上午，在录音整理间隙，扎巴老人盘腿而坐，面对录音机，考虑下一段如何说唱。就在此时，老人去世，终年81岁。

扎巴逝世后，在西藏大学举行了隆重的追悼大会，西藏自治区党委、政府、政协主要领导参加了追悼会;自治区党委宣传部副部长、西藏自治区《格萨尔王传》抢救领导小组组长拉巴平措致悼词,对他的一生作了高度评价,“扎巴老人投入《格萨尔》的抢救工作,直到生命最后一刻,为收集、整理英雄史诗做出了卓越贡献”。扎巴老人是广大听众公认的最杰出的《格萨尔王传》说唱艺人。他把自己的一生献给了毕生钟爱的《格萨尔王传》说唱事业。他作为“国宝”级的“说唱艺术家”是当之无愧的。

令人欣慰的是在扎巴老人的家乡边坝县沙丁乡热巴村，一位年轻的格萨尔艺人应运而生，他就是1990年出生的斯塔多吉，他在继承老一辈艺人说唱传统的基础上，有所发展、创新。他已于2010年被西藏大学破格录取，这是目前我国唯一一位进入现代化大学的格萨尔艺人和最年轻的格萨尔王说唱传人。据介绍，斯达多吉上小学三年级时即可说唱《格萨尔王传》分部之《姜岭之战》片段。目前，他已能说唱40部《格萨尔王传》分部。

2017年9月29日，“边坝《岭·格萨尔》艺人之乡”授牌仪式于在边坝县举行。中国社会科学院民族文学研究所藏族文学院研究室主任、全国《格萨尔王传》工作领导小组办公室主任诺布旺丹，亲临边坝县将“《岭·格萨尔》艺人之乡”牌匾授予曾先后诞生过扎巴老人、斯塔多吉两位《格萨尔王传》说唱艺人的边坝县。诺布旺丹主任在挂牌仪式上致辞：“边坝县著名说唱艺人扎巴老人是格萨尔研究方面的标志性的符号，对全国藏族史诗《格萨尔王传》的保护和抢救具有重要意义”。斯塔多吉作为西藏、全国乃至世界最年轻的《格萨尔王传》说唱艺人也应邀参加授牌仪式，他激动地说：“这次边坝县挂牌全国《岭·格萨尔》艺人之乡是我多年的梦想，是边坝人民的文化自信，是边坝四万多干部群众的共同荣耀，也是全县干部群众文化生活中一件大事喜事，更将成为边坝县文化旅游领域的一张响当当的名片。”他说：“这次在边坝县参加学术研讨，更增强了我把《格萨尔王传》这一优秀的传统文化精品继承和发扬光大的责任感、使命感。”

写于 2017 年 9 月 15 日

本文写作时参考杨恩洪老师编著的《民间诗神——格萨尔艺人研究》，中国藏学出版社，1995 年 6 月版。特此向杨老师表示感谢。

西藏当代著名作曲家——李光德

李光德，又名江嘎，藏族。生前系西藏昌都地区文化广播电视局党组成员、副局长，兼中国音乐家协会会员、西藏文联委员、西藏音协常务理事。1989 年获得二级作曲的任职资格。1948 年生，1989 年 2 月 27 日，因患心脏病，经住院治疗无效病故。

他从 1957 年至 1962 年，在四川简阳同安学校学习；1962 年至 1965 年 8 月，在西藏昌都地区学校读书，初中毕业后就在昌都县小学任教。1972 年筹建昌都地区文工队，当年 8 月 1 日正式成立，先后任副队长、副团长等职。1975 年加入中国共产党。1984 年调昌都地区文化局任艺术科科长、文化局副局长等职。

李光德从小热爱音乐，并受到西藏民间音乐的长期熏陶。由于他对事业执着追求，在作曲、和声、配器等方面，有着很深的造诣。从 1972 年筹建地区文工队到他的成名作《马查拉煤矿工人志气高》；从舞蹈《僜人与喇叭花》到牛角二胡协奏曲《梅朵的心愿》；从独唱歌曲《闪亮的酒怀》《我心中的意愿》到他临终前谱写的《寄予印度洋的嘱托》等优秀歌曲，就是他在探索民族音乐，尤其是探索昌都地区民族音乐方面的成果。

从 1972 年起，李光德先后作曲的代表歌曲有：《闪亮的酒杯》《僜巴山歌向着北京》《我心中的意愿》《寄给印度洋的嘱托》《夏尔巴的春天格外美》《请收下我们的情意》《美好的回忆》等，舞蹈作品有:《送水》《边寨盛开草原新花》《怒江战歌》《好地方》《红心铺路》《唐柳曲》《喜送阿哥去参军》《僜人与喇叭花》《格桑仙子》《七个顿珠》等。其中 1975 年由刘锡熊作词、李光德作曲的《马查拉工人志气大》录制成唱片在全国发行。

获奖作品有：1987 年由他作词、作曲的《千言万语在我心中》荣获自治区珠峰音乐会优秀奖。1977 年由他作曲的《怒江赞歌》荣获第一届全国单、双、三人比赛三等奖。1980 年 9 月，双人舞蹈《僜人与喇叭花》荣获全国少数民族舞蹈比赛银质奖。同年《老师，别说再见》《吉祥小路》荣获自治区歌舞比赛三等奖。

他创作的音乐和舞蹈作品，不仅在自治区专业文艺比赛中多次获奖，而且受到中央文化部的表彰。他先后出席过全国第四届、第五届文学艺术代表大会。

有幸的是，我和李光德同志生前一起在昌都地区文化局担任副局长，有过愉快的合作。他那对乐感的理解能力和独到见解，令人肃然起敬，给我留下了深刻的印响。为此，我当年专门写过《悼念李光德》的文章，以表达自己失去良师益友的哀思和怀念之情。

写于 2017 年 1 月 22 日

西藏唯一的著名“圆光艺人”——卡察扎巴·阿旺嘉措

卡察扎巴·阿旺嘉措，简称卡察扎巴，男，藏族，1913 年出生在西藏类乌齐县吉多乡阿珠村一户叫卡察的富裕人家。卡察扎巴曾任类乌齐县第四、五届政协委员。“圆光”是指藏族巫师或降神者用的铜镜。据说有灵性的的人能借助铜镜看到别人看不到的图像或文字。通过“圆光”方式，从铜镜中说唱或抄写《格萨尔王传》故事的艺人叫“圆光艺人”。在藏区，他是惟一凭借“圆光”说唱《格萨尔王传》的“圆光艺人”。

卡察扎巴从懂事起，在祖父卡察拉根·扎巴班觉的管教下学习藏文。据他介绍，6 岁时，他在野外草滩上玩耍睡着后做了一个梦，梦幻中走进了一座神山，山里有一座大的经堂，这时一个人朝他走来，给他一个曼荼罗。曼荼罗的顶端是一尊金光闪闪的佛像，好似莲花生大师，正当他聚精会神地看着时，一个人把手伸了过来，他只觉得一阵天旋地转，朦胧地听到那人说：“你可以回去了！”卡察扎巴醒来时，梦中的一切都没有了。有一天寺庙里来了 3 个喇嘛，其中一个是恰梅活佛。他们把卡察扎巴叫进屋内，桌子上摆着一个巴掌大的铜镜圆光让他看，他觉得铜镜在闪闪发光，并显现了文字。之后的 3 日内，卡察扎巴的眼前总是出现各种各样的神。白天坐在那里，铜镜中看到的幻觉像走马灯似的不断显现；晚上即使蒙上被子也睡不着觉，那些神总是浮现在眼前。通过这次看铜镜圆光的考察，恰梅活佛等认为卡察扎巴有灵异，可在方寸大小的铜镜圆光中看到常人看不到的东西，且十说九中，令人折服。不久，卡察扎巴能看铜镜的事传遍了昌都。从此，众人称他为卡察扎巴，意为卡察氏看圆光的人，其真名阿旺嘉措反而很少有人知道了。“文革”结束后，随着全国性抢救《格萨尔王传》史诗工作的全面展开，卡察扎巴作为国内百余位史诗艺人中唯一的圆光艺人，一时间成了引人注目的新闻人物。他抄写的 11 部《格萨尔王传》手稿全部交送西藏《格萨尔王传》抢救办公室。其中一部《底嘎尔》分上、中、下三本，计百余万字，于 1987 年由西藏人民出版社正式出版。1986年，在北京召开的全国《格萨尔王传》工作表彰大会上，卡察扎巴被评为先进个人。1991年11月，由中华人民共和国文化部、国家民委、中国社会科学院和中国民间文艺家协会联合召开的《格萨尔王传》说唱家命名大会上，卡察扎巴被命名为国家级说唱家。

笔者曾在昌都地区文化局工作，专门负责"五套集成"的收集整理工作。1988年10月14日，我和同事格巴一起，在类乌齐县文教局有关同志的陪同下，骑马专程到卡察扎巴·阿旺嘉措家去采访。据当地人介绍，他们所在的行政村叫阿珠村，阿珠村分为上、中、下三个自然村，卡察扎巴老人家住的叫阿堆村（意为阿珠村的上村庄）。老人的妻子扎西卓玛已于1986年病故。我们去时，大儿子不在家，只有小儿子和媳妇在家。老人卧室的正前方墙壁上，挂有三幅唐卡，前面供有一排盛满净水的小铜碗。记得他看圆光时的情景为：老人面前放一个装满青稞的器皿，上面插一个直径约10厘米的凸面园形铜镜圆光，圆光面朝老人。在圆光前面立有一块不规则的长方形水晶石，再插一根点燃的藏香，装满青稞的器皿边缘处用一条哈达围住。老人盘腿坐在卡垫上，旁边放有一小袋青稞，以及他喜欢喝的一碗青稞酒。整个道场布置完毕，老人先喝了一碗青稞酒后，眯上双眼，非常虔诚地念念有词。他边念边从小袋子中捏起一撮青稞先后往圆光上撒了3次，念了约10分钟，开始睁大眼睛，聚精会神地说：你看，"玉珍玛"开始显现了。老人虽讲得有声有色、形象生动，而坐在旁边的我们却什么也看不见。据老人讲，他只是把圆光中显现的画面讲给大家或是把显现的文字记录下来而已。老人看圆光时，好像是在看稿子念似的，从不吞吞吐吐，口述得相当流畅。老人给我们一行4人都看了圆光，我还特意请他把为我看到的卜文写下来。老人爽快地答应，并毫不费力地当即写在一张纸上。其字体为藏文"求玛粗体"，相当于汉文的行书。卜文文字流畅熟练，是标准的藏文行书。其内容为韵白相间，语句通顺流畅。无论从藏文字体上讲，还是从卜文内容上讲，卡察扎巴都有很高的藏文水平。

关于卡察扎巴的说唱特点和他的贡献，《格萨尔王传》研究专家杨恩洪老师有段公正的评价："卡察扎巴作为国内百余位史诗艺人中唯一的圆光艺人，以及这一形式所具有的深远的文化内涵，均具有重要的价值。他在抄写英雄史诗《格萨尔王传》中所作出的贡献是实实在在的，是可信的，那就是他抄写的已经交到西藏《格萨尔》办公室的11部《格萨尔》手稿。这总计大约百余万字的东西，证明了他是一位独特的出色的《格萨尔》艺人，他从一个独具的角度为抢救史诗的工作作出了自己的贡献。”

1992年秋，卡察扎巴·阿旺嘉措因病在类乌齐县吉多乡阿珠村家中去世，享年80岁。当我们知道老人去世的消息后，还专门委托类乌齐县的有关同志送去地区文化局的抚恤金，以表达我们的怀念之情。

写于2017年1月28日

后 记

康区昌都传统文化艺术是在一个特殊的地理环境和独特的社会历史背景下孕育、形成与发展起来的藏族区域文化。康区昌都传统文化艺术历史悠久、博大精深、底蕴深厚。深入挖掘昌都传统文化艺术的内涵，找到传统文化与现代文化之间的最佳切入点，进而为丰富和繁荣广大群众的精神文化生活，为建设社会主义小康社会服务，是在昌都工作的每一位文艺工作者和文艺理论研究者的职责所在。

“路漫漫其修远兮，吾将上下而求索”。几十年来，我一直在家乡昌都从事着对昌都历史文化艺术的学习、收集、整理、研究工作。用自己的双脚实实在在地走遍了昌都三江流域的村村寨寨、山山水水，接触了一切可以接触到的原生态文化。在实地考察、掌握资料、深入思考后，陆续撰写发表了有关昌都历史、政治、经济、宗教、文化、艺术、民俗的150多篇文章。为此，昌都文学艺术界的朋友和市文化局领导希望我专门整理出版一本昌都文化艺术研究的专著，以提高昌都文化艺术的知名度和美誉度。好在我长期在地区文化局工作过，一直关注昌都文化艺术，即使工作变动后也没有放弃自己的研究工作。尤其是从1997年至2005年，我有幸担任昌都地区历史上第一部《昌都地区志》的总编，负责全书的组织协调工作与编写审稿任务的经历，使我对昌都传统文化有了更多的体会与理性的思考。最终，我接受了朋友们的建议。在政协工作之余，利用两年多的闲暇时间，加班加点地着手整理了自己的旧稿，发现公开发表的与昌都文化艺术有关文章60余篇，并从中选择了学术价值较高的20篇，考虑到本书体例和内容完整的需要，重新补写或修改完善了16篇，又从我撰写的与昌都传统文化有关的调研报告和提案中筛选了5篇，共计41篇文章，形成了本书的雏形。

为了满足文化艺术界广大朋友渴望更多了解昌都传统文化艺术的愿望，也为了给后来者向昌都文化艺术的深度和广度进军积累资料、奠定基础，同时，也积极响应昌都市委宣传部提出的“为努力实现昌都在国际小有影响，在国内中有影响，在西藏和康区大有影响的目标”添砖加瓦，尽一位老文化工作者的责任，我以《康区昌都传统文化艺术精解》为题，以昌都文化总论、民间舞蹈、民间唐卡、石刻艺术、建筑文化、藏戏艺术、家庭文化、《格萨尔王传》文化、旅游文化与昌都传统文化有关的调研报告和提案、文化艺术人物等11个专题形式，用通俗易懂的语言剖析了昌都传统文化艺术的丰富内涵，分门别类地介绍每门艺术的内容、形式、特点等。随文插图虽谈不上很专业，但完全来自于笔者实地拍摄（除十余幅图片使用其他人拍摄的图片外）的210多幅图片，期望帮助读者直观感受昌都传统文化艺术的魅力与丰富多彩。

长期以来，我始终怀着感恩的心情在生活、学习、工作。

感恩时代，给予我施展才能的舞台；

感恩学校，给予我启蒙与引路；

感恩组织，给予我培养与教育；

感恩领导，给予我关怀与信任；

感恩同事，给予我支持与帮助；

感恩家人，给予我温暖与奉献。

在本书中，由于自己的知识面和认识水平有限，可能有不妥与遗漏之处，敬请广大读者批评指正为谢！感谢本书责任编辑吉普·次旦央宗的辛勤工作。最后感谢昌都市文化局对本书的推荐与大力支持，衷心感谢西藏自治区党委宣传部将本书列入文艺基金扶持项目予以资助出版。

土　呷

2017年6月3日初稿

2019年10月3日修改定稿